American Football Training für Schule und Verein

Allgemeine Hinweise

Zur besseren Lesbarkeit wird bei der Personenbezeichnung die männliche Sprachform verwendet: es sind sowohl die männliche, die weibliche und die diverse Form impliziert.

Im vorliegenden Buch werden einige englische (Fach-)Begriffe verwendet, da sie sich durch den Sport im deutschen Sprachgebrauch etabliert haben.

Für dieses Buch hat die Autorin sorgfältig recherchiert und die theoretischen sowie praktischen Inhalte aufbereitet. Dennoch erfolgen alle Angaben ohne Gewähr. Weder die Autorin noch der Verlag können für eventuelle Nachteile oder Schäden, die aus den im Buch vorgestellten Inhalte resultieren, Haftung übernehmen.

Sollte diese Publikation Links auf Webseiten Dritter enthalten, so übernehmen wir für deren Inhalte keine Haftung, da wir uns diese nicht zu eigen machen, sondern lediglich auf deren Stand zum Zeitpunkt der Erstveröffentlichung verweisen.

Theoretisches Fachwissen

Das Praxisbuch setzt ein gewisses Grundwissen voraus, um detailliert auf die praktischen Übungen eingehen zu können. Für einen vertiefenden, theoretischen NFL-Überblick empfehlen wir Fachbücher (Zum Beispiel von Adrian Franke: *American Football - Alles, was man wissen muss, ISBN 978-3-8403-7851-5*)

Sicherheitshinweise für praktische Übungen und Drills

Alle aufgeführten Drills und Übungen werden mit bestem Wissen aufbereitet und vorgestellt. Für mögliche Verletzungen aus dem Training/Spiel werden weder der Verlag noch die Autorin haften. Alle Sportler und Trainer sollten gewissenhaft mit den Übungen umgehen und einzelne Drills passend für ihre anvertrauten Sportler und Teams auswählen. Das verwendete Equipment sollte auf dem modernsten Stand sein und keine Schäden aufweisen.

NADIA QUAST

FÜR SCHULE UND VEREIN

AMERICAN FOOTBALL TRAINING

MEYER & MEYER VERLAG

American Football Training für Schule und Verein

Bibliografische Information der Deutschen Nationalbibliothek

Die Deutsche Nationalbibliothek verzeichnet diese Publikation in der Deutschen Nationalbibliografie; detaillierte bibliografische Details sind im Internet über www.dnb.de abrufbar.

Auckland, Beirut, Dubai, Hägendorf, Hongkong, Indianapolis, Kairo, Kapstadt, Manila, Maidenhead, Neu-Delhi, Singapur, Sydney, Teheran, Wien

Member of the World Sport Publishers' Association (WSPA)

Gesamtherstellung: Print Consult GmbH, München

MIX
Papier | Fördert gute Waldnutzung
FSC® C106855

978-3-8403-7913-0

E-Mail: verlag@m-m-sports.com

www.dersportverlag.de

INHALT

1 VORWORT

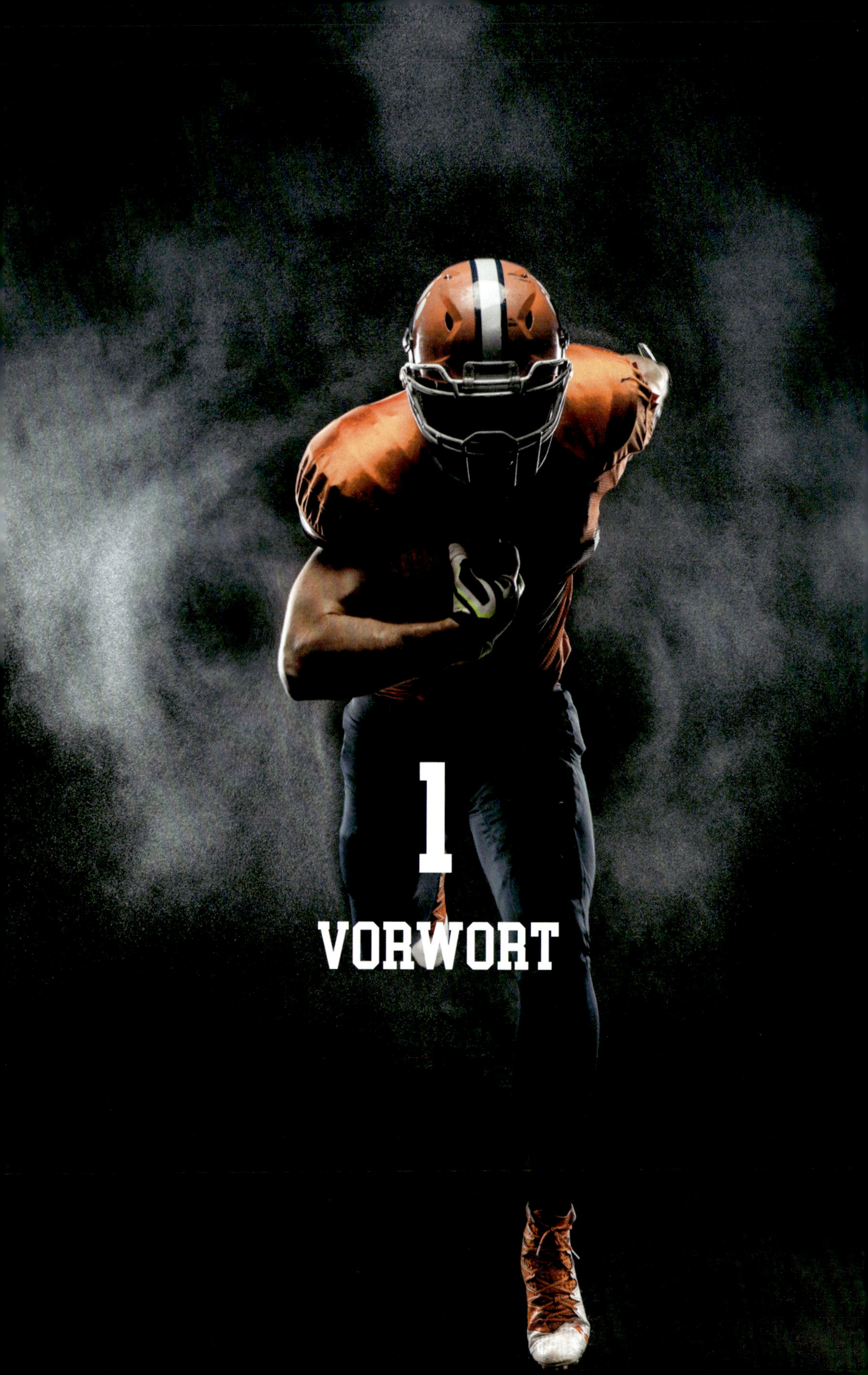

American Football wird immer präsenter. Die NFL hat ihre Übertragungen bei RTL ausgebaut und auch die European League of Football zeigt immer mehr Spiele. Die German Football League ist für viele nationale Spieler ein Ziel für ihre sportliche Karriere. Aber die eigentliche Faszination des Sports liegt in den vielen Vereinen selbst. Woche für Woche gehen Sportler zum Training, um einerseits den Sport überhaupt erst zu erlernen und andererseits Schritt für Schritt besser zu werden. American Football bietet eine große Vielfalt; in keiner Sportart und in keinem Teamsport gibt es so viele unterschiedliche Positionen. Es können dadurch viele Menschen mit ihren ganz individuellen Stärken angesprochen werden und es findet eine Integration aller Mitglieder statt.

Eine große Vielfalt bietet somit einige Möglichkeiten, aber auch Herausforderungen. American Football ist ein komplexer Sport in der Theorie, aber auch in der Praxis selbst. Verbände, Vereine, Schiedsrichter, Trainer und Sportler beschäftigen sich kontinuierlich mit dem Sport und selbst nach Jahren kann sich noch neues Wissen angeeignet werden. American Football bietet somit ein großes Potenzial, um auf vielerlei Ebenen in Bewegung zu bleiben.

Im Buchhandel gibt es eine große Anzahl an Fachbüchern, die sich mit (theoretischen) Themen im American Football auseinandersetzen. Dieses Fachbuch soll ein Gegenstück darstellen: Es beinhaltet neben der Theorie vor allen Dingen „fachpraktische" Inhalte. Es soll eine Basis darstellen und für jedes Team und jede Position einen Grundstock an aktiven Ideen, Tipps und Tricks bereitstellen. Darüber hinaus bietet es Hilfen, die jederzeit im Training eingeführt und benutzt werden können. Es stellt somit eine Arbeitserleichterung dar und das Training kann dadurch eine mögliche einheitliche Struktur durch alle Teamgefüge erhalten. Das Buch ist für Coaches, angehende Coaches und für Sportler in den Vereinen, aber auch ganz speziell zum Einstieg in der Schule oder in der Jugendarbeit geeignet.

Viele Trainer arbeiten mittlerweile im Training mit Tablets und verschiedenen (Online-) Trainingstools. Das Buch ist ebenfalls im PDF-Format vorhanden und kann so am Tablet mit in das Training einbezogen werden. An dieser Stelle wünsche ich nun viel Spaß beim Lesen, Darüber-Austauschen und ganz wesentlich: beim Ausprobieren und freue mich über das ein oder andere Feedback.

Nadia Quast

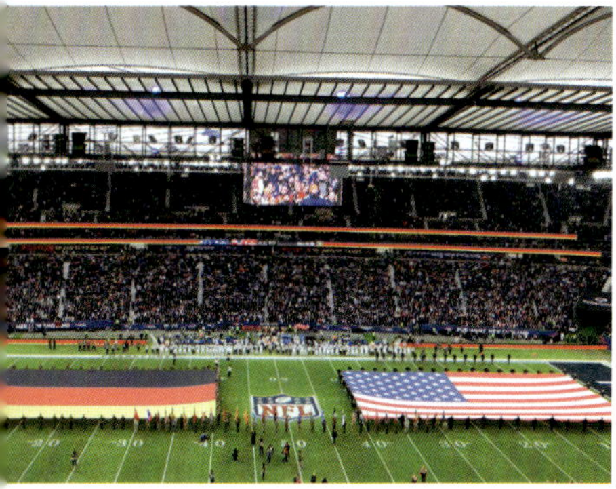

Abb. 1: NFL in Frankfurt

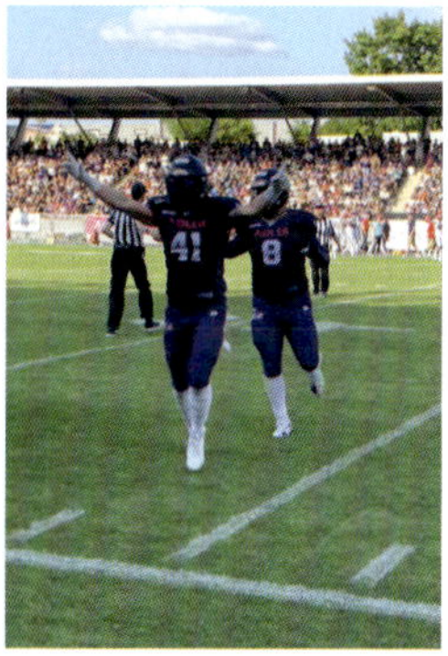

Abb. 2: ELF Frankfurt Galaxy

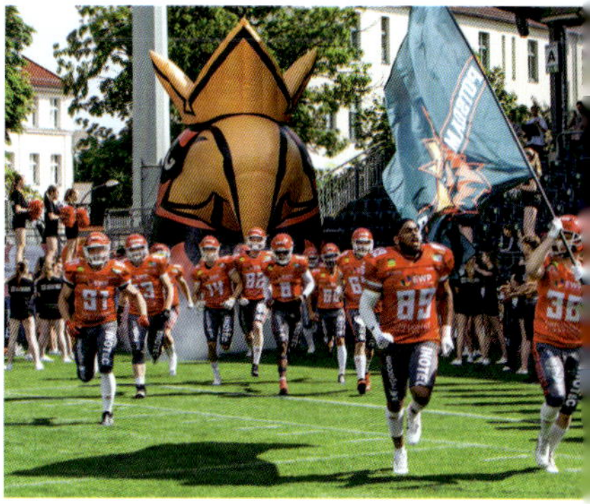

Abb. 3: Erima GFL – Einlauf der Potsdam Royals (© Thomas Iden-Korjahn)

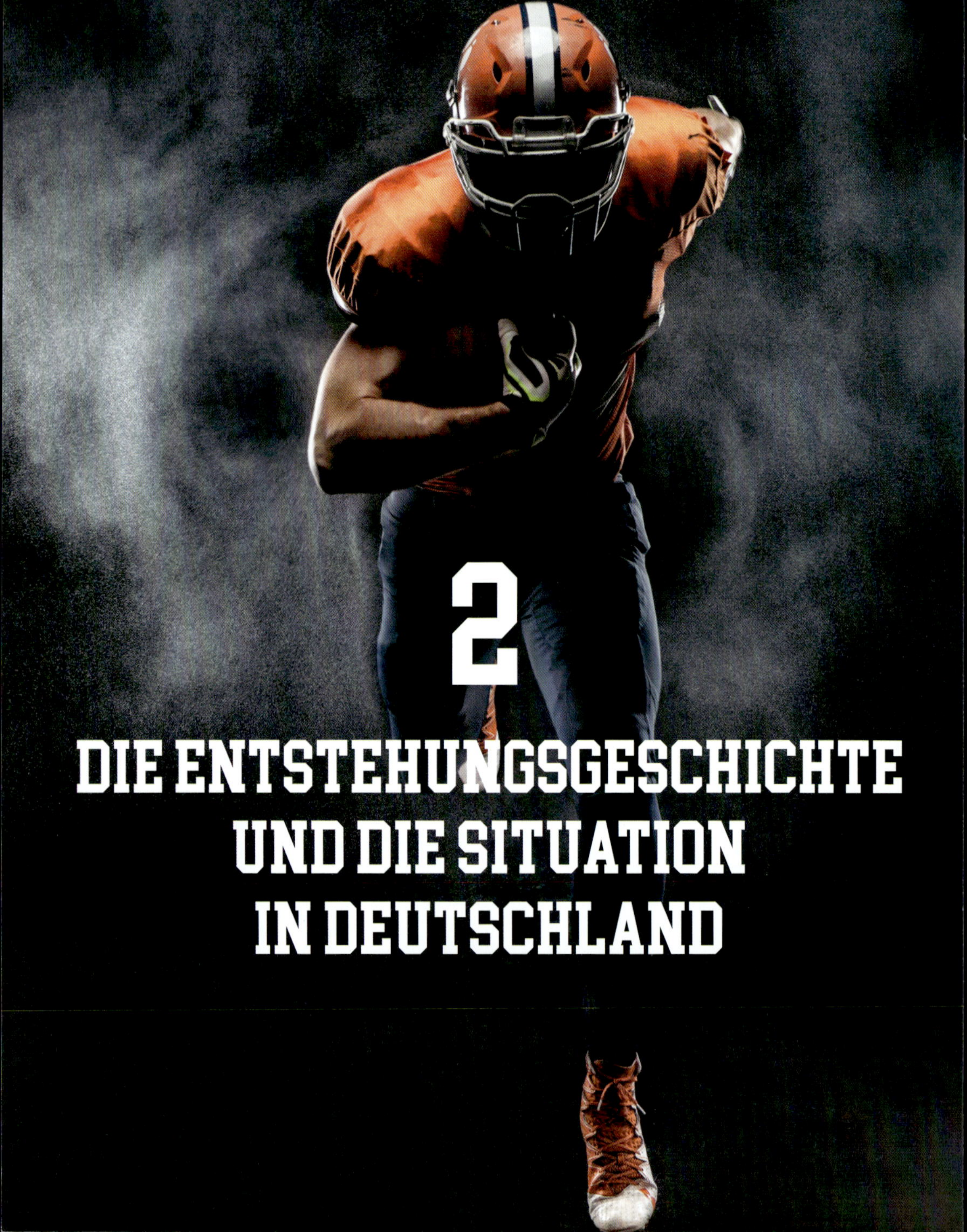

2 DIE ENTSTEHUNGSGESCHICHTE UND DIE SITUATION IN DEUTSCHLAND

American Football ist bereits seit langer Zeit in Deutschland bekannt. Der Sport kam mit der US Army, der Air Force und den Besatzungssoldaten nach Deutschland. Diese gingen in ihren Kasernen vor Ort dem Sport nach und blieben erst mal unter sich. Nach und nach wuchs das Interesse an dem außergewöhnlichen Sport und auch die Motivation, Spiele vor Ort auszutragen. Zwei Spiele, u. a. im Frankfurter Waldstadion oder im Olympiastadion Berlin, zogen schon damals viele Zuschauer in die Stadien.

Durch die Veranstaltungen wurden die Menschen vor Ort aufmerksam auf den Sport und das Interesse, eigene Mannschaften zu gründen, war geboren. Deutschlandweit gab es eine Vielzahl Militärstützpunkte, an denen es einfach war, talentierte Trainer und Mitspieler zu finden. Der erste „American Football"-Verein, die Frankfurter Löwen, wurde 1977 in Frankfurt am Main gegründet. Es kamen immer neue Mannschaften dazu, so wie zum Beispiel die Düsseldorf Panther, Munich Cowboys, Ansbach Bären, Bremerhaven Seahawks oder auch die Berlin Adler – damals hieß letztere Mannschaft noch Bären. Das erste Turnier trugen die Frankfurter Löwen gegen die Düsseldorf Panther aus. Häufig waren die Teams mit vielen US-Spielern im Vorteil, sodass es mitunter Streitereien gab. Es bildeten sich in Deutschland demnach zwei Ligen, um den Sport nachzugehen. Mit dem Wachstum des Sports wurde auch der Wunsch nach einer einheitlichen Struktur immer größer. So wurde im Herbst 1982 der American Football Verband Deutschland (AFVD) gegründet und die beiden Einzelligen wurden zu einer Liga zusammengeführt.

Eine deutsche Nationalmannschaft wurde 1981 gegründet und sie konnte sich schon relativ schnell gegen die Nationalmannschaft aus den USA und Italien messen. Der AFVD (American Football Verband Deutschland) ist der Dachverband und regelt übergeordnet den Spielbetrieb der höchsten Spielklassen und Nationalmannschaften. Die einzelnen Landesverbände kümmern sich um alle darunter liegenden Teams und regeln deren Spielbetrieb. Bis 2021 war die Erima GFL (German Football League) die höchste Spielklasse in Deutschland. Mit der Gründung und dem Start der „European League of Football" kam eine weitere Wirkungsstätte für Trainer und Spieler hinzu *(siehe 1.) AFVD/Geschichte 2024)*.

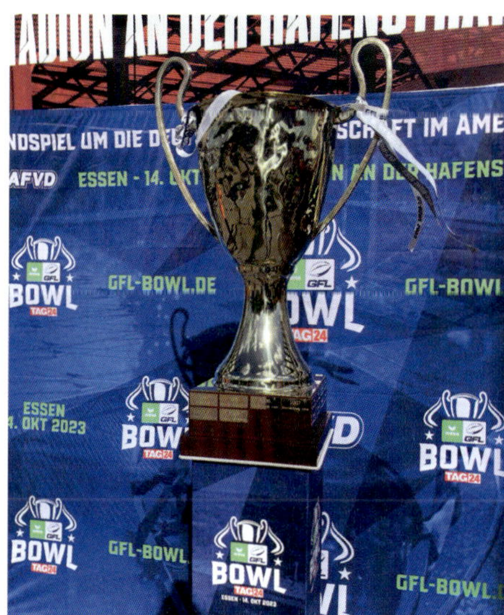

Abb. 4: Pokal der Erima GFL

2.1 DER AMERICAN FOOTBALL VERBAND DEUTSCHLAND (AFVD) UND DIE LANDESVERBÄNDE

Der American Football Verband Deutschland (AFVD) ist der Dachverband, der sich um alle relevanten Aufgaben kümmert. Dazu gehören unter anderem alle Inhalte rund um die Nationalmannschaften, wie zum Beispiel: die Suche und die Bereitstellung von Nationalteamtrainern, die einzelnen Sichtungstermine und die spätere Durchführung von Spielen. Des Weiteren ist der Dachverband für verschiedene Sitzungen und Gremien verantwortlich, um mit den einzelnen Landesverbänden den Sport kontinuierlich im nationalen und im internationalen Kontext fortzuentwickeln. Dazu gehört eine Zusammenarbeit u. a. mit der International Federation of American Football (IFAF) oder auch zum Beispiel dem „NFL Flag"-Programm. Der Sitz des American Football Verbands ist in Frankfurt am Main und von dort aus kann ein operativer Überblick über die (höchsten) Spielklassen gewährleistet werden. In der höchsten Spielklasse, der Erima GFL, messen sich die besten Mannschaften aus dem Süden und aus dem Norden Deutschlands. Seit 1999 investiert der Verband immer mehr Zeit, Marketingstrategien und Expertise, um die höchste Liga fortzuentwickeln. Am Ende einer Saison müssen sich die Teams am Tabellenende Relegationsspielen stellen, um den Auf- und Absteiger der Ligen festzulegen. Das Endspiel der Erima GFL wird jährlich im Oktober ausgespielt und hat bereits mehrere Tausend Zuschauer nach Frankfurt, Berlin und Essen in die Stadien gebracht.

Die Landesverbände kümmern sich um eine der wichtigsten Aufgaben. Sie stellen mit ihren einzelnen Vereinen die Mannschaften für den Herren-, Jugend- und Damenbetrieb im Flag und Tackle Football aber auch im Cheerleading. Es gibt mehrere Hundert Mannschaften in Deutschland und je nach Region messen sich die Teams bis in die unteren Spielklassen. Die Bundesspielordnung / BSO gibt einen zentralen Rahmen vor, dass alle Verbände, Vereine, Schiedsrichter und Trainer eine verlässliche Struktur neben den Spielregeln haben. Eng verzahnt mit allen Strukturen, sind die Schiedsrichter und deren regelmäßige Sitzungen und Beschlüsse, um die Spiele für alle Beteiligten fair und sicher auszutragen. Die Schiedsrichter vereinen sich in den einzelnen Bundesländern intensiv, um regelmäßig über Regeländerungen in der NCAA zu berichten und sie im deutschen Spielbetrieb und in die einzelnen Landesverbände zu adaptieren.

Die European League of Football wurde im Sommer 2020 gegründet und hat ab 2021 ihre erste Saison durchgeführt. Es ist eine semiprofessionelle Liga und alle Teams gehören Franchises/GmbHs an. Diese verfügen über ihre eigenen wirtschaftlichen Mittel und Strukturen. Über entscheidende Faktoren, die die European League of Football und den AFVD/American Football Verband Deutschland betreffen, wie zum Beispiel Wechselfristen, Spielersperren, spätere Spielkarrieren am College usw. werden gemeinsame Sitzungen gehalten.

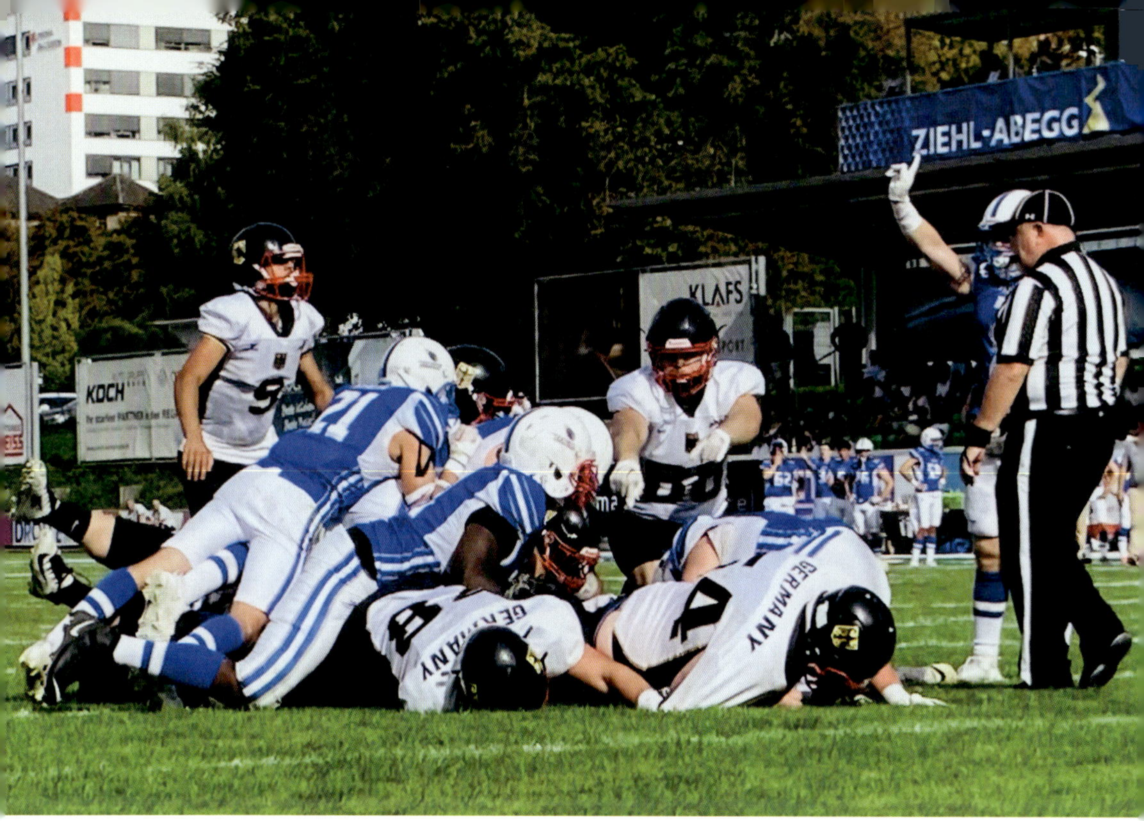

Abb. 5: U19 Nationalmannschaft AFVD

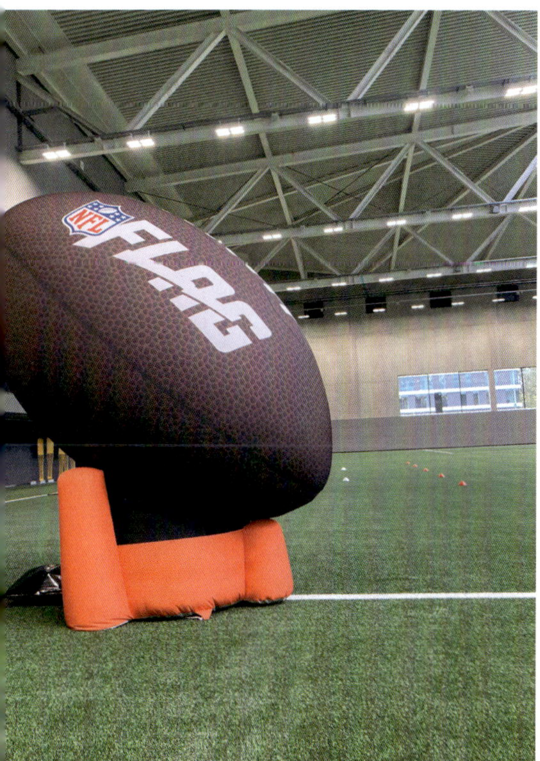

Abb. 6: NFL Flag Aktion beim DFB-Campus Frankfurt

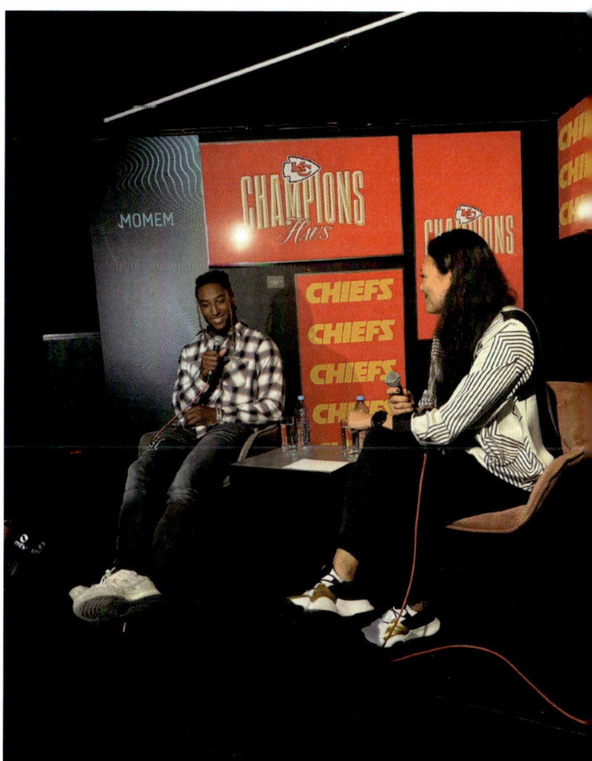

Abb. 7: NFL-Veranstaltung für deutsche Fans in Frankfurt – Justin Reid im Gespräch

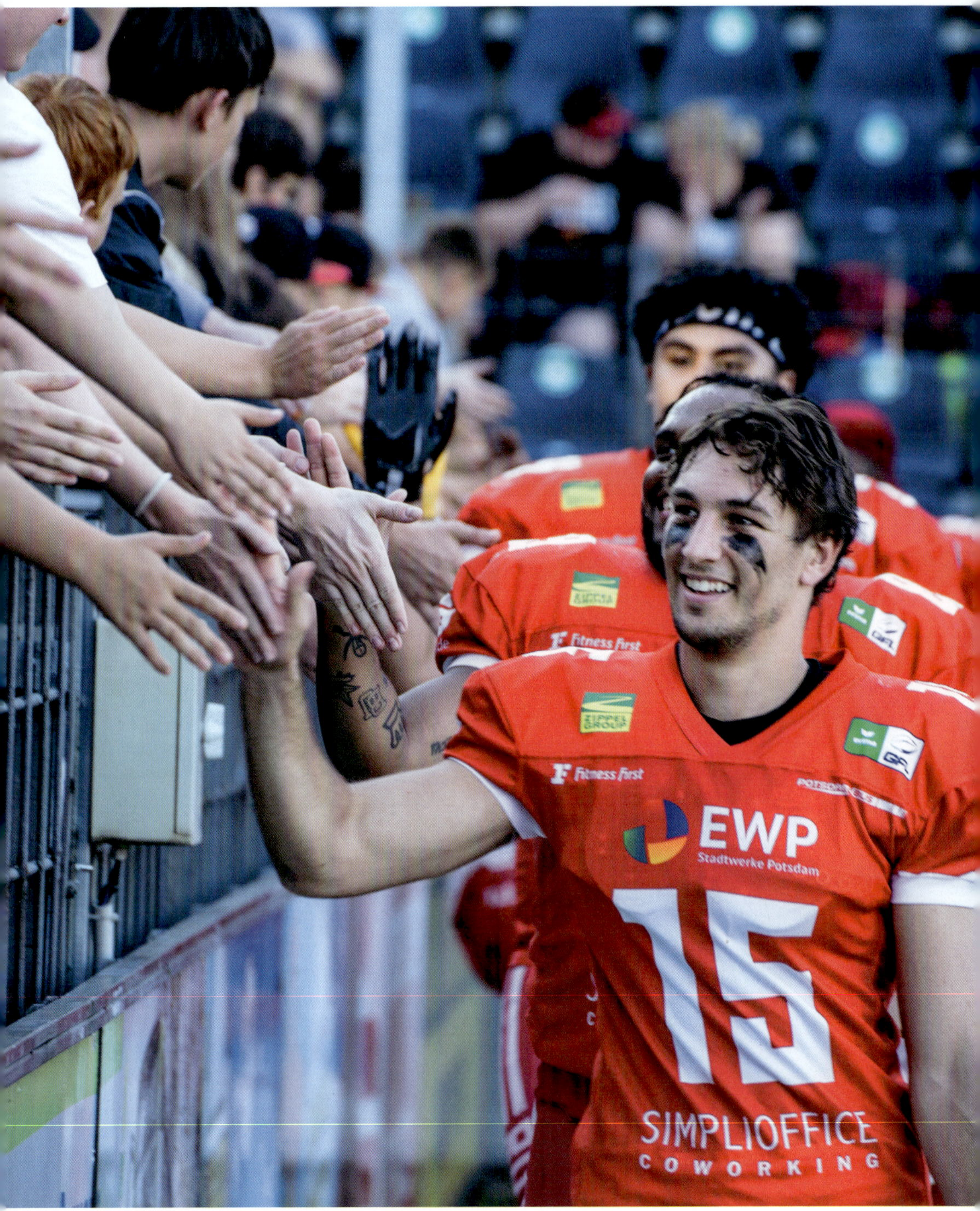

Abb. 8: Spieler der Potsdam Royals nach dem Spiel/Erima GFL (© Thomas Iden-Korjahn)

2.2 DIE TRAINERAUSBILDUNG IN DEUTSCHLAND

Die Entscheidung, Trainer zu werden, kann durch unterschiedliche Gründe entstanden sein. Häufig wählen ehemalige Spieler den Weg, um nach ihrer Karriere noch weiterhin mit dem Sport verbunden zu sein. Häufig möchte man etwas zurückgeben und zukünftige Spieler für den Sport begeistern. Andere wiederum können oder dürfen verletzungsbedingt nicht mehr spielen und finden über diesen Weg ihre neue Berufung.

Übergeordnet orientiert sich das Ausbildungswesen des AFVDs an den Rahmenrichtlinien für die Qualifizierung des Deutschen Olympischen Sportbunds (DOSB). Im AFVD wird innerhalb der Ausbildung der Trainer im Leistungssport in Tackle und neuerdings in Flag Football wie auch Cheerleading unterteilt. Für die C-Trainer-Lizenz sind die einzelnen Landesverbände verantwortlich und sie haben die Hoheit darüber. Die A- und B-Trainer-Ausbildung findet beim AFVD statt. Die Trainerausbildung kann in der Durchführung in den einzelnen Bundesländern und in den Abläufen leicht variieren. Einige Bundesländer führen je dreimal eine Blockwoche durch, andere teilen die Blöcke auf regelmäßige Wochenendtermine auf. Beide Varianten haben ihre Vor- und Nachteile und Teilnehmer können selbst entscheiden, welche Form für sie geeignet ist. Sinnvoll ist es, im eigenen Bundesland die Unterstützung seitens der Politik zu recherchieren. Das Ehrenamt wird in der Regel in der Ausbildung gefördert, in den Bundesländern werden unterschiedliche Begrifflichkeit dafür verwendet, wie zum Beispiel: Bildungsurlaub, Bildungsfreistellung, Arbeitnehmerweiterbildung und Bildungszeit. Arbeitnehmer können sich unter bestimmten Regularien teilweise bis zu fünf Arbeitstage pro Jahr freistellen lassen, um ihrer Trainerausbildung nachzukommen.

Die Trainerausbildung, aber auch Fortbildungen finden zumeist außerhalb der aktiven Saison statt, sodass es zu keinen Konflikten mit Spielplänen kommt. In der Regel werden Ausschreibungen des AFVDs und von den einzelnen Landesverbänden mehrere Wochen vor Lehrgangsbeginn ausgeschrieben. Bei hohen Nachfragen können, je nach Ressourcen, zusätzliche Lehrgänge, angeboten werden.

Inhaltlich werden zum Beispiel in der Vorstufe, beim Trainerassistenten in Baden-Württemberg, folgende Themen für die Teilnehmer aufbereitet: Trainerordnung & Ehrenkodex, Ernährung, Rechtsgrundlagen, Scouten und Filmen, Playbook, Grundlagen des Blockens & Tackelns und der Special Teams. Des Weiteren nimmt die Prävention von sexualisierter Gewalt, die pädagogischen Grundlagen, Rhetorik & Kommunikation sowie die Nutzung von Medien einen Rahmen ein. Die Teilnehmer lernen Inhalte der Dopingverordnung & des Dopingverbots kennen und lernen wichtige Aspekte des Athletik-Trainings sowie des Auf- und Abwärmens kennen. Ein weiterer Block ist das medizinische und gesundheitliche Basiswissen über Nacken- & Kopfverletzungen sowie die Vermeidung von Verletzungen generell. In freien Zeitblöcken können aktuelle oder Wunschthemen der Teilnehmer aufgegriffen werden. Entscheiden sich die Teilnehmer zur weiteren Teilnahme am C-Trainer-Schein, werden Positionsinhalte, aber auch allgemeine weitere Trainerinhalte vertiefter behandelt und es finden praktische Einheiten statt. In diesen Einheiten muss jeder Teilnehmer Übungen anleiten und bekommt dafür ein Feedback. Durch die Praxis und die Reflexion der eigenen Stunden, sollen die Teilnehmer ihre Trainerpersönlichkeit entwickeln. Die Zeiten in den Lehrgangswochen und/oder den

Wochenenden werden genutzt, um Hausaufgaben über E-Learning-Pools zu bearbeiten. Die Teilnehmer können auch Präsentationen oder Trainingsvideos vorbereiten. In Deutschland bieten so gut wie alle Bundesländer eine C-Trainer-Ausbildung an. Aktuell steht die C-Trainer-Lizenz speziell für Flag Football kurz vor den Startlöchern, um auch diesen qualitativen Forderungen nachzukommen. Flag Football erlebt einen stetigen Anstieg, einerseits da es 2028 erstmals bei Olympia in den USA gespielt wird, anderseits da es durch die geringe Teilnehmerzahl fast überall gespielt werden kann. Inhaltlich gibt es sehr unterschiedliche Aspekte, um eine eigene Trainerausbildung mit Wissen zu füllen. Hinzu kommt, dass es viele Teilnehmer gibt, die ggf. eine kontaktlose Variante bevorzugen.

Eine Trainerlizenz muss in regelmäßigen Abständen verlängert werden. In den einzelnen Landesverbänden gibt es dazu unterschiedliche Veranstaltungen und Fortbildungen. Die nächsten Lizenzstufen, die Stufen B und A, werden direkt beim American Football Verband Deutschland gelehrt und durchgeführt. Grundsätzlich sollten einzelne Trainer in einem Mitgliedsverein im Zugehörigkeitsbereich des AFVDs tätig sein.

Bei den höchsten Lizenzstufen B und A gibt es bestimmte Zulassungsvoraussetzungen, die erfüllt werden müssen. Dazu zählen u. a. mehrere Jahre Coaching-Erfahrung, eine Mindestbesitzdauer der C- und B-Trainer-Lizenz, Bewerbungsschreiben mit sportlichem Lebenslauf, eine Vereinsempfehlung und Landesverband-Empfehlung, um nur einige zu nennen. Die Unterlagen werden umfassend von der entsprechenden Kommission geprüft und dann genehmigt. Bei der A-Lizenz muss des Weiteren noch eine direkte Einladung des Bundesverbands vorliegen.

Folgende Anforderungen müssen von den Teilnehmern erbracht werden: sieben Lehrgangstage, ein Wochenlehrgang, der mit einer Klausur abschließt, eine Hausarbeit, Hospitationstage und ein Prüfungslehrgang, bei der die Hausarbeit im Rahmen einer mündlichen Prüfung präsentiert wird. Der AFVD richtet selbst einmal im Jahr einen Trainer-Kongress aus, damit auch B- und A-Lizenzen regelmäßig verlängert werden können. Die Kosten der Trainerausbildungen staffeln sich in unterschiedlichen Höhen; in den meisten Fällen übernehmen die Vereine die Kursgebühren. Regelmäßig wird über die verschiedenen Ausbildungen und deren Inhalte getagt, um im Ländervergleich möglichst „up to date" zu bleiben und die neusten wissenschaftlichen Erkenntnisse zu beachten.

Viele Trainer bilden sich regelmäßig neben den Trainer-Fortbildungen weiter, da der Sport so komplex und vielseitig ist, dass es häufig durch vereinzelte Tage gar nicht abgedeckt werden kann. Die Trainer sollten versuchen, kontinuierlich die drei geforderten Hauptbereiche an Fachkompetenz, sozialer Kompetenz, Methodenkompetenz im Blick zu haben und kontinuierlich weiterzuentwickeln. Heutzutage gibt es eine Vielzahl an Möglichkeiten, die gewählt werden können. Neben klassischer Literatur in Zeitschrift und Buchform, werden auch gerne verschiedene Kanäle im Internet oder auch Trainings-Podcasts genutzt. Mittlerweile gibt es auch einige Anbieter für USA-Reisen, bei denen Trainer gezielt Kontakt zu Colleges bekommen und durch verschiedene Gespräche und Vorträge vor Ort ihr Wissen vertiefen können. Darüber hinaus pflegen Coaches auch untereinander Kontakt, um sich regelmäßig auszutauschen und ggf. neuen Input zu erhalten. Seit 2022 gibt es in Deutschland auch ein groß angelegtes Coaches-Network GAFCA (German American Football Coaches Association), um gerade alle

Coaches deutschlandweit zu vernetzen und ihnen ein weiteres Instrument des Austauschs, zur Professionalisierung aber auch zum Erhalt von Fachwissen anzubieten.

Zum Schutz und zum Wohle aller setzen sich Trainer bereits während ihrer Ausbildung mit den folgenden Themen detailliert auseinander. Des Weiteren verpflichten sie sich auch in ihrer weiteren Arbeit in den Vereinen, diese Punkte zu beachten:

» Ehrenkodex,
» Schutz vor Gewalt im Sport / Schutzkonzept,
» Umgang mit sexualisierter Gewalt im Sport und
» Aufsichtspflicht bei Kindern und Jugendlichen.

Des Weiteren muss jeder Trainer in der Arbeit mit Kindern und Jugendlichen ein Erweitertes Führungszeugnis im Verein abgeben. In allen Vereinen gibt es Beauftragte, die sich komplett um das Schutzkonzept und die damit entsprechenden Aufgaben kümmern, zum Beispiel die Einforderung der Führungszeugnisse.

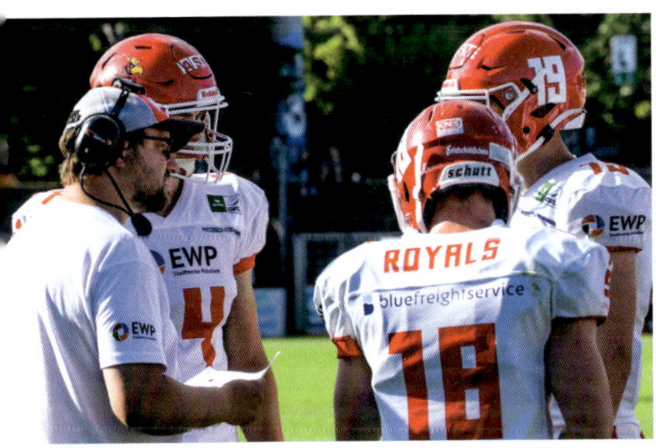

Abb. 9: Headcoach Michael Vogt im Gespräch mit seinen Spielern (© Thomas Iden-Korjahn)

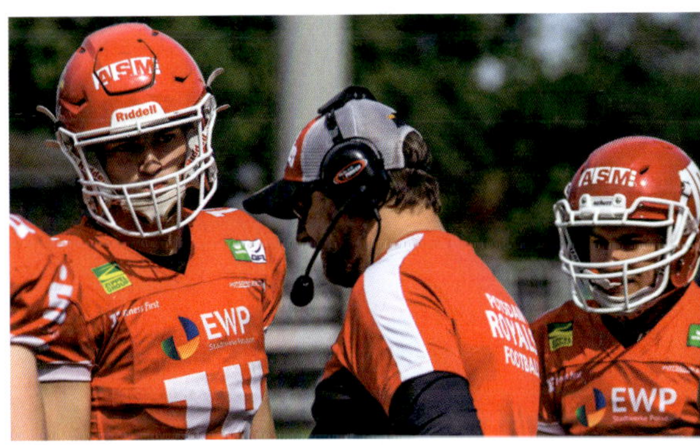

Abb. 10: Letzte Absprachen am Spielfeldrand (© Thomas Iden-Korjahn)

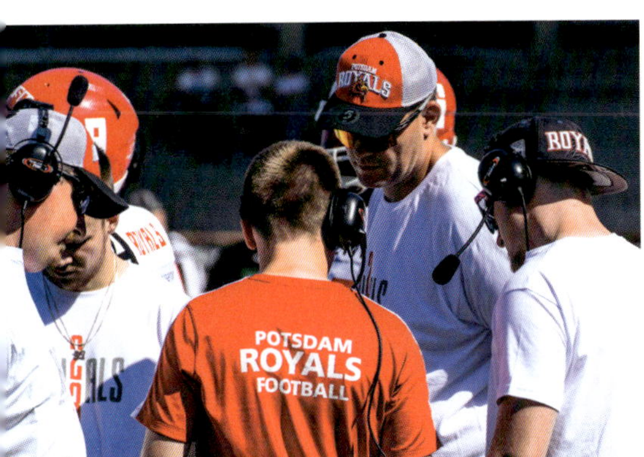

Abb. 11: Die Coaching Crew berät sich. (© Thomas Iden-Korjahn)

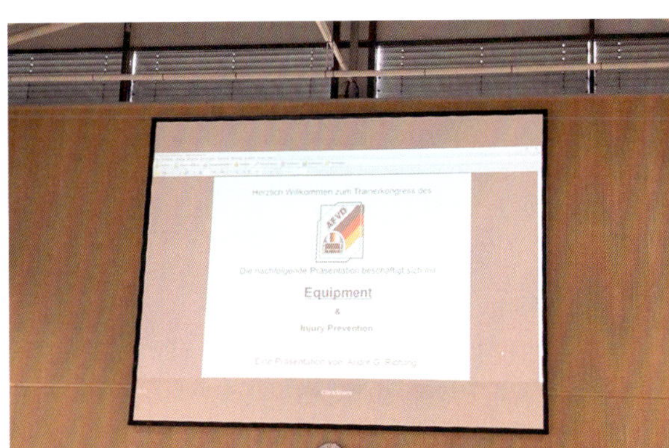

Abb. 12: Trainerkongress

2.3 DAS LEITBILD

Ein Leitbild spielt in Unternehmen und auch in sozialen Organisationen eine Rolle. In der Sportart „American Football" ist ein Leitbild des AFVD vorhanden, um allen Beteiligten einen „roten Faden" an die Hand zu geben. Es soll ein Selbstverständnis sowie die wichtigsten Grundprinzipien und die Glaubensansätze vermitteln. Das Leitbild kann intern und extern verwendet werden und spricht alle Beteiligten gleichermaßen an. Im Leitbild wird American Football als „vielseitiger, technisch hochwertiger, zuschauerattraktiver, mediengerechter Sport, der sich für die gesamte Familie generationsübergreifend eignet", beschrieben *(siehe 2.) AFVD Oktober 2024).* Der Verband hat es sich zur Aufgabe gemacht, dass der Sport in Deutschland bekannter wird, sich neben weiteren Sportarten behaupten kann und darüber hinaus an Positionierung gewinnt. Zusammengefasst sollen folgende Inhalte umgesetzt werden:

Humaner Leistungssport
American Football soll die Chance des Leistungssports bieten, um dem Wunsch an Wettbewerb einzelner Athleten und Vereine gerecht zu werden. Der Leistungsgedanke bringt demnach auch ein Interesse der Medien, Zuschauer und Sponsoren. Inhaltlich soll der Leistungssport „human" erfolgen, ohne dass die Gesundheit geschädigt wird oder Doping betrieben wird.

Gesundheitsbewusster Breiten- und Freizeitsport
Deutschlandweit soll es unterschiedliche Vereine und Teams geben, die ihren Mitgliedern eine Vielzahl an „American Football"-Angeboten anbieten, um den Spaß, aber auch die Lust an Bewegung zu fördern.

Professioneller Sport
Im Rahmen des Angebots sollen professionelle Strukturen im Training und im Wettbewerb angeboten werden, um eine durchgängige Qualität zu gewährleisten.

Europäischer und internationaler Sport
Sport wird deutschlandweit aber auch weltweit durchgeführt; es soll ein angemessener Rahmen bereitgestellt werden, um sich im American Football mit anderen Ländern zu messen und das gemeinsame Engagement zu vertiefen und zu pflegen

Die Arbeit mit Kindern und Jugendlichen
Kinder sind die Sportler von morgen. Der AFVD hat ein klares Bekenntnis zur Kinder- und Jugendarbeit und möchte demnach kindgerechte Angebote und Strukturen anbieten, um sportliche, aber auch soziale Werte zu vermitteln und zu leben.

Mündige Athleten
Der AFVD möchte Sportler fördern, die in einem hohen Maß mit dem Sport verbunden sind und die für sich selbst, aber auch für andere Verantwortung übernehmen können.

Selbstbestimmter demokratischer Sport
American Football soll in einem demokratischen Umfeld durchgeführt werden, in dem sich alle Beteiligten, seien es Mannschaften, Trainerteams, Vorstandschaften und Management,

mit Respekt begegnen. Dadurch kann die gemeinsame Zielsetzung vorangetrieben werden *(siehe 3.) AFVD/Leitbild 2024)*.

AMERICAN FOOTBALL UND DIE ROLLE DER KOMPETENZBILDUNG BEI ATHLETEN UND TRAINERN

Kinder und Jugendliche erlernen ihre Kompetenzen im Elternhaus und in der Schule. Der Sport hat ebenfalls einen großen Anteil und nimmt Einfluss auf die Kinder, Jugendlichen und Erwachsenen. Jeder der Beteiligten, sei es auf Spieler- oder Trainerebene, kann etwas für sich mitnehmen und wird prägende Inhalte erfahren. American Football ist ein Sport, der allen Menschen eine passende Position anbieten kann. Es findet keine soziale Ausgrenzung statt, ganz im Gegenteil, die Spieler schätzen die individuellen Stärken jedes einzelnen Spielers, da auf dem Spielfeld eine wichtige Funktion eingenommen wird. Der Quarterback benötigt eine starke offensive Line, die ihn dauerhaft schützen kann, aber auch wendige Spieler, die den Ball in die Endzone tragen können. Nicht umsonst wird gerne die Begrifflichkeit verwendet, dass alle Spieler wie die „Zahnräder einer Uhr" funktionieren müssen. American Football ist ein Sport, indem sich alle Beteiligten an Regeln halten müssen; klassische Alleingänge erlaubt der Sport nicht. Die Spieler sind demnach dazu aufgerufen, kooperativ zusammenzuarbeiten, um einen Spielzug erfolgreich durchzuführen. Diese Kooperation benötigt gegenseitige Akzeptanz und eine dauerhafte Kommunikation. American Football ist ein komplexer Sport, indem alle Beteiligten sich mit Fachwissen zum Sport auseinandersetzen müssen. Diese Auseinandersetzung ermöglicht neues Wissen und Verständnis im Bereich der Taktik; nicht umsonst wird der Sport auch gerne als „Rasenschach" bezeichnet.

Viele Menschen praktizieren den Sport „American Football" in Deutschland schon sehr lange. Ihre Überzeugung hat sich stark gefestigt, dass American Football nicht nur ein Sport, sondern eine Lebenseinstellung geworden ist. Viele Menschen bleiben nach ihrer eigenen Spielerkarriere, aber auch so mit dem Sport verbunden und engagieren sich. Das Engagement kann vielseitig auf der Ebene des Vorstands, als Schiedsrichter oder als Trainer selbst sein. Wenn Menschen Trainer werden, setzen sie sich nicht nur mit dem Sport selbst, sondern auch mit sich und ihrer eigenen Persönlichkeit auseinander. Sie nehmen sich und ihren Charakter auf einer anderen Ebene wahr und lernen, sich selbst zu reflektieren. Trainer zu sein, benötigt eine Vielzahl an Führungsqualitäten, aber auch ein hohes Maß an Beobachtungsgabe, Reflexion und Empathie. Vieles lässt sich in der Ausbildung erlernen und lässt sich über die Jahre festigen. Manchen Menschen liegt es nicht, Trainer zu sein, da sie selbst nicht der Typ dafür sind. Trainer müssen sich vor Spielergruppen behaupten können. Sie benötigen Fingerspitzengefühl, damit sie Gruppenprozesse positiver wie auch negativer Art wahrnehmen und darauf einwirken können. Die Kommunikation spielt dabei eine große Rolle, genauso die Didaktik als auch Methodik. Das größte Fachwissen bringt nichts, wenn es dem Trainer nicht gelingt, die Motivation der Spieler zu fördern und ihnen das Wie der Technik und Taktik richtig zu vermitteln. Trainer benötigen ein hohes Maß an Frustrationstoleranz und Mut. Jede Trainer Crew möchte gewinnen und eigene Erfolge für sich verbuchen. Niederlagen oder schwierige Teamphasen müssen angenommen und erlebt werden. Dabei haben eine offene Wut und hochgradiger Zorn auf dem Spielfeld nichts verloren. Trainer dürfen emotional sein und ihre Gefühle äußern, aber sie sollten sich unter bewusster Kontrolle halten. Ein Coach, der brüllt, Schiedsrichter und andere Beteiligte beleidigt, ist kein Vorbild für das Team und fördert auch keine Spielgemeinschaft. Durch den Sport wird somit ein hohes Maß an sozialen, emotionalen und kommunikativen Kompetenzen bei Spielern, Trainern und allen Beteiligten gefördert.

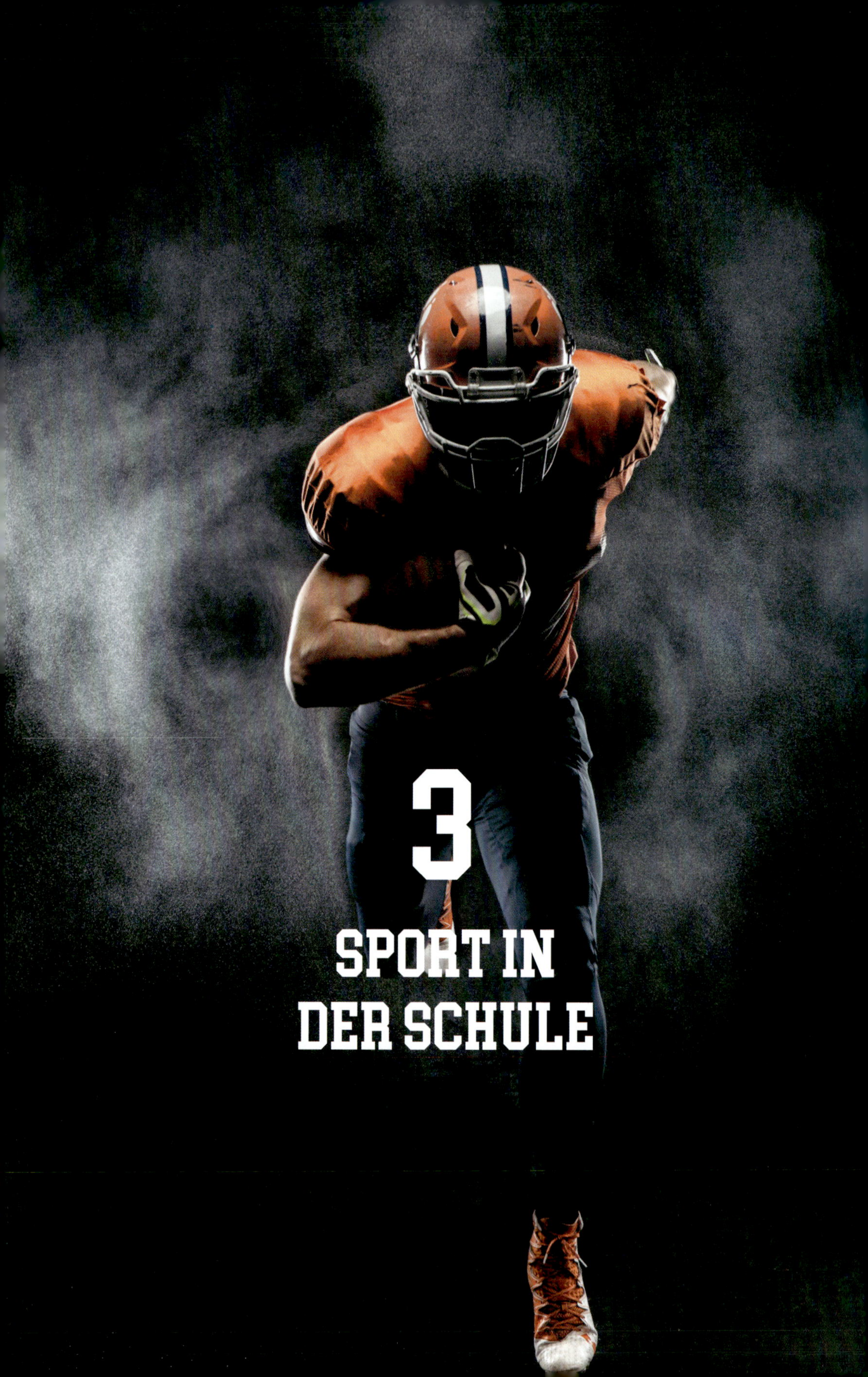

3 SPORT IN DER SCHULE

Sport ist als Schulfach in jeden Bildungsplan eingebettet. Jedes Bundesland hat dabei die „Hoheit" über das Schulwesen vor Ort und die Ausgestaltung der einzelnen Lehrpläne und der entsprechenden Schulgesetze. In der Ausgestaltung kommt es zu unterschiedlichen Gestaltungselementen, da es häufig die Parlamentsmehrheit und die Richtung der entsprechenden Landesregierung im Schulwesen widerspiegelt. So gibt zum Beispiel der Bildungsplan Baden Württemberg vor:

Kinder sollen in der Grundschule in der Klassenstufe 1 und 2 im Sport folgende Kompetenzen erwerben: Spielen – das Erlernen und Durchführen von (Bewegungs-)Spielen – und weitere Grundlagen, wie zum Beispiel laufen, springen und werfen. Im Unterricht sollen Sportgeräte eingesetzt werden und die Kinder sollen sich im Tanzen, Gestalten, Darstellen und in Bewegungskünsten erproben. Häufiger gibt es auch den Unterpunkt Bewegen in weiteren Erfahrungsfeldern, die einen offenen Rahmen bieten, um individuelle Inhalte auszuwählen. Dazu gehört zum Beispiel: Fahren, Rollen und Gleiten, unter anderem mit Rollbrettern. Es wird aber auch der Bereich „Miteinander/Gegeneinander kämpfen" genannt, indem zum Beispiel Spiele zum „Rangeln und Raufen" durchgeführt werden können. Des Weiteren kann es zu Stundenbildern im Bereich der Erlebnispädagogik, in regionalen Sportarten und in Trendsportarten kommen. Ein abschließender Block ist das Bewegen im Wasser und die Vermittlung von wichtigen Inhalten im Rahmen der Sicherheit und Vorsicht sowie im Bereich der Hygiene.

In Klassenstufe 3 und 4 unterscheidet sich der Inhalt erst mal nicht wesentlich; er differenziert sich mit dem zunehmenden Alter der Kinder und da sie ihre Kompetenzen stetig weiter vertiefen. Deshalb können alle gewählten Inhalte wiederholt, gefestigt und durch weitere Variationen ausgebaut werden.

In den weiterführenden Schulen weisen die einzelnen Bildungspläne und Lehrpläne ebenfalls gebündelte Inhalte auf. Im Rahmen der Vereinfachung versucht die Autorin, die einzelnen Schulformen zusammenzufassen und aufzuführen. In der Grundschule wurden wesentliche Basiskompetenzen angelegt, die an den weiterführenden Schulen vertieft und ausgebaut werden. In der Unterstufe ist das Spielen, das Laufen, Springen und Werfen weiterhin vorhanden, das Tanzen, Gestalten und Darstellen wird weiterhin im Unterricht aufgegriffen. Die Bewegung an den Geräten wird differenziert und die Wahlpflichtfächer Miteinander/Gegeneinander kämpfen wie auch fahren, rollen und gleiten werden aufgegriffen. Neu hinzu kommt der Bereich „Fitness entwickeln" und alle Bereiche werden in die einzelnen Stundenbilder eingebettet. Ab der siebten Klasse wird der Pflichtbereich enger zusammengefasst und der Wahlpflichtbereich erweitert. Ab der neunten Klasse ist der Unterricht durchgängig strukturiert und die Schüler können zum Beispiel darüber nachdenken, ob sie das Fach Sport im Gymnasium als Leistungsfach wählen möchten. Das Leistungsfach Sport ist sehr anspruchsvoll und es müssen überdurchschnittlich gute sportliche Leistungen gezeigt und abgerufen werden.

Die Schüler sollen durchgängig durch alle Klassenstufen und Schularten ein Gefühl für ihren Körper entwickeln. Durch das praktische Ausführen und das theoretische Wissen, können sie sich wichtige Inhalte der Bewegung, Spiel- und Sportkultur erschließen. Konkret beschreibt der Bildungsplan Baden-Württemberg bei der Bewegungskompetenz der Allgemeinbildenden Schulen:

- Alters- und entwicklungsgemäße konditionelle Anforderungen bewältigen,
- koordinative Fähigkeiten und technische Fertigkeiten anwenden,
- Bewegung gestalten und sich durch Bewegung ausdrücken,
- grundlegendes Fachwissen (zum Beispiel taktische Kenntnisse) in sportlichen Handlungsfeldern anwenden und sachgerecht nutzen *(Siehe 4.) Bildungsplan Baden-Württemberg Sport)*.

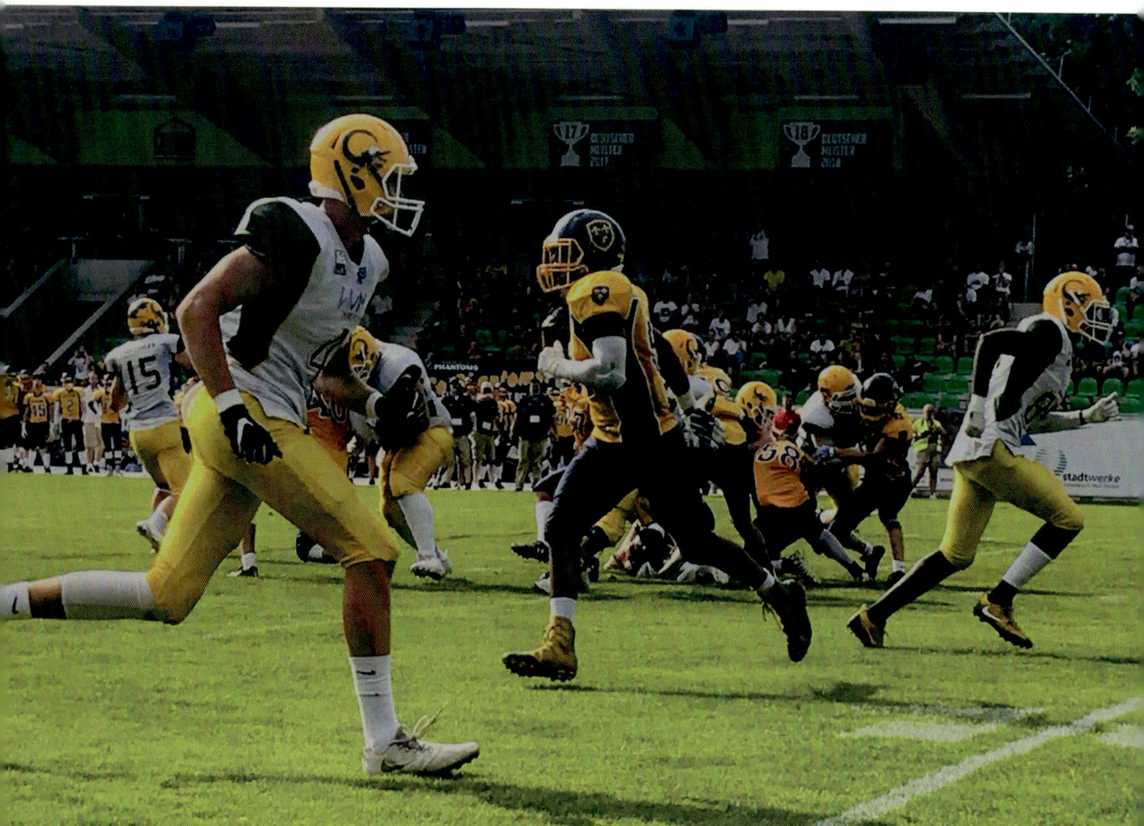

Abb. 13: Jugendspieler beim Junior Bowl 2019

3.1 BESONDERHEITEN DES SPORTUNTERRICHTS

Der Sportunterricht in der Schule bringt Vor- und Nachteile mit sich. In der Grundschule werden im normalen Schulalltag noch vereinzelte Bewegungselemente eingebaut, um auf den Bewegungsdrang der Kinder einzugehen, wie zum Beispiel „bewegte Pausen". Spätestens in den höheren Klassenstufen wird dieses Angebot weniger. Der Sportunterricht wird für die Kinder als willkommener Ausgleich angesehen, um sich körperlich zu betätigen und angestaute Energie loszuwerden. Viele Kinder und Jugendliche schätzen den Sportunterricht, da sie Bewegungsimpulse erleben und nach häufigem Frontalunterricht die Möglichkeit erhalten, miteinander ins Spiel zu kommen. Sie erlernen Kooperation und verinnerlichen Regeln. Im Wesentlichen können sie im Sport Stress und Spannungen abbauen und werden dabei ganzheitlich gefördert. Des Weiteren können Schüler mit sehr guten sportlichen Kompetenzen im Sport Erfolgserlebnisse gewinnen.

Dennoch gibt es einige Aspekte, warum sich Kinder und Jugendliche nicht gerne sportlich betätigen und dem Unterricht lieber ausweichen möchten. In der Grundschule wird Sport häufig noch mit dem gesamten Klassenverbund durchgeführt. In den weiterführenden Schulen werden Jungen und Mädchen im Unterricht getrennt, um geschlechtsspezifischen Bedürfnissen und körperlichen Anforderungen gerecht zu werden. Diese Trennung ist häufig sinnvoll, da Jungen und Mädchen teilweise unterschiedliche Entwicklungsschritte und körperliche Leistungen aufzeigen. In der Pubertät kommt das Schamgefühl dazu, sodass am liebsten gar kein Sport betrieben werden möchte, um sich nicht zu blamieren oder ausgelacht zu werden.

Sich das bewusst zu machen, ist für Lehrer, Trainer und Übungsleiter wichtig. Sie sollten mit Empathie und einer positiven Steuerung des Unterrichts an die einzelnen Inhalte herangehen und Kinder und Jugendliche für Sport begeistern. Im Bereich der Schule ist das nicht immer machbar bzw. bestimmte Kriterien geben eine klare Struktur vor. Die Kinder werden im Sport bewertet und in regelmäßigen Abständen benotet. Kinder mit körperlichen Schwächen erleben dabei Frust und Unmut. Betrachten wir das Beispiel von Kindern, die übergewichtig sind: Sie werden häufiger im schnellen Rennen eine Herausforderung erleben. Lässt man ihnen jedoch im Wahlfachbereich beim Kämpfen mit- und gegeneinander Raum, können sie sich positiv behaupten. Sie erfahren Bestätigung und können ihren Selbstwert weiter entwickeln. Deshalb ist es wichtig, Unterricht zu entwickeln, der einerseits die allgemeinen Anforderungen erfüllt und auf individuelle Gegebenheiten Einzelner und der gesamten Klasse eingeht. Generell ist es für Lehrkräfte keine einfache Aufgabe, da sie neben Sport noch weitere Unterrichtsfächer in den einzelnen Klassen vorbereiten müssen.

Einige Kritiker heben hervor, dass der Lehrplan ggf. zu veraltet ist und an einzelnen Sportarten festhält, die nicht mehr zeitgemäß sind und Kindern und Jugendlichen mehr oder minder zu langweilig sind. Häufig werden zu eintönige didaktische und methodische Inhalte benannt und dass zum Beispiel zum Aufwärmen nur Runden gelaufen werden, anstatt neue Aufwärmspiele einzuführen.

Häufig werden Trendsportarten bei den Kindern und Jugendlichen gut angenommen, da sie am Puls der Zeit sind und die Kinder und Jugendlichen bei neuen Inhalten neugierig und interessiert sind. Kinder und Jugendliche schätzen es, in ihrer Peergroup Trends zu erleben, und betrachten neue Inhalte differenzierter und mit einem höheren Stellenwert. Es beginnt zum Beispiel schon mit einer passenden Songauswahl für den Bereich Tanzen. Kinder und Jugendliche werden automatisch besser mitmachen, wenn sie ihren Lieblingssong vorher auswählen und abstimmen durften. Trendsportarten haben einen besonderen Aufforderungscharakter, der sich zunutze gemacht werden kann. Stehen Kinder und Jugendliche der allgemeinen Routine häufig verhalten gegenüber, möchten sie sich bei Trendsportarten einbringen und ausprobieren. Kinder und Jugendliche kommen heutzutage nicht mehr mit der gleichen sportlichen Kompetenz und Entwicklung an die Schule oder in die Vereine, wie es noch vor 30

Jahren üblich war. Die klassische „Straßenspielkultur" gibt es nicht mehr. Diese Kultur wurde genutzt, um Ballspielen, Bewegungsspielen und der freien Bewegung nachzukommen. Sie konnten dadurch spielerisch erlernte Kompetenzen aus dem Sportunterricht vertiefen oder umgekehrt, in den Sportunterricht einbringen. Ein Beispiel: Konnten Kinder früher im Kindergartenalter bereits Bälle relativ sicher fangen, muss diese Kompetenz zumeist in der Grundschule erst grundlegend erlernt und/oder weiter wiederholt und vertieft werden. Aus diesem Grund haben sich vor vielen Jahren verschiedene Bewegungsprogramme, wie zum Beispiel die Ballschule der Universität Heidelberg, gegründet und auf dem Markt etabliert.

Das Bild der Schule hat sich ebenfalls im Lauf der Zeit verändert. Gab es früher die klassische Halbtagsschule, so nehmen jetzt die Ganztagsschulen zu. Dabei ist es erst mal irrelevant, um welche Form es sich handelt. Die Veränderungen im Schulwesen haben zu Veränderungen in den Sportvereinen geführt. Viele Vereine haben ihre Programme am Nachmittag durchgeführt und haben vor Jahren festgestellt, dass sie immer weniger Kinder und Jugendliche für ihr Angebot gewinnen können, da die Kinder am Nachmittag Schulunterricht haben. Die Sportvereine waren ebenfalls angehalten, auf die Veränderungen in der Gesellschaft einzugehen und ihre Konzeption weiterzuentwickeln. Die Ganztagsschulen werden weiterhin zunehmen, vor allem wenn es in den einzelnen Bundesländern den verbindlichen Rechtsanspruch auf einen Platz in einer Ganztagsschule geben wird. Der Rechtsanspruch wird stufenweise ab dem Schuljahr 2026/2027 eingeführt; es handelt sich dabei um einen Acht-Stunden-Tag, der an fünf Tagen die Woche stattfindet.

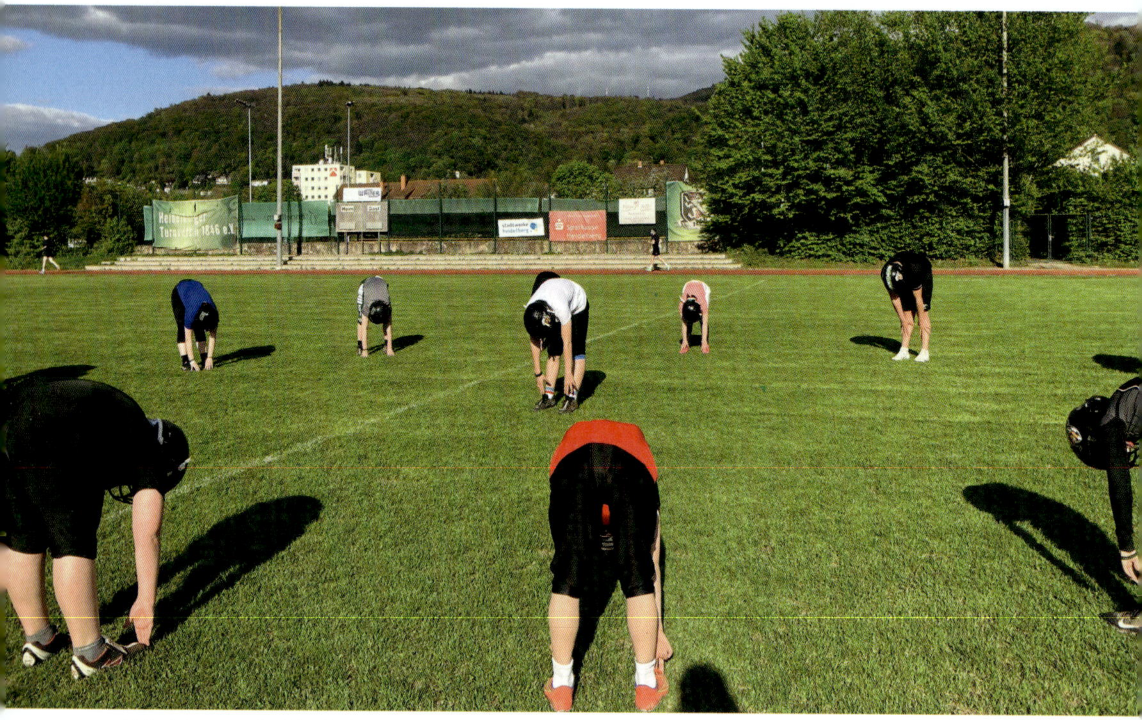

Abb. 14: Jugendspieler beim Training

3.2 SPORT IM GANZTAGSZUG UND IN SPORT-AGS

Es gibt viele Sportvereine, die sich in einzelnen Schulen mit Angeboten für Kinder und Jugendliche einbringen. Gerade im Ganztagszug ist es wichtig und relevant, da die Zielgruppe die Mehrzahl des Tages in der Schule verbringt und die Sportstunden ihr somit eine sportliche Abwechslung bietet. Aber auch Halbtagsschulen bieten AGs an, um Schule als erweiterten Lernort auszugestalten. Sportbünde haben auf die Veränderungen und den Wandel der Zeit reagiert und bieten zum Beispiel im Rahmen der Übungsleiter-B-Ausbildung ein Profil mit dem Schwerpunkt „Sport an der Ganztagsschule" an. In der Ausbildung werden wichtige Faktoren zum Bildungsort Schule aufbereitet und die Ganztagsschule steht genauer im Fokus. Es werden dabei die Formen von Ganztagsschulen aufgezeigt und ihre Unterschiede. Einen weiteren Raum erhalten die Finanzierungsmöglichkeiten, welche in der Schule und im Verein genutzt werden können. Des Weiteren finden viele Angebote in der Regel am Nachmittag statt und die Gruppen werden mit Schülern aus unterschiedlichen Klassen zusammengestellt. Es ist wichtig zu wissen, was Kinder und Jugendliche in diesen Stunden benötigen und auf was pro Alter und Klassenstufe zu achten ist. Der große Vorteil ist, dass die individuelle Sportart und die entsprechende C-Trainer-Lizenz wesentlich vernetzt werden kann und ihren eigenen Raum bekommt. So kann in den Schulen ein breites Angebot entstehen, aus dem die Schüler passend auswählen können. Die Ausbildung soll den Schulen Unterstützung im Rahmen des rhythmisierten Schulalltags bieten und kann als weitere Einsatzmöglichkeit bei Sportfesten angewandt werden. Vereine und Schulen kooperieren miteinander und die einzelnen Trainer und Übungsleiter werden Bindeglied zwischen Schule und Verein. Vereine können sich präsentieren und zu den Lehrern, Eltern und Schülern wird eine positive Bindung aufgebaut.

In Berlin-Brandenburg gibt es bereits ein positives Beispiel und deutschlandweit entwickeln sich aktuell viele Projekte. Dort hat der Landesverband American Football vor Ort einen Hauptamtlichen eingestellt, der sich komplett nur um das Thema „Flag Football" und die Organisation von AGs in den Schulen kümmert. Um nachhaltig zu agieren, bildet er die entsprechenden Lehrkräfte aus, um den Sport flächendeckend an die Schulen zu bringen. Der letzte Punkt ist sehr vorteilhaft. AGs werden in den Schulen häufig am Vormittag oder am frühen Nachmittag benötigt. Die meisten Trainer in den Vereinen arbeiten ehrenamtlich und gehen noch einer Arbeitsstelle nach und können die frühen AG Stunden nicht leisten. Die Kombination mit Lehrkräften ist ein Vorteil in der Kooperation.

In Schwäbisch Hall haben die Unicorns die Unicorns Academy gegründet. Zusammen mit dem Evangelischen Schulzentrum Michelbach (ESZM) sind sie für die sportliche und schulische Ausbildung der Schüler verantwortlich. Die Schüler können ab Klassenstufe 8 in das Programm aufgenommen werden. Vor Ort können sie in einem Internat leben, sie bekommen wöchentlich sechs Schulstunden „American Football"-Training, die in der Ganztagsschule eingebettet sind. Das Programm wird von jungen Spielern sehr gerne angenommen. Es bietet den jungen Spielern die Möglichkeit, sich verstärkt mit dem Sport auseinanderzusetzen. Durch die intensive Arbeit können sie für die U19-Nationalmannschaft oder für einen späteren Karriereweg in einem hochklassigen Team qualifizieren. Darüber hinaus gibt es auch Schul-AGs, die so gut von Kindern und Jugendlichen angenommen wurden, dass daraus ein komplett spielfähiges

Team entwickelt wurde. Ein positives Beispiel sind die Düsseldorf Typhoons. Sie wurden 2005 gegründet und haben Schritt für Schritt den Aufstieg in die höchsten Spielklassen geschafft.

Immer mehr ELF- und AFVD-Teams gehen mittlerweile Kooperationen ein und arbeiten zusammen, um den Sport flächendeckend zu fördern. Zuletzt haben die Düsseldorf Panther und Rhein Fire ihr gemeinsames Flag Football Projekt „Firecats" veröffentlicht. Aber auch in Stuttgart bündelt das ELF Team Stuttgart Surge und die AFVD Mannschaft Stuttgart Scorpions ihre Expertisen in einer angekündigten Zusammenarbeit.

Des Weiteren eignen sich flächendeckende Trainingscamps mit bekannten Footballgrößen und auch deutschen NFL-Spielern wie zum Beispiel das Surge Youth Camp mit Jakob Johnson oder die 24/7 American Football School Camps, um Kinder und Jugendliche zu fördern.

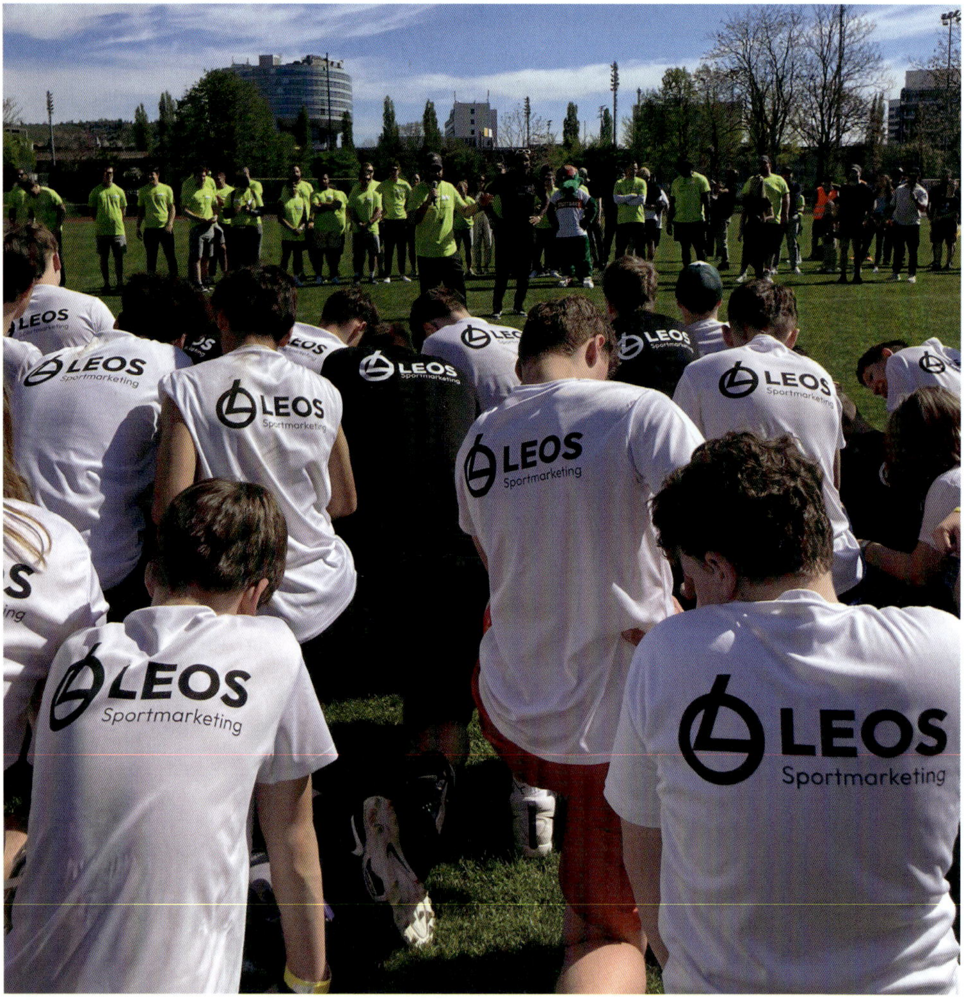

Abb. 15: Jugendspieler beim Jakob Johnson Youth Camp

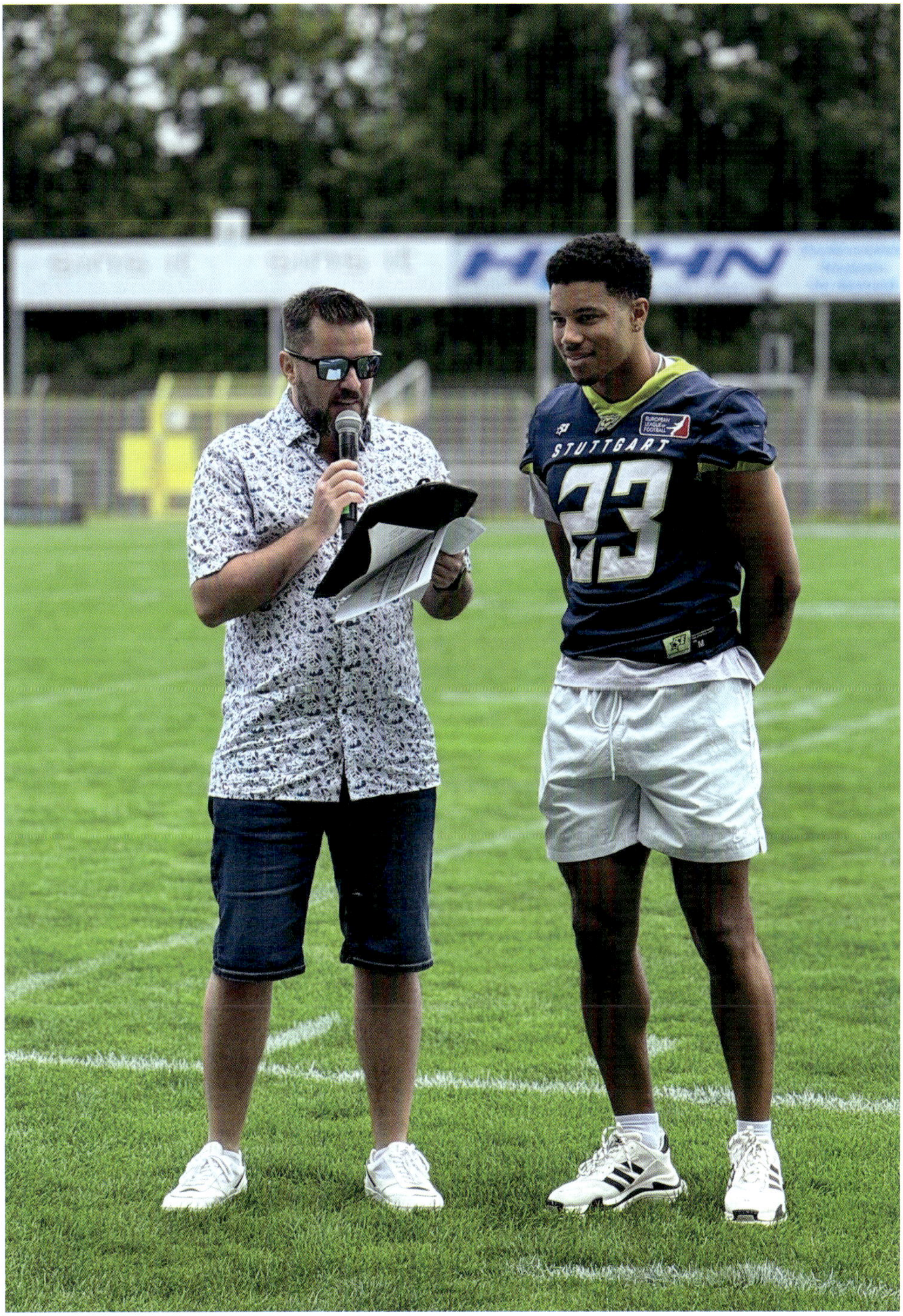

Abb. 16: Marcel Dabo ist auch jetzt noch mit den Vereinen vor Ort verbunden und besucht sie regelmäßig. Hier im Gespräch mit Stuttgart Surge Moderator Sebastian Menzel.

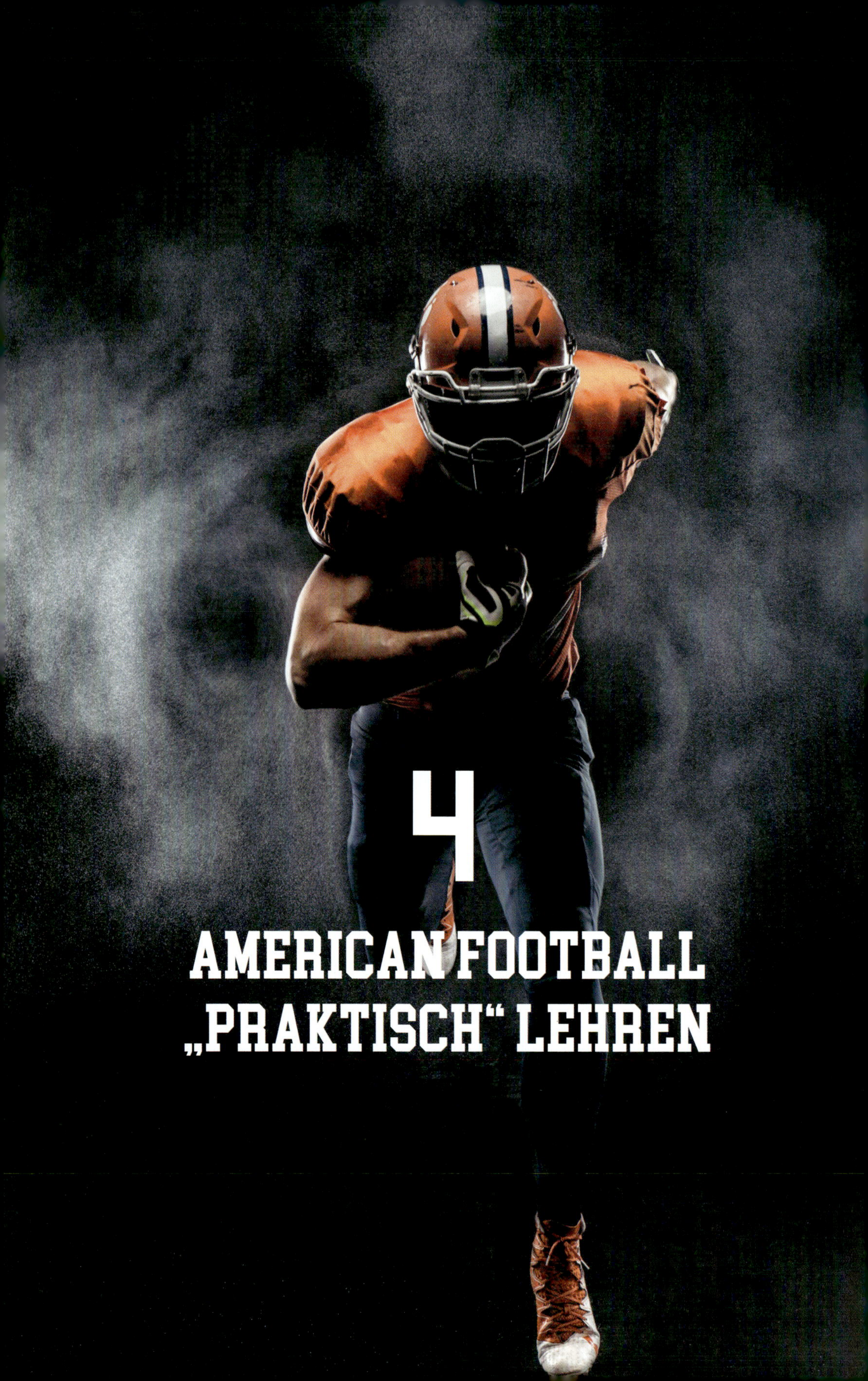

4 AMERICAN FOOTBALL „PRAKTISCH“ LEHREN

In einigen Sportarten kommen Teams mit wenig Trainern aus; im American Football ist das komplette Gegenteil der Fall. In der Regel sollte jede Positionsgruppe von einem Trainer begleitet werden, darüber hinaus gibt es je einen Coordinator für die Offense und die Defense. Einige Teams haben dazu noch einen Trainer für die Special Teams, einen Strength & Conditioning Coach und eine Person, die sich um die Statistik oder das Scouten von Videomaterial kümmert. Der Headcoach hat den Gesamtüberblick; er gibt die Richtung für alle Trainer vor und arbeitet in enger Kooperation mit allen Trainern zusammen.

Das Schaubild vermittelt einen entsprechenden Überblick:

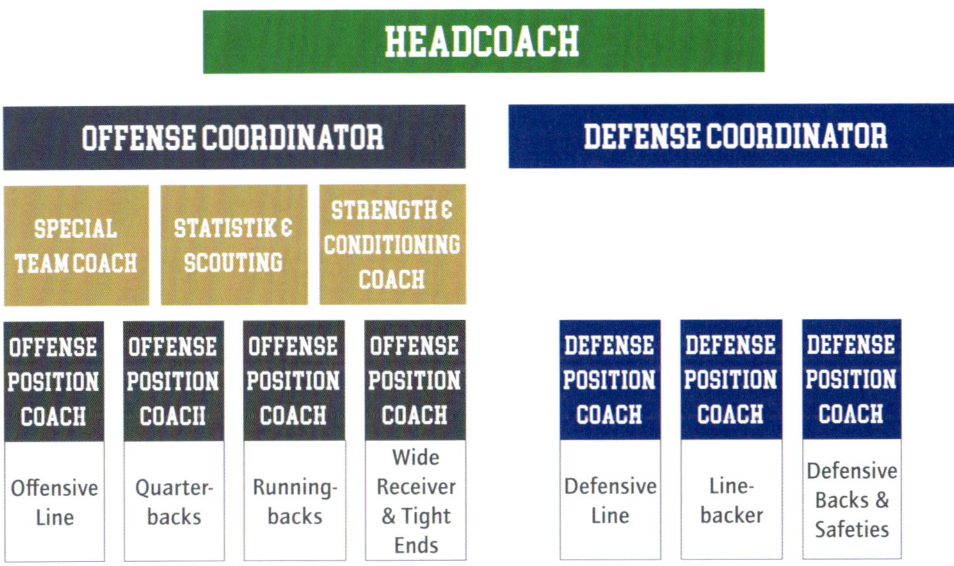

Der Überblick vermittelt ein sogenanntes Soll-Bild. In der Realität zeigt sich das Bild mit unterschiedlichen Facetten und Variationen. In den höchsten Spielklassen, zum Beispiel in der ELF und der GFL, finden sich teilweise noch mehr Trainer, da noch kleingliedriger gearbeitet wird. Dort gibt es zum Beispiel Coaches, die sich nur um die „Inside“-Linebacker kümmern. Ebenso ist das Statistik- und Scouting-Team durch weitere Personen vergrößert. In den niedrigeren Spielklassen sieht die Coaches-Situation anders aus. Dort haben einzelne Coaches häufiger eine Doppelfunktion inne; zum Beispiel trainiert der Offense Coordinator zeitgleich ggf. noch die Quarterbacks. Der Headcoach übernimmt zeitgleich die Special Teams und die Statistik bzw. er ist dort parat, wo er benötigt wird. In Anlehnung an das Schaubild, ist auch die Trainer Ausbildung aufgebaut. Die C-Trainer-Lizenz ist gedacht, um als Position Coach zu agieren. Die B-Lizenz ist für Koordinatoren (Coordinators) und die A-Lizenz für Headcoaches ausgelegt. Häufig sind jedoch die einzelnen Trainerposten in Teams ganz unterschiedlich belegt. Das liegt an der Menge der Coaches, die der Sport allgemein benötigt. Es werden eine Vielzahl an Trainer pro Jahr ausgebildet, aber es scheiden Trainer aus verschiedenen Gründen auch wieder aus oder wechseln das Team.

In höheren Spielligen gibt es eine Menge Coaches aus den USA. Teilweise haben sie ihren Lebensmittelpunkt komplett nach Deutschland verlegt oder sind über die Saison für sechs bis acht Monate in Deutschland tätig und fliegen über die Offseason wieder zurück in die Heimat. Viele US-Coaches müssen sich mit der Aufnahme ihrer Trainertätigkeit umstellen. Sie sind differenziertere System aus den USA gewohnt und sind mit den typisch deutschen Vereinsstrukturen erst mal nicht vertraut, vor allem, wenn deutsche Spieler arbeiten und den Sport primär nur als Hobby nebenher betreiben. Eine Vielzahl der US-Trainer gewöhnt sich mit der Zeit daran und sie können ihren Mehrwert kooperativ vermitteln. In den einzelnen höherklassigen Footballteams gibt es des Weiteren US-Import-Spieler, die einen Arbeitsvertrag mit den Footballteams abschließen. Neben ihrer Spielertätigkeit, haben sie den Vertragspassus, dass sie in den einzelnen Jugendteams als Trainer aushelfen. Dies hat einen positiven Nebeneffekt; es sind ausreichend Trainer vorhanden und Kinder und Jugendliche nehmen diese Spieler mit ihrer Vorbildfunktion besonders wahr. Die Größe des Trainerstabs lässt die Frage aufkommen, ob nicht zu viele Köche die Suppe versalzen?. Diese Frage ist berechtigt im Rahmen der Struktur, Prozess und Ergebnisqualität. Selbstverständlich benötigt es ein ausgearbeitetes Organigramm, regelmäßige Treffen und eine detaillierte Feinabstimmung, welche Aufgaben von jedem einzelnen Coach bearbeitet werden sollen. Es gibt auch immer Teams, die mit weniger Personen hervorragende Arbeit leisten, aber auch hier spielen die oben genannten Punkte eine wesentliche Rolle. Teilweise haben sich die Headcoaches ein besonderes System überlegt, um ihr Coaching effizient zu verbessern. So gibt es Teams, die ihren Team Captains der einzelnen Positionsgruppen eine besondere Aufgabe zuweisen und somit Unterstützung im Training erhalten. Des Weiteren gibt es „Spielertrainer"; d. h., ein Team wird gecoacht und zeitgleich steht die Person auch als Spieler auf dem Platz. Es gibt positive Beispiele, jedoch auch Teams oder Einzelpersonen, die davon abraten. Häufig wird die Doppelbelastung zu viel und ein differenziertes Bild ist während des Spiels kaum gegeben, wenn der Coach selbst in die einzelnen Spielzüge eingebunden ist. Es ist Meinungssache und Philosophie der einzelnen Teams und der betroffenen Personen.

Wichtig sind eine regelmäßige Kommunikation und ein detaillierter Jahresplan, indem „vom Groben ins Feine" geplant wird, damit jeder einzelne Coach seine Tätigkeit passend zu seinen Stärken ausüben kann. Sinnvoll ist es auch, zeitliche Puffer einzuplanen, um individuelle Aufgaben ergänzen zu können. In der Regel bestehen „American Football"-Teams je nach Liga aus einer hohen Anzahl an Spielern; manche Teams bringen es auf Kadergrößen von 35 bis 60 Spielern. Manche Teams sind jedoch auch erst im Aufbau oder haben generell mit Spielermangel zu kämpfen. Unabhängig von der Anzahl der Spieler ist es sinnvoll, seine Spieler und deren berufliche und familiäre Situationen zu kennen. Es kann dadurch besser auf bestimmte Situationen reagiert werden. Wenn zum Beispiel Feiertage oder lange Wochenenden anstehen, fahren viele Studenten in die Heimat, um ihre Familien zu besuchen. An diesen Tagen sollte ggf. nicht unbedingt die Einführung eines neuen Spielzugs eingebracht werden, da eine große Anzahl von Spielern nicht zur Verfügung steht. Mittlerweile gibt es auch hilfreiche Team-Apps, die dabei helfen, eine Übersicht zu erhalten, wann welche Sportler anwesend sind und welche Trainingsbeteiligung zu erwarten ist.

In vielen „American Football"-Teams gibt es Kinder-, Jugend-, Herren- und Damen-Teams. Hier wäre die Überlegung sinnvoll, ob in allen Teams das gleiche System gespielt werden soll, dass je nach Alter der Athleten entsprechend vereinfacht bzw. differenziert werden kann. Der Vorteil eines einheitlichen Systems mit einfachen Abstufungen ist, dass es den einzelnen Sportlern leichter gemacht wird, den Transfer vom Kinder- zum Jugend- und vom Jugend zum Erwachsenenbereich zu vollziehen.

Des Weiteren vereinfacht ein einheitliches System auch das Aushelfen von einzelnen Coaches in anderen Teams. Dennoch bedarf es einer detaillierten Beobachtung und Kommunikation und es sollten die Vor- und Nachteile abgewägt werden. Es gibt die berechtigte Kritik, dass ein bestimmtes Spielsystem ggf. einem Team und einzelnen Spielern vorgegeben wird, die ggf. ihre Stärken ganz woanders zeigen. Eine Umstellung des Playbooks würde zu einer Stärkenorientierung bei den Spielern führen, die sich dadurch effektiver präsentieren können. Denn nicht jedes System passt zu jedem Spieler und das Festhalten an einem System kann dauerhaft zu Frust beim Coaching Staff und bei den Spielern führen. Natürlich gibt es den relevanten Einwand, dass jeder Spieler alles lernen kann. Jedoch stellt sich hier die Frage, ob es um jeden Preis sein muss.

Der Versicherungsschutz und die Sicherheit der anvertrauten Spieler nimmt einen besonderen Stellenwert ein. Jeder Trainer muss sich bewusst sein, dass er sein Team und seine Spieler nach dem modernsten Fachwissen trainiert und sie keinen schwerwiegenden und fahrlässigen Gefahren und entsprechenden Übungen aussetzen darf. Sollte es zum Beispiel in einem Training zu einem schwerwiegenden Unfall kommen, wie etwa eine Querschnittslähmung, muss unter Umständen mit einer Anzeige gerechnet werden. Vor Gericht würde die komplette Trainingssituation genauer angeschaut werden, um ggf. das Urteil zu fällen. Dabei spielen einige wesentliche Haftungsfragen eine wichtige Rolle: Lizenz des Trainers, fachliche Anleitung und Durchführung des Drills, Management möglicher Gefahrenquellen, Überwachung des Drills usw. Der komplette Katalog wird dabei Punkt für Punkt durchgegangen. Können die Coaches dabei bestimmte Punkte praktisch und theoretisch belegen, sind sie auf der sicheren Seite und ein Unfall kann ggf. als unglückliches Ereignis eingestuft werden. Anders sieht es aus, wenn zum Beispiel bewusst ein Anfänger gegen einen fortgeschrittenen Spieler in einer „1:1"-Tackling-Übung gestellt wird und daraus eine Verletzung resultiert. Hier muss der Trainer argumentieren, warum er so gehandelt hat. Er hätte wissen müssen, dass in einer solchen Konstellation ein Unfall passieren kann. Zusätzliche Programme, wie zum Beispiel ein Rookieprogramm oder ein spezifisches Anfängertraining, unterstützen die Arbeit von Trainern.

4.1 DIE AKTUELLE SITUATION IN DEN VEREINEN

Es gibt eine Vielzahl an „American Football"-Teams, die seit Jahren eine gute und qualitative Arbeit leisten. Sie stellen Kinder-, Jugend-, Herren- und Damenteams bereit und engagieren sich größtenteils im Ehrenamt. Viele der Teams bestehen bereits seit Jahren und sie sind stets bemüht, sich sportlich und organisatorisch weiterzuentwickeln. Eine erfreuliche Tendenz, die den Sport voranbringt. Dennoch gibt es auch immer wieder kritische Situationen, die einen Verein in eine Schieflage bringen können. Situationen führen dazu, dass einzelne Mitglieder den Verein verlassen, um ein neues „American Football"-Team zu gründen. Es ist ein nachvollziehbarer Aspekt, wenn grundlegend ein qualitatives Konzept entwickelt wird und nach diesem agiert wird. In einigen Beispielen ist das nicht der Fall und das Gegenteil ist eingetreten. Grundsätzlich ist es somit sinnvoll, Manpower und Expertise zu bündeln und über streitführende Inhaltspunkte hinwegzusehen. Ein starkes Team und ein starker Verein haben mehr Ressourcen als zwei bis drei Teams in mäßiger Mittelklasse.

Viele Teams müssen in einem besonderen Ausmaß neue Spieler suchen und auch für ehrenamtliche Helfer werben. Eine aussagekräftige Website, Social-Media-Präsenz und eine gute Öffentlichkeitsarbeit sind zwingend notwendig, um den Sport ein Gesicht zu geben. Denn nur dann werden potenzielle Spieler, Helfer, Funktionäre, aber auch neue Sponsoren angesprochen, um den Sport entsprechend zu fördern.

Flag Football wird 2028 erstmals bei Olympia in den USA gespielt werden. Eine erfreuliche Entwicklung, die dem Sport viele positive Attribute bringt. Es können u. a. Fördermittel beantragt werden, um weitere wichtige Schritte der (sportlichen) Entwicklung einzuleiten. Die NFL zeigt ebenso eine sehr hohe Bereitschaft, um für Flag Football zu werben und den Sport weltweit zu präsentieren. Auf der ganzen Welt gibt es nun sogenannte „NFL Flag Football"-Botschafter, um den Sport gemeinsam voranzubringen. In Deutschland präsentieren u. a. Mona Stevens (Nationalteamspielerin, Moderatorin), Sebastian Vollmer (NFL-Legende), Jakob Johnson (Aktiver NFL-Spieler) und Equanimeous und Amon Ra St. Brown (Aktive NFL-Spieler) und neuerdings Quarterback Benjamin Klever den Sport.

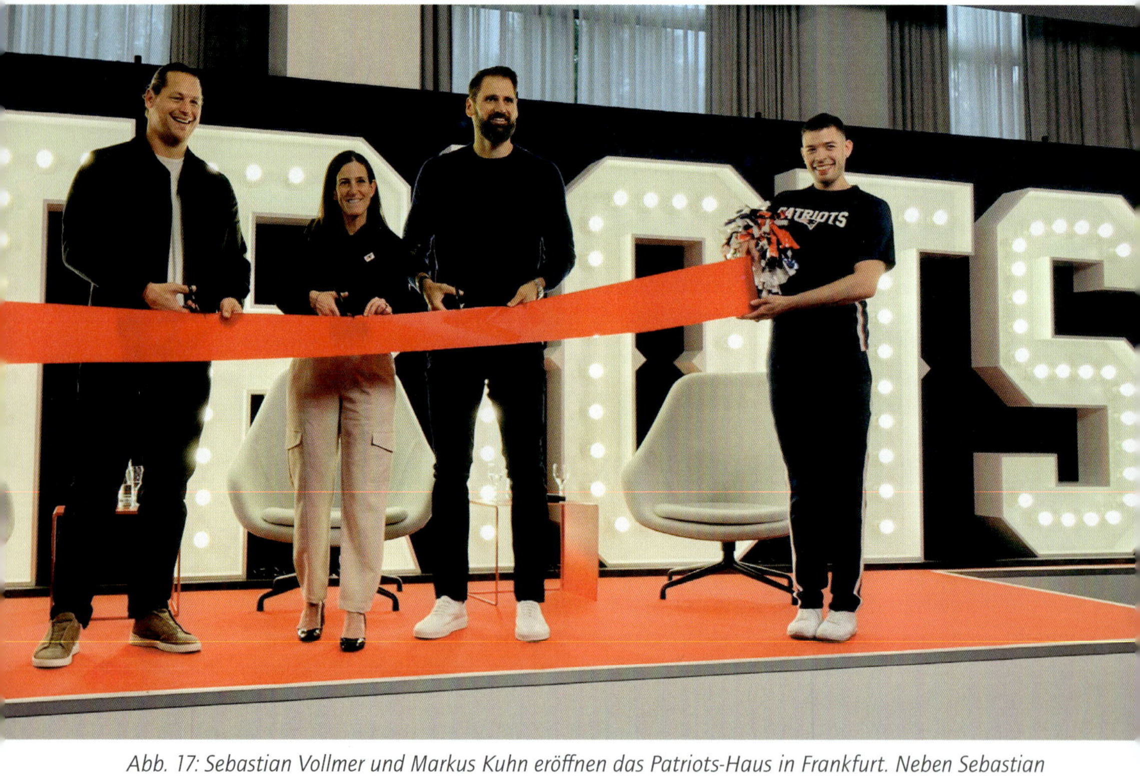

Abb. 17: Sebastian Vollmer und Markus Kuhn eröffnen das Patriots-Haus in Frankfurt. Neben Sebastian Vollmer ist auch Ex-NFL-Spieler Markus Kuhn ein wichtiges Bindeglied im American Football.

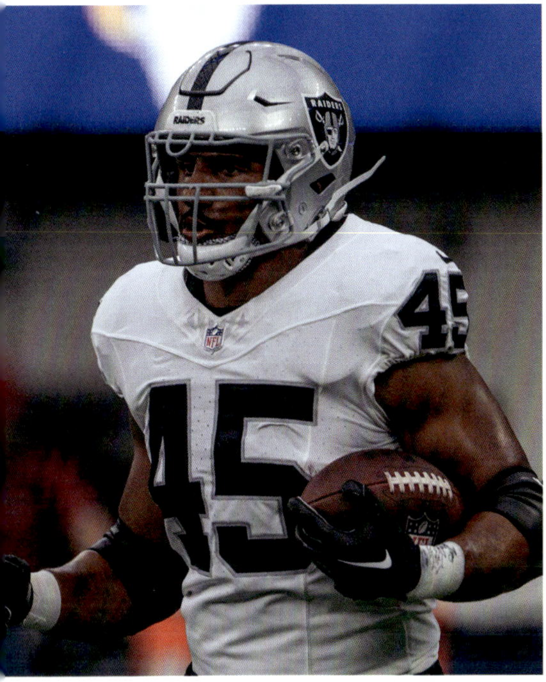

Abb. 18: Jakob Johnson (© picture alliance/dpa | Maximilian Haupt)

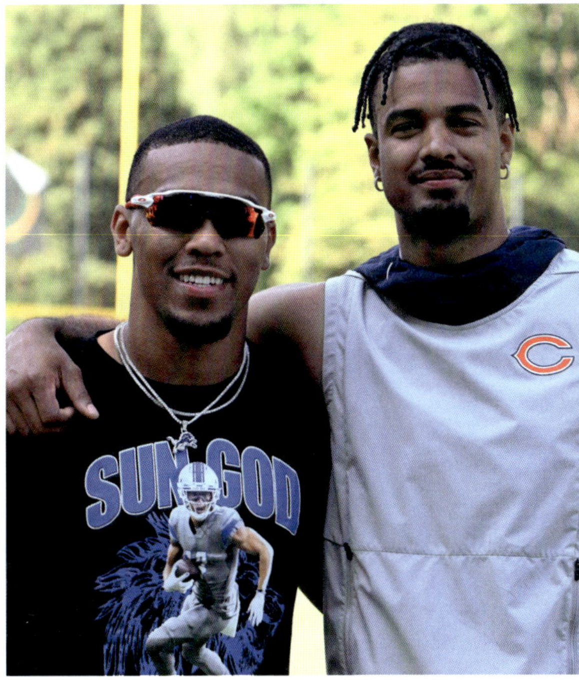

Abb. 19: Equanimeus St. Brown (re) und sein Bruder Amon Ra St. Brown (li) (© picture alliance/dpa | Federico Gambarini)

4.2 DIE MACHT DER ROOKIES (NEUANFÄNGER)

In den vergangenen Jahren hat American Football viele neue Interessierte in die Vereine gebracht. Zumeist verteilt es sich über das ganze Jahr, jedoch gibt es häufig kurz nach dem „Superbowl" im Februar eine verstärkte Zunahme. In den Vereinen gibt es unterschiedliche Grundsituationen; manche Teams spielen in höheren Ligen, in denen Neuanfänger zunächst keine Möglichkeit haben, eingesetzt zu werden. Sie stellen jedoch eine zweite Mannschaft, in denen Neuanfänger oder kürzlich gewechselte Jugendspieler zum Zuge kommen können. Teams, die noch kein Konzept für neue Spieler haben, sollten sich zum Einstieg von Rookies/ Neuanfängern umfangreiche Gedanken machen. Der Aufwärtstrend kann sich zunutze gemacht werden und es sollte ein qualitativer Einstieg ermöglicht werden. Der Umgang mit Rookies kann auf zweierlei Ebenen eine Herausforderung sein. Auf der einen Seite sind neue Spieler interessiert, motiviert und möchten American Football lernen. Auf der anderen Seite stehen die erfahreneren Spieler, die in ihrer Spielerentwicklung ebenfalls differenziert vorangebracht werden möchten. Beiden Seiten gleichzeitig gerecht zu werden, ist aufgrund der Komplexität des Sportes und der vorherrschenden Rahmenstrukturen nicht immer gegeben. Viele Trainer bleiben mit einem unguten Gefühl zurück. Auf der einen Seite wird die Notwendigkeit an neuen Spielern erkannt, auf der anderen Seite bleibt das Bewusstsein, dass die erfahrenen Spieler ggf. zu kurz kommen.

Kurz vor einer Spielsaison liegt der Hauptfokus auf dem operativen Geschäft und dem Saisonstart. Diese Abläufe haben zunächst Priorität und neue Spieler benötigen Zeit, die neuen sportlichen Inhalte überhaupt erst zu verarbeiten und umzusetzen. Sicherheitsaspekte spielen eine grundlegende Rolle und dürfen nicht unterschätzt werden. Es gibt viele Aspekte, die abschließend neben dem Platz erklärt werden müssen, wie zum Beispiel vereinsorganisatorische Punkte, die Anmeldung im Verein, notwendige Ausrüstung usw.

Das Schaubild erklärt die wichtigsten Ziele eines Rookieprogramms:

Ziele und Inhalte	Umsetzung
Übergeordnete Meilensteine	Grundausbildung im American Football und Entwicklung der sportspezifischen Grundlagen Wissen über Offense, Defense, Special Teams
Aufteilung in	Sportpraktische Ausbildung 2/3 Theoretische Ausbildung 1/3
Hauptaufgaben	Erlernen von theoretischen und praktischen Basics, Entwicklung einer Grundfitness, Erhalt und Förderung der Motivation, Förderung des sozialen Klimas: Kennenlernen aller Trainer, Spieler, Abteilungsvorstände und des Hauptvereins
Aufgaben im koordinativen Bereich	Bereitstellung eines möglichst breiten Aufgabenfeldes, um verschiedene Koordinationsaufgaben zu schulen, zum Beispiel die Gleichgewichtsfähigkeit, Orientierungsfähigkeit
Schulung im Rahmen der Technik	Erstes Kennenlernen verschiedener Techniken, die je nach Positionsgruppe wichtig sind. Das Erlernen von Tackling.
Taktische Ziele	Das Kennenlernen der einzelnen Positionen Eine Übersicht über die Funktion eines Playbooks und einzelner Spielzüge erhalten.
Ziele im Rahmen der Kondition	Beginn der Entwicklung einer allgemeinen konditionellen Basis.
Soziales Miteinander	Abgestimmtes Teamtraining in Form von: - Die Warm-ups absolvieren alle zusammen. - Danach gehen alle in ihre Gruppen bzw. in das Rookieprogramm.
Einsatz von Didaktik & Methodik	Schwerpunkte in jedem Training setzen Logischer inhaltlicher Aufbau, Einsatz von Skripten, Bildkarten, Videos. Stetige Wiederholung. Von einfach zu schwer arbeiten.
Erforderliche Dokumente	Spielerbogen, Feedbackbogen

Es gibt die Möglichkeit, neue Spieler nur zu einem festen Termin im Jahr aufzunehmen und über das weitere Jahr neue Spieler abzulehnen. Nicht jedes Team kann sich das erlauben, außerdem ist es für die allgemeine Entwicklung des Sports kontraproduktiv. Somit lohnt es sich, in den Trainer-Sitzungen ein Konzept für die Rookies zu entwickeln. Die Vorteile liegen auf der Hand: Spieler können jederzeit einsteigen und werden umfangreich vorbereitet. Das Training kann zeitgleich mit den anderen Teams auf dem Platz stattfinden, um ein Zugehörigkeitsgefühl zu gewährleisten und den allgemeinen „Spirit" zu nutzen. Es ist ein fester Coach für das Rookieprogramm verantwortlich und es wird wie eine Positionsgruppe gewichtet. Über das Konzept sollen die teilnehmenden Sportler mehr als die Hälfte Praxis aber auch einen größeren Anteil Theorie erleben. Es wird ein Mindestmaß für das Training erfüllt, durch die Konzeption können erfahrene Spieler kontinuierlich weitertrainiert werden und eine spätere Zusammenführung wird qualitativ vernetzt. Es werden alle Spielpositionen vorgestellt und es ist eine breitere Übersicht und Vorstellung gegeben. Die neuen Sportler können sich unterschiedlich ausprobieren und finden ggf. durch ihre Stärken oder ihr bestimmtes Talent schneller eine passende Position. Das Programm beachtet sicherheitsrelevante Punkte und es wird sichergestellt, dass das Tackling schrittweise nähergebracht wird.

Die Länge des Programms kann je nach Verein, Zielsetzung und der Philosophie variieren. Eine Mindestlänge an 14 bis 16 Einheiten mit ca. zwei Zeitstunden sollten festgelegt werden, um eine gewisse Qualität und Kontinuität zu gewährleisten. Erst nach Durchlauf des Programms und nach einer gemeinsamen Übergabe können die Spieler in das normale Training wechseln. Für alle Seiten kann festgehalten werden, dass ein Grundwissen auf allen Ebenen vorhanden ist. Das Training wird ohne Ausrüstung durchgeführt; mit dem Voranschreiten des Programms kann die (Leih-)Ausrüstung individuell angepasst werden. Durch das langsame Heranführen können wichtige Basisziele umgesetzt werden, zum Beispiel: die Koordination, Technik, Taktik, Kondition und die psychischen Aspekte können hervorgehoben werden. In jeder Position können grundlegende Übungen bereitgestellt werden. Es ist sinnvoll, Combine-Werte zu erheben, um die sportliche Entwicklung der einzelnen Spieler zu dokumentieren. Ein Combine ist eine Art Testverfahren, in dem verschiedene Werte erhoben werden. Dazu gehören 40 Yards zu rennen, Bankdrücken, Weitsprung, Three Cone Drill und einige andere. Am Ende des Programms kann mit den Spielern ein gemeinsamer Abschluss vollzogen werden. Das Programm wird reflektiert, Leistungswerte besprochen und die Spieler können in das normale Training wechseln.

Ein Skript hilft den Sportlern durch das Programm. Im Skript können mehrere Inhalte aufbereitet werden. Neben einem Vorwort der Trainer des Vereins können folgende Punkte aufgegriffen werden: Organigramm des Vereins mit allen Ansprechpartnern, Anmeldebogen, Kosten und Trainingszeiten; ein Ablaufplan für das Rookie-Programm, ein Spielerkodex und ein Spielerbogen für alle relevanten Informationen. Ein Feedbackbogen zur Auswertung und Sicherung des Programms, ein Dokument zum Datenschutz und bei Jugendspielern alle relevanten Informationen zur Aufsichtspflicht, Schutzkonzept und Ehrenkodex runden das Konzept ab.

Schaubild des Rookieprogramms mit einzelnen Stundeninhalten:

ROOKIEPROGRAMM STUNDENINHALTE

PRAXIS		THEORIE	
ALLGEMEINE LAUFSCHULE PASSEND FÜR ALLE POSITIONEN	VORSTELLUNG POSITION QUARTERBACK WERFEN	ORGANISATORISCHES THEORIESTUNDE ZU ALLEN POSITIONEN	THEORIE & FILM „HEADS UP" ZUM SICHEREN TACKLING
POSITION WIDE RECEIVER	POSITION DEFENSIVE BACKS	THEORIESTUNDE ZU ALLEN POSITIONEN	PLAYBOOK & TERMINOLOGIEN ALLGEMEIN
POSITION DEFENSIVE LINE OFFENSIVE LINE	POSITION RUNNINGBACKS LINEBACKER	TACKLING IN THEORIE & PRAXIS	TACKLING IN THEORIE & PRAXIS
COMBINE-WERTE		FEEDBACK ZUM ROOKIEPROGRAMM EINZELGESPRÄCHE ÜBERGABE IN DAS REGULÄRE TRAINING	

Das Schaubild zeigt ein Beispiel zur Ausgestaltung der einzelnen Stunden und Inhalte auf. Zu Beginn werden das Aufwärmen und die allgemein sportlichen Inhalte vermittelt, um direkt in eine Einheit zu den Quarterbacks überzugehen. Es kann mit allen Teilnehmern das Werfen und Fangen geübt werden. In der zweiten Stunde bietet es sich an, die Position der Wide Receiver einzubringen. Der Vorteil ist, dass Laufrouten geübt werden können. Wenn Defensive Backs in der dritten Einheit hinzu kommen, können zum Schluss bereits kleine Spielsettings stattfinden. Theorie und Praxis sollte im Wechsel stattfinden, um Abläufe transparent zu gestalten und dem Skript gerecht zu werden.

Zuletzt erhält dieses Skript noch eine Übersicht zur Terminologie des Sports, so kann von Anfang an eine Fachsprache vermittelt werden. Das Skript kann je nach Fülle bis zu 50 Seiten betragen. Die Entwicklung des Konzeptes ist intensiv und wird dem Nutzen und den Kosten gegenübergestellt. Durch die Investition in das Programm, werden Sportler qualitativ in den Sport eingeführt. Haben Spieler mehrere Teams im Blick, kann das Programm den Zuschlag beschleunigen, dass Spieler überhaupt erst überzeugt sind. Ist das Konzept entwickelt, kann es durchgängig durch alle Mannschaften durchgeführt werden. Es gibt Punkte, die eine Herausforderung darstellen können. Der zuständige Trainer des Programms muss ein breites Wissen über alle Positionen, deren Drills besitzen und muss diese vermitteln können. Einige Teams klagen bereits über Trainermangel, das Programm kann ggf. eine weitere Belastung darstellen, da der personelle Einsatz geplant werden muss. Der Aufwand zur Entwicklung des Programms und des Skriptes ist hoch und kann mehrere Zeitstunden einnehmen. In der Regel sollten es mindestens vier Teilnehmer pro Programmeinheit sein, ansonsten lohnt sich eine Durchführung wirtschaftlich nicht.

4.3 DIE DIFFERENZIERUNG DER ZIELGRUPPEN – KINDER, JUGENDLICHE, ERWACHSENE

In der sozialen Arbeit, im Umgang mit sozialen Gruppengefügen und im Sport sollte stets folgende Frage gestellt werden: Wen habe ich vor mir und was macht die Person oder die Personengruppe aus? Eine offene Grundhaltung, Empathie, Interesse und eine gute Beobachtungsgabe machen zunächst die „halbe Miete" aus. Es gibt verschiedene Faktoren, wie einzelne Zielgruppen eingeteilt werden sollten und was diese Zielgruppe besonders ausmacht. Mit dem Wissen über die Besonderheiten der Zielgruppen und der Differenzierung kann ein besseres Training bereitgestellt werden.

KINDER UND JUGENDLICHE

In der frühen Kindheit und in der Jugend lernen Kinder und Jugendliche alles, was sie zunächst für ihr späteres Leben und für ihre eigene Persönlichkeit benötigen. In ihrer eigenen Entwicklung haben sie bereits eigene Rechte, so wie zum Beispiel die Kinderrechte. Es wurden auch bestimmte Gesetze erlassen, um sie besonders zu schützen. In der Trainerausbildung und in der späteren Arbeit mit Kindern und Jugendlichen, sollten man die Gesetze kennen und wissen, wo notwendige Informationen zu erhalten sind. Es ist sinnvoll, sich regelmäßig damit auseinandersetzen und Neuerungen zu verfolgen.

Zu den entsprechenden Gesetzen gehören:
Das Jugendschutzgesetz, die Kinderrechte, die Aufsichtspflicht, den § 8a Schutzauftrag bei Kindeswohlgefährdung und die Transparenz des Kinder - und Jugendhilfegesetzes.

Ein besonderes Augenmerk wird auf die Aufsichtspflicht gelegt und dass den anvertrauten Kindern und Jugendlichen im Training nichts passiert. Dazu sollten alle entsprechenden

Kenntnisse vorhanden sein und entsprechende Vorkehrungen getroffen werden. Kommt es im Training im Rahmen der emotionalen Verfassung zu Konflikten oder geladenen Situationen, ist es sinnvoll, Kinder und Jugendliche nicht alleine nach Hause gehen zu lassen. Kurze Telefonate mit den Erziehungsberechtigten sind sinnvoll, damit es zu keiner Gefährdung auf dem Heimweg kommt.

In der praktischen Arbeit sollte man die Entwicklungsstufen und die Besonderheiten von Kindern und Jugendlichen kennen. Bestimmte didaktische und methodische Inhalte helfen dabei, eine Kinder- und Jugendgruppe besser anzuleiten. Wichtige Faktoren sind:

Sprache
Kinder und Jugendliche benötigen eine angemessene Sprache. Eine bildliche Sprache macht es ihnen häufig einfacher, die geforderten Aufgaben umzusetzen. Durch die bildliche Sprache wird ein Bild vor dem inneren Auge erschaffen. Durch die Vorstellung und die Kommunikation wird es doppelt kodiert und es fällt dem Menschen leichter es umzusetzen, zu lernen und sich daran zu erinnern. Im American Football werden häufig englische Fachbegriffe verwendet. Hier ist es sinnvoll, die Fachbegriffe auch auf Deutsch zu erklären, damit die Kinder und Jugendlichen wissen, was gemeint ist. „Wir machen jetzt Jumping Jacks/Hampelmänner."

Hilfsmittel
Je nach Alter ist es sinnvoll, mit (bildlichen) Hilfsmitteln zu arbeiten. Es ist eine Herausforderung, zu einer Kindergruppe zu sagen: „Bildet bitte vier gleich große Reihen und stellt euch auf". Es kann Minuten dauern, bis die Kinder in den entsprechenden Reihen stehen. Es ist hilfreich, vier Hütchen hinzustellen und ihnen die Anweisung zu geben: „Bitte immer fünf Kinder an ein Hütchen stellen." Sind die Kinder dabei, lesen zu lernen, macht es Sinn, mit einer einfachen Schriftsprache zu arbeiten und ggf. entsprechende Symbole zu verwenden, zum Beispiel im Playbook und der Aufbereitung von theoretischen Themen.

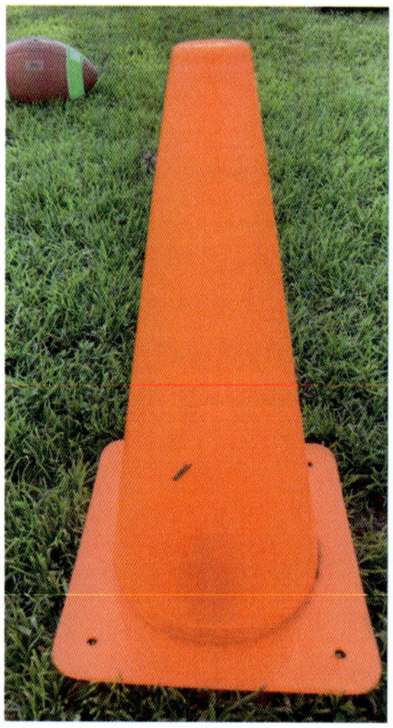

Abb. 20: Hilfsmittel Hütchen

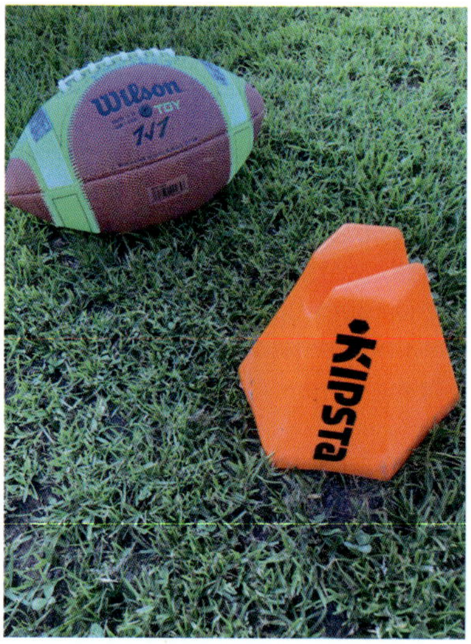

Abb. 21: Hilfsmittel Hütchen klein

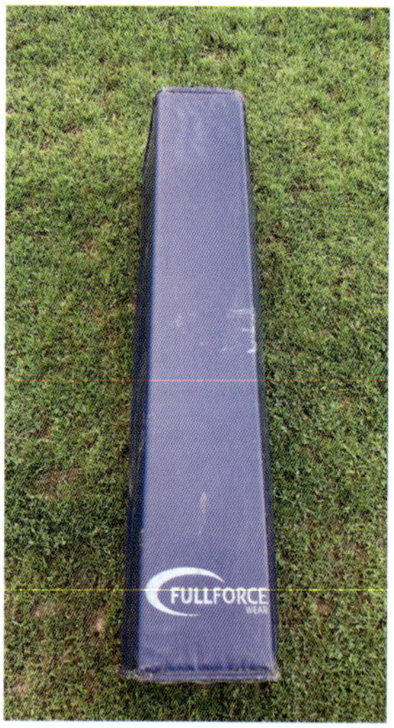

Abb. 22: Hilfsmittel Step Over

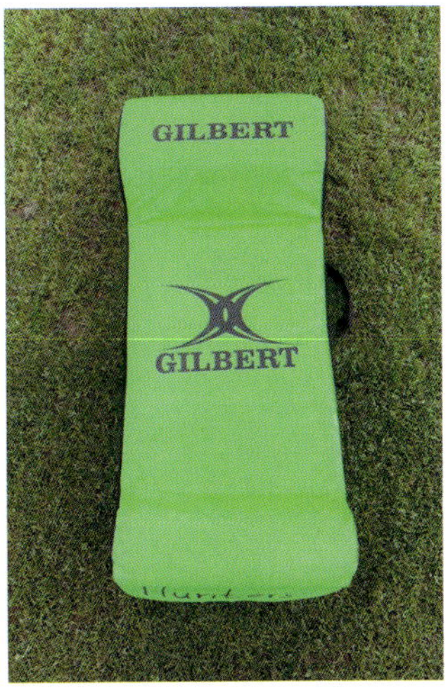

Abb. 23: Hilfsmittel Blocking Shield

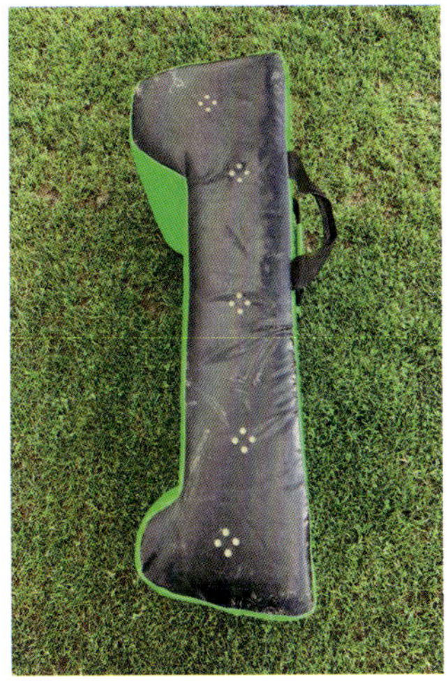

Abb. 24: Hilfsmittel Blocking Shield seitlich

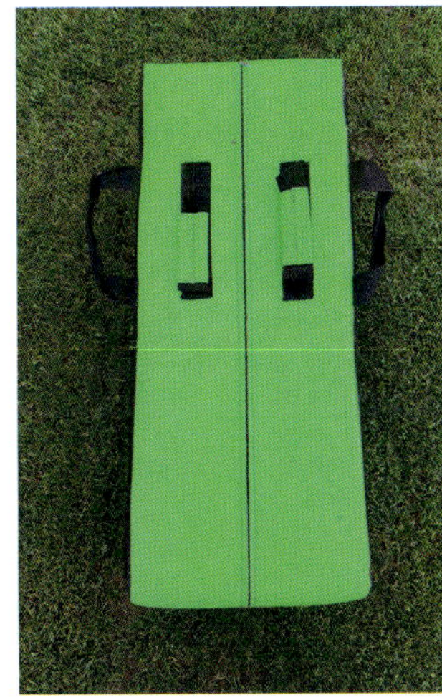

Abb. 25: Hilfsmittel Blocking Shield von hinten

Rituale

Rituale zu Beginn und am Ende helfen den Kindern und Jugendlichen einen strukturierten Rahmen vorzufinden. Diese Struktur bietet ihnen Orientierung und Sicherheit, da die Rituale gleichbleibend wiederholt werden. Das kann zum Beispiel bei jüngeren Kindern ein bestimmtes Begrüßungslied sein, am Ende kann zum Beispiel der Teamslogan gerufen oder gesprochen werden. Jüngere Kinder werden häufiger durch Stempelhefte/Sammelhefte motiviert. Bei jeder Trainingsteilnahme gibt es einen Stempel in ihr Heft, nach zehn Teilnahmen dürfen sich die Kinder ein bestimmtes Aufwärmspiel zu Beginn oder auch gegen Ende wünschen.

Trainingslänge

Kinder schaffen zumeist noch kein zweistündiges Training, wie zum Beispiel Jugendliche und Erwachsene. Hier ist es sinnvoll, die Trainingslänge kürzer zu halten, um die Konzentration aufrechtzuerhalten. In der Kommunikation sollten wichtige Faktoren, die das Training und Wetter betreffen, immer mit den Eltern kommuniziert werden. Im Winter sollte die Temperatur in den Blick genommen werden und ggf. ein verkürztes Training angeboten werden. Kinder und Jugendliche und deren Familien sollten im Sommer an Sonnenschutz und entsprechende Maßnahmen erinnert werden. Beim Sport, besonders im Sommer, sollten ausreichend Trinkpausen eingeräumt werden. Falls es die Möglichkeit gibt, sollten Trainingszeiten und Spiele in den Vormittag und/oder frühe Abendstunden gelegt werden.

Trainingsplan

Bei Kindern und Jugendlichen ist es sinnvoll, einen Trainingsplan zu entwickeln, der Abwechslung, aber auch Wiederholung bietet. Wird eine Übung zu lange durchgeführt, kann es langweilig werden und das Gegenteil tritt ein. Übungen werden nicht mehr richtig durchgeführt, die jungen Sportler beginnen, sich gegenseitig abzulenken und ggf. untereinander Quatsch zu machen.

Zu viele neue Übungen können zu einer Überforderung führen. Es ist wichtig, einen Plan zu entwickeln, der die wichtigsten Faktoren beinhaltet. Ebenso ist es wichtig, Spontanität zu wahren. Jugendlichen und Erwachsenen fällt es leichter, sich auf das Training einzustellen und sich nach einem Arbeitstag zurückzunehmen und zu fokussieren. Kinder müssen diesen Prozess erst lernen. Es wird Situationen geben, bei denen sich Kinder ggf. nicht auf eine bestimmte Einheit einlassen können. Es ist hilfreich, die Übung spontan zu wechseln, anstatt mit Druck am geplanten Inhalt festzuhalten.

Wartezeiten

Es ist kontraproduktiv zu lange an einer Übung anzustehen. Sinnvoll ist es, bestimmte Übungen zweimal aufzubauen, um Wartezeiten kurz zu halten, aber auch die Wiederholungszahl der einzelnen Übung zu erhöhen.

Kleingruppenarbeit

Je nach Gruppenkonstellation bietet es sich an, Kleingruppen innerhalb der Positionsgruppen zu bilden, um bestimmte Inhalte zu trainieren. Die Kleingruppen legen ihren Fokus auf eine bestimmte Aufgabe und nach 10 Minuten wird getauscht oder es bleibt bei bestimmten Übungen.

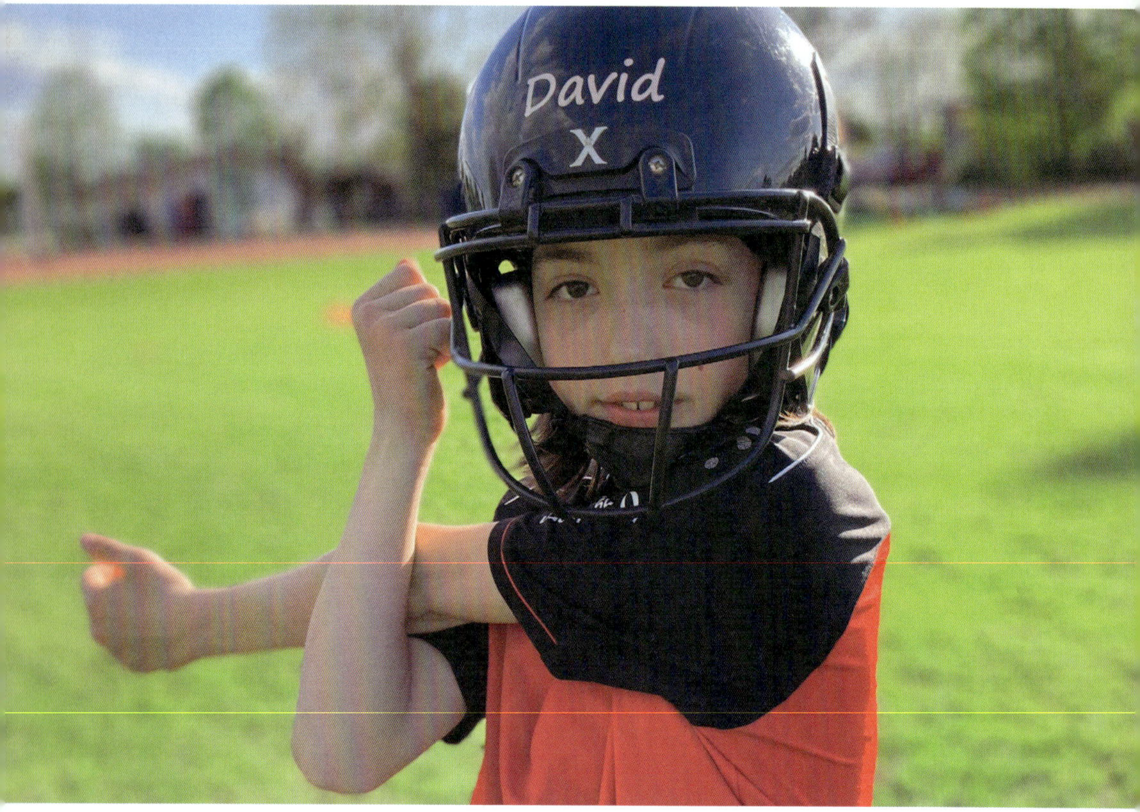

Abb. 26: Junge Athleten beim Aufwärmen

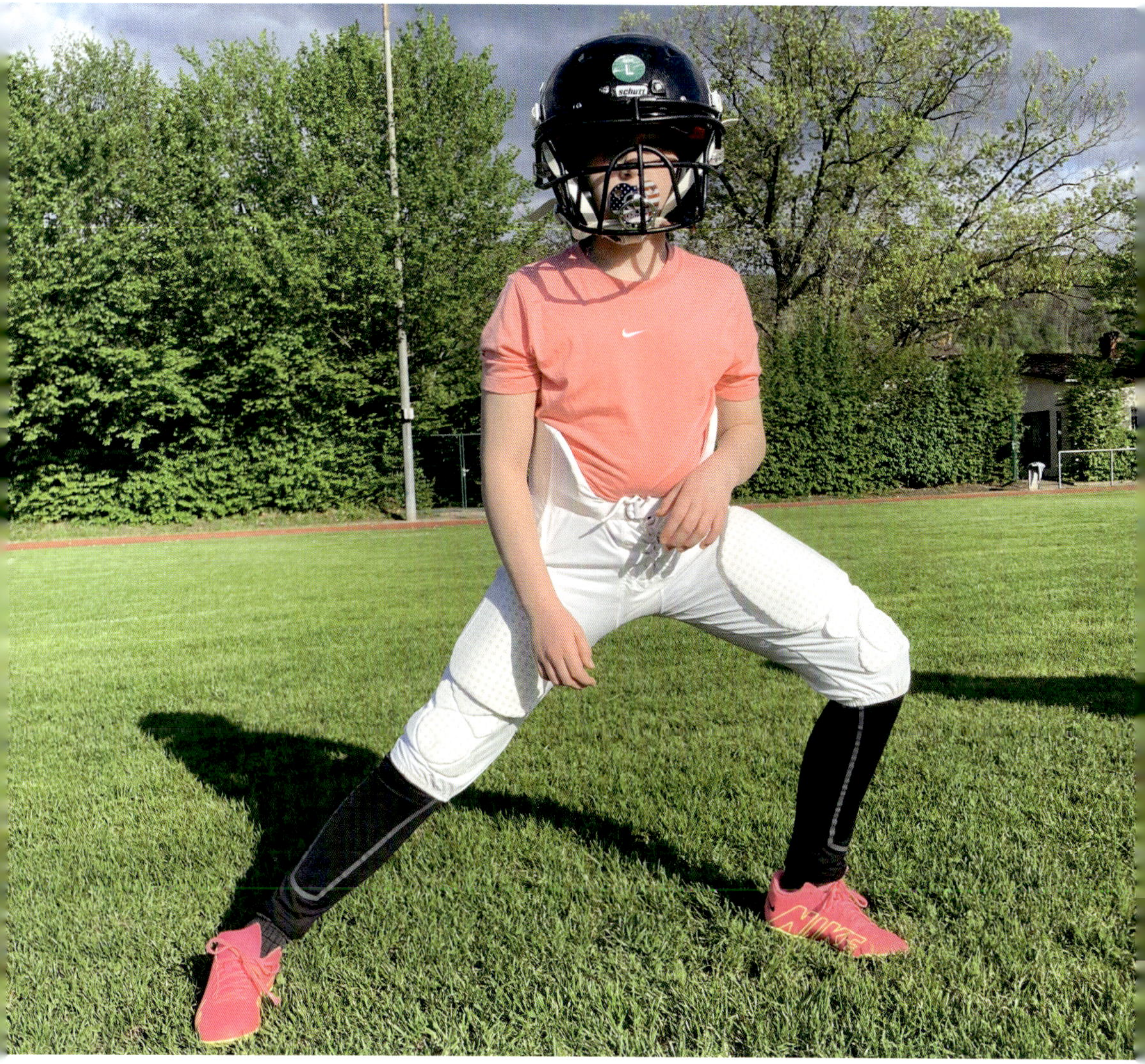

Abb. 27: Junge Athleten beim Aufwärmen

ERWACHSENE

Die oben genannten Punkte kommen natürlich auch im Erwachsenentraining zum Einsatz und können entsprechend angepasst werden.

Sprache

So wenig wie möglich, so viel wie nötig. Im Training sollte es zu einer angepassten Sprache kommen, in der auch von der Länge nicht zu viel erklärt wird. Sind Spieler gerade aufgewärmt, können zu viele Erklärungsintervallen sie wieder zum Auskühlen bringen. Bei zu viel Erklärungen können Spieler wesentlich wichtige Eckpunkte nicht aufnehmen.

Hilfsmittel

Bei Erwachsenen sollte es ebenso zum erforderlichen Einsatz von Hilfsmitteln kommen. Die Hilfsmittel verdeutlichen wichtige Inhalte und helfen, den Fokus auf bestimmte (sportliche) Übungen zu legen.

Rituale

Rituale helfen, um gut in ein Training zu starten und die Konzentration auf die kommenden Inhalte zu legen. Beim Erwachsenen-Training hilft es, den Spielern zu Beginn noch „freie" Zeit zum Reden und Austausch anzubieten. Alle Spieler können kurz in Kontakt kommen, bevor sie sich komplett dem Training widmen und Privatgespräche eingestellt werden. Für viele Teams ist es obligatorisch, zu Beginn und zum Ende ihren Teamslogan laut zu rufen.

Trainingslänge

Erwachsene schaffen ein zweistündiges Training, dennoch sollten didaktische und methodische Aspekte, wie auch der inhaltliche Ablauf eines Trainings, beachtet werden. Im Winter sollte die Temperatur in den Blick genommen werden und ein verkürztes Training angeboten werden. Im Sommer sollten ausreichend Trinkpausen eingeräumt werden und Trainingszeiten und Spiele in den Vormittag oder in die Abendstunden gelegt werden.

Herren- und Damenteams können je nach Ligenklasse einen breiten Kader aufweisen. Es sind Schüler, Studenten, Berufstätige und ggf. Familienväter und Mütter vorhanden. Jeder der Beteiligten hat eine andere sportliche Motivation und Zielsetzung. Manche üben den Sport mit einer hohen Motivation aus, da sie sich weiterentwickeln möchten, um in einer höheren Spielklasse zu spielen. Andere üben den Sport aus, da es für sie ein Ausgleich zum Alltag bedeutet. Weitere Spieler haben ihren Spaß und keine besondere Intention; ihnen ist das Zusammenkommen in einer Gemeinschaft wichtig. Jeder Verein, jede Abteilung, jeder Trainerstab und jedes Team sollte sich grundlegend die Frage stellen, welchen Schwerpunkt sie für sich setzen möchten, um einen „roten Faden" zu entwickeln. Möchte der Verein eine Freizeitmannschaft sein mit einem guten Coaching? Kann er damit leben, in mittelklassigen Ligen zu spielen? Oder ist er ein Verein, der sich in der Zukunft in einer höheren Liga mit einer sehr hohen Spielqualität sieht? Das Bewusstsein über diese Punkte ist wichtig, um mit einer Zielgruppe adäquat zu arbeiten, da es ansonsten zu Frust auf allen Seiten kommen kann.

Manchmal gibt es Trainer, Funktionäre und einzelne Spieler, die sehr ehrgeizige Ziele haben und frustriert sind, wenn sie einen Aufstieg nicht schaffen. Dabei ist die Mehrzahl der Spieler mit der aktuellen Situation zufrieden. Auf Dauer sind diese Reibungspunkte schwierig und es wird bei allen Beteiligten zu Unmut führen. Es sollten authentische Zielsetzungen vorhanden sein, sodass alle Beteiligten auf Dauer mit ihrem Team vorankommen können. Es gibt Sportler mit ambitionierten Zielen, die jedoch in ihrem Können limitiert sind. Entweder sie benötigen noch mehr Zeit, um sich zu entwickeln oder sie finden für sich einen passenden Platz in einem anderen Team. In einigen höherklassigen Teams gibt es einige gute Spieler, die selten bis kaum auf dem Spielfeld stehen, da sie „Back-up"-Spieler sind. Sie benötigen noch Entwicklungszeit oder sie werden nie ein vollständiger Starter werden, da immer das letzte Quäntchen fehlt. Manche Spieler können damit umgehen, da sie die allgemeine Qualität des Coachings und der Trainer schätzen. Andere wiederum wären eine Liga darunter besser aufgehoben, da es für sie zu einem dauerhaften Spieleinsatz kommen würde. Die beiden Punkte zeigen auf, dass eine gute Beobachtungsgabe und auch die Kommunikation der Schlüssel ist. Nur wer seine Zielgruppe kennt, kann auch ein entsprechendes Training anbieten. Es gibt Faktoren, die nicht immer beeinflusst werden können und es muss nicht jeder Einzelwunsch erfüllt werden. Zum Beispiel können ambitionierte Spieler in höherklassige Teams empfohlen werden, um einen Spieler in seiner Karriere zu unterstützen und zu fördern. Es ist schwer, da man einen talentierten Spieler verliert, aber letztendlich haben Spieler eine bestmöglichste sportliche Entwicklung verdient.

Im Flag Football gibt es neben den reinen Damen- und Herren- auch gemischte Teams, in denen Frauen und Männer gemeinsam trainieren, da im Flag Football kein Kontakt vorgesehen ist. Im Tackle Football trainieren die Teams in der Regel getrennt voneinander, da die körperlichen Kräfte zwischen Mann und Frau sehr unterschiedlich sind. Dennoch gab es in der Vergangenheit und auch jetzt Frauen, die bei Männerteams mittrainiert haben. Häufig fand es statt, da es einfach noch keine eigenständigen (Damen-)Teams gab oder um bestmöglich vorbereitet zu sein. Denn auch ohne Kontakt schätzen einige Frauen die sportlichen Herausforderungen, mit Männern zu trainieren. Gerade bei den Positionen der Wide Receiver und Cornerbacks lassen sich gute Ergebnisse erzielen. Kommen weibliche Cornerbacks bei einem männlichen Wide Receiver oft an ihre Grenzen, am Spieler zu bleiben, haben sie es bei späteren Spielen von weiblichen Teams einfacher und dominieren zumeist mit ihrer Schnelligkeit.

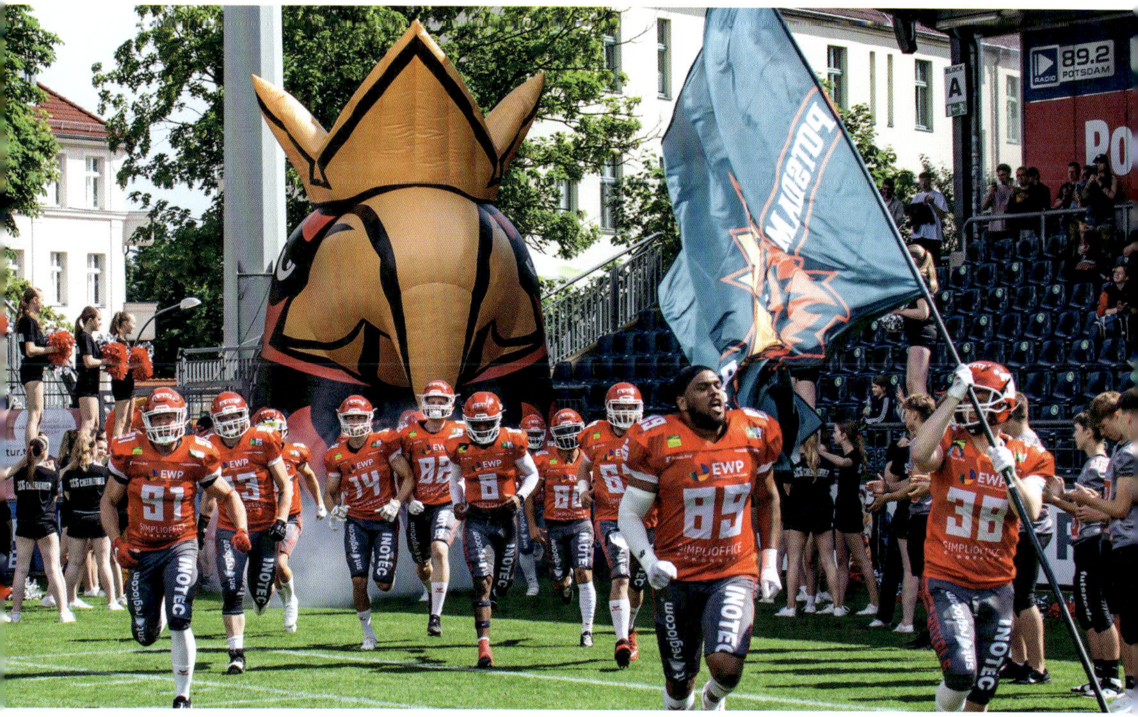

Abb. 28: Feierlicher Einlauf bei einem Ligenspiel der Potsdam Royals (© Thomas Iden-Korjahn)

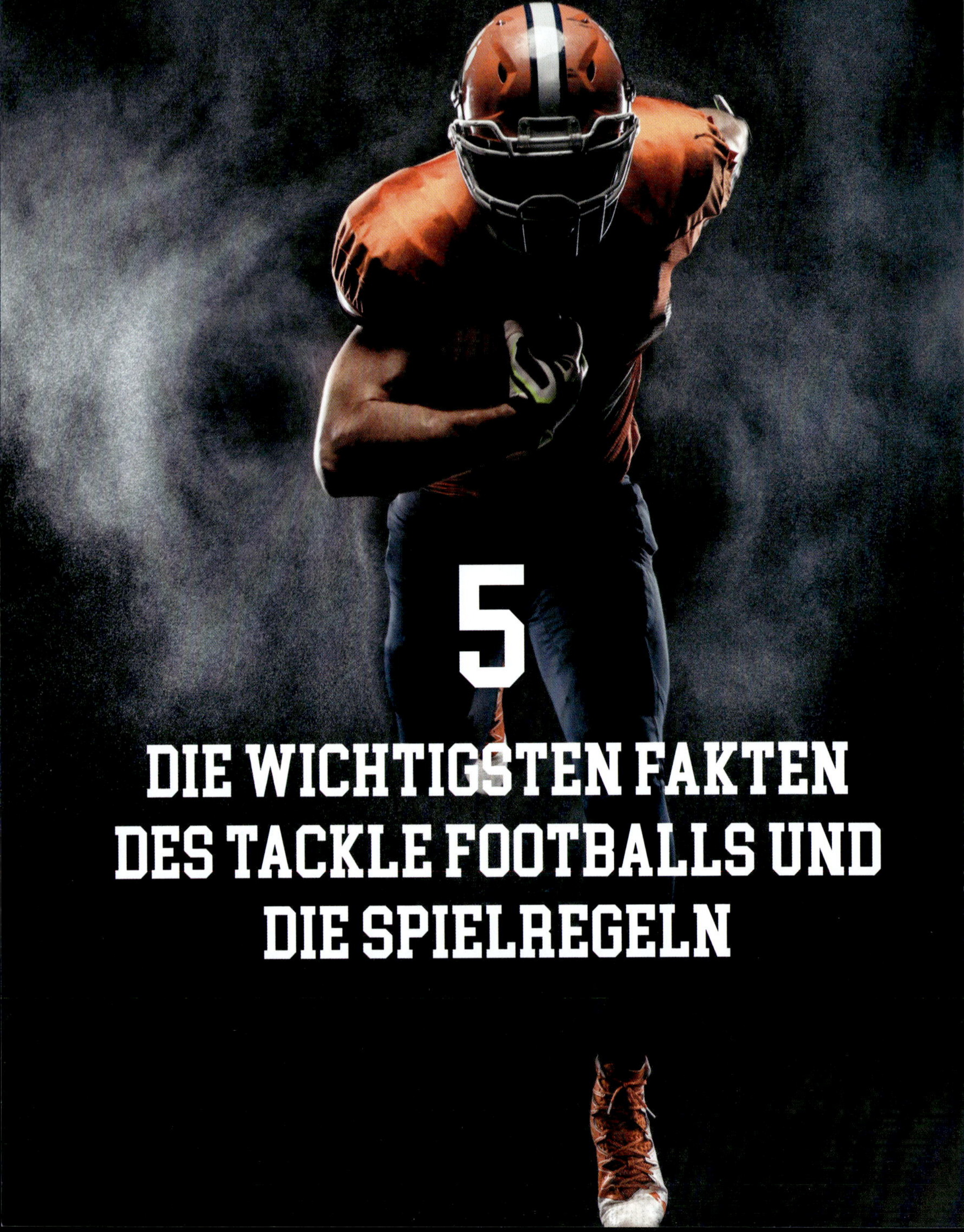

5

DIE WICHTIGSTEN FAKTEN DES TACKLE FOOTBALLS UND DIE SPIELREGELN

Heutzutage haben bereits viele Menschen Erfahrungen mit American Football gemacht, da sie TV-Übertragungen, Presseberichte oder bereits Livespiele und Aktionen in der Öffentlichkeit erlebt haben.

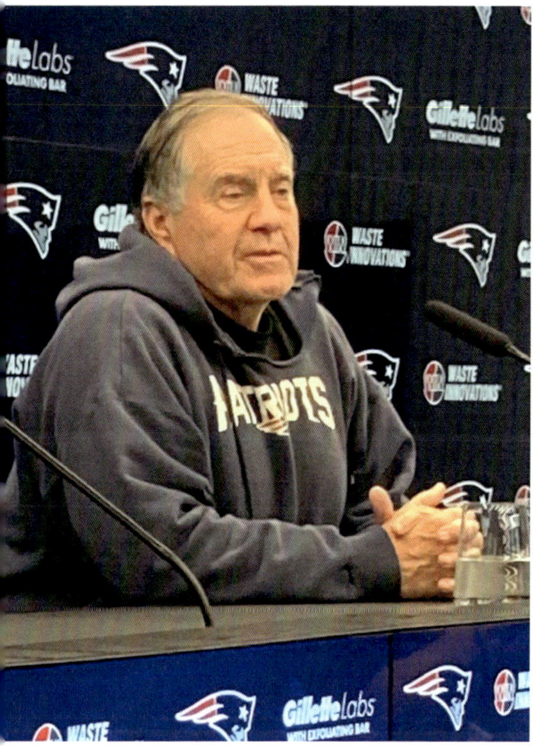

Abb. 29: Bill Belichick, einer der erfolgreichsten Trainer der NFL, Frankfurt 2023

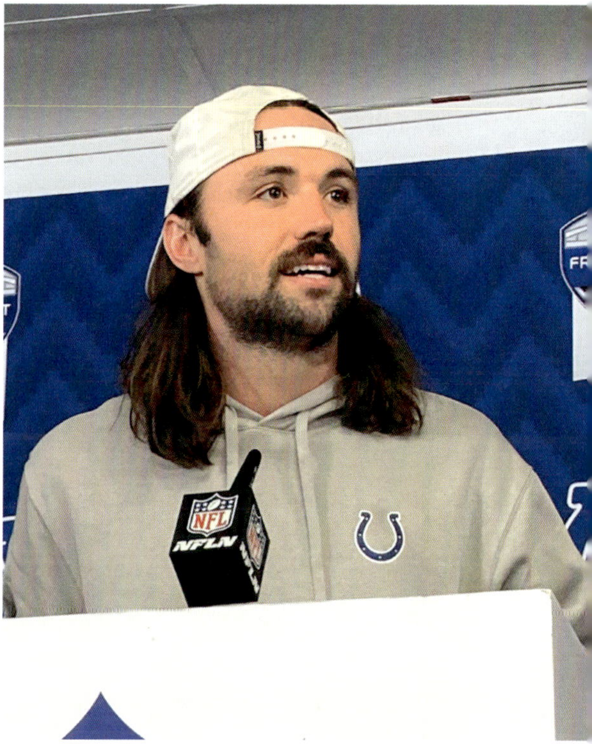

Abb. 30: NFL Quarterback Gardner Minshew bei einer Pressekonferenz in Frankfurt 2023

Weltweit zieht die NFL immer mehr Menschen in ihren Bann, jedoch gibt es zwischen den TV-Übertragungen und dem „praktischem" Spiel auf deutschem Boden Unterschiede. Die NFL und hierzulande auch die ELF, haben ihre eigenen Spielregeln, die sich vom deutschen Regelwerk unterscheiden. In Deutschland orientiert man sich an den Spielregeln der National Collegiate Athletic Association (NCAA); es sind dieselben Spielregeln, die auch an den Colleges in den USA vorherrschen. Diese Regeln wurden für Deutschland übersetzt und entsprechend angepasst. Die Regelkommission des AFVDs hat die entsprechenden Regeln mit der Bundesspielverordnung verknüpft, damit sie stimmig umgesetzt werden können.

Häufig sind es nur formelle Unterschiede zur NFL und sie fallen fast nicht auf, andere hingegen sind rudimentär.

Es ist wichtig, dass, wenn der Sport in Deutschland erlernt wird, man sich mit dem Regelwerk der NCAA auseinandersetzt. Änderungen zu den klassischen Spielregeln kommen regelmäßig von den USA zeitversetzt nach Deutschland und werden über die Regeländerungen kommuniziert. Diese werden immer allen beteiligten Akteuren in Schulungen vermittelt, damit sie direkt in der Saison umgesetzt und angewandt werden können. Einige Regeländerungen haben direkten Einfluss auf ein Spielgeschehen, andere Veränderungen sind editorischer Natur.

In Deutschland gibt es je nach Alter, Liga und Teams unterschiedliche Regelungen, um den einzelnen Athleten und den Vereinen gerecht zu werden. Die entsprechenden Vorgaben und Regeln zum Spielbetrieb sind in der BSO, der sogenannten Bundesspielordnung vermerkt. In jährlichen Abständen wird die Bundesspielordnung überprüft und ggf. an neue Veränderungen angepasst. In knappen 100 Seiten werden in der Spielordnung folgende Punkte behandelt und beschrieben: die Liga, die Vereine, Spieler und Teilnehmer am Spiel, das Spiel, der Spielbetrieb, der Schiedsrichter, die Spielleitung, Strafen - um nur einige zu nennen.

Im Rahmen der einzelnen Ligen gibt es inhaltlich diverse Anpassungen. In der Regel wird American Football mit 11 Spielern auf dem Feld gespielt. Jedoch kann auch mit 9 Spielern Football gespielt werden. In den Kindern und Jugendligen wird die Spieleranzahl noch weiter minimiert und es werden in einem 5er- oder 7er-System auf einem kleineren Spielfeld gespielt, wie zum Beispiel in den U13-Ligen. Mit diesen Regularien möchte man körperliche Aspekte beachten, um allen Akteuren auf dem Feld ein gerechtes und faires Spiel zu ermöglichen.

American Football mit 5, 7, 9 oder 11 Spielern zu spielen, bedeutet eine flexible Rolle im Training und am Spieltag einzunehmen. Einzelne Spielzüge und Playbooks müssen umgestellt und angepasst werden. In der Regel bietet es sich an, auch bereits in Übergangsphasen einzelne Sequenzen zu üben, vor allem wenn Mannschaften in der Liga aufsteigen und vom 5er- ins 7er-, vom 9er-Football ins 11er-Football usw. wechseln.

Deutschland bietet neben der Ausbildung zum Trainer ebenfalls Ausbildungsmöglichkeiten für Schiedsrichter an. Die Lizenzen werden aufbauend in Kursen erworben und schließen jeweils mit einer Prüfung ab. In der höchsten Spielliga der GFL sind die Referees nochmals in einem gesonderten „GFL Pool" vertreten. An den Spieltagen selbst, wird versucht die Maximalanzahl an Schiedsrichtern zu stellen - sieben - um ein Spiel zu begleiten, pfeifen und zu bewerten. Nicht immer kann diese Anzahl einer Schiedsrichter-Crew in der Spielhochsaison gewährleistet werden, da viele Spiele gleichzeitig stattfinden. Zumeist wird die Anzahl der Schiedsrichter je nach Liga angepasst, sodass in der Regel immer mindestens 4 Schiedsrichter in Ligenspielen anwesend sind. Es sind zumeist ein Referee, ein Empire, ein Linesman und ein Linejudge eingeteilt. Wird die volle Anzahl an Schiedsrichtern gestellt, wie oben beschrieben, können noch ein Backjudge, ein Fieldjudge, ein Sidejudge und ein Centerjudge dazu kommen. *(siehe 9.) AFVD/Regelkommission 2023)*

Der „American Football"-Verband bietet Schiedsrichtern und Trainern verschiedene Plattformen zur Kommunikation und zum Austausch, um eine respektvolle Zusammenarbeit zwischen Referees, Trainer und Spielern am Spieltag zu gewährleisten. Die Kultur des respektvollen Umgangs gegenüber Schiedsrichtern und untereinander sollte immer einen Platz in den Vereinen bekommen, um alle Beteiligten entsprechend vorzubereiten. Einzelne Trainercrews sollten dazu ein eigenes Konzept erstellen und sich immer wieder fragen, wie sie dieses Konzept des respektvollen Umgangs leben möchten, um „Vergehen" auf und neben dem Platz zu vermeiden und deeskalierend zu arbeiten. Jeder Verein ist verpflichtet, eigene Schiedsrichter zu stellen, um zu gewährleisten, dass es in Deutschland ausreichend Schiedsrichter gibt. Die Ausbildung wird von den Vereinen gefördert und unterstützt. Eigene Schiedsrichter können auch innerhalb der Vereine für interne Arbeitsgruppen genutzt werden, um zum Beispiel Neueinsteigern die Auseinandersetzung mit den Spielregeln zu erleichtern.

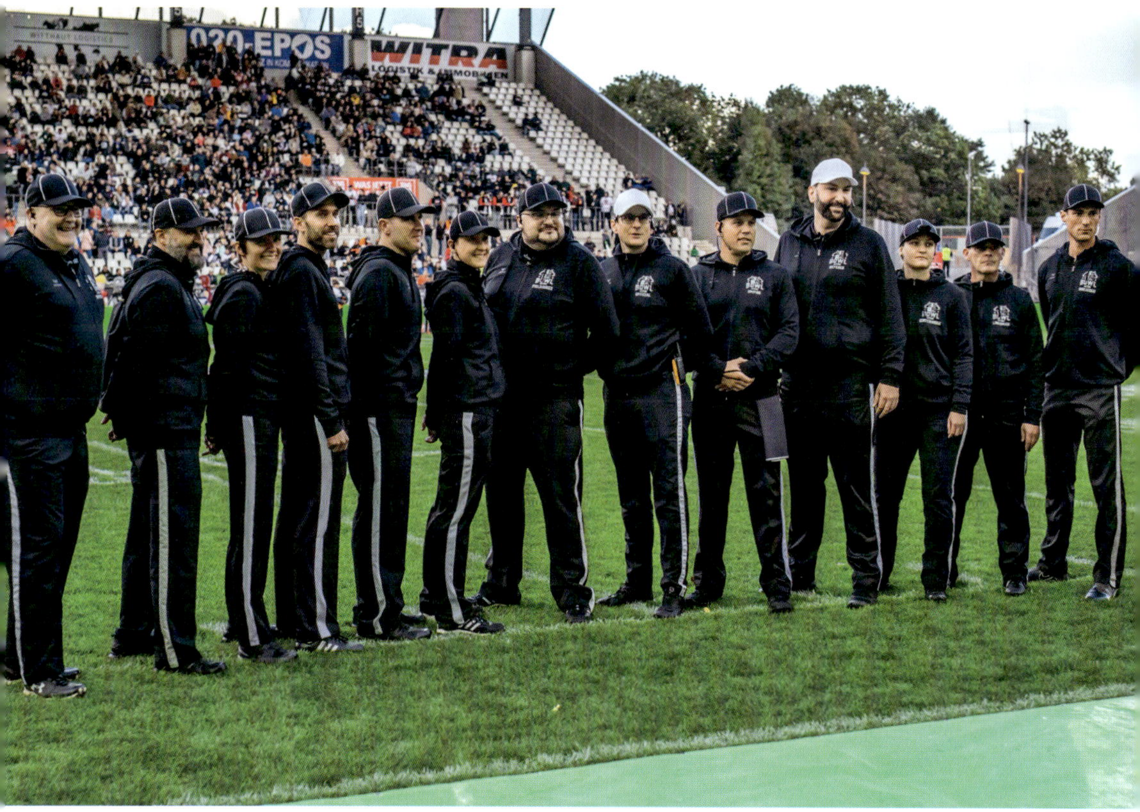

Abb. 31: Schiedsrichter vor dem Endspiel in Essen (© Thomas Iden-Korjahn)

5.1 GRUNDLAGEN UND PUNKTE

Zumeist stehen elf Spieler auf dem Feld. Je nach Kinder-, Jugend-, Damen- und Aufbauligen wird auch mit weniger Spielern gespielt. Es spielt die Offense (Angriff) gegen die Defense (Verteidigung) und bei Punkten wechselt der Ballbesitz. Die Special Teams haben in verschiedenen Situationen und Ausgangslagen des Spiels ihren Einsatz. Bei den Special Teams wird unterschieden in Kickoff/Kickoff Return, Punt/Punt Return, Point after Touchdown (PAT) und das Fieldgoal Team. Dabei ist das Fieldgoal Team in der Regel auch das Team, das den Kick beim Point after Touchdown (PAT) ausführt. Möchte ein Team jedoch für 2 Punkte gehen, schicken sie zumeist bei der Two Point Conversion ihre Offense auf das Feld.

Die Rückennummern der Spieler bieten Auskunft über ihre Position. Die Nummern werden nicht zwingend in der NCAA vorgeschrieben, werden jedoch empfohlen. Sie sollen Schiedsrichtern und den Beteiligten eine Orientierung bieten. An Spieltagen selbst wird darin unterschieden wer „passberechtigt" ist und wer nicht. In der Offense sind Nummer 50 bis 79 nicht passberechtigt, in der Defense sind es alle.

0-49 QUARTERBACKS

0-49 RUNNING BACKS UND DEFENSIVE BACKS

50-59 CENTER/SNAPPER

60-69 GUARDS

80 -89 WIDE RECEIVER UND TIGHT ENDS

70-79 TACKLES

80-99 ENDS

Jedes Team benennt nicht mehr als vier Team Captains im Spiel. Die Team Captains kommunizieren in der Regel mit den Schiedsrichtern während des Spiels. In der Regel werden Team Captains gewählt, die bereits ganzjährig ihrer Vorbildfunktion in einem Team nachkommen. Manche Teams benennen vereinzelt auch Captains, um den Spielern ein Highlight zu verschaffen, wenn sie zum Beispiel besondere Leistungen in vorherigen Spielen gezeigt haben.

Gespielt wird auf geeigneten Rasenspielflächen; in Deutschland gibt es eine gewisse Flexibilität, da nicht immer auf Rasenplätzen mit den amerikanischen Ausmaßen zurückgegriffen werden kann. In der deutschen Regelauslegung muss an die Umrechnung der Meter/Yards gedacht werden, 10 Yards sind 9,14 m. In Deutschland wird darauf geachtet, dass es immer 120 gleich große Feldeinheiten sind. Dadurch wird gewährleistet, dass für beide Teams immer die gleiche Distanz für ein neues First Down gewertet wird und somit kann auch mal ein Spiel auf kürzeren Feldern stattfinden.

Gespielt wird mit neuen, fast neuen bzw. intakten Bällen, die den Vorgaben des Regelwerks entsprechen. Für Kinder-, Jugend- und Damenligen gibt es besondere Anpassungen, was die Größe des Balls angeht. Sie dürfen mit einem kleineren Ball spielen.

Alle Spieler müssen bei einem Spiel und im Training eine intakte Ausrüstung tragen. Sie besteht aus Helm, Hüftschützer, Trikot, Knieschützer, Mundschutz, Hosen, Schulterschutz, Stutzen und Oberschenkelschützer. Schiedsrichter können die Ausrüstung jederzeit genauer betrachten. Sollten ggf. Ausrüstungsteile verwendet werden, die nicht erlaubt sind, zum Beispiel bestimmte Helmgitter, Schraubstollen an den Schuhen.

Ein Spiel startet mit dem Coin Toss. Ein Team, das den Coin Toss für sich entscheidet, darf sich aussuchen, wie es das Spiel am liebsten beginnen möchte. Es hat immer zwei Optionen. Bei der ersten Option wird entschieden, ob der Ball empfangen oder gekickt werden soll. Bei der zweiten fällt die Auswahl auf die Spielfeldhälfte. Das Gewinnerteam entscheidet zumeist über die erste Option oder schiebt diese entsprechend in die zweite Halbzeit, das Verliererteam entscheidet über die verbleibende Option.

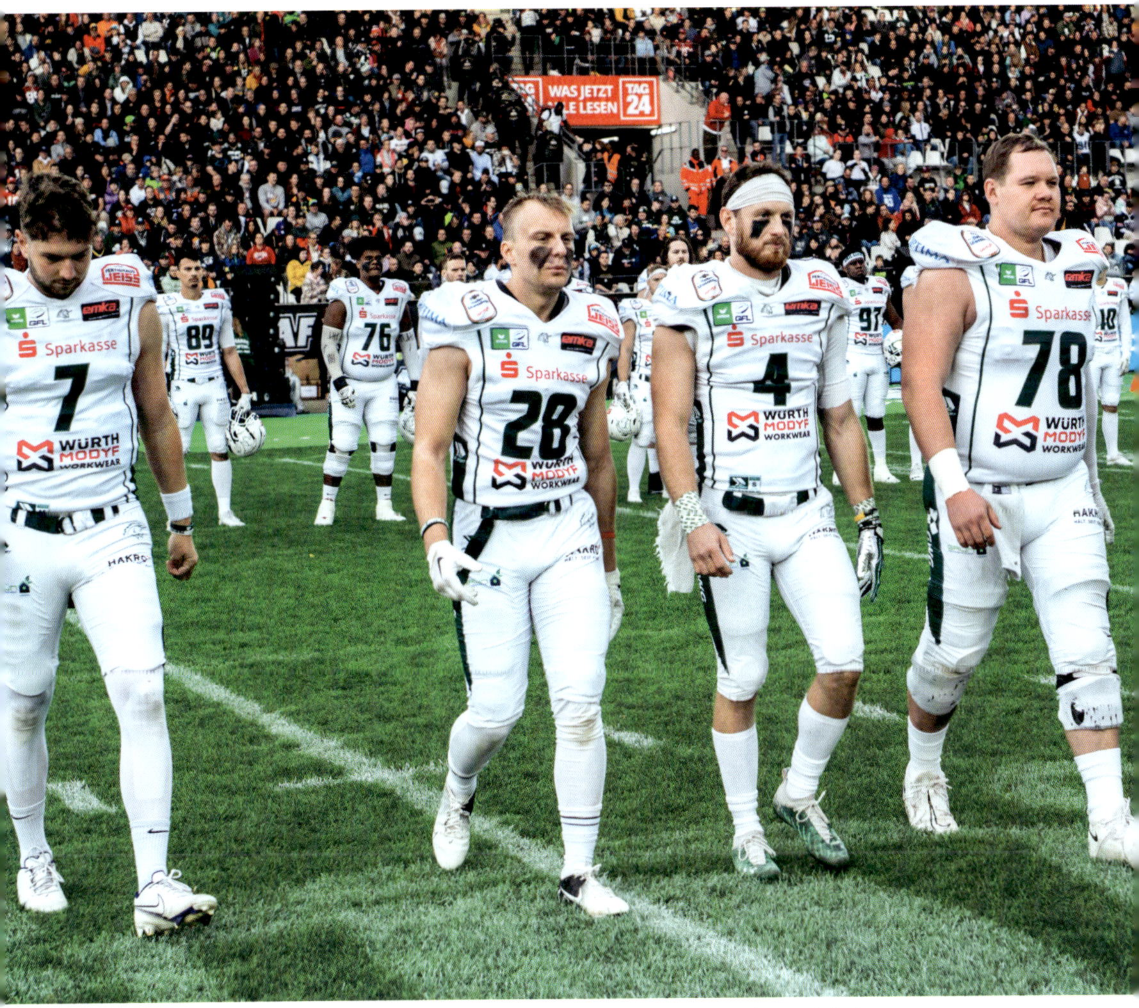

Abb. 32: Spieler der Schwäbisch Hall Unicorns beim Coin Toss (© Thomas Iden-Korjahn)

Im Spiel gibt es den Live Ball und den Dead Ball. Der Live Ball beschreibt den Ball, der sich im Spiel befindet. Das kann ein Ball sein, der im Besitz eines Spielers ist, ein Fumble (freier Ball), ein Rückpass, ein Kick und ein Vorwärtspass, der sich in der Luft befindet und der noch nicht den Boden berührt hat. Ein Fumble bleibt live, auch wenn er am Boden ist und zunächst erst noch gesichert werden muss. Ein Ball ist „dead", wenn er sich nicht im Spiel befindet.

Im Spiel gibt es vier Viertel, nach zwei Vierteln gibt es eine Halbzeitpause und danach werden zwei weitere Viertel gespielt. Die reine Spielzeit dauert 48 Minuten, ein Viertel dauert 12 Minuten. Ausnahmen gibt es bei Jugendspielen und in der 2. Damenbundesliga, Details sind dazu in der Bundesspielverordnung verzeichnet. Im Durchschnitt kann ein Spiel bis zu zwei Stunden und länger dauern, da während des Spiels die Uhr sehr häufig angehalten wird. Das Team, das die höhere Punktzahl hat, gewinnt, wenn das Spiel nicht vorher abgebrochen wurde bzw. ein Referee das Spiel offiziell als beendet bezeichnet hat.

Folgende Punktzahlen können in einem Spiel erreicht werden:

Touchdown: 6 Punkte

Fieldgoal: 3 Punkte

Safety (für den Gegner): 2 Punkte

Erfolgreicher Try:
Durch Lauf oder Pass: 2 Punkte
Kick oder Safety: 1 Punkt

Eine Offense bekommt Punkte, wenn sie es erfolgreich schaffen, ihren Ballbesitz dominant zu behalten und den Ball in die Endzone zu bekommen. Sie schaffen damit einen Touchdown (6 Punkte). Sie können diese Punkte noch weiter erhöhen, indem sie den Ball durch die Torstangen kicken (PAT - Point after Touchdown). Manche Teams versuchen auch noch mal einen kurzen Spielzug. Wenn sie diesen schaffen, erhöht sich ihr Punktestand um weitere 2 Punkte (2 Point Conversion). Manchen Teams gelingt es, Raumgewinn nach vorne zu machen, jedoch aus verschiedenen Gründen entscheiden sie sich für keinen (weiteren) Spielzug, dann können sie auch einen Fieldgoal-Versuch machen. Das Fieldgoal bringt ihnen drei Punkte ein. Die Verteidigung/Defense kann ebenfalls Punkte machen. Sie kann einen Ball abfangen (Interception) oder einen Fumble sichern und in die gegnerische Endzone zurücktragen. In manchen Situationen startet eine Offense mit einer sehr schlechten Ausgangsposition. Wenn sie hohen Druck auf den Quarterback aufbauen oder generell den Ballträger aufgrund der schlechten Lage in der Endzone zu Fall bekommen, erhalten sie einen Safety. Einen Safety gibt es u. a. auch in anderen Strafsituationen.

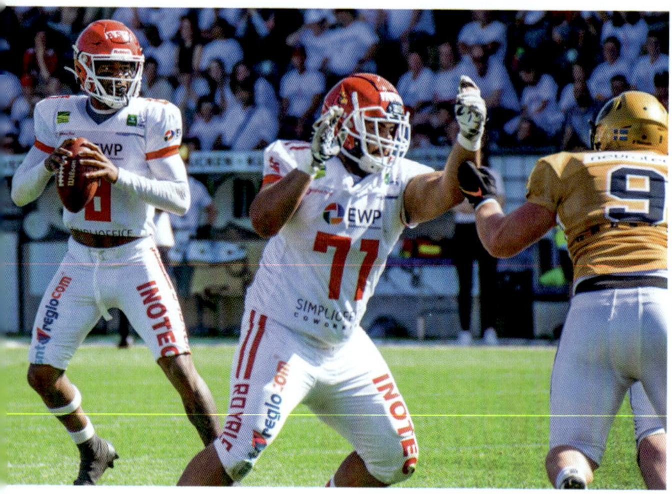

Abb. 33: Quarterback Jaylon Henderson in Aktion (© Thomas Iden-Korjahn)

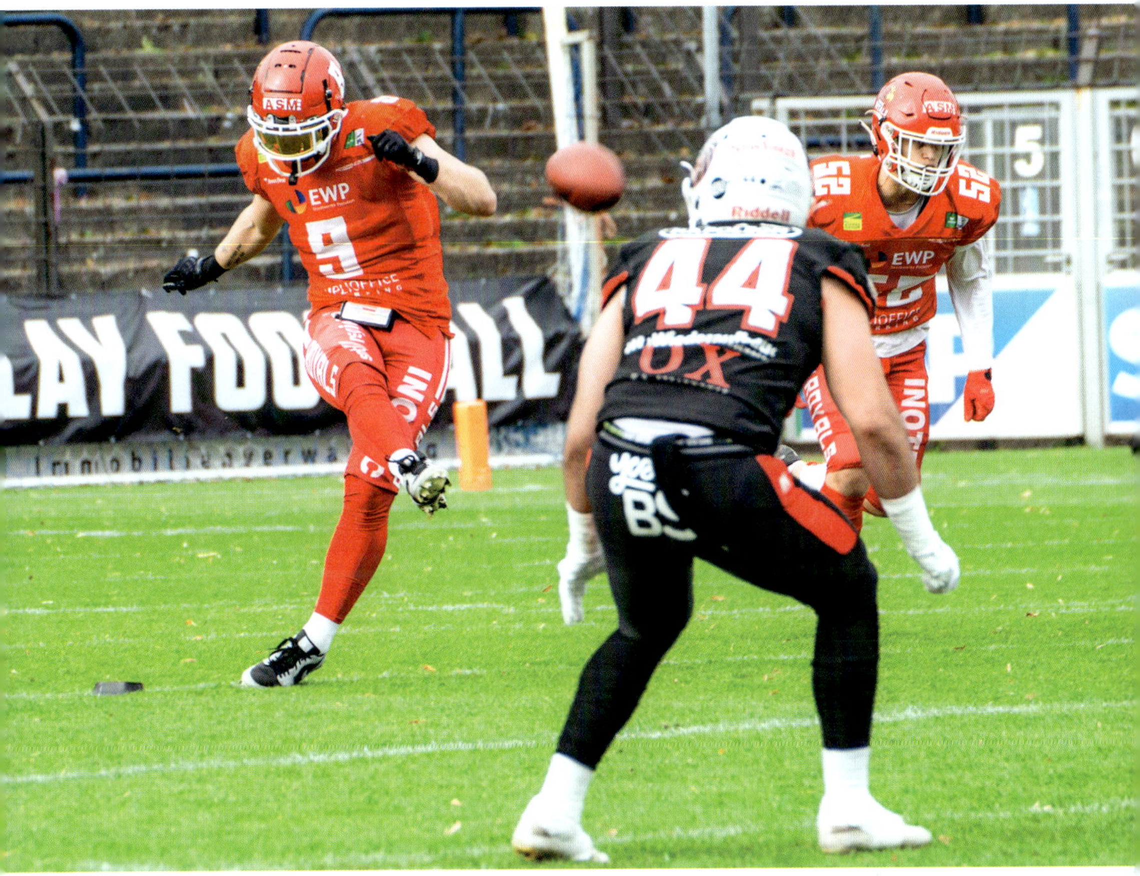

Abb. 34: Kicker der Potsdam Royals (© Thomas Iden-Korjahn)

In den Special Teams können ebenfalls Punkte gemacht werden, indem Punts oder auch Kickoffs vom Returner erfolgreich über das ganze Feld getragen werden. Dies ist auch möglich, wenn Fieldgoalversuche geblockt und der Ball abgefangen werden kann. American Football lebt durch seine Unterbrechungen und es macht den Sport ein Stück weit aus. In diesen Pausen und Wechseln können häufig Strategien besprochen werden, um einzelne Spielzüge zu gestalten. Je nach Philosophie werden Pausen auch gerne explizit ausgelassen, um in einem „No Huddle"-System zu spielen. Das heißt, man möchte gerade durch das schnelle Spiel und das Unterlassen von zu langen Pausen das Überraschungsmoment nutzen.

American Football ist ein strategischer Sport und wird gerne mit Schach verglichen. Hinter jedem Spielzug steht ein Konzept. Dieses Konzept ist rudimentär, um die eigenen Ziele zu erreichen. Die Offense hat vier Versuche, um 10 Yards zu erreichen. Schaffen sie es, erhalten sie ein weiteres First Down usw. Die Versuche können sie ausspielen wie sie möchten, ob mit diversen Pässen oder Runs. Häufig wird das Spiel so ausgelegt, dass sie so schnell wie möglich die Endzone erreichen wollen. Aber auch „arbeitsreiche" Spielzüge sind möglich, um Punkte zu machen. Die Defense hat im Gegenzug das Interesse, jeden Spielzug so schnell wie möglich zu stoppen. Dies erreichen sie, indem zum Beispiel Wide Receiver so gut gedeckt werden, dass sie nicht mehr anspielbar sind, der Druck auf den Quarterback erhöht wird, dass er ungenaue Pässe wirft oder der Runningback schon sehr früh an der Line gestoppt wird.

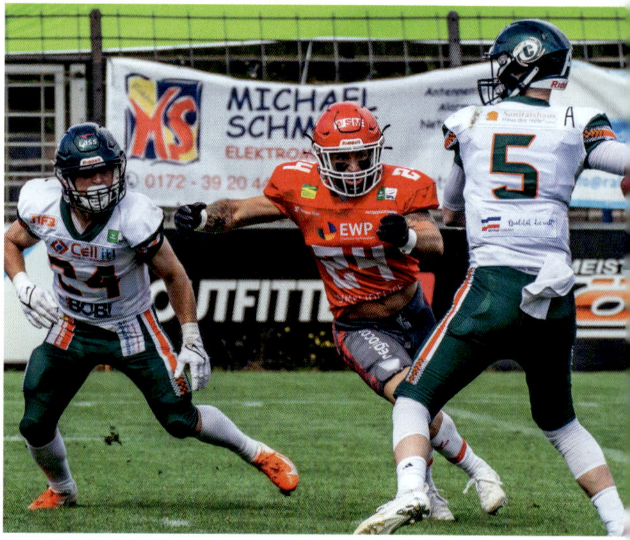

Abb. 35: Druck auf den Quarterback (© Thomas Iden-Korjahn)

Die Spielregeln geben klare Vorgaben, wie zum Beispiel, wie viele Spieler an der Line of Scrimmage stehen müssen und dass zum Beispiel nur maximal vier Spieler im Backfield sein dürfen. Ist eine Offense in ihrem Spiel eingeschränkt und schafft es nicht, in den vier Versuchen die 10-Yard-Linie zu erreichen, geht der Besitz des Balls an das gegnerische Team über. Das Team startet ab der Stelle, wo zuletzt der Ball war bzw. das Team stand. Häufig nutzen Teams nach dem dritten Versuch den Punt. Sie schießen den Ball in die gegnerische Hälfte und deren Returner muss versuchen, den Ball so gut wie möglich zurückzutragen. Schafft er es, sichern sie sich eine gute Feldposition oder sogar einen Touchdown, wenn er überhaupt nicht zu Fall gebracht wird.

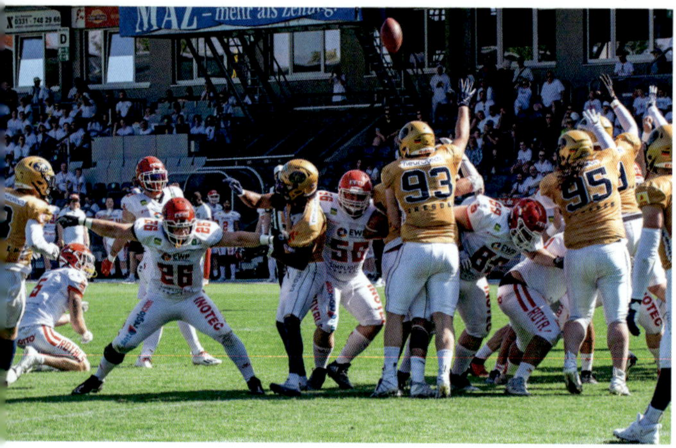

Abb. 36: Fieldgoal (© Thomas Iden-Korjahn)

Manche Teams spielen den vierten Versuch auch aus, setzen alles auf eine Karte und scheuen kein Risiko. Das hat bei manchen Teams bereits sehr gut funktioniert oder auch nicht, da man dem Gegner ggf. auch eine zu gute Feldposition überlassen hat. Wenn es schlecht läuft, scoren die Gegner aufgrund der starken Feldposition. Teams mit starken Kickern nutzen den vierten Versuch auch, um aus einer überschaubaren Entfernung ein Fieldgoal zu schießen. *(Siehe 9.) AFVD/Regelkommission, 2023, Seite 14ff.)*

5.2 WICHTIGSTE FAKTEN DER OFFENSE, DEFENSE UND DER SPECIAL TEAMS

American Football ist ein Sport der eine lange Geschichte aufzeigt und in den USA einen hohen (Kultur) Status besitzt. Inhaltlich hat sich der Sport über die Jahre fortentwickelt und man kann Tage mit Fortbildungsveranstaltungen füllen, um sich über den Sport auszutauschen.

Jede Position, auch die taktische Auslegung, kann bis in das kleinste Detail geplant, besprochen, beobachtet und ausgeführt werden. Jedoch heben auch manche Experten hervor, dass das Rad oft nicht neu erfunden wird. Manchmal gibt es einzelne Formationen, die bereits in den 1970er- oder 1980er-Jahren auf dem Vormarsch waren, aber aus diversen Gründen in Vergessenheit geraten sind. Diese werden nach Jahren wiederentdeckt und viele Trainer finden wieder Gefallen daran. Ebenso gibt es zwischen der NCAA und der NFL noch weitere Unterschiede und das nicht nur in den Spielregeln.

Viele Experten, Trainer und Spieler schauen hierzulande gerne College Football, da es ihrer Meinung nach mehr (Trick-)Spielzüge in überschaubaren Settings gibt. Die NFL ist häufig sehr schnell in ihrer Spielauslegung. College Football wirkt überschaubarer und bietet mehr Spielaktionen zur Orientierung für das eigentliche Training auf deutschem Terrain. Einzelne Spielpositionen werden nochmals anders eingesetzt. Stirbt der klassische „Fullback" in der NFL aktuell mehr und mehr aus, hat er im College Football und hierzulande noch seine Daseinsberechtigung. Das kann ggf. nur von temporärer Dauer sein, bis sich einzelne Trainer wieder bewusst dafür entscheiden, der Position Raum zu geben. Einen großen Einfluss haben auch die taktischen Auslegungen des Sports. American Football bietet einen breiten Spielraum an Möglichkeiten und Coaches können oder müssen genau überlegen, welche Formation sie mit ihrem Spielpersonal spielen möchten. Hierbei ist eine Frage fast noch wichtiger: Wie wird der Inhalt in das Training eingebracht? Alle Spieler sollten das angewandte System verstehen und bestmöglich spielen können.

Zunächst müssen dazu die relevanten Basisbausteine verstanden werden. Es gibt drei gängige Formation Alignments, die Auskunft darüber bieten, wie viele einzelne Spieler auf dem Feld sind. Das kann variieren, je nachdem wer auf dem Feld steht und was weitergeführt die Aufgabe ist. Coaches reden dabei gerne von sogenannten Personnel Packages:

- » 21 Personnel zeigt auf, dass zwei Runningbacks, ein Tight End und zwei Receiver auf dem Feld sind.
- » 22 Personnel steht für zwei Runningbacks, zwei Tight Ends und einen Wide Receiver.
- » 10 Personnel zeigt einen Runningback, keinen Tight End aber dafür vier Wide Receiver auf.

Mittlerweile haben sich viele unterschiedliche Systeme bei den Teams etabliert. In der Regel nutzt die Terminologie Bezeichnungen; mal werden die Systeme sehr umfangreich, mal sehr einfach beschrieben. Mit den Zahlen lassen sich gute Merkstützen bauen: Die vordere Zahl gibt Auskunft, wie viel Runningbacks genutzt werden (egal ob Halfback oder Fullback) und die zweite Zahl gibt Auskunft, wie viel Tight Ends verwendet werden. Demnach bedeutet 21 = 2 Runningbacks und 1 = 1 Tight End. Die 10 wiederum verzichtet komplett auf den Tight End, deshalb die 0, und spielt dafür mit vier Wide Receivern.

Je nach Ausgangslage haben Coaches unterschiedliche Rahmenbedingungen. Haben alle Spieler noch keine Football-Erfahrung, können Systeme aufbauend eingeführt und installiert werden. Andere Coaches sind gefragt, eine Strategie zu finden, um die Spieler darin zu unterstützen, dass das System verstanden wird, egal ob Fortgeschrittene oder Anfänger.

Im Training und für die Spieltage sollte es des Weiteren ein Verfahren geben, indem die Spieler wissen, wann sie auf das Spielfeld kommen, wer in der Regel immer ein Starter ist oder ggf. der entsprechende Backup. Zusammen mit dem Coach muss ein überschaubares Konzept entwickelt werden, um zu garantieren, dass die einzelnen Sets funktionieren. Die Personal Packages sind im Spiel natürlich auch für die Defense interessant. Sie können davon ableiten, was sie ggf. im Spiel erwartet. Mit zum Beispiel zwei Runningbacks und zwei Tight Ends auf dem Feld, ist die Vermutung naheliegend, dass ein Run passiert *(siehe 10.) Kirwan, 2015, Seite 2 ff.)*.

Formationen sind zum Beispiel die I-Formation, die Spread Formation, die Pistol Formation oder die Shotgun Formation. Manche Coaches nutzen aber auch bewusst Formationen, um nur auf bestimmte Spielsituationen zu reagieren; eine solche Formation könnte zum Beispiel eine Unbalanced Formation sein. Welche Formation gespielt wird, ist von verschiedenen Faktoren abhängig. Ein Hauptkriterium ist natürlich die individuelle Spielsituation und was mit dem einzelnen Spielzug aus der Formation heraus erreicht werden möchte.

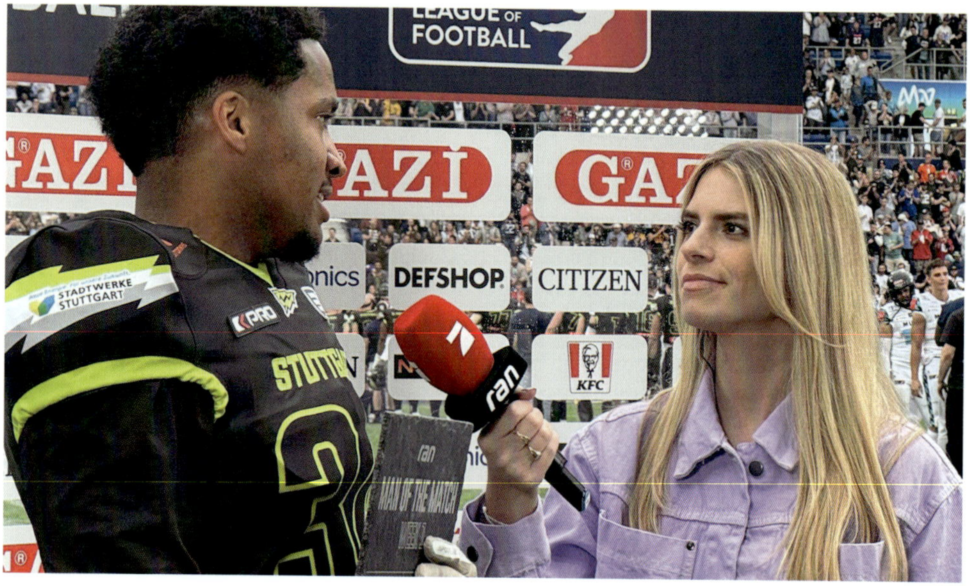

Abb. 37: Ran Moderatorin Sina Stinshoff im Gespräch mit einem Spieler zur Spielstrategie

DIE I-FORMATION

Die I-Formation ist die Klassiker-Formation schlechthin. Es stehen dabei der Quarterback, Fullback und Runningback hintereinander. Von oben betrachtet sieht es aus wie der Buchstabe I. In der Regel stehen dabei fünf Linemen an der Line of Scrimmage, die durch einen Tight End unterstützt werden. Links und rechts spielen zumeist zwei Wide Receiver. *(21 Personnel: 2 Runningbacks, 1 Tight End, 2 Wide Receiver)* Die Formation wird vor allem gerne bei lauflastigen Spielzügen genutzt, die u. a. mit Power durch die Mitte gespielt werden sollen, da der Runningback durch den Fullback noch einen weiteren Vorblocker besitzt. Aber auch Trickspielzüge eignen sich, um die Defense in die Mitte zu ziehen und die Wide Receiver durch Pässe über die Außenflanken zu bedienen. Die I-Formation kann durch das Ersetzen einzelner Spieler noch leicht variiert werden, wie zum Beispiel zu einer „Big I"-Formation, da ein zweiter Tight End zum Einsatz kommt *(22 Personnel: 2 Runningbacks, 2 Tight Ends, 1 Wide Receiver).*

DIE SPREAD FORMATION

Spread heißt auf Englisch verbreiten und dieser Begriff beschreibt die Formation recht passend. Die Offense breitet sich waagerecht über das ganze Feld aus und zieht ihre Offense bis ganz nach außen. Um das zu erreichen, wird gerne mit vier Wide Receivern gearbeitet *(10 Personnel: 1 Runningback und vier Wide Receiver).* Ziel einer Spread Offense ist es, die Defense nahezu zu überlaufen, da es schwierig ist, das Feld in der Breite und in der Länge gegen die schnellen und talentierten Wide Receiver zu verteidigen. Um die Formation effektiv zu spielen, sollten die Wide Receiver potenziell sehr stark sein. Aber auch in dieser Formation kann das Überraschungsmoment groß sein, wenn nach mehreren Pässen ein Lauf des Runningbacks oder sogar des Quarterbacks umgesetzt wird. Einige Teams nutzen diese Formation auch, um ihrer Offensive Line etwas Ruhe zu verschaffen oder wenn es darum geht, die ein oder andere Schwäche zu kaschieren.

DIE PISTOL FORMATION

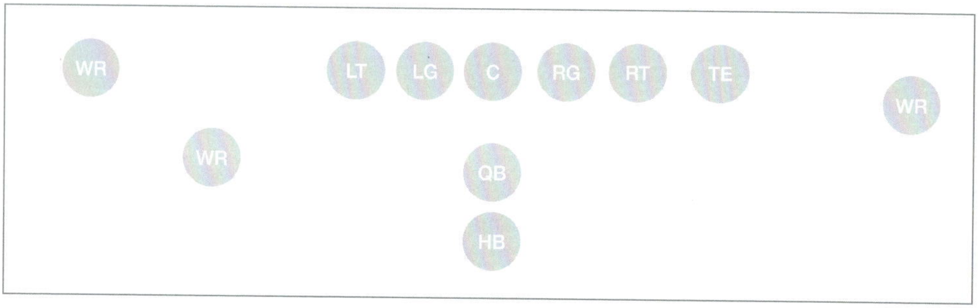

Die Pistol Formation soll variationsreich sein, also dem Run und Pass Raum geben. Dazu steht der Quarterback mit einem Abstand von 3 Yards zum Quarterback und der Runningback wiederum steht leicht versetzt mit drei weiteren Yards Entfernung zum Quarterback. Viele Experten beschreiben sie als Mischung aus einer Shotgun und I-Formation und sehen in ihr, von oben betrachtet, eine Pistole. Der Quarterback steht mit Abstand zur Line of Scrimmage und kann das Defense Feld umfangreich überschauen, das gibt ihm Flexibilität in seinen Entscheidungen. Einerseits kann der Quarterback den Runningback mit Läufen bedienen – Richtung Offensive Line – oder er hebt das Spiel über Außen mit den Wide Receivern hervor.

DIE SHOTGUN FORMATION

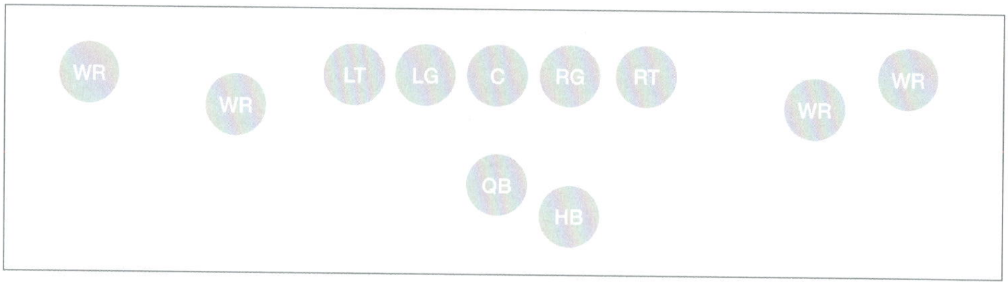

Bei der Shotgun Formation nutzt der Quarterback seine Distanz von 5-7 Yards zum Center. Der Abstand ermöglicht ihm einen guten Raum, eine Übersicht der Defense und es besteht keine Gefahr bei zu viel Druck und Pressure auf der Line in Bedrängnis zu kommen. Der

Runningback steht dabei entweder links oder rechts neben ihm; Blitze können relativ zügig erkannt werden. Eine Shotgun Formation zeigt viele positive Attribute auf, jedoch auch einige Herausforderungen, bei denen im späteren Quarterback-Kapitel noch eingegangen wird *(siehe 11.) Franke, 2022, Seite 44 ff.).*

DIE UNBALANCED FORMATION

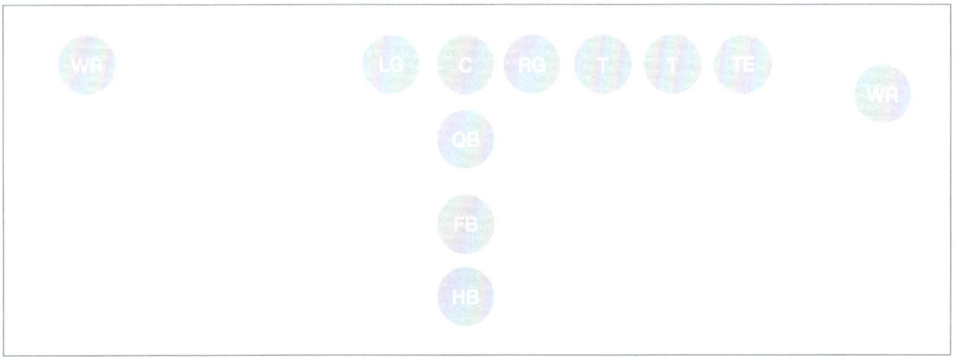

In einer Unbalanced Formation stehen die Spieler unausgeglichen an der Line of Scrimmage, d. h. je nachdem haben sich links oder rechts vom Quarterback wesentlich mehr Linemen und Wide Receiver formiert als auf der anderen Seite. Aus dieser Formation heraus, lassen sich unterschiedliche Plays spielen und vor allem für Verwirrung sorgen. Eine Defense muss auf die plötzliche Über- oder Untergewichtung einer Seite reagieren. Diese Überraschungsmomente können dafür sorgen, dass einerseits auf die Seite mit mehreren potenziellen (Vor) Blockern gespielt werden kann, um positiv Yardgewinn zu erzielen. Reagiert eine Defense mit einer Umpositionierung ihrer Spieler, kann ein möglicher Laufweg auch direkt über die andere Seite gehen.

Laufrouten der Wide Receiver werden in einem Route Tree/Routenbaum vorgegeben; dieser beschreibt die klassischen Routen. Einzelne Routen haben einen bestimmten Namen und werden häufiger auch mit einer Nummer gepaart, um es zum Beispiel im späteren Playcall zu vereinfachen. Es wird empfohlen, die Routen, aber auch die Zahlen sollten in der gängigen Fachsprache vermittelt werden, um den Spielern von Anfang an das richtige Vokabular zu vermitteln. Manchmal ist das gar nicht so einfach, da sich über die Jahre zum Beispiel für eine einzige Route bereits drei Namen etabliert haben. Der Routenbaum gliedert sich in drei Bereiche auf. Im vorderen Drittel werden die schnellen Routen aufgezeigt, im mittleren Bereich finden sich die intermediate/dazwischenliegenden Routen und die Drop Back Routen, wie zum Beispiel eine 16 Yard Comeback Route. Eine Go Route oder Fade Route gehört zu den langen Routen *(siehe 12.) Norvell, 2013, Seite 122ff.).*

Eine Defense hat nur ein einziges Ziel, sie möchten die Offense so schnell wie möglich stoppen, um Punkte zu vermeiden oder noch besser, den Ball für ihre Zwecke zurück zu erobern. Dabei müssen sie die Offense konzentriert lesen und sich ihre Schwächen zunutze machen und zügig und selbstbewusst darauf reagieren. Dabei gibt es für die Defense gängige Systeme, nachdem sie ihre Spieler einteilen können und was diese „Front Seven" besonders ausmacht:

Das 4-3 Defensive Scheme hat 4 Linemen, 3 Linebacker, und 4 Defensive Backs

Vorteile: Vier Defensive Linemen spielen gegen fünf Offensive Linemen. Sie haben eine leichtere Übersicht, da sie nur für ein Gap verantwortlich sind. Sie können dabei sehr kraftvoll und mit Power spielen, um ggf. eine überlegene Offensive Line in Schach zu halten.

Nachteil: Bei den Linebackern kommt es zu einer Verschiebung der Aufgaben. Sie müssen gerade bei Runs kraftvolle Tackles schaffen und müssen ihren Bereich optimal verteidigen.

Das 3-4 Defensive Scheme hat 3 Linemen, 4 Linebacker und 4 Defensive Backs

Vorteile: Die Defensive Linemen zeigen überdurchschnittliche Leistungen, da sie immer zwei Gaps kontrollieren und demnach überwachen müssen. Sie brauchen eine besonders hohe Reaktionsfähigkeit, geben aber ihrer Defense dadurch sogar auf anderen Ebenen noch viele Vorteile. Sie können ein oder sogar zwei Spieler auf Blitz schicken.

Nachteil: Vorteile bestehen nur, so lange die Defensive Line tatsächlich ein überragendes Spiel ableistet und auch die Blitze zu Problemen in der Offense führen. Ein überlegener und laufstarker Quarterback wird jedoch ebenfalls seine Antwort darauf finden.

Das 4-2 Defense Scheme hat 4 Linemen, 2 Linebacker und 5 Defensive Backs

Vorteil: Ideal bei sehr passstarken Teams und um die einzelnen Wide Receiver zu decken bzw. zeitnah zu tackeln.

Nachteil: Häufig ein schwaches Mittelfeld, dass sich eine Offense zunutze machen kann, wenn sie ihre Plays genau in die Mitte setzen.

Das 3-3 Stack Scheme hat 3 Linemen, 3 Linebacker und 5 Defensive Backs.

Vorteil: Ausgeglichene Formation, die unterschiedliche Varianten zulässt.

Nachteil: Spieler der Defensive Line sind dauerhaft umfangreich gefordert.

Mit der 7 werden die Defensive Linemen und die Linebacker bezeichnet, die zumeist zuerst am Ballträger dran sind. Jede der Formationen hat kurz geschildert, ihre Vorteile bezogen auf den eigentlichen Spielfluss und den individuellen Spielertypen an sich. Dennoch hat jeder dieser Formationen auch ihre Nachteile, sodass jedes Team für sich entscheiden muss, wie und mit welcher Formation sie am liebsten spielen möchten. Eine immer ganz klare Trennung ist nicht möglich, da Teams ihre Defense Scheme immer wieder wechseln und zumeist zwei Favoriten haben.

Neben der Frage zur Formation und der sogenannten Front Seven, ist auch der Blick auf die Cornerbacks und die Safeties unverzichtbar. Ihre Base Defense besteht in der Regel aus zwei Cornerbacks, links und rechts, wie auch zwei Safeties. Im weiteren Verlauf unterscheiden sich ihre Aufgaben, je nachdem ob sie Mann oder Zonendeckung spielen.

Manndeckung: Jedem Defense Spieler wird ein bestimmter Offense Spieler zugeordnet, für den er verantwortlich ist. Hier gibt es des Weiteren noch die Unterscheidung in Cover 1 - das heißt, Teams bauen sich eine Zone ein, aber die restlichen Spieler spielen Manndeckung.

Zonendeckung: Das Defensefeld wird in Zonen eingeteilt, jeder Spieler erhält eine Zone, die er verteidigen muss, falls er nicht an der Line of Scrimmage eingeteilt ist. Dabei können sie in folgende Coverzonen unterteilt werden: Cover 2, Cover 3, Cover 4 usw. *(8. vgl. Colby, Seite 13)*.

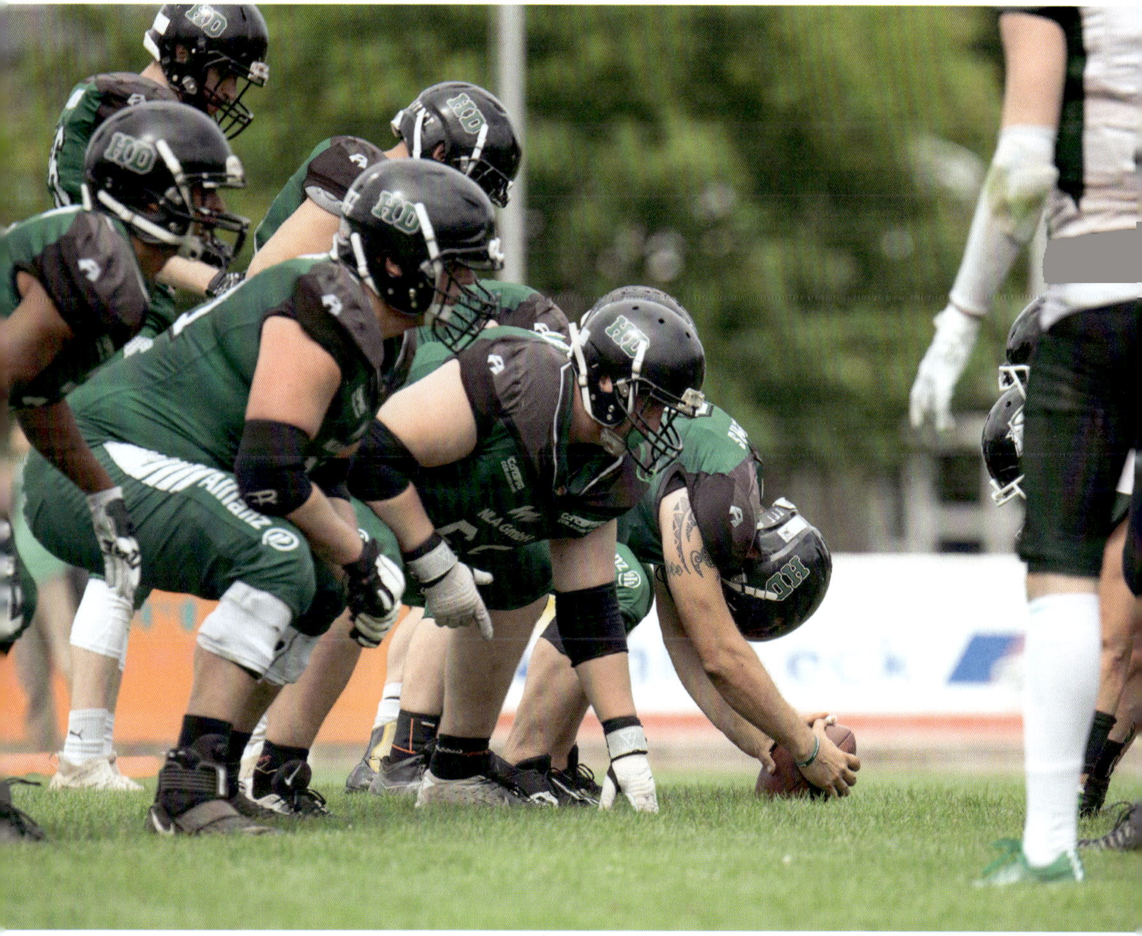

Abb. 38: Offensive Line (© Sabrina Risse)

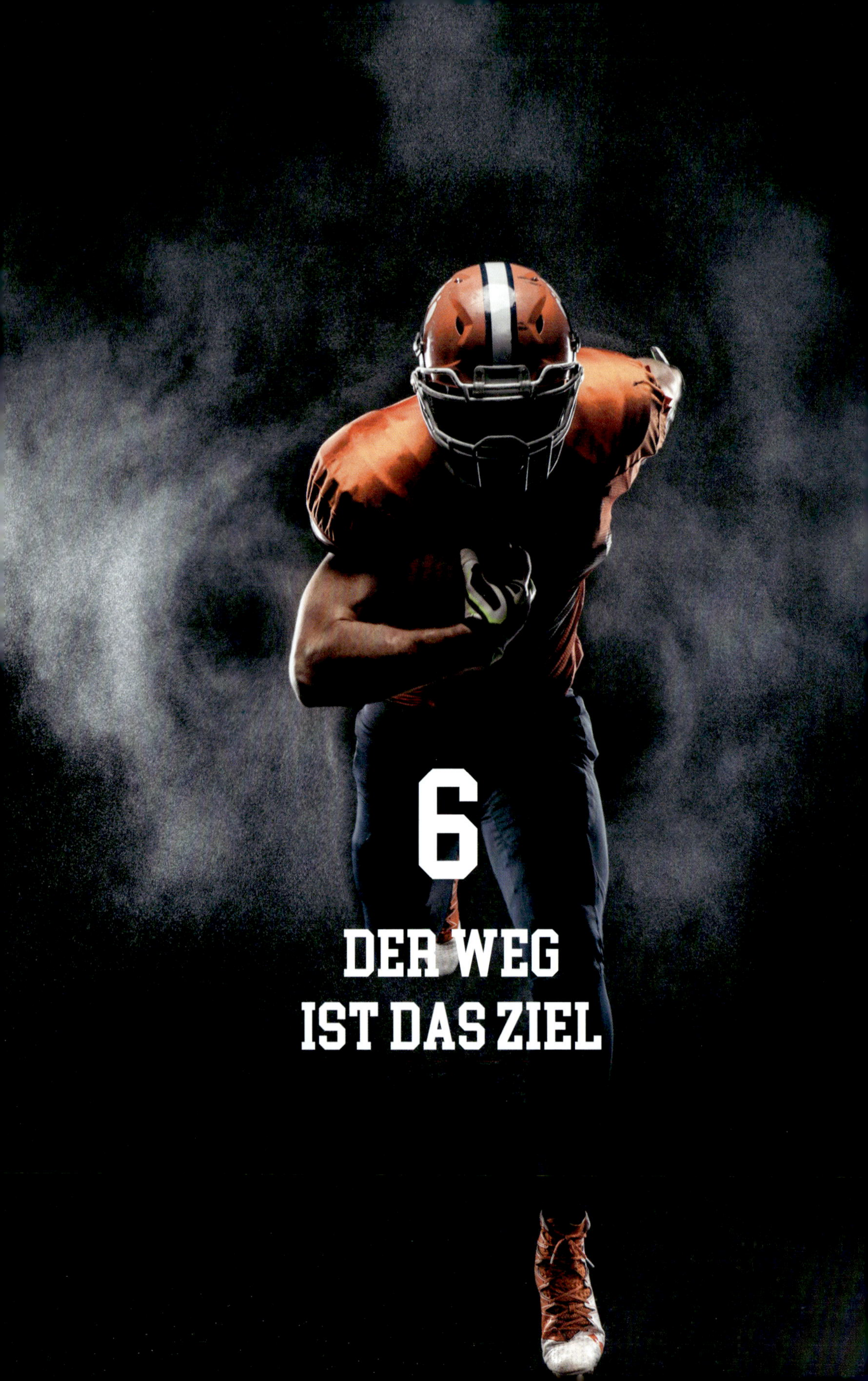

6
DER WEG IST DAS ZIEL

Es ist wichtig, ein Konzept für sein Training und die dazugehörigen Teams zu entwickeln. Dieses Konzept kann in kurzfristige, mittelfristige und langfristige Inhalte und Zielsetzungen kategorisiert werden.

Zu den langfristigen Inhalten und Zielsetzungen gehört die Aufteilung des Trainings über ein komplettes Jahr/Spielsaison und mit der Zielsetzung wie eine Saison abgeschlossen werden möchte. In den USA wird eine „American Football"-Saison in eine Offseason, Preseason und die aktive Saison unterteilt und auch hierzulande wird diese Einteilung übernommen. In Deutschland läuft eine aktuelle „American Football"-Saison der Teams inklusive ELF und GFL von Frühjahr (April /Mai) bis in den frühen Herbst (September). Die NFL ist außen vor, da diese in den USA von Ende des Sommers (August/September) über den Winter bis Februar läuft.

Längerfristige Inhalte

Viele Teams schließen im August/September ihre aktive Saison ab und gehen danach in eine Urlaubspause, um in der Regel im September wieder mit dem Training zu starten. In der ELF sowohl in der GFL gibt es unterschiedliche Trainingszeiten, Trainingsvariationen und auch Trainingsstarts. Diese hängen damit zusammen, dass die Endspiele erst zu späteren Zeitpunkten ausgespielt werden. In regelmäßigen Trainersitzungen stellen die Trainer ihren groben Plan für ein Jahr zusammen. Je nach individueller Beobachtung kann dieser von Team zu Team individuell ausfallen. Die Trainer arbeiten in der Ausgestaltung mit diversen Abteilungen und Vorstandsverantwortlichen zusammen, um auf verschiedene Rahmenbedingungen Rücksicht zu nehmen, zum Beispiel Ferienzeiten, Platzbelegungen, Platzsperrungen, Hallennutzungen usw.

Längerfristig gibt es diese Einteilung:

» Trainingsstart, Trainingszeiten, Trainingsorte,
» Ferienzeiten inklusive Feiertage bzw. lange Wochenenden/Verschiebungen,
» Trainingscamps, Minicamps zum Beispiel an verschiedenen Wochenenden,
» gemeinsame Trainingstage bzw. Übergangtrainings zum Beispiel von der U19 zu den Seniors,
» Events für das Teambuilding,
» Events für Fans bzw. besondere Events,
» Kooperationen mit Fitnessstudios, anderen Teams ggf. Trainern mit anderen Trainingsinhalten,
» Testspiele und
» die reguläre Spielsaison mit den einzelnen Spielterminen.

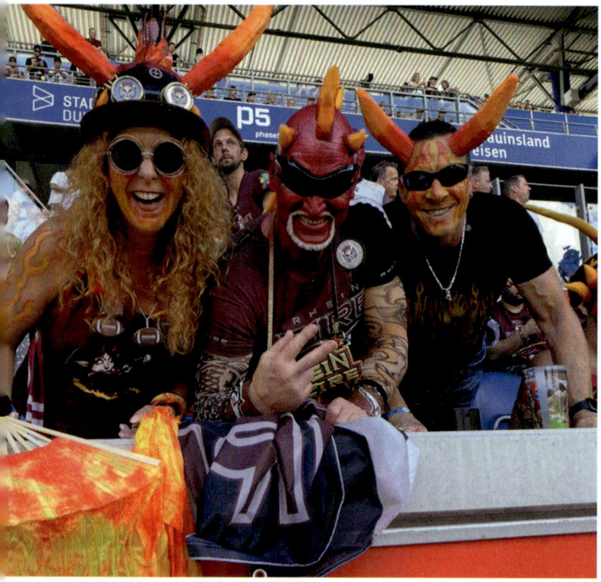

Abb. 39: Fans von ELF-Team Rhein Fire

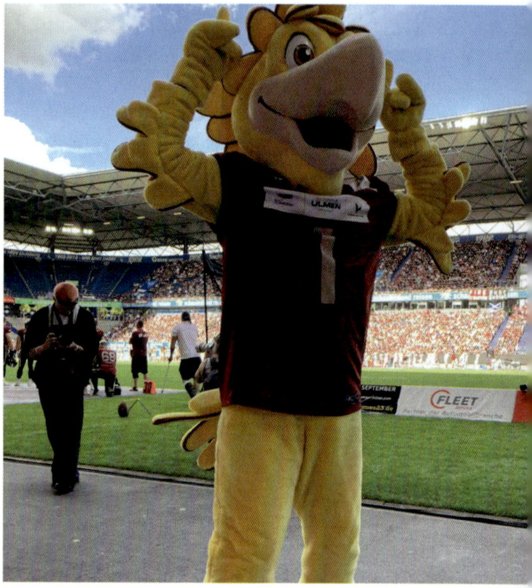

Abb. 40: Maskottchen beim ELF-Team Rhein Fire

Das Jahr kann in unterschiedlich große Zeitblöcke unterteilt werden. In diesen Blöcken legen die Trainer fest, welche inhaltlichen Schwerpunkte trainiert werden. Viele Teams nutzen den Herbst, um Kraft, Kondition und Ausdauer zu trainieren. Häufig findet das Training auch mit Kooperationspartnern zusammen statt, zum Beispiel mit Crossfit Boxen, Fitnessstudios, Athletik Trainern oder auch Physiotherapeuten. Das kooperative Training bietet sich an, um mit den Spielern spezielle Übungen zu trainieren und auf bestimmte Besonderheiten einzugehen. Einige Teams starten gerne mit einem Combine, um die einzelnen Werte festzuhalten. In regelmäßigen Abständen werden die Combines wiederholt, um die Entwicklung zu dokumentieren und festzuhalten. Andere Teams wiederum nutzen die Offseason, um Schwächen aufzuarbeiten und ihren Fokus darauf zu legen.

Bei den monatlichen Schwerpunkten werden die Trainings grob geplant, um noch Freiraum für mögliche Verschiebungen und potenzielle Drills zu besitzen. Die Planungen sollten einen Spielraum haben, um auf eventuelle Veränderungen eingehen zu können. Es wird immer Sequenzen geben, die wiederholt trainiert werden müssen. Die kurzfristigen Situationen beziehen sich auf die Trainingsstunden einer Woche und darauf, mit welchen Übungen die zwei Stunden an sich gefüllt werden. Dabei sind der Aufbau und Ablauf zumeist der gleiche; dennoch gibt es von Team zu Team individuelle Vorlieben.

Einige Teams haben zum Beispiel in jedem Training einen Special Team Drill bzw. freie Zeit, um Special Teams zu trainieren. Andere Teams planen alle zwei Wochen ein längeres „Special Team"-Training ein, um detaillierter auf die Inhalte einzugehen. Es gibt diverse Vor- und Nachteile, die jedes Coaching-Team für sich entscheiden muss. Manche arbeiten gerne kontinuierlich in kurzen Sequenzen im Bereich der Special Teams, andere wiederum benötigen einen längeren Zeitraum, um ggf. auch ein entsprechendes Konzept zu erklären und zu installieren.

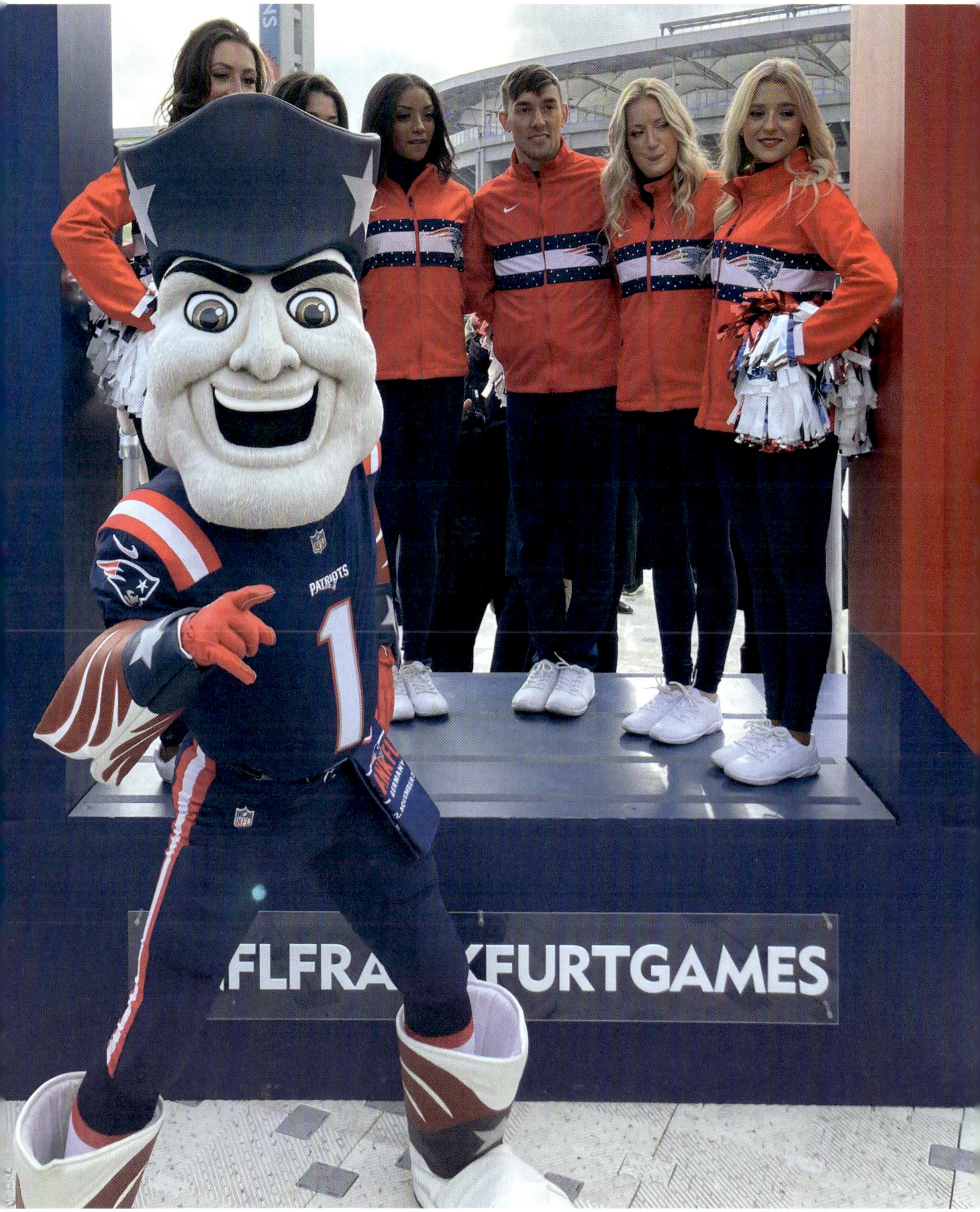

Abb. 41: Cheerleader und Maskottchen der New England Patriots in Frankfurt

6.1 KONZEPTENTWICKLUNG

Jeder Verein hat in der Regel mehrere „American Football"-Teams, sei es im Kinder-, Jugend- und Herrenbereich. Es ist sinnvoll, sich mit allen Trainern und Vorstandsmitgliedern zu treffen, um das Konzept der einzelnen Teams zu besprechen und eine entsprechende Transparenz zu wahren. Das „Gerüst" ist das gleiche und inhaltlich wird individuell auf die einzelnen Zielgruppen eingegangen. Die großen Trainermeetings helfen auch, um wichtige Übergänge von Team zu Team zu gestalten und ggf. ein einheitliches Scheme aufzubauen. Trainer lernen sich untereinander kennen und das Gefühl der Zugehörigkeit wächst. Das Wissen über alle Teams vereinfacht das Aushelfen und Wechseln der Trainer zwischen den einzelnen Mannschaften. Der „rote Faden" bringt eine Struktur, die es einfacher macht, bestimmte Inhalte regelmäßig zu evaluieren. Eine Konzeptentwicklung benötigt Zeit und auch die Erstellung von bestimmten Dokumenten und Abläufen nimmt seinen eigenen Zeitraum ein. Die Meetings sollten vom sportlichen Leiter gemeinsam mit dem Headcoaches einberufen werden. In der Regel führen viele Trainer ihre Tätigkeit ehrenamtlich aus und haben hohe berufliche Verpflichtungen und Familie. Sinnvoll ist es, einige Dokumente und Strukturen vorzugeben. Weitere Aufgaben können in Arbeitsgruppen aufgeteilt und bearbeitet werden. Der Prozess sollte dauerhaft beobachtet und dokumentiert werden. Die Bearbeitung in Arbeitsgruppen ist sinnvoll, da sich jeder Trainer mit seinen individuellen Stärken einbringen kann. Zumeist können sich die Arbeitsgruppen auch mit den erarbeiteten Inhalten genauer identifizieren. Das ist ein positiver Effekt, denn gerade diese Inhalte werden authentischer gelebt. Es ist wichtig, sich einzelne Planungspunkte differenziert anzuschauen und abzuwägen, ob jeder Punkt Veränderung benötigt. Gibt es bereits zu viele Wechsel im Rahmen eines Coaching Staffs, sollten zumindest für den Übergang Inhalte, wie zum Beispiel ein Passing Tree, nicht abgeändert werden. Zu viele Veränderungen können sich negativ auf ein Team auswirken. Sinnvoll ist es, Veränderungen Schritt für Schritt einzuführen und immer wieder eine Zwischenbilanz zu ziehen.

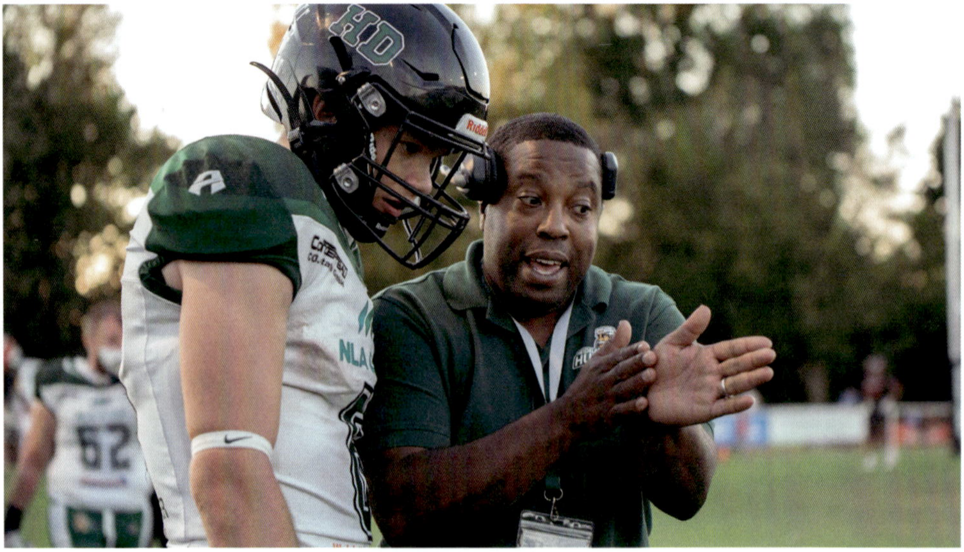

Abb. 42: Trainer im Gespräch (© Sabrina Risse)

6.2 EINZELSTUNDEN/STUNDENBILDER/ZIRKELTRAINING

Mit einem Raster ist es einfach, Einzelstunden zu planen und auszugestalten. Es gibt neben den Strukturpunkten noch wichtige Trainingsprinzipien, die beachtet werden müssen.

Ist ein Rasterplan jedoch einmal erarbeitet, gibt er auch den Spielern je nach Zeitpunkt in der Saison Struktur und Übersicht. Sie wissen, was sie im Training erwartet und können sich optimal darauf einstellen.

Direkt nach einem Spieltag muss der Punkt „Recovery" beachtet werden und eine besondere Handhabung stattfinden. So sollten reguläre Trainings einen Tag später durch Recovery für die Spieler getauscht werden. Einige Teams haben zum Beispiel Kooperationen mit einem Schwimmbad/Sauna und können dort einen Tag in Anspruch nehmen. Manche Teams trainieren kurz vor einem Gameday nur mit Helm und ohne Tackling, um ihre Spieler zu schützen und ihnen entsprechende Recovery Zeit einzuräumen, um weitere Verletzungen zu vermeiden.

STUNDENAUFBAU OFFSEASON – DER SCHWERPUNKT LIEGT AUF KRAFT, AUSDAUER UND SCHNELLIGKEIIT

Begrüßung	Ansprache der Coaches Kurze Vorstellung und Überblick des Trainings, sollte es ggf. Abweichungen zum normalen Ablauf geben
Aufwärmen	Ein neues Spiel. Standard-Aufwärmprogramm
Hauptteil	Hier ist es möglich, unterschiedliche Schwerpunkte zu setzen. Diese können mit Gastcoaches zusammen geplant und durchgeführt werden: - Laufschule / Schnelligkeit ggf. mit einem Coach aus dem Bereich Leichtathletik - Kraft / Kraftausdauer ggf. wird das Training auch in eine Crossfit Box usw. gelegt - Flexibilität ggf. mit einem Trainer aus dem Yogabereich - Training mit dem eigenen Körpergewicht - Stundenschwerpunkt zusammen mit einer Physiotherapeutin – Vorbeugung, Rehabilitation usw. - Zirkeltraining - Combine - Manche Teams arbeiten auch mit besonderen Positionsschwerpunkten, um ggf. verstärkt besondere Schwächen aufzuarbeiten.
Abschluss	Gemeinsames Cool Down (Abwärmen), Huddle, kurzes Feedback zum Training, Ausblick

STUNDENAUFBAU OFFSEASON – DER SCHWERPUNKT LIEGT BEREITS AUF DEM „AMERICAN FOOTBALL"-TRAINING

Begrüßung	Ansprache der Coaches Kurze Vorstellung und Überblick des Trainings, sollte es ggf. Abweichungen zum normalen Ablauf geben.
Aufwärmen	Gemeinsames Aufwärmprogramm mit allen Spielern. Je nach Philosophie des Teams kann es zu einer unterschiedlichen Ausgestaltung kommen. Manche Teams laufen gemeinsam Runden und wärmen sich in ihren einzelnen Positionsgruppen auf, um auf besondere Punkte einzugehen. Andere Teams wärmen sich mit allen auf und haben eine breite Mischung an Übungen. Andere Teams wechseln mit ihren Strength and Conditioning Coaches regelmäßig das Programm, um auch neue Übungen oder Spiele einzuführen. An Gamedays sollte es ein gesondertes Aufwärmprogramm geben, um auf die folgende Spielsituation vorbereitet zu sein.
Individuals	Jede Positionsgruppe übt ihre individuellen Übungen und Drills.
Zusammenlegung einzelner Positionsgruppen Skelly, Inside Run usw.	In dieser Übergangsphase werden einzelne Positionsgruppen zusammengelegt, um schon verschiedene Spielaspekte zu trainieren. Zum Beispiel Quarterbacks und Wide Receiver ggf. zusammen mit den Cornerbacks. Offensive Line mit Defensive Line, Runningbacks und Linebacker
Special Team Drill	Alle, ggf. Einteilung in Untergruppen; der Special Team Drill kann auch nach den Individuals trainiert werden.
Spiel - Offense gegen Defense	Vertiefung des Playbooks bzw. Install neuer Spielzüge; Kleingruppenarbeit möglich
Abschluss	Gemeinsames Cool Down (Abwärmen), Huddle, kurzes Feedback zum Training, Ausblick

STUNDENAUFBAU PRESEASON/HAUPTSAISON

Begrüßung	Ansprache der Coaches Kurze Vorstellung und Überblick des Trainings, sollte es ggf. Abweichungen zum normalen Ablauf geben.
Aufwärmen	Gemeinsames Aufwärmprogramm mit allen Spielern. Hier sollte es nicht groß zu neuen Veränderungen kommen, um die Zeit ggf. für andere wichtige Punkte des Trainings zu beachten.
Individuals	Jede Positionsgruppe übt ihre individuellen Übungen und Drills.
Zusammenlegung einzelner Positionsgruppen	In dieser Übergangsphase werden einzelne Positionsgruppen zusammengelegt, um schon verschiedene Spielaspekte zu trainieren.
Install neuer Spielzüge bzw. Vorbereitung auf den Gegner	Es werden neue Spielzüge bzw. das Playbook geübt. Des Weiteren können während der laufenden Spielsaison auch Spielsituationen des Gegners simuliert werden, um sich auf diese einzustellen. *Neue Spielzüge werden ggf. trainiert, um Schwächen des Gegners auszunutzen.
Festigung des Special Teams	Weiteres Training der Special Teams und entsprechender Übungen
Spiel Offense gegen Defense	Weiteres Training der Special Teams und entsprechender Übungen
Abschluss	Gemeinsames Cool Down (Abwärmen), Huddle, kurzes Feedback zum Training, Ausblick

ZIRKELTRAINING IN VERBINDUNG MIT „AMERICAN FOOTBALL"-TRAINING

Trainer sind gefordert, wenn sie ein hochwertiges Training planen, durchführen und nachbereiten müssen. Innerhalb der Trainingsplanung gibt es immer wieder interessante Trends oder Inhalte. Einer dieser Inhalte ist das Zirkeltraining, das in verschiedenen Sportarten einen Boom erlebt.

BEGRIFFSKLÄRUNG

Das Zirkeltraining ist unter diversen Begriffen bekannt - Kreistraining, Circuit Training, Circle Training oder auch Sequenztraining. Ursprünglich wurde es genutzt, um Krafttraining oder dem Konditionstraining eine neue Art der Durchführung zu geben. Im Zirkel oder in einem Kreis gibt es mehrere Stationen die nacheinander, im Uhrzeigersinn, durchgeführt werden. Es gibt viele Vorteile, die sich zunutze gemacht werden können. Bei einem Ganzkörper-Zirkeltraining kann jede Station eine andere Muskelgruppe bedienen. Während der nächsten Übung kann die entsprechende Muskelgruppe regenerieren, ohne dass eine längere Pause eingeplant werden muss. Das Training geht effektiver und schneller und lässt Freiraum für weitere Trainingsinhalte zu. Sportlergruppen können in Kleingruppen eingeteilt werden und Anfänger und Fortgeschrittene können passende Übungen erhalten. Bei Sportlern mit einem differenzierten Leistungslevel, kann die Durchführung durch eine höhere Wiederholungszahl angepasst werden. Das Zirkeltraining kann auch bei Trainer-Engpässen helfen. Sind die Übungen soweit bekannt, kann der Trainer von Gruppe zu Gruppe gehen und seine Korrekturen abwechselnd vornehmen. Eine weitere Unterstützung kann er erhalten, indem er für jede Gruppe einen Captain bestimmt, der ebenso Korrekturen der Spieler vornimmt, falls ihnen etwas auffällt.

GESCHICHTLICHE ASPEKTE

Zirkeltraining gibt es seit über 60 Jahren. Die englischen Sportwissenschaftler Ronald Ernest Morgan und Graham Thomas Adamson haben das Training initiiert, um inhaltlich eine Reihe an Übungen mit ihren damals anvertrauten Sportlern durchzuführen. Schon damals waren die Übungen mit und ohne Material in einem Kreis angeordnet.

ZIRKELTRAINING IM AMERICAN FOOTBALL

American Football ist eine Sportart, die mehrere Bereiche abdecken muss. Die Sportler benötigen eine gute allgemeine Kondition und Kraft und in ihrer eigenen Position sind spezielle Technikinhalte gefragt. Das Zirkeltraining eignet sich gut, denn auch Technikübungen sind durchführbar und lassen sich in einen Zirkel kombinieren. Das Zirkeltraining kann in der Halle, aber auch im Freien durchgeführt werden; bestimmte didaktische und methodische Inhalte sollten beachtet werden:

» Welche Ziele soll das Zirkeltraining abdecken?
» Ist es ein Zirkeltraining für die Kraft, Kraftausdauer oder für die Ausdauer?
» Ist es ein Zirkel mit Drills zur Footballtechnik? Zum Beispiel das Tackling? Inhaltliche Übungen sollten die Athleten nicht unter- oder überfordern, da sie in bestimmten Übungen zu stark gefordert werden.
» Welche Übungen können gut kombiniert werden und ergänzen sich inhaltlich?
» Kreativ sein – je abwechslungsreicher ein Zirkel ist, umso mehr Motivation und Spaß ist bei den Sportlern vorhanden.
» Musik kann ein Zirkeltraining unterstützen.

Einige Übungen aus dem „American Football"-Training können in einem Zirkeltraining eingeplant werden. Folgende Fragen können helfen:

» Ist der Zirkel für alle Spieler oder ist er nach Offense, Defense, Position oder Schwerpunkt zum Beispiel Tackling aufgeteilt?
» Wie viele Spieler betrifft es? Jede Gruppe sollte ca. die gleiche Anzahl an Spielern haben.
» Wie viele Durchgänge werden pro Zirkel geplant?
» Es sollten die Zeitressourcen pro Station beachtet werden. Es sollte nicht zu kurz sein, denn jeder Spieler sollte Zeit haben, sich zu betätigen. Zu viel Zeit führt zur Ermüdung oder Erschöpfung.
» Welche Übungen werden ausgewählt? Sind diese mit- und untereinander kombinierbar? Gibt es Übungen, die in ihrem Bewegungsablauf in sich aufgeteilt werden können? Ein gutes Beispiel wäre zum Beispiel der Prozess des Blockens.

ZIRKEL FÜR RUNNINGBACKS – PRAKTISCHE ÜBUNGEN

Diese Planung zeigt ein Beispiel für Runningbacks auf, es können auch Wide Receiver und ein Quarterback hinzu genommen werden, damit genug Spieler in jeder Gruppe vorhanden sind. Wahlweise können auch zwei Runningback-Übungen durch zwei „Wide Receiver"-Übungen ersetzen werden.

Zirkeldauer gesamt:	16 Minuten (4 Minuten pro Station) Pause: keine, Wechsel im Uhrzeigersinn
Spieler pro Kleingruppe:	4 x 2; 4 x 3 Spieler usw.
Ausrüstung:	Kann mit und ohne Ausrüstung durchgeführt werden
Material:	Ja - Trillerpfeife, Hütchen, Blocking Pad, Bälle

ÜBUNG 1: CUTTEN/ZICKZACK-LAUF MIT DEM FOOTBALL

Die Hütchen werden verteilt und die Spieler laufen zuerst mit einer mäßigen Geschwindigkeit. Sie laufen von Hütchen zu Hütchen und achten auf ihre Beinarbeit, saubere Cuts und Drehung zum anderen Hütchen. Dabei fokussieren sie sich auf das Hütchen, senken kurz vor dem Hütchen ihren Schwerpunkt und öffnen ihre Hüfte entsprechend.

Schwerpunkt: Beinarbeit; die Kondition wird ebenfalls gefördert, da bei der Übung kontinuierlich gelaufen wird.

Coaching Points: Stance und Start, die Runningbacks sollen kontinuierlich die Arme mitnehmen. Vor dem Hütchen senken sie ihren Schwerpunkt, öffnen die Hüfte, setzen den Fuß in die entsprechende Richtung und laufen weiter.

Zu Beginn wird die Übung langsam gelaufen und es muss auf die richtige Technik geachtet werden. Erfahrene Spieler können die Übung unter „Fullspeed" laufen und werden somit in ihrer Ausdauer gefordert. Vorsicht ist dennoch geboten. Werden die Übungen zu schnell gelaufen, kann nach kurzer Zeit bereits eine Ermüdung eintreten, unter der die Technik leiden kann. Je nach Zielsetzung, wird der Schwerpunkt und die entsprechende Ansage an die Spieler formuliert.

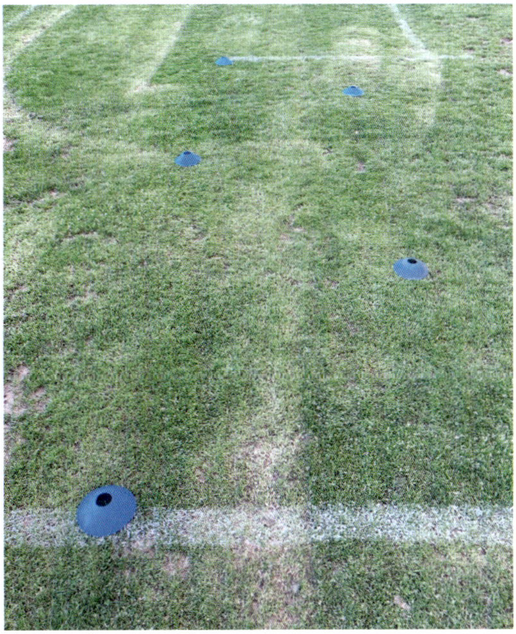

Abb. 43: Hütchen-ZickZack

ÜBUNG 2: BLOCKEN

Immer zwei Spieler gehen zusammen – zuerst knien sie und blocken kraftvoll gegen das Blocking Shield, danach stehen sie auf und blocken aus dem Stand gegen das Blocking Shield/ Wechsel nach je 10-15 Blocks pro Übung.

Schwerpunkt: Armarbeit, Hüftarbeit – Kraft – sauberes und kraftvolles Blocken

Coaching Points: Arm und Handstellung – die Arme sind am Körper, die Daumen zeigen nach oben und es wird von unten nach oben geblockt. Es wird die Brustnummer des Spielpartners anvisiert. Im Stand stehen die Spieler tief und es wird die Kraft über die Hüfte in die Arme geleitet, um dem Block noch mehr Impulsivität zu verleihen.

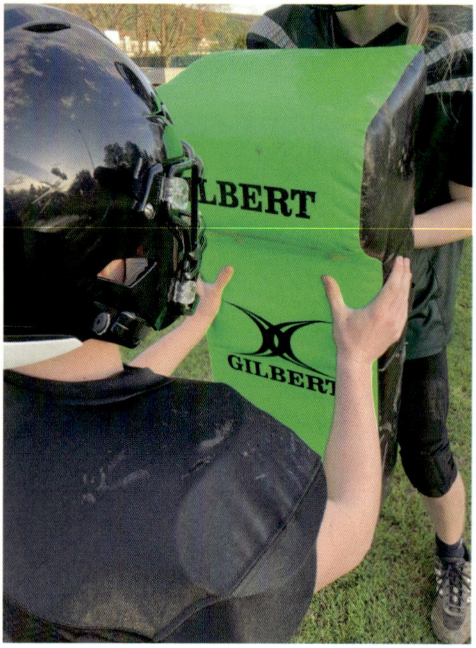

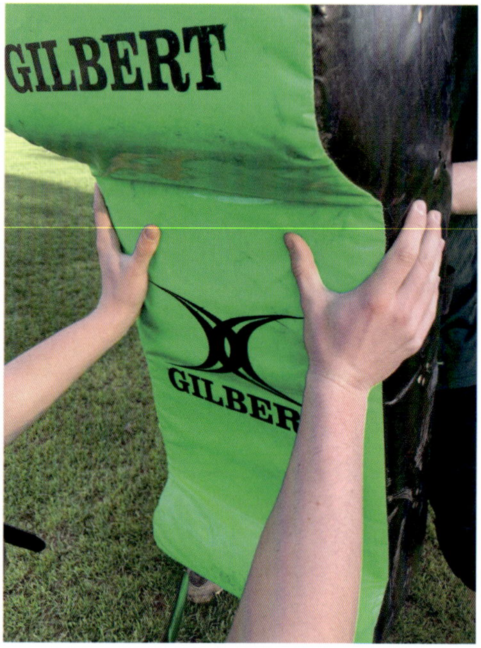

Abb. 44 und 45: Blocken – Daumen nach oben und Finger zur Seite

ÜBUNG 3: BALLHANDLING HANDOFF

Es stehen zwei Spieler nebeneinander. Ein Spieler imitiert den Quarterback. Es werden schnelle Handoffs aus dem Stand je links und rechts gegeben. Jeder Spieler sollte ca. 10-mal auf jeder Seite einen Handoff erhalten. Danach nehmen die Spieler ihre reguläre Spielposition und Abstände ein, zum Beispiel 3 Yards, und üben die Handoffs je auf beiden Seiten links und rechts.

Wahlweise kann auch diese Variation angeboten werden:

Die Gruppen stellen sich in zwei Reihen, in 10-Yard-Entfernung, gegenüber auf. Ein Spieler rennt mit dem Ball auf die andere Gruppe zu und übergibt dem ersten Spieler den Ball. Dieser rennt in die Richtung der anderen Gruppe und gibt dem gegenüberliegenden ersten Spieler wieder den Ball. Dies wird mit einem hohen Tempo durchgeführt. Die Spieler können dabei abwechselnd links und rechts an ihren Teamkollegen vorbeilaufen, sodass auf beiden Seiten Handoffs vollzogen werden.

Zielsetzung:

» Ballannahme im Stehen und/oder unter Laufen und schnellem Tempo
» Wenn kein Quarterback anwesend ist, kann diese Übung nur unter Runningbacks durchgeführt werden. Durch den schnellen Wechsel kann eine hohe Anzahl an Ballannahmen generiert werden und die Spieler erlangen somit mehr Ballsicherheit.

Es können aber auch zwei Spieler nebeneinander stehen. Ein Spieler imitiert den Quarterback. Es werden schnelle Handoffs aus dem Stand je links und rechts gegeben. Jeder Spieler sollte ca. 10-mal auf jeder Seite einen Handoff erhalten. Danach nehmen die Spieler ihre reguläre Spielposition und Abstände ein, zum Beispiel 3 Yards und üben die Handoffs je auf beiden Seiten links und rechts.

Schwerpunkt und Coaching Points: Saubere Technik bei den Handoffs und vor allem Sicherheit und Routine.

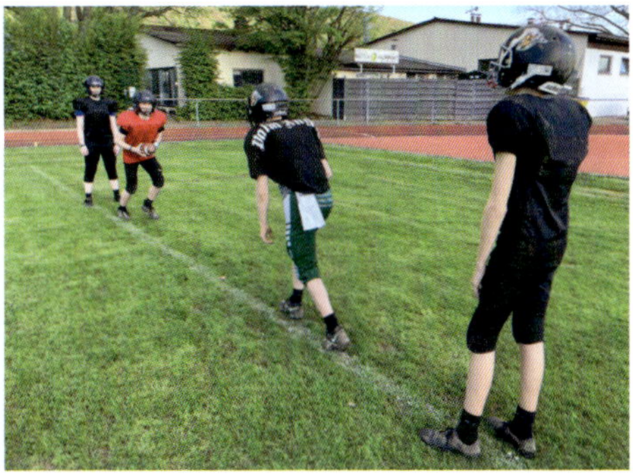

Abb. 46: Ballannahme – Durch diese Übungen werden schnell mehrere Wiederholungen generiert.

Die Spieler können untereinander durchtauschen, dass jeder alles ausprobieren kann.

ÜBUNG 4: BALLHANDLING

Eine kurze Strecke wird mit zwei Hütchen markiert. Immer zwei Spieler bilden ein Paar, ein Spieler beginnt mit dem Ball zu joggen, er wechselt den Ball vom linken zum rechten Arm usw. Nach 5 Durchläufen kommt es zu einem Wechsel. Im nächsten Durchgang versucht der zweite Spieler nebenherzulaufen und den Ball aus der Armbeuge zu schlagen. Das Tempo kann von Mal zu Mal gesteigert werden.

Schwerpunkt: Ballsicherheit und Routine, der Ball darf nicht zu Boden fallen.

6.3 PROJEKTWOCHEN

Projektwochen werden in Schulen häufiger durchgeführt, um den Schülern ein übergreifendes Lernen in unterschiedlichen Lernfeldern zu ermöglichen. Es kann ein großes Hauptthema geben und dazu passende Einzelangebote in unterschiedlichen Bereichen. Es ist auch denkbar, eine reine Sportwoche zu organisieren und die Schüler können sich schwerpunktmäßig mit einem besonderen Sport auseinandersetzen. American Football bzw. die kontaktlose Variante des Flag Footballs bietet sich an, die Schüler haben eine längere Zeit zur Verfügung, um sich intensiv damit auseinanderzusetzen. Häufiger werden Themenwochen zu den USA durchgeführt, indem das folgende Setting möglich ist. American Football passt ideal, um den Sportbereich abzudecken.

Schulfach	Ideen zur Durchführung
Sport	Einführung Flag Football/American Football Drills kontaktlos mit mindestens 8 Stunden
Englisch	Let's talk American English
Erdkunde/Mensch und Umwelt	Die USA -das Besondere der Bundesstaaten
Gesundheit	Es wird ein amerikanisches Gericht zubereitet.
Mathe	Wer waren die einflussreichsten amerikanischen Mathematiker?
Musik	Lied „America the Beautiful"

Werden mehrere Stunden mit American Football gefüllt oder steht eine Projektwoche an, ist es möglich, unterschiedliche theoretische und praktische Übungen, Spiele und Einzelaktionen anzubieten. Die Tabelle liefert einige Ideen und Variationen, diese können gemäß der Zielgruppe passend gewählt und miteinander kombiniert werden. In einem Schuljahr gibt es verschiedene Zeiten, in denen zum Beispiel Stundenkontingente genutzt werden können, um Einheiten durchzuführen. Häufiger haben Schulen auch den klassischen „Sporttag". Neben den geforderten athletischen Übungen kann zum Beispiel auch ein „Flag Football"-Tag angeboten werden.

6.4 GUT VORBEREITET IST HALB GEWONNEN

Häufig sind „American Football"-Teams in einem Mehrspartenverein oder in einem eigenständigen Verein angesiedelt. In den meisten Vereinen gibt es ein Organigramm und bereits fest installierte Strukturen. Innerhalb dieser Strukturen sind Aufgabenfelder aufgeteilt und werden von bestimmten Personengruppen ausgeführt. Coaching Crews arbeiten häufig sehr eng mit dem Sportlichen Direktor oder dem Sportlichen Leiter zusammen und sie kümmern sich gemeinsam um anstehende Aufgaben, die es auf und neben dem Feld gibt. Kümmern sich Coaching Crews häufig um die „inhaltliche" Gegebenheiten auf dem Feld, hat die sportliche Leitung die übergeordneten Aufgaben im Blick. Dazu gehören die Anmeldung und Aufnahme neuer Mitglieder in die einzelnen Teams, die Bereitstellung entsprechender Informationen und die verbundene Dokumentation. In den GFL-Teams übernimmt er mit dem

Headcoach häufig das Suchen von Import-Spielern und deren Einstellung in das Team. Des Weiteren hat der sportliche Direktor/Leiter die gesamte Entwicklung der einzelnen Teams und der Gesamtorganisation im Blick. Er organisiert übergeordnete Treffen zwischen allen Coaches und vermittelt in unterschiedlichen Angelegenheiten. Dabei nimmt eine einheitliche Zielsetzung und die Corporate Identity einer Abteilung einen großen Rahmen ein. Je nach Abteilung, Teams und Ligenklasse haben manche Teams Jahre gebraucht, um sich diese festen Strukturen aufzubauen, zu entwickeln und vor allem konstant weiterzuentwickeln. Stillstand ist selten zu finden, da die Teams ständig in Bewegung sind. Je nach Größe einer Football-Abteilung sind sogar mehrere Akteure im Bereich der sportlichen Leitung aktiv. Die meisten sportlichen Direktoren und Leiter besitzen ebenfalls einen Zeitplan und wann sie welche Aufgaben übernehmen. Dabei haben sich eine Vielzahl von bestimmten Zielsetzungen und den entsprechenden Dokumenten bewährt. Sie vereinfachen dabei bestimmte Arbeitsabläufe und garantieren eine einheitliche Außenwirkung. Eine gemeinsame Erstellung von bestimmten Dokumenten und Verträgen ist zeitintensiv, ein juristischer Support ist unabdingbar. Doch einmal erstellt und regelmäßig kontrolliert, stellen sie eine große Arbeitserleichterung dar und stehen für einen Qualitätsstandard einer Abteilung.

6.5 SINNVOLLE DOKUMENTE ZUR STUNDEN- UND VEREINSORGANISATION

Wie bereits beschrieben, ist es sinnvoll, den Spielern und Eltern verschiedene Dokumente zur Organisation des Vereins, der einzelnen Teams und des Trainings zur Verfügung zu stellen. Die Dokumente können online verschickt oder hinterlegt werden oder in Papierform ausgegeben werden. Neben den verschiedenen Dokumenten arbeiten Teams noch mit diversen Online-Plattformen zur Kommunikation und organisieren sich mit Formaten, wie zum Beispiel Microsoft Teams etc. für Online Meetings. Öfters haben Teams Online-Speicherflächen, in dem sie verschiedene Dokumente für die einzelnen Trainer, zum Beispiel Drills zur Verfügung stellen. Mittlerweile gibt es auch immer wieder hilfreiche Apps und Neuentwicklungen, die es einfach machen, Feedback-Bögen in Minutenschnelle zu erstellen. Spieler erhalten einen QR-Code und können ihr Feedback bereits auf dem Trainingsplatz geben. Eine Gesamtabteilung sollte sich Gedanken machen, mit wie vielen Dokumenten und Tools sie arbeiten möchte, um die einzelnen Beteiligten nicht zu überfordern.

In der *Vereinsorganisation* sollten Neuzugängen folgende Unterlagen bereitgestellt werden: ein Begrüßungsschreiben des Vereins und der Abteilung, die Datenschutz-Verordnung, ein Informationsblatt zu den Kontakten bzw. den wichtigsten „Social Media"-Plattformen, ein Spielerbogen und das Aufsichtspflichtkonzept bei Kindern und Jugendlichen und wie bereits beschrieben die Informationen zum Schutz vor Gewalt im Sport, Umgang mit sexualisierter Gewalt im Sport und Schutzkonzept. Hier kann auch regelmäßig auf die Website des Hauptvereins verwiesen werden, wenn die Konzepte übergreifend für alle Abteilungen erstellt wurden. Im Rahmen der Teamorganisation sollte es Auskünfte über die geforderte Ausrüstung und zur Terminologie geben; diese werden durch das aktuelle Playbook abgerundet.

INNERHALB DER COACHING CREW

- Trainingspläne für die Vorbereitung eines kompletten Trainings bzw. den einzelnen Positionsgruppen,
- Statistikliste für Gamedays,
- Informationsblatt über die Tools, die für Informationswege verwendet werden,
- Trainervereinbarung und Trainervertrag,
- Übungsleiterpauschale,

Des Weiteren müssen die Trainer den Ehrenkodex ausfüllen und relevante Bögen der einzelnen Landesverbände.

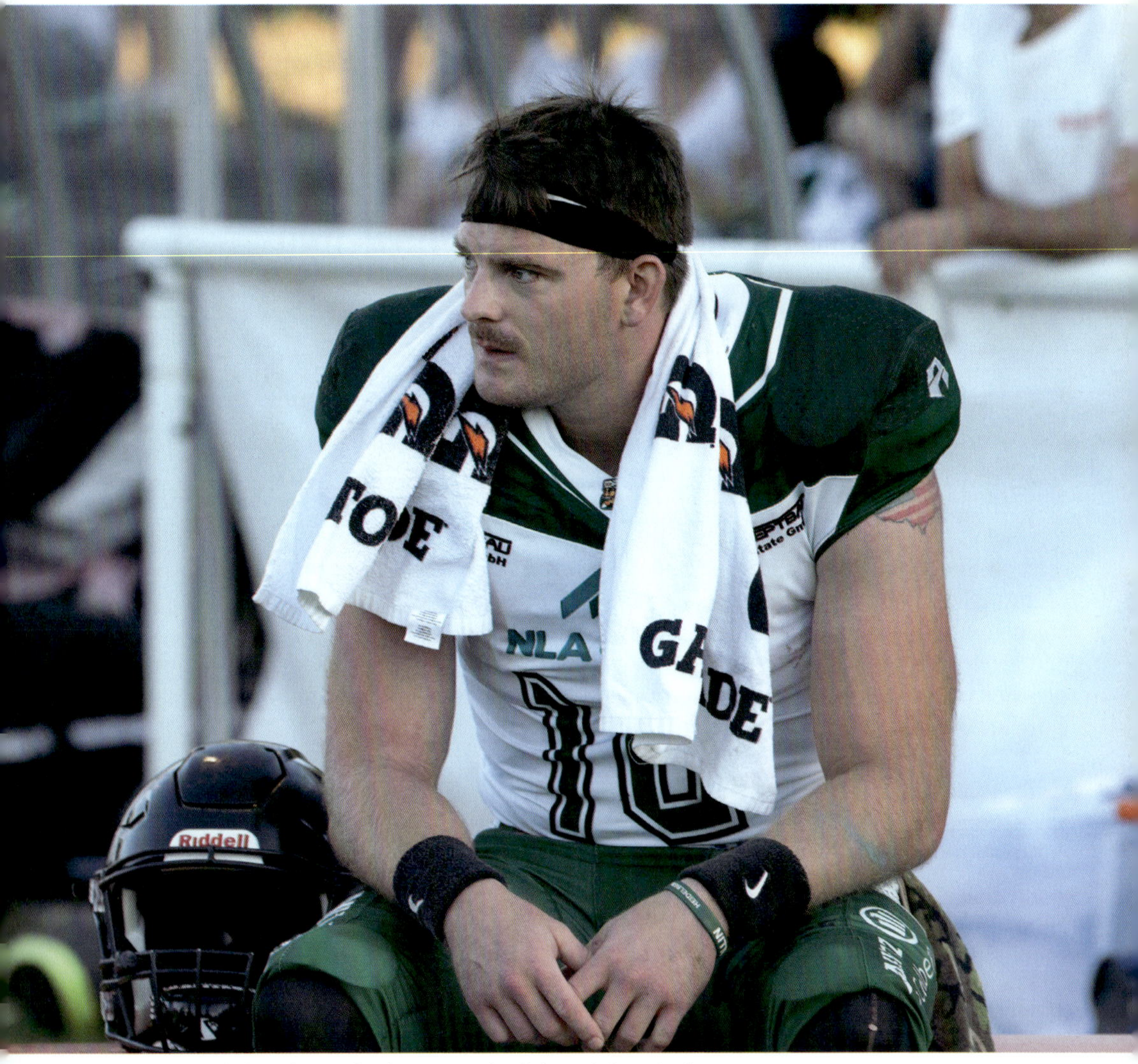

Abb. 47: Verschnaufpause für den Quarterback (© Sabrina Risse)

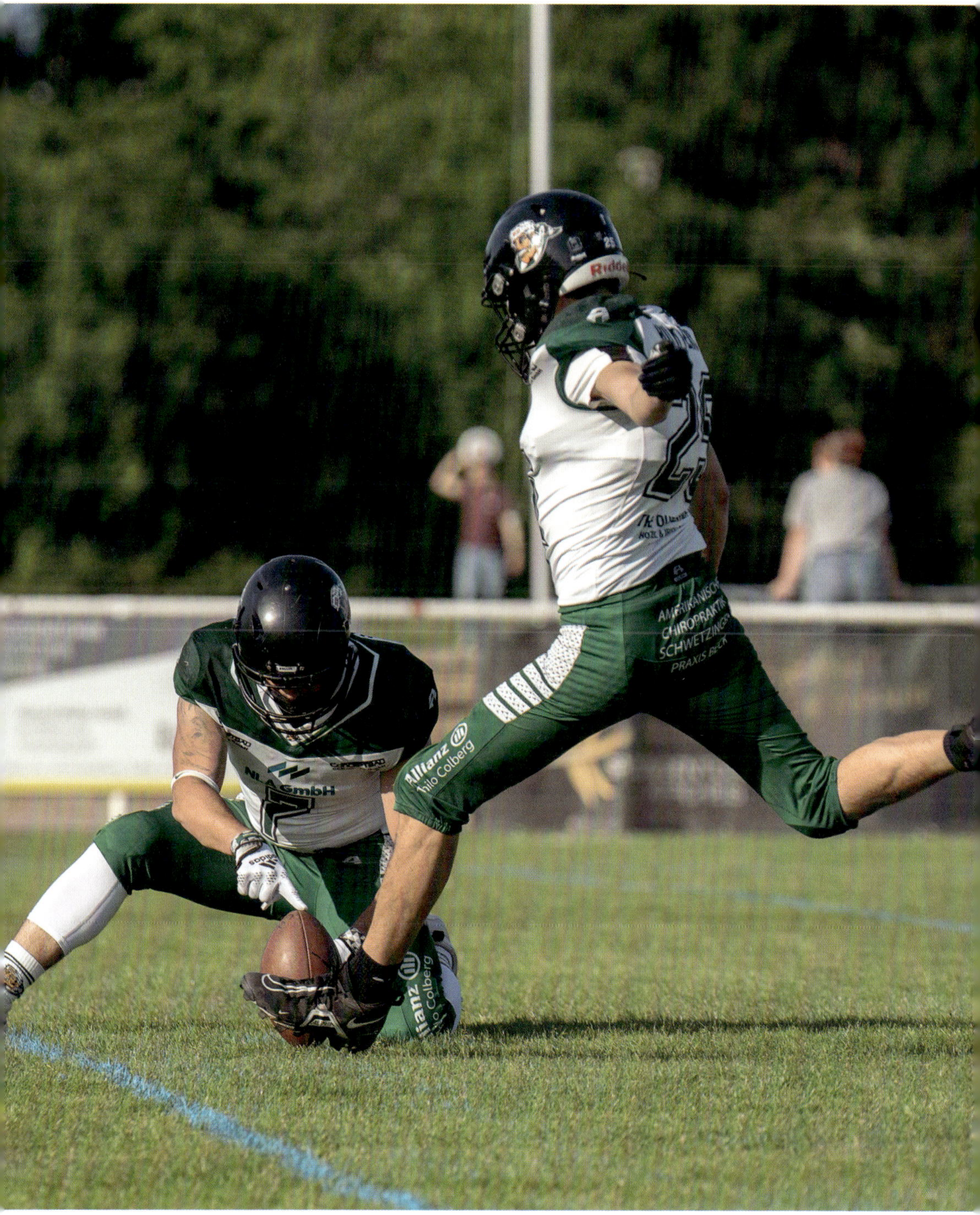

Abb. 48: Die Special Teams haben in jedem Spiel eine wichtige Funktion. (© Sabrina Risse)

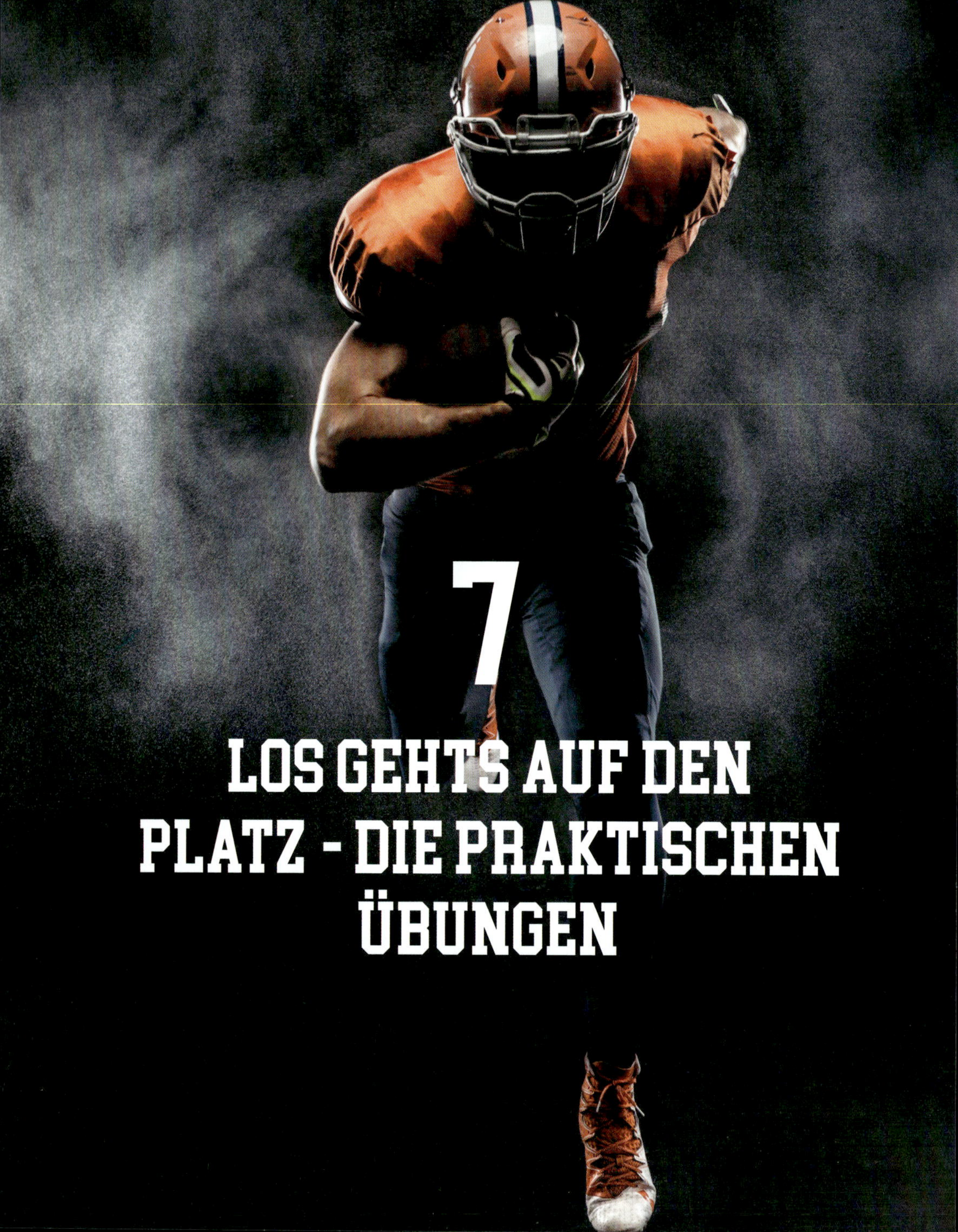

7

LOS GEHTS AUF DEN PLATZ - DIE PRAKTISCHEN ÜBUNGEN

Auf den kommenden Seiten werden die Ausrüstung und jede Position genauer vorgestellt. Grundlegend sollte bei jeder Position und bei jedem eingeführten Drill an Folgendes gedacht werden:

Im Training ist es wichtig, dass rotierend alle Grundeigenschaften kontinuierlich trainiert werden. Dabei sollten altbewährte Drills wiederholt werden, da sie das Grundgerüst darstellen. Aber ebenso sollten neue Drills und Variationen Raum finden, um ein abwechslungsreiches Training zu bieten und die Spieler immer wieder neu zu fordern. Neue Reize führen zu einer weiteren sportlichen Entwicklung und diese darf nicht stillstehen. Besonders eignen sich Drills, die aufbauend variiert und verändert werden können. Es gibt eine Fülle an Möglichkeiten und besonders vorteilhaft sind dabei Settings, die auch die Reaktion in einem hohen Maße ansprechen. Einzelne Positionsgruppen sollten nicht nur im Training gefordert werden, sondern eine Eigeninitiative mitbringen. Beispiele sind Übungen für eine gute Kondition und Kraft. Es gibt „Hausaufgaben", die jeder Spieler für sich absolvieren kann, um sich zu verbessern.

Ein ansprechendes Training lebt davon, dass Coaching Crews in regelmäßigen Abständen ihre Trainingsstrukturen, ihre Abläufe und ihre inhaltlichen Drills überprüfen. Individuelle Einheiten mit ihren „Everydays" in den einzelnen Positionsgruppen sind ein wichtiger Teil davon. Ihnen sollte im Training ein besonderes Augenmerk entgegengebracht werden. Sie sind dazu da, die Positionsgruppe wiederkehrend auf die elementarsten Eigenschaften der Position zu trainieren. Die Spieler sollen bestimmte Bewegungsmuster erlernen, wiederholen und verinnerlichen. Dies geschieht nur, wenn die Spieler regelmäßige Zeitintervalle bereitgestellt bekommen, indem sie das Geforderte üben können und eine Rückmeldung und eine Korrektur erhalten. Ein Spieler, der seine Bewegungsmuster aus dem sogenannten Effeff beherrscht und sicher ausführt, kann auf weitere situative und nicht vorhersehbare Situationen angemessen reagieren.

Ein Training sollte den Spielern Abwechslung und neue Impulse liefern. Es darf kein Gefühl der Langweile entstehen. Ebenso fatal ist es, wenn Spieler die Einstellung bekommen, dass sie bereits alles können. In diesem Status können Flüchtigkeitsfehler geschehen, die im schlimmsten Fall zu Verletzungen führen. Manchmal werden „Individual"-Einheiten und Everydays gekürzt oder ganz weggelassen. Nachvollziehbar, wenn je nach Zeit, Saisonstand, Teamdynamik andere wichtige Trainingsinhalte anstehen. Es darf nicht vergessen werden, dass Everydays eine wichtige individuelle Vorbereitung auf die Positionsausführung darstellt. Es ist kein Widerspruch, Everydays mit neuen Impulsen zu versehen. Es werden ritualisierte Muster durchbrochen, um durch die neue Durchführung den Spieler weiter zu fordern und zu fördern.

Bei jeder Position sind einige Übungen verzeichnet, manche beziehen sich klassisch auf die geforderte Position, andere lassen sich übergreifend einsetzen, da sie für mehrere Positionen elementar sind, wie zum Beispiel das Blocken. Bei einigen Drills lassen sich Positionsgruppen aus der Offense und Defense zusammenlegen, wie zum Beispiel Wide Receiver und Cornerbacks.

7.1 FEHLERKORREKTUR UND AUFWÄRMEN

FEHLERKORREKTUR

Fehler und der entsprechende Umgang damit sind im Training, in der Trainingsgestaltung, Durchführung und Nachbereitung ein präsenter Bestandteil. Es ist unrealistisch zu glauben, Fehler könnten nicht auftreten. Jeder Sportler wird in seiner Karriere „Fehler" machen und sollte sie auch machen dürfen. Es wird aus der Erfahrung gelernt und diese ermöglicht einen neuen Erfahrungsspielraum. Die Bewegungssteuerung ist dadurch geprägt, dass in einem Kreislauf Informationen aufgenommen werden. Es handelt sich dabei um Reize aus der Umwelt und aus dem Körper selbst. Diese werden über die Nervenbahnen zum Gehirn geführt und über die Nervenbahnen zur späteren Bewegungshandlung gebracht. Dabei sollte sich der Trainer fragen: Wie wird diese Information und die spätere gewünschte Bewegung an die Sportler gebracht? Dabei spielen die Didaktik und Methodik, das Feedback und die Rückmeldung zu ihrer Bewegungsausführung eine Rolle. Die Rückmeldung kann positiv mit einem Lob und negativ mit Tadel formuliert werden. Das Wort „Fehlerkorrektur" beinhaltet somit das aktuelle Können und die jeweilige Betrachtung. Es ist ein Stück Kritik und jede Fehlerkorrektur sollte mit Bedacht/Empathie berarbeitet werden. Mit der Unterzeichnung des Ehrenkodex verpflichten Trainer sich, anvertraute Sportler mit Respekt zu behandeln. Die eigene Trainerrolle ist wichtig und sollte mit einer Eigenreflexion hinterfragt werden. „Behandle andere so, wie du selbst behandelt werden möchtest."

» Sie soll motivieren und antreiben, sich zu verbessern.
» Sie soll ein aktuelles Feedback geben und eine passende Auskunft erteilen.
» Motorische „Fehl-Bewegungen" sollen korrigiert, stetig vermindert und im besten Falle nicht mehr wiederholt werden.

Trainer müssen eine richtige Bewegung von einer falschen Bewegung und Ausführung unterscheiden können. Der Spitzensport gibt oft die richtige Ausführung vor und stellt den möglichen Wunschwert dar. Die Bewegungen der anvertrauten Sportler stellen den sogenannten Ist-Wert dar. Trainer müssen ein genaues Wissen über die Wunschwerte besitzen. Nur dann ist es möglich, Ist-Stände zu korrigieren und an die Zielsetzung heranzuführen. Im American Football gibt es viele unterschiedliche Bewegungstechniken die pro Position ausgeführt werden. Das Lesen dieser Bewegungstechniken und das Wissen darüber muss gefordert und gefördert werden. Mit einem breiten Repertoire wird das Erkennen von Fehlern exakter. Ein begleitender Satz ist die Betrachtung vom Groben ins Feine. Welcher Fehler nimmt den größten Raum ein und sollte zuerst korrigiert werden? Gibt es begleitende Punkte, die weitere Fehler hervorrufen? Welche sind das und aus welchem Bereich stammen diese Fehler?

TECHNISCHE FEHLER

Ein Beispiel lässt sich anhand vom Blocken erklären. Die Armstellung und die Ellenbogen der Spieler zeigen nach außen. Dadurch wird die technische Blockausführung von „unten nach oben" eng am Körper entlang behindert. Dies hat weitergeführt Auswirkungen auf die eigentliche Kraft und Effizienz des Blockvorgangs.

KONDITIONELL BEDINGTE FEHLER

Ein Beispiel lässt sich anhand der Laufschule erklären: Es wird ein Zirkel mit verschiedenen Laufdrills aufgebaut. Nach einigen Durchgängen werden immer mehr Fehler sichtbar. Das kann ein Hinweis dafür sein, dass die Spieler ggf. konditionell zu sehr gefordert sind und dadurch ggf. die richtige Ausführung leidet.

KOORDINATIV BEDINGTE FEHLER

Ein Beispiel lässt sich anhand der Offensive Line erklären. Die Spieler sind oft eine Millisekunde zu spät am Gegner und können ihren Block nicht richtig anbringen. Das kann ein Hinweis dafür sein, dass zum Beispiel die Reaktionsfähigkeit und das schnelle Starten (noch) eingeschränkt ist.

Ebenso sollte ein Fehler an sich betrachtet und eingeteilt werden. Ist dieser schädigend, dass er sofort abgeändert und umtrainiert werden muss? Wie stehen die Zeit der Veränderung und der spätere Output im Verhältnis? Um eine optimale Einschätzung zu erhalten, sollten Sportler aus unterschiedlichen Blickwinkeln beobachtet werden. Der Standpunkt und die Beobachtung sollte von vorne, von hinten und von der Seite wechseln. Ein regelmäßiges Gespräch mit den anderen Trainern ist unabdingbar. Es kann mit den anderen Trainern abgesprochen werden, wer welche Spieler im Training beobachtet. Die Korrektur von Fehlern können auf verschiedenen Wegen rückgemeldet werden.

- Die mündliche Erklärung: Der Trainer erklärt die gewünschte Bewegung und vermittelt das Bild dazu.
- Praktische Unterstützung - der Trainer korrigiert (nach vorheriger Nachfrage und entsprechender Erlaubnis) praktisch.
- Der Trainer zeigt selbst die Bewegung oder lässt sie durch einen Athleten vormachen.
- Der Trainer zeigt zusätzlich nach dem Training noch eine Videoanalyse.

Eine Positionsgruppe sollte umfangreich beobachtet werden, um mögliche gleiche Fehler zu finden und als Gruppenkorrektur zu erläutern. Eine Korrektur sollte respektvoll, fachlich, kurz und prägnant formuliert sein. Der Ton und die Lautstärke sollten angemessen sein und nonverbale Ausrutscher sollten unterlassen werden. Dazu zählt zum Beispiel ein Augenrollen. Es ist ratsam, positiv gestimmt zu bestärken und die Wunschbewegung hervorzuheben. Ein Beispiel: „Achte auf einen tiefen Stance" ist aussagekräftiger als „Nicht so aufrecht stehen". Die Fülle der Korrektur ist wichtig, eine gute Zahl ist drei. Drei wesentliche Faktoren sind leichter umzusetzen, als eine Fülle an Informationen, die in wenigen Sekunden vergessen werden.

Mit jeder Trainingsplanung ist auch die Fehlerkorrektur präsent. Je besser methodisch & didaktisch geplant wird, einzelne Übungen erklärt und vorgeführt werden, umso geringer zeigen sich Schwachstellen. Erfolgen Fehler sollten diese zügig, während der Ausführung und als Einzel- oder Gruppenkorrektur vorgenommen werden. Korrekturen können weitergeführt mit einer späteren Videoanalyse noch vertiefter erklärt werden. Spielern können regelmäßig Fragebögen ausgeteilt werden, in denen sie Fragen zu ihrer eigenen Bewegungsbiographie beantworten dürfen. Ein Trainer erhält einen Einblick über die Eigenwahrnehmung des Spielers und kann seine Fremdwahrnehmung in einen Kontext setzen. Es werden immer Fehler passieren und sie werden jeden Menschen ein Leben lang begleiten. Der psychologische und pädagogische Umgang damit gibt eine wesentliche Richtung vor. Jedes Training sollte durch eine loyale, fachliche und konstruktive Fehlerkultur geprägt sein, denn Korrekturen sollen helfen und nicht demotivieren *(siehe 5.) Friedrich, 2024).*

AUFWÄRMEN

Jedes Training beginnt mit dem Aufwärmen und je besser es ausgestaltet ist, umso besser gestaltet sich der Verlauf des restlichen Trainings. Es ist das wesentliche Fundament, auf dem alle anderen Übungen aufbauen.

Folgende Ziele werden durch das Aufwärmen erreicht:
Durch einen motivierenden Start kommt es zu einer Erhöhung der Leistungsbereitschaft und es werden alle körperlichen Leistungsfaktoren angesprochen. Ein aufgewärmter Körper ist weniger anfällig für spätere mögliche Verletzungen. Es gibt die Unterscheidung allgemeines und spezifisches Aufwärmen. Inhaltlich können viele Übungen eingeplant werden, wie zum Beispiel: verschiedene Laufvariationen, koordinative Aufgaben, Stabilisationsaufgaben, Spiele, Dehnungsübungen und Mobilisation für die Gelenke. Wichtig ist jedoch, die Mehrzahl der deutschen Spieler führen American Football als Hobby durch, d. h. in ihrem normalen Leben gehen sie einem Job, Studium und Schule nach und haben oftmals noch Familie. Wenn sie nachmittags oder abends in das Training kommen, haben sie bereits viele Konzentrationsaufgaben bewältigt und wurden körperlich und geistig gefordert.

Das Aufwärmtraining muss etliche Anforderungen erfüllen. Es soll auf der einen Seite eine Basis bieten, auf der alle Spieler erst mal ankommen. Bei diesem Ankommen sollen alle Spieler mental und körperlich abgeholt werden. Auf der anderen Seite, soll es motivieren, dass sie bereit sind, dem restlichen Training konzentriert zu folgen.

Punkt zum Nachdenken

Es gibt vereinzelte Teams, die gerne bereits ab der ersten Minute ein konzentriertes und stilles Training erwarten. Es ist ein nachvollziehbarer Punkt, besser ist es jedoch, eine Vorstufe einzubauen, in dem die Spieler etwas Redebedarf stillen können, bevor sie gezielt ins Geschehen einsteigen.

Die Inhalte werden erreicht durch

- Ein inspirierendes Training, dass auch einen Wechsel von unterschiedlichen Übungen erlaubt.
- Ein Training, das bei Bedarf den Kontakt und die Kommunikation zwischen den Teilnehmern fördert. - „Wie geht es mir und den anderen?"
- Die Spieler sind in Bewegung.
- Keine zu intensiven und zu gefährliche Belastungen.

» individuelle Dosierungen sollten möglich sein, um unterschiedlichen Positionen, dem Körperbau und Leistungslevel gerecht zu werden.
» Das Training sollte dem Alter, Geschlecht, Trainingszustand, der Außentemperatur und der Sportart angepasst sein.

Als Trainer sollte regelmäßig die Zielgruppe genauer in den Fokus genommen werden. Dazu ist es wichtig, seine Zielgruppe genau zu kennen und sich bewusst zu machen, dass man dafür eine Verantwortung trägt. Bei Minusgraden draußen zu trainieren, benötigt eine andere Planung als ein Training in der Halle. Die Verantwortung beginnt Draußen auch schon mit der Erinnerung, dass die Spieler wettergerechte Kleidung tragen und nicht mit zu dünner Kleidung ins Training kommen.

Durch das Aufwärmen werden im Körper jede Menge Prozesse ausgelöst, es kommt zum Beispiel zu einem Anstieg der Körpertemperatur. Im Gewebe macht sich eine höhere Elastizität bemerkbar, die Herzfrequenz steigt an und der Blutdruck geht nach oben. Die Muskulatur wird besser mit Sauerstoff und Nährstoffen versorgt. Die Spieler werden vorbereitet; sie kommen langsam in ihre Bewegungsmuster und können diese gezielt einsetzen. Das Zusammenspiel von Nerven und Muskeln wird verbessert. Sportverletzungen werden durch ein qualitatives Aufwärmen vermindert. Das Aufwärmen sollte angemessen sein und eine gezielte Vorbereitung ist unabdingbar. Dabei werden zwei Aufwärmprogramme unterschieden. Das Aufwärmen vor dem regulären Training und das spezielle Aufwärmen vor einem Gameday. Des Weiteren gibt es Mannschaften, die ihr Training auch in diesem Hinblick differenzieren:

Aufwärmen mit der ganzen Mannschaft vs. Aufwärmen in den einzelnen Positionsgruppen
Je nach Team gibt es unterschiedliche Vorlieben. Es gibt Teams, die sich komplett gemeinsam aufwärmen oder das Programm den einzelnen Positionsgruppen überlassen.

Aufwärmen in der Gesamtgruppe
Ein Vorteil ist das gleiche und strukturierte Programm für alle, es wird das gemeinsame Teamgefühl aller Spieler gestärkt und durch die unterschiedlichen Übungen erhalten die Spieler einen Einblick in alle Positionen und erhalten ein breites Fachwissen an Übungen.

Durch die Menge an Spielern können allerdings gar nicht alle Körper- und Muskelgruppen so detailliert aufgewärmt werden, wie sie es benötigen. Einige Positionsgruppen müssen ggf. Übungen durchführen, die sie nicht brauchen und kommen schon beim Aufwärmen in eine mögliche Überbelastung, zum Beispiel durch mehrere schnelle Sprints bei der Offensive Line.

Empfehlenswert ist zum Beispiel eine Mischform, in der sich alle zehn Minuten gemeinsam aufwärmen und die Spieler sich dann noch in ihren Positionsgruppen treffen und explizit die Aufgaben durchführen, die für ihre Position maßgeblich geeignet sind. Vorab sollten sich Trainer immer folgende Punkte vor Augen halten: Was für eine Mannschaft habe ich vor mir? Kinder, Jugendliche oder Erwachsene? Hier können sich wichtige Inhalte für das Aufwärmen ableiten lassen. Je nach Alter benötigen die Teams ggf. ein schrittweises Einführen von neuen Inhalten und brauchen Wiederholungen, bis die Inhalte genau beherrscht werden. Des Weiteren müssen auch die unterschiedlichen Schwierigkeitsgrade und Varianten in den Übungen selbst individuell eingeführt werden. Alle Teams haben auch einen gemeinsamen Nenner, je abwechslungsreicher und kreativer ein Aufwärmtraining gestaltet ist, umso motivierter sind sie für die weiteren Übungen.

GRUNDSATZ: EINFACHE, SCHNELLE UND EFFEKTIVE INPUTS

Es benötigt oft gar nicht viele neue und anspruchsvolle Übungen. Es reicht, Altbekanntem ein neues Gesicht zu geben. Jeder kennt altbekannte Ballspiele aus der Kindheit und kennt auch deren Spielregeln. Viele dieser Spiele können bei Kindern auch mit einem Football gespielt werden und mit einigen Spielvarianten werden daraus Spiele, die Ziele des Aufwärmens erfüllen und einen multifunktionalen Charakter haben.

IDEE DES AUFWÄRMENS FÜR EIN KINDER- UND JUGENDTEAM AM BEISPIEL BRENNBALL

Bevor die Kinder in das Spiel gehen, joggen sie bereits eine lockere und langsame Runde um den Platz und machen anschließend 5 Jumping Jacks, bevor sie in das folgende Spiel gehen.

Material: 2 x Football und mindestens 10 Hütchen für die Stopps

Pro Spiel mit einer geraden Anzahl an Spielern spielen zum Beispiel 20 Spieler; wenn es mehr Spieler sind, das Spiel zeitgleich in zwei oder mehr Gruppen spielen lassen.

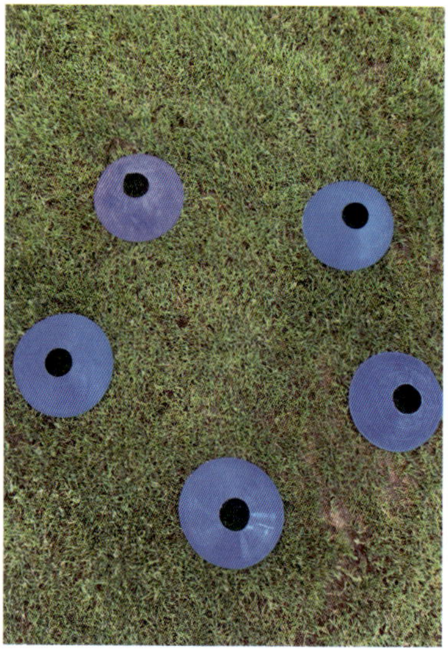

Abb. 49: Kreis aus Hütchen

Das Feld wird mit Hütchen markiert, am besten eignet sich ein Viertel Footballfeld (Länge 30-40 Meter; Breite 20 Meter). In der Mitte werden mehrere Hütchen zu einem Kreis mit einem Meter Durchmesser gestellt. Am äußersten Spielfeldrand werden alle 15 Meter mit je einem Hütchen die Stoppstellen markiert, am besten eignen sich 6 Hütchen für einen Rundweg.

Die Teams teilen sich entsprechend auf. Das Werfer-und-Renner-Team steht am Start-Hütchen. Sie müssen versuchen, den Football so weit wie möglich zu werfen, da das Fänger-Team lange Zeit benötigt, den Football in den inneren Hütchenkreis zu bekommen. Das werfende Team muss versuchen, so weit wie möglich zu werfen, darf aber auch nicht ins Aus werfen, um gerecht zu bleiben. Wurde der Ball geworfen, darf der Werfer so lang der Ball in der Luft ist und noch nicht in der Mitte des Kreises ankam, so schnell wie möglich von Hütchen zu Hütchen rennen. Wenn er besonders vorsichtig ist, kann er auch in einem Hütchen stehen bleiben, um nicht ins „Aus" zu laufen. Das Team, das innen steht, muss versuchen, den Ball so schnell wie möglich abzupassen und in die Mitte der Hütchen zu bekommen. Schaffen sie es, rufen sie „Stop". Wer zu dieser Zeit noch rennt und nicht an einem Hütchen ist, muss wieder komplett an den Start zurück.

- Abwechselnd darf jeder aus dem Team werfen oder man einigt sich vorab auf einen „festen" Werfer.
- Das Fänger-Team darf im Inneren selbst entscheiden, wie es den Football so schnell wie möglich in den inneren Kreis bekommt, zum Beispiel durch mehrere Kurzpässe oder einen langen Pass usw.
- Wer es schafft, in einem Wurf komplett um alle Hütchen zu laufen, erhält zwei Punkte.
- Wer mehrere Würfe benötigt, um den Rundweg zu schaffen, erhält einen Punkt.

Die Punkte werden pro Team festgehalten und gezählt. Nach einer bestimmten Anzahl an Zeit wird gewechselt (zum Beispiel 5 Minuten) oder es ist auch möglich, nach einer bestimmten Anzahl von Würfen zu wechseln (zum Beispiel 20 Würfe). Gewonnen hat zum Schluss das Team, das am meisten Punkte hat.

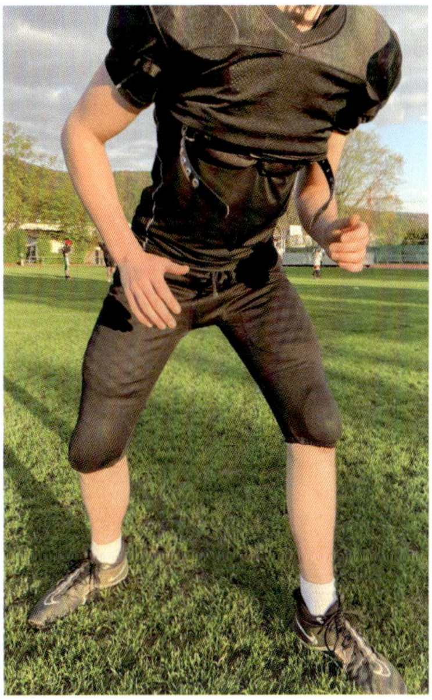

Abb. 50: Backpaddling

Varianten: Das Team kann in der Mitte der Zeit auch mit 2 Bällen gespielt werden, um eine weitere Herausforderung ins Spiel zu bekommen. Zwei Bälle erfordern eine andere Schnelligkeit und auch Zusammenarbeit und Konzentration in einem Team.

Extra-Aufgaben: Jedes Team muss während des Spiels eine Runde „Backpaddling" erfüllen. Das heißt, ein Spieler darf nicht vorwärts, sondern muss rückwärts von Hütchen zu Hütchen laufen. Jedes Team muss 2 x den Ball „longsnappen" anstatt zu werfen. Erfüllen die Teams ihre Aufgaben während des Spiels nicht, wird pro verpasster Aufgabe je ein Punkt abgezogen.

Vorteile des Spiels: Brennball gehört zu den Klassikern der Bewegungsspiele. Das Spiel erfüllt eine Menge an Kriterien, die für das Aufwärmen elementar sind. Es ist das Laufen und Rennen dabei, das jeder für sich selbst variieren kann. Schnelle Läufer rennen bei allen Hütchen durch, langsame Läufer können die Sicherheitsvariante wählen und bleiben eher an Stationen stehen. Die Teams müssen kooperative Absprachen treffen, um so viele Punkte wie möglich zu erzielen oder abzuwehren. Darüber hinaus kommt jeder in das Fangen, Werfen, Longsnappen oder in das Backpaddling.

Zehn Minuten des Spiels reichen aus, um locker und moderat den Herz-Kreislauf anzuregen, um danach in die Positionskleingruppen zu gehen, um dort noch weitere zehn Minuten gezieltes und abgestimmtes Aufwärmen, zum Beispiel Stretching, für die eigene Position durchzuführen.

Einige Ideen dafür sind:

Quick Feet - schnelle, kleine Schritte	High Knees - schnelleres Laufen und Knie nach oben ziehen.
Side Shuffle rechts/links	Backpedal
Stretching - Ausfallschritt links /rechts und halten	Ausfallschritt und Hüfte langsam links und rechts drehen.
Mit Fingerspitzen die Zehen berühren und stretchen	Dehnung der Hals-Nacken-Muskulatur.
Hopserlauf	Arme waagrecht halten, nach vorne und nach hinten kreisen.
Rückendehnung	Dehnung links und rechts, Ausfallschritt

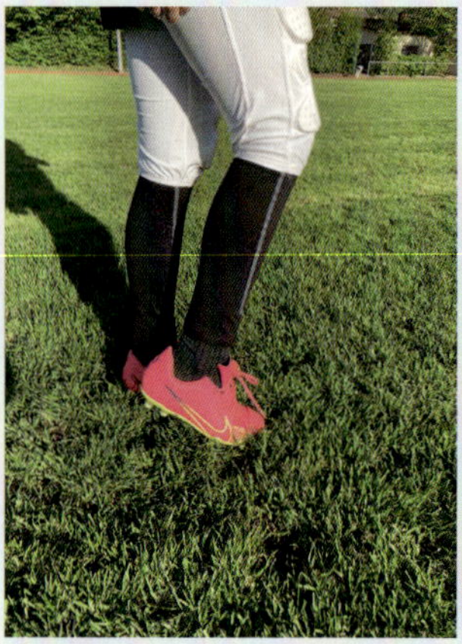

Abb. 51: Quick Feet

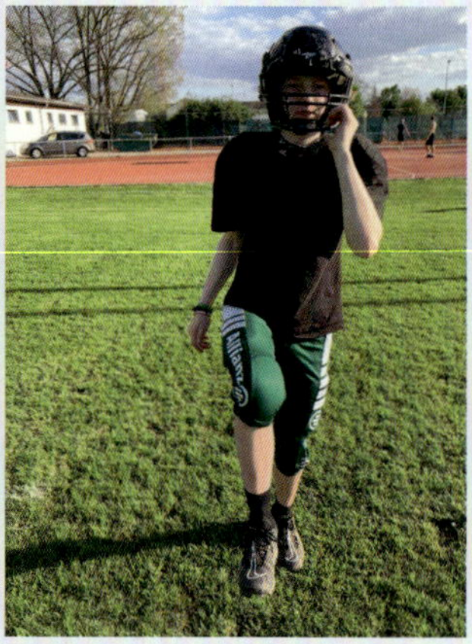

Abb. 52: High Knees

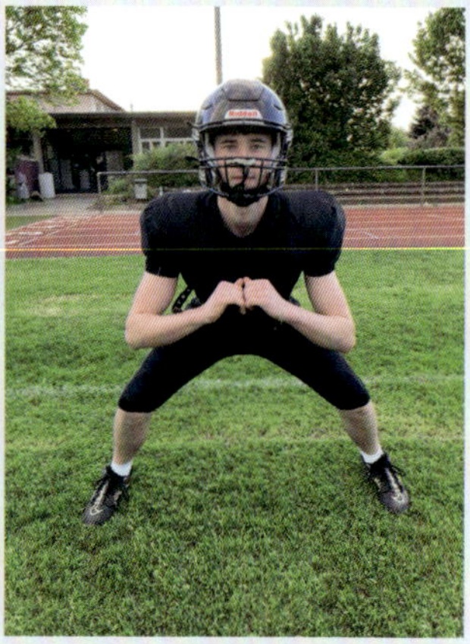

Abb. 53: Side Shuffle

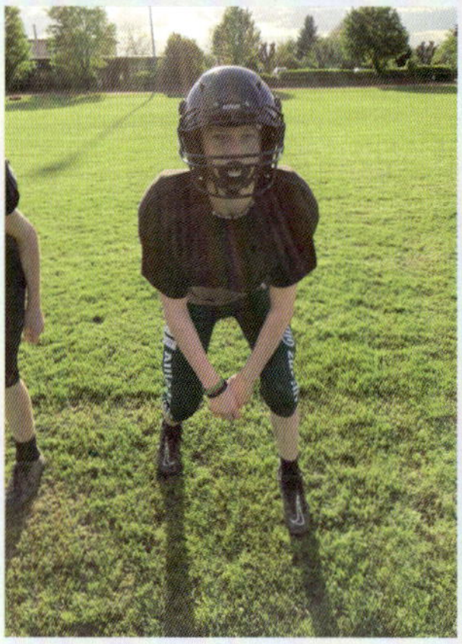

Abb. 54: Back Pedal

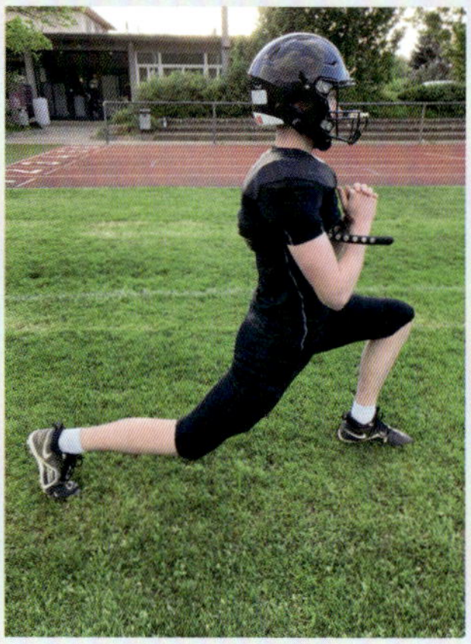

Abb. 55: Stretching Ausfallschritt links & rechts und halten

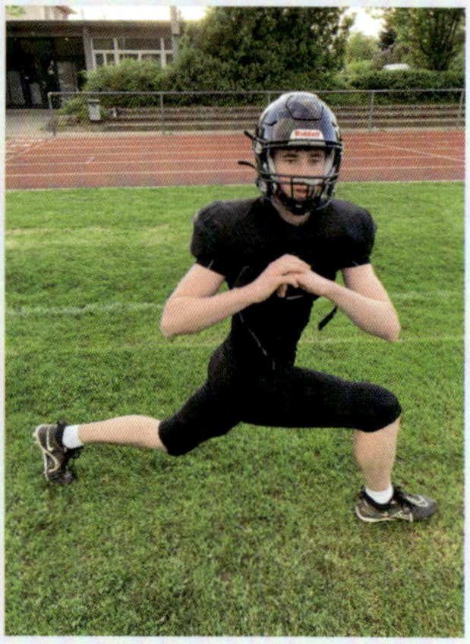

Abb. 56: Stretching Ausfallschritt und Hüfte langsam links und rechts drehen

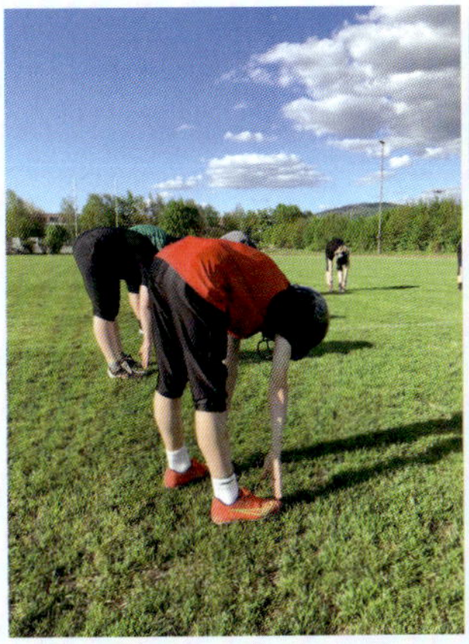

Abb. 57: Mit Fingerspitzen die Zehen berühren

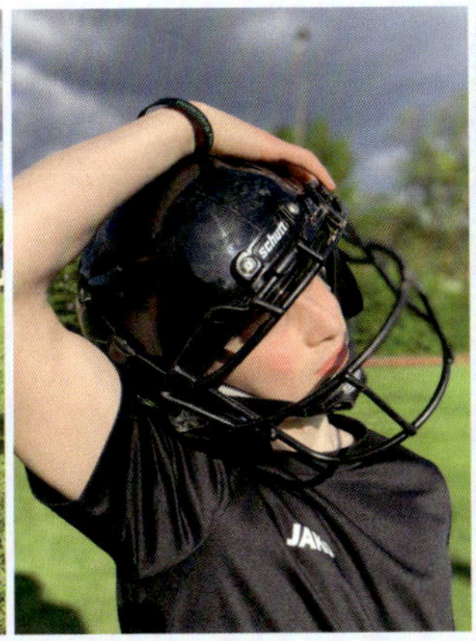

Abb. 58: Dehnung Hals-Nacken-Muskulatur

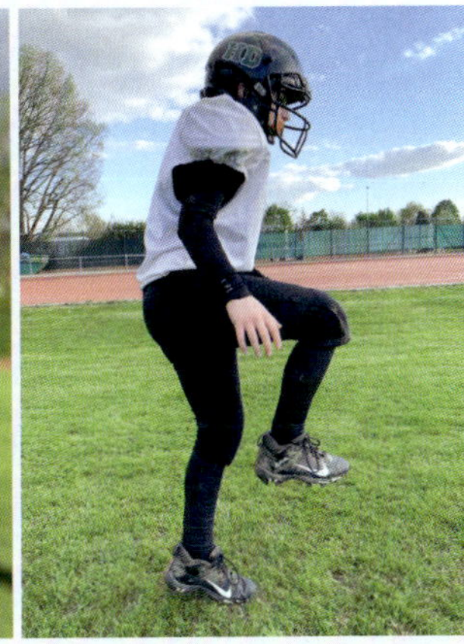

Abb. 59: Hopserlauf

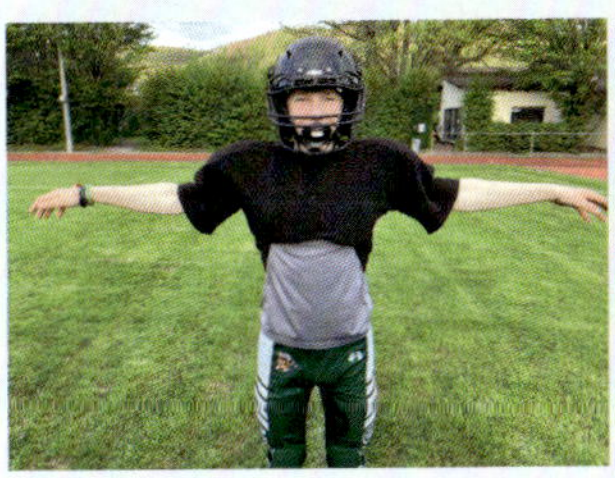

Abb. 60: Arme waagerecht halten und nach vorne und hinten kreisen

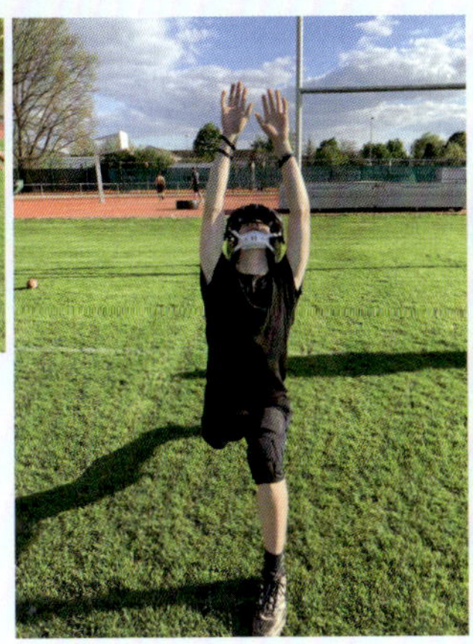

Abb. 61: Rückendehnung

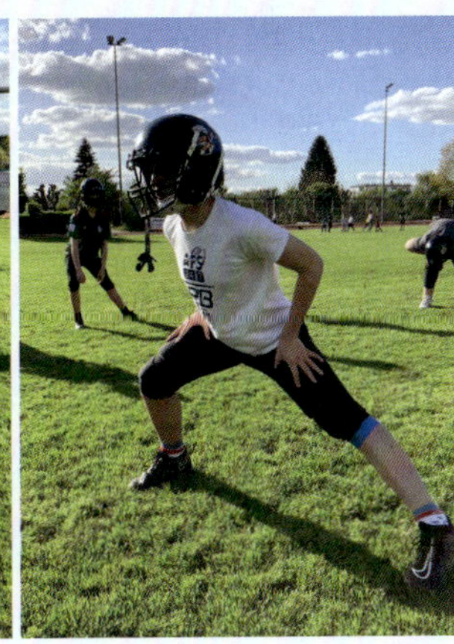

Abb. 62: Dehnung links und rechts, Ausfallschritt

Natürlich gibt es auch noch weitere Spiele, die sich leicht abgeändert eignen, zum Beispiel Ultimate Football.

7.2 DIE AUSRÜSTUNG

Zur Sportart American Football gehört eine umfangreiche Ausrüstung. Diese besteht aus verschiedenen Bestandteilen und wird vor jedem Spiel von den Schiedsrichtern in Augenschein genommen. Im Training haben die Coaches die Verantwortung nur Athleten mit intakter Ausrüstung trainieren zu lassen.

In vielen Teams gibt es Leihausrüstungen, um Neuinteressierten die Möglichkeit zu bieten, mit Ausrüstung zu trainieren. Diese Möglichkeit sollte nur eine vorübergehende Lösung sein, die Ausrüstung sollte regelmäßig kontrolliert werden und es sollten nur saubere, gepflegte und passende Produkte verliehen werden. Eine Ausrüstung hat die wichtige Aufgabe, den Athleten zu schützen und dies geschieht nur, wenn sie entsprechend passt und keinerlei Mängel aufweist. Dazu ist es empfehlenswert, in den Fachhandel vor Ort zu gehen und sich individuell beraten zu lassen. Dort können Helme und Schulterpads entsprechend der Statur, aber auch positionsbedingt ausgesucht werden. Mittlerweile gibt es viele unterschiedliche Helm- und Schulterpad-Hersteller. In der Regel können Helme zum Beispiel durch verschiedene innere Luftpolster angepasst werden, aber nicht immer ist auch jeder Helm für jede Kopfform geeignet. Es gibt viele Spieler, die zum Beispiel für einen besonderen Helm schwärmen, aber ein anderes Helmmodell wäre besser geeignet. Somit ist es sinnvoll, unterschiedliche Modelle anzuprobieren, um ein Gefühl für die einzelnen Modelle zu bekommen. Am Anfang eignet sich eine Einsteiger-Ausrüstung. Wenn man beim Sport dabei bleibt, können nach und nach weitere Produkte gekauft und ausgetauscht werden. Für Vereine ist es sinnvoll, immer wieder den Fachhandel einzuladen, um gemeinsam Neuerungen auf dem Markt zu besprechen, damit das Fachwissen bei allen Beteiligten „up to date" ist. Im Rahmen der Trainerausbildung ist der Themenpunkt „Equipment" bereits eingebettet.

Eine Ausrüstung besteht aus:

» **Helm:** Der der Helm hat die Aufgabe, den Athleten vor einer Gehirnerschütterung und einem Schädelhirntrauma zu schützen. Je Position gibt es unterschiedliche Facemasks mit unterschiedlichen Gittern. Nach Bedarf können sich Spieler auch ein Visier als Sichtschutz montieren lassen.

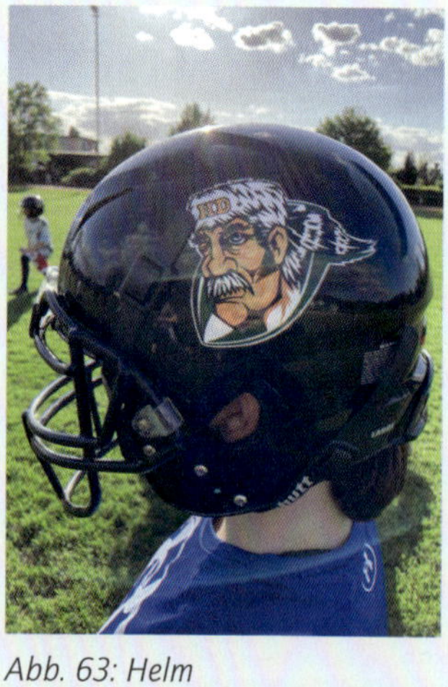

Abb. 63: Helm

» **Schulterpad**: Es hat die Aufgabe, den Oberkörper des Athleten zu schützen. Je nach Position fallen diese unterschiedlich aus. Ein Schulterpad für einen Quarterback ist meist schmaler, zierlicher und dünner, um möglichst das „Werfen" nicht einzuschränken. Runningbacks und Fullbacks haben zum Beispiel häufiger „üppigere" Schulterpads, um für den wiederkehrenden Kontakt geschützt zu sein. Manche Spieler erweitern ihr Pad durch weiteren Schutz, der am Pad montiert werden kann, zum Beispiel einen speziellen Schutz für die Rippen.

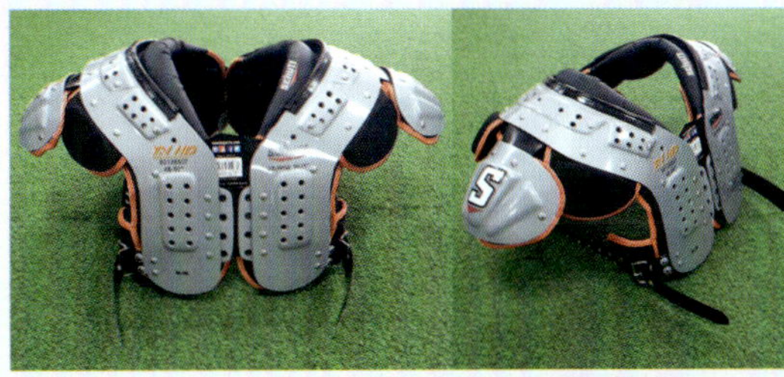

Abb. 64: Schulterpad (© Andy Meyer/Doc A)

» **Padhose**: Es gibt mittlerweile diverse Varianten auf dem Markt. Die einfachste Variante sind schlichte Hosen mit Einsätzen, in denen die Oberschenkel, Knie und Hüftpads in die Vorkehrungen hineingeschoben werden. Es gibt auch Hosen, in denen bereits alles vernäht ist. Eine weitere Variante ist eine Pad-Unterhose, die unter der klassischen Hose getragen wird und nur durch Kniepads erweitert werden muss. Sinnvoll ist es, den Einsatz der Hosen individuell mit dem Team zu besprechen, am Gameday werden Hosen und Trikots gestellt und die Spieler müssen somit auf ein klassisches Set an Pads zurückgreifen. Die Pads schützen die entsprechenden Stellen beim Aufprall oder wenn Spieler hinfallen.

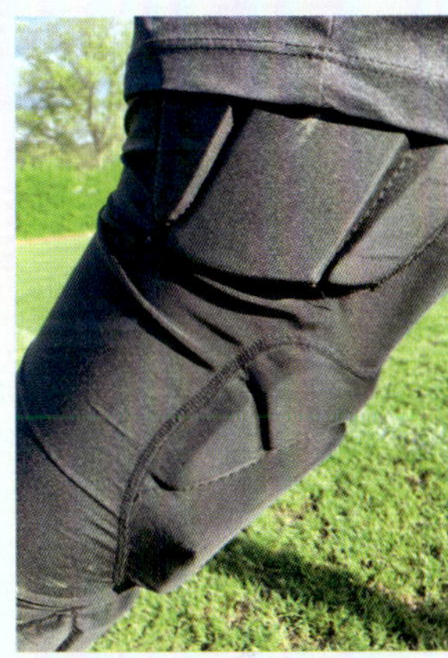

Abb. 65: Padhose Polsterung

Es gibt häufig Diskussionen, dass Spieler während des Passchecks mit dem Schiedsrichter die Hosen korrekt tragen bzw. unter das Knie ziehen und im Spiel wieder bewusst über das Knie ziehen, damit das Knie frei liegt. Sie möchten dadurch einerseits ästethische Zwecke erfüllen - oder sie sagen, sie können so besser damit laufen.

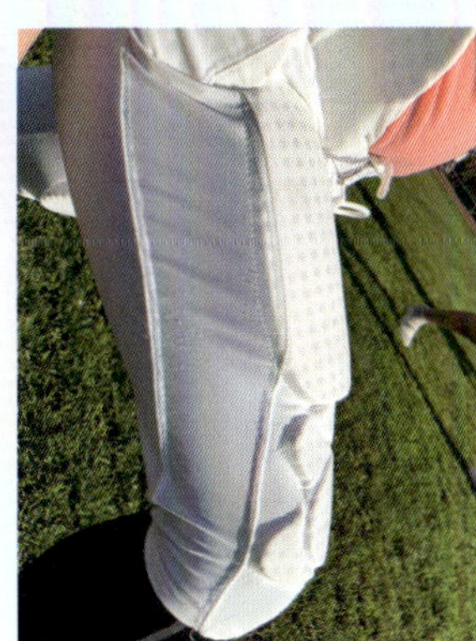

Abb. 66: Hose mit Polsterung

» **Trikot**: Es wird zumeist zwischen Training Jersey und Gameday Jersey unterschieden. Im Training tragen die Spieler zumeist weiß für Offense und schwarz für Defense, Quarterbacks tragen rote Jerseys. Trikots sollten eng sitzen und in der Hose sein. Somit wird vermieden, dass ein Spieler durch Ziehen am Trikot getackelt wird oder der Yardgewinn unterbunden wird.

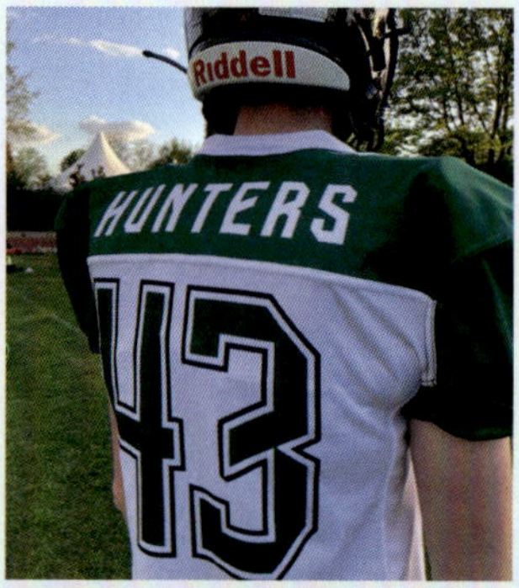

Abb. 67: Trikot/Spieljersey

» **Mundschutz:** Er ist elementar und muss immer getragen werden, um den Kieferbereich, aber auch die Zähne, zu schützen.

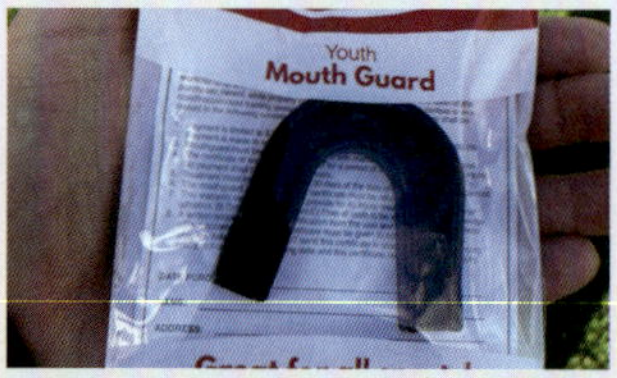

Abb. 68: Mundschutz

» **Football Cleats/Schuhe**: Im American Football werden Stollenschuhe getragen; diese erkennt man im Vergleich zu regulären Stollenschuhen an der Stolle, die sich bereits direkt mittig an der vorderen Laufsohle befindet. Schraubstollen sind nicht erlaubt.

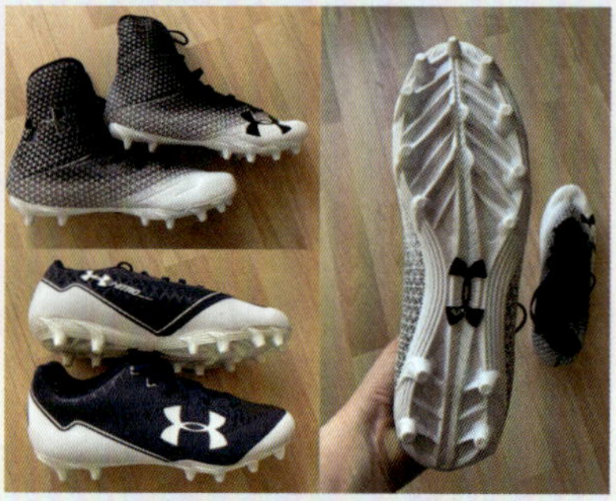

Abb. 69: Cleats niedrig und hoch

» **Kniestrümpfe** werden getragen, um mit der Padhose abzuschließen und den Wadenbereich zu schützen, auch zum Beispiel vor Abschürfungen auf dem Rasen/Kunstrasen. Einige Teams haben auch eigene Teamsocken mit Logo, um diese im Training oder auch außerhalb zu tragen

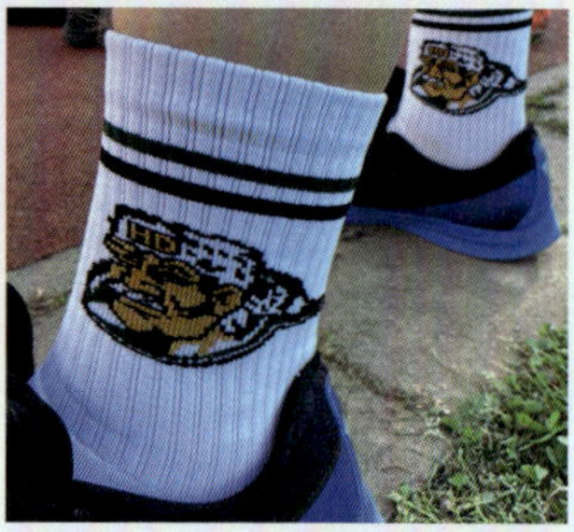

Abb. 70: Teamsocken

» **Handschuhe**: Viele Spieler tragen Handschuhe, einerseits da diese eine aufbereitete Handfläche haben, um den Ball besser zu greifen und zu fangen, aber auch die Hände vor Kälte zu schützen.

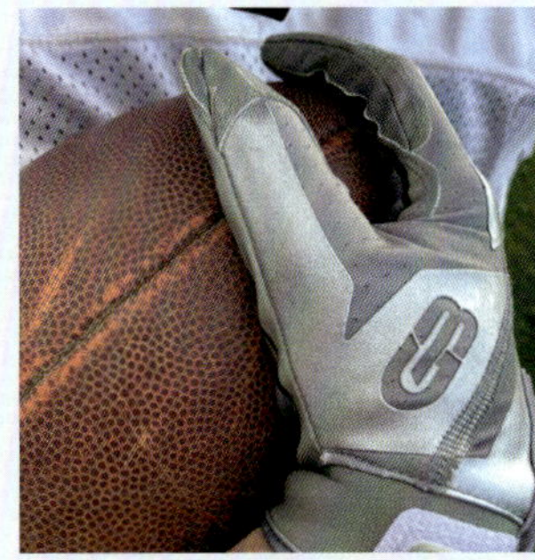

Abb: 71: Handschuhe

» **Wristcoach**: Viele Spieler tragen ein Wristcoach am Handgelenk. Es ermöglicht einen Einblick in individuelle Notizen, zum Beispiel aus dem Playbook.

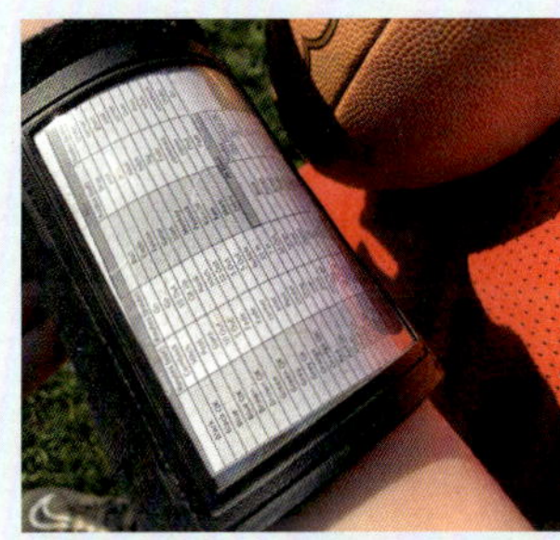

Abb. 72: Wristcoach

» **Handtuch**: Quarterbacks oder vereinzelte Spieler tragen häufig noch ein Handtuch am Gürtel, an diesem können bei feuchten Temperaturen der Ball oder die Hände abgetrocknet werden.

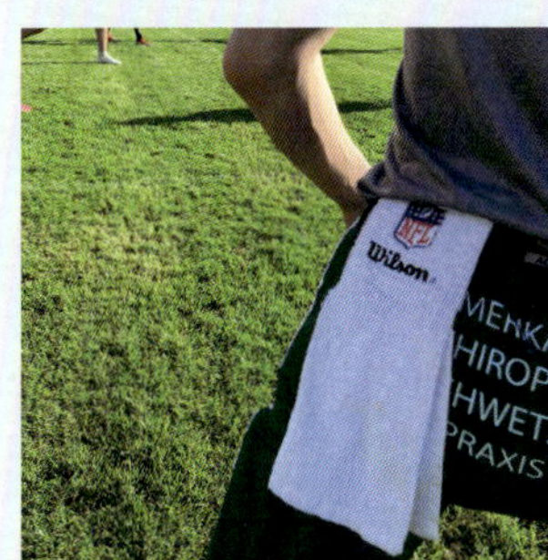

Abb. 73: Handtuch

» **Equipmenttasche/Koffer**: Mittlerweile gibt es für die Sportart abgestimmte Koffer und Taschen, um der Funktionalität nachzukommen. Einige bevorzugen Koffer bzw. Taschen mit Rollen, da eine komplette Ausrüstung schon einiges wiegt.

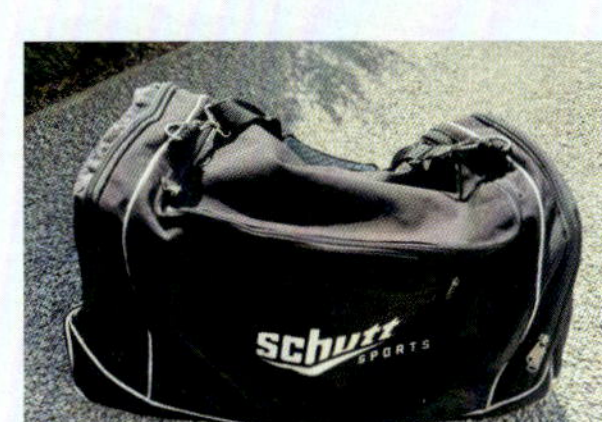

Abb. 74: Ausrüstungstasche

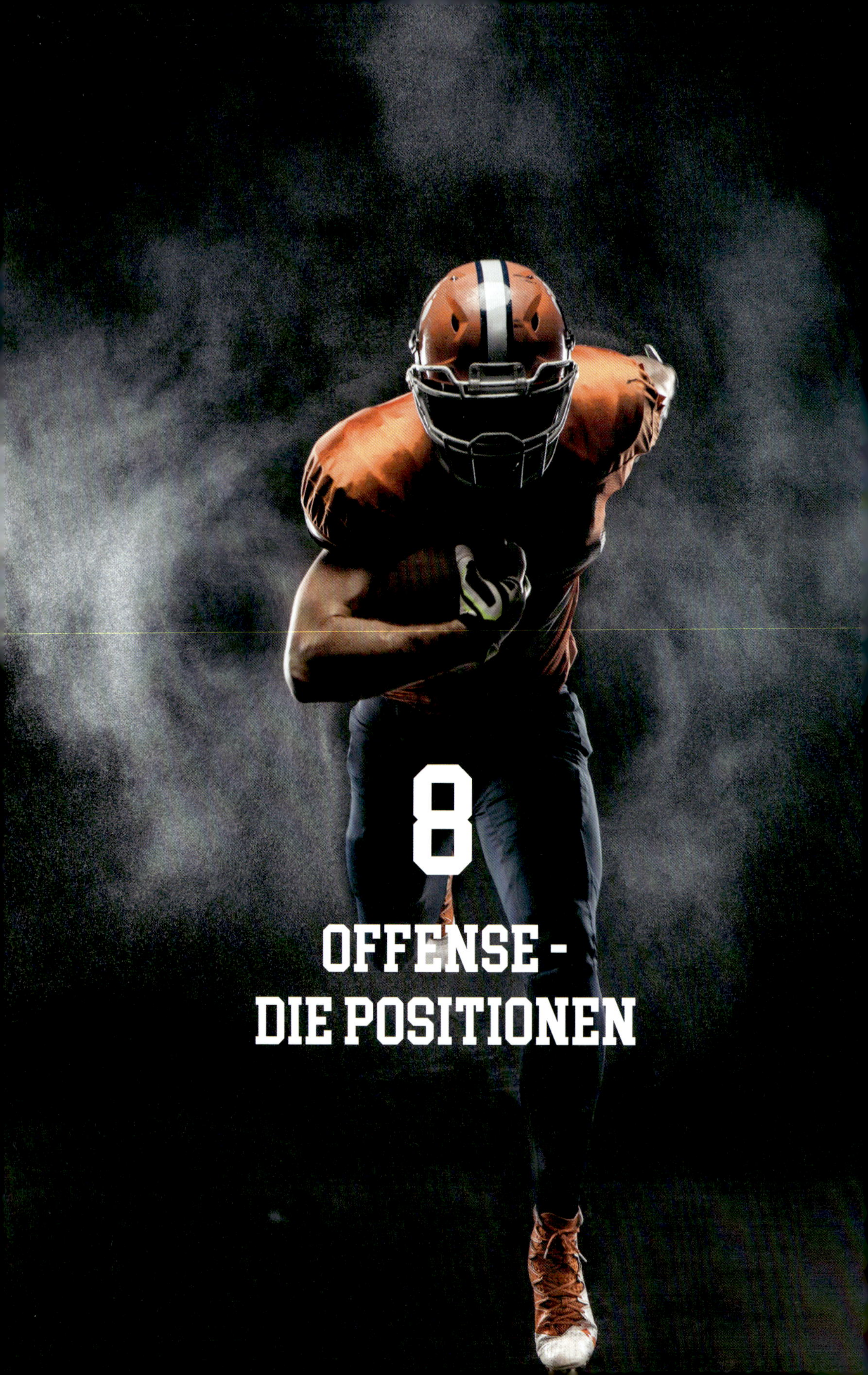

8

OFFENSE - DIE POSITIONEN

8.1 DIE OFFENSIVE LINE

DIE POSITIONEN

Bei den Offensive Linemen gibt es die Positionen des Centers, Guards und Tackles. Das Hauptziel der entsprechenden Spieler ist es, den Quarterback zu schützen und weitergeführt auch den späteren Spieler mit dem Football, dass sein Weg für den Lauf frei wird. Die Aufgaben unterscheiden sich bei einem „Run" und bei einem „Pass". Bei einem Run öffnen die Linespieler dem „Runningback" bzw. dem Ballträger ein offenes „Fenster" und er hat somit einen freien Weg nach vorne. Bei einem Pass beschützen sie den Quarterback und geben ihm Zeit in der Pocket und dass er sich auf seinen Wurf konzentrieren kann. Pocket ist englisch und bedeutet Tasche; genau so positionieren sich die Spieler auch rund um den Quarterback. Die Tackles und Guards stehen dabei seitlich versetzt vom Quarterback. In der Regel sind Offensive Linemen die größten und die kräftigsten Spieler im Team. Durch die Kraft und Power werden etliche Anforderungen gestellt, zum Beispiel, dass es die Defensive Linemen von Anfang an schwer haben, an ihnen vorbeizukommen und sich gegen sie zu behaupten.

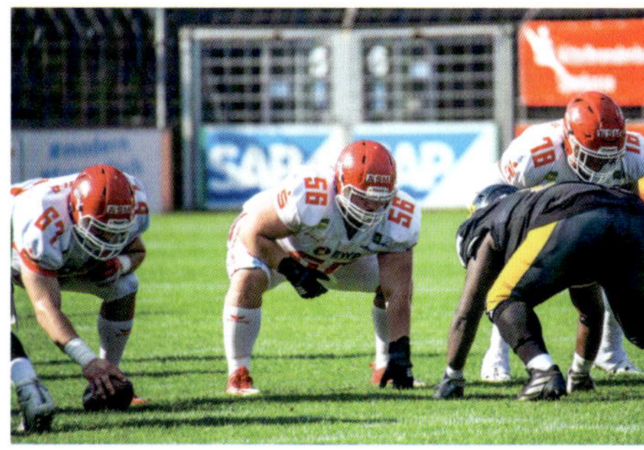

Abb. 75: Offensive Line kurz vor dem Count (© Thomas Iden-Korjahn)

Die Position der Offensive Linemen ist mit einigen Herausforderungen verbunden. Einerseits sind Größe und Kraft gefragt, andererseits werden jedoch auch „schnelle Füße" benötigt. Die Beinarbeit, ob vorwärts oder rückwärts, ist elementar und von klarem Vorteil, um gerade kurze Distanzen so schnell und effektiv wie möglich zu bestreiten. Über die effektive Arbeit mit den Füßen gelangt die Kraft über die Beine, Hüfte in den Oberkörper. Darüber hinaus hat die Reaktionsfähigkeit einen eigenen und wichtigen Bestandteil. Die Offensive Line weiß, wann es losgeht und welcher Count erfolgt. Je aufmerksamer und je schneller reagiert wird, umso schneller kann auch auf unerwartete Handlungen der Defense Spieler gekontert werden.

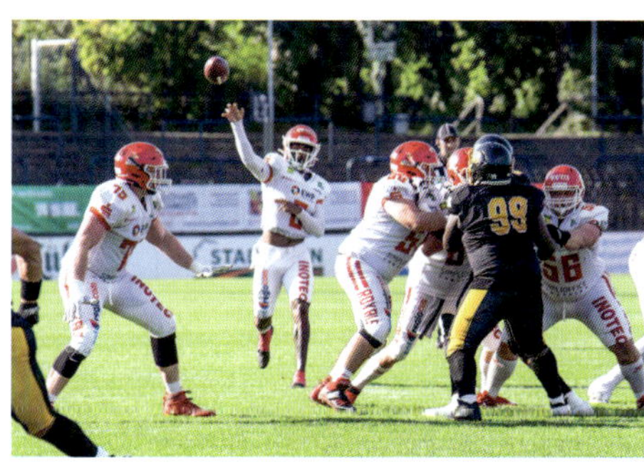

Abb. 76: Offensive Line in Aktion (© Thomas Iden-Korjahn)

Die Offensive Linemen sollten konstant an ihrem Unterkörper arbeiten, um einen perfekten Stance zu beherrschen. In einem Spiel sind sie in der Regel ca. 70-mal und öfters gefordert, auf ihren Gegenspieler zu reagieren, ihn in Schach zu halten und zu beschäftigen. Es wird Durchhaltevermögen, Frustrationstoleranz und innere Stärke eingefordert und vor allem auch das klare Statement, sich nicht herumschubsen zu lassen. Mit der Offensive Line steht und fällt jeder Spielzug; eine starke Offense generiert Yardgewinn und holt entsprechende Punkte – diese lassen einen Sieg wesentlich einfacher erreichen. Aber nicht nur das, eine Offense die länger auf dem Feld bleibt, gibt ihrer eigenen Defense und Special Team Unit Zeit sich zu erholen und weitere Spielstrategien zu besprechen.

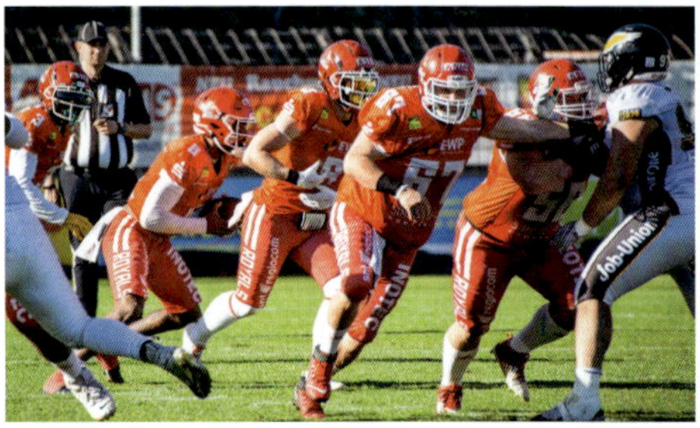

Abb. 77: Die Offensive Line macht den Weg frei. (© Thomas Iden-Korjahn)

Gerade bei den „Offensive Line"- und „Defensive Line"-Positionen sind Teams häufiger auf der Suche nach Spielern und sind sehr dankbar, wenn sie diese grundlegend ausbilden können. Früher wurden hierzulande aufgrund des Mangels auf den Line-Positionen Spieler auf beiden Wegen, also in der Offensive und Defensive Line, spielen gelassen. Die Begründung war, wenn die eine Position beherrscht wird, kann es folglich nicht so schwer sein, auch die andere Position zu können. Davon ist man abgekommen, da beide Positionen aufgrund ihrer geforderten Techniken nicht vergleichbar sind und ihren Aufgaben entsprechend ein gezieltes Training benötigen. Mittlerweile gibt es deutschlandweit gezielte Trainingscamps und Clinics nur für Line Spieler und Trainer, um detailliertes Fachwissen zu bündeln, weiter zu entwickeln und entsprechend zu veröffentlichen.

CENTER

In der Mitte der Offensive Line steht der Center; er snappt den Football zum Quarterback. Die Zusammenarbeit zwischen Center und Quarterback ist wichtig, damit der Ball sicher und zügig in den weiteren „Spiellauf" gerät. Der Ball kann dabei in der klassischen Methode „Under Center" oder per „Shotgun" übergeben werden. Dabei steht der Quarterback mit etwas Abstand hinter dem Center und bekommt ihn zugesnappt. Nähere Informationen hierzu liefert auch das Quarterback-Kapitel. Eine weitere Herausforderung ist es, nach dem Snap sofort in das Blocking überzugehen und zeitgleich den Überblick über die Mitspieler, sich selbst und die Defense zu behalten.

GUARDS

Die Offensive Guards stehen links und rechts vom Center. Ihre Hauptaufgabe ist es, ihre Gegner zu blocken und geradeaus, nach rechts, links weg zu pullen und auf 2nd Level gehen. Somit müssen sie in allem, was sie tun relativ schnell sein und müssen sich untereinander zuarbeiten, um zum Beispiel auch dem Runningback einen freien Weg zu ermöglichen.

TACKLES

Die Tackles positionieren sich immer auf den Außenflanken der Offensive Line. Sie haben die Anforderungen, ihren Bereich im Blick zu behalten und entsprechend des Spielzugs oder der Ansage nach links oder rechts zu blocken. Sie müssen gegen Defensive Ends ankommen, die durch ihre Schnelligkeit sofort an den Quarterback kommen möchten, um diesen zu „sacken". Des Weiteren geht ihr Blick auch immer auf den äußeren Laufweg, sodass Runningbacks aber auch ggf. Wide Receiver einen freien Weg haben. Des Weiteren sollte beachtet werden,

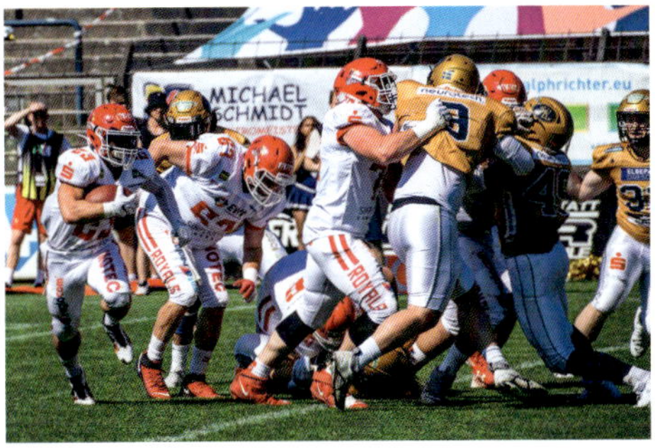

Abb. 78: Geballte Power an der Offensive Line (© Thomas Iden-Korjahn)

ob der Quarterback Rechts- oder Linkshänder ist und wo sich entsprechend seine „Blindside" befindet. Diese muss besonders geschützt werden und es kommt somit zu besonderen Blockaufgaben.

TIGHT END

Der Tight End ist eine sogenannte Hybridposition im American Football. Im Vergleich zu den klassischen Wide Receivern sind sie etwas kräftiger gebaut, können aber auch schnell rennen und fangen. Durch ihren kräftigeren Körperbau, sind sie jedoch auch sehr gute Blocker und können die Offensive Line entsprechend unterstützen. Tight Ends können neben den Tackles positioniert werden. Aber je nach Vorliebe können sie auch etwas weiter nach außen verschoben werden, um einer Offense einen variationsreichen Look zu geben. Die unterschiedlichen Aufstellungsmöglichkeiten kann es der Defense schwer machen, da sie nicht einordnen können, was erfolgt. Hinzu kommt, dass jedes Team auch noch mal seine eigene Philosophie und Playbook hat und die Alignments Möglichkeiten vorgeben. Einige Teams nutzen den Tight End überwiegend im Backfield und er unterstützt bei Block-Aufgaben. Andere Teams nutzen den Tight End hauptsächlich bei Routen oder direkt an der Offensive Line. Ein Tight End sollte sich bewusst sein, dass eine Defense ihn besonders beschäftigen kann, sollte ihnen die Strategie bewusst werden. Die Defensive Line wird immer wieder den Weg kreuzen, um ihn an der Line zu beschäftigen und ihn komplett aus dem Konzept zu bringen. Schon von Anfang an, sollte ein Tight End diverse Täuschungen an der Line können. Zum Beispiel reagiert er mit seinem Körper direkt nach innen, geht aber schnurstracks über außen, so wird der Defender selten eine Möglichkeit haben, direkt darauf zu reagieren. Diese Bruchteile an Sekunden reichen schon aus, um eine weitere Anspielstation für den Quarterback zu sein. Ein Coaching Staff muss sich somit gut überlegen, wie sie ihre Tight Ends trainieren. In manchen Teams haben Tight Ends einen eigenen Tight End Coach, der seinen Trainingsplan entsprechend der Aufgaben ausgestalten kann. Andere Teams wiederum haben jedoch nur zwei einzelne Tight Ends und ordnen ihre Spieler entweder der Offensive Line oder den Wide Receivern zu. Je nach Aufteilung tauschen die Spieler im Training nach einer bestimmten Zeit die Gruppen oder sie haben feste Tage, wann sie der einen Positionsgruppe oder der anderen Position im Training zugeordnet werden *(siehe 8). Colby, 2013, Seite 4ff.)*.

DER STANCE DER OFFENSIVE LINEMEN

Der Stance eines Offensive Lineman wird eine wichtige Rolle zugeordnet. Je schneller und besser ein Spieler steht, umso besser kann er sich auf die Spielsituation und den Gegner einstellen. Von daher sollte ein technisch sauberer Stance regelmäßig trainiert und überprüft werden. Der Stance von Guard und Tackle sind gleich, lediglich beim Center unterscheidet er sich.

Der Stance eines Guard und Tackels sollte wie folgt aussehen:
In der Regel sollten die Spieler ihre Füße parallel und schulterbreit aufstellen. Sollte dies nicht gehen, können sie auch etwas breiter aufstellen, um die entsprechende Tiefe zu erhalten. Die Zehen zeigen dabei geradeaus nach vorne. Dadurch kann ein Spieler gleichermaßen in alle Richtungen starten, hinzu kommt, dass aufmerksame „Defensive Line"-Spieler aufgrund „versetzter" Fußrichtungen nicht sofort das weitere Vorhaben und die mögliche Spielrichtung lesen können. Jedoch stehen Offensive Linemen je nach Position und/oder Trainerphilosophie mit leicht versetzten Füßen; dies kann individuell geschehen oder speziell für den Spielzug besprochen werden.

Die Knie werden gebeugt, der untere Teil des Armes kann auf den Oberschenkeln liegen und abgestützt werden kann, muss aber nicht. Die Fersen bleiben am Boden und sollen nicht angehoben sein.

Die Arme werden nach vorne gebracht, dabei bildet der Oberkörper eine Linie zum Boden und die Schultern sind nach wie vor parallel. Die Mehrzahl des Gewichts sollte auf dem Fußballen ruhen. Je nach eingesetzter Positionsseite sollten die Spieler es beherrschen, beide Seiten ihrer Arme (jeweils ihr Außenarm) nach vorne zu setzen.

Die Spieler sollen sich von Anfang an auch die richtige Armstellung einprägen. Starten sie aus dem Stance, sind die Arme angewinkelt, liegen seitlich am Körper und sind bereit, von unten nach oben zum Beispiel einen Punch auf den Spieler der Defensiv Line zu setzen.

Der Stance kann auf Pfiff des Trainers geübt werden, indem die Spieler entsprechend nach unten in ihren Stance gehen und danach wieder nach oben kommen. Der Stance kann je nach Zielgruppe mit variablen Wiederholungen und mit unterschiedlichen visuellen und auditiven Impulsen, wie zum Beispiel zu Musik, Kopfnicken, Handzeichen, Fuß tippen trainiert werden.

Der Center Stance fällt in der Regel noch etwas breiter aus, damit der Ball mit einem guten Snap zum Quarterback kommen kann. Ein Snap wird mit einer Hand geworfen. Dabei wird der Ball an der oberen Spitze angefasst und leicht nach oben gestellt, der Arm ist dabei ausgestreckt. Den anderen Arm kann er leicht auf dem Oberschenkel ablegen. Jedoch müssen beide Arme sofort nach dem Count bereit sein.

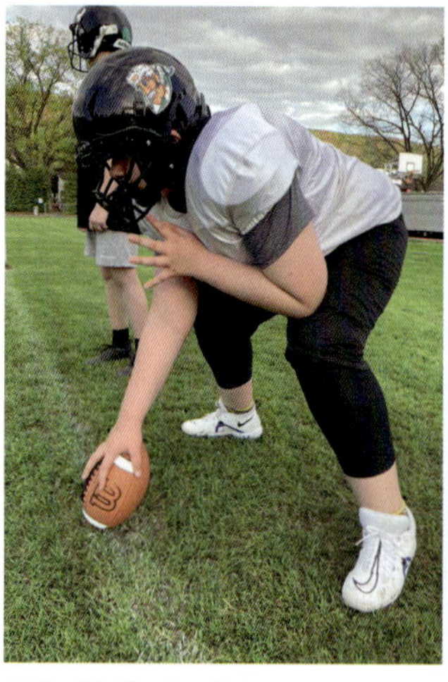
Abb. 79: Center Stance

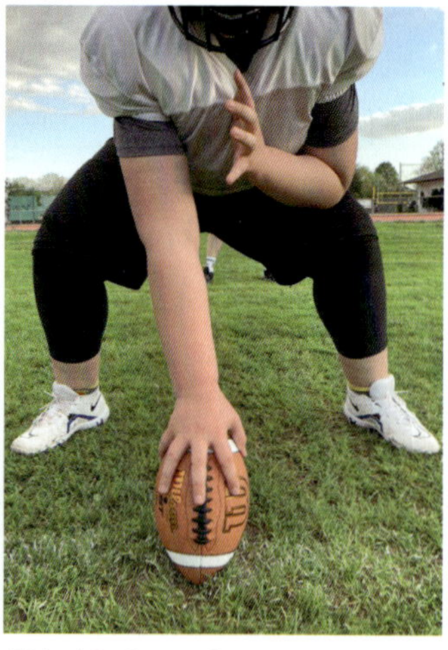
Abb. 80: Center Stance von vorne

Der Snap wird mit dem Arm unter den Füßen durchgegeben. Dabei legt der Quarterback seine obere Hand, zumeist die Wurfhand, nach oben an den Hintern des Centers. Er bildet mit seinen Händen bildlich einen Mund/V. Wenn der Center den Ball zurückbewegt, versucht er mit dem Mund das V mit dem Ball genau in der Mitte zu treffen. Schafft er das, wurde der Ball korrekt übergeben, da der Quarterback nun direkt beide Hände am Ball hat. In Absprache mit dem Center wird gemeinsam besprochen, wo die Naht des Balls zu liegen hat und welche Option für beide Spieler die beste ist. Kein Spieler, auch kein Defensespieler, darf sich zum Zeitpunkt des Snaps in der neutralen Zone aufhalten. Die neutrale Zone beschreibt den Bereich genau in der Mitte der beiden Lines – also der Defensive wie auch der offensiven Linie.

SCHRITTFOLGEN UND SCHRITTLÄNGEN

Für „Offensive Line"-Spieler sind neben dem Stance die ersten Schritte ein wesentlicher Baustein für den weiteren Verlauf des Spielzugs. Steht sein Gegenspieler direkt vor ihm (Kopf an Kopf), kann er je nach Vorliebe und Play, mit dem rechten oder mit dem linken Fuß beginnen. Steht sein Gegenspieler jedoch seitlich versetzt zu ihm (Schulter an Schulter), sollte er mit dem Fuß beginnen, welcher am nächsten zu diesem Gegenspieler steht. Die Schritte sollten von Beginn an kraftvoll sein, sie werden im Football als Powersteps bezeichnet. Die Schrittlänge sollte je nach Aufgabe und Situation passend variiert werden. Im direkten Kontakt zum Gegner sind sie kurz, kraftvoll und stampfend. Gehen die Spieler zum Blocken auf zur nächsten Spielerreihe, dem „Second Level" können sie größer ausfallen, bis der Spieler die Linebacker erreicht hat.

SPLITS

In der Offensive Line wird auch von sogenannten Splits gesprochen. Das ist der Abstand zwischen den Spielern und dieser kann aufgrund des Blockauftrags, dem Gegner und dem Spielzug variieren. In der Regel sind sie 2-3 Fuß breit oder wenn mit einem ausgestreckten Arm die Schulter des Nebenspielers erreicht werden kann, dann ist der Abstand ausreichend.

Wann verkleinern? Wann vergrößern?

Ein Split wird verkleinert, wenn ein Defense End im Gap spielt, aber auch bei kurzen Spielwegen. Die Defense kann nicht durchbrechen.

Ein Split wird vergrößert bei Spielzügen durch die Mitte oder wenn die Defense etwas auseinander gezogen werden soll. Sie müssen dadurch mehr Raum verteidigen.

Das Verkleinern und Vergrößern der Splits ist häufig auch abhängig von Philosophie und Playbook und manchmal werden gar keine Veränderungen vollzogen.

BLOCKEN

Eine der Hauptaufgaben ist das Blocken. Was von außen sehr einfach aussieht, ist mit einer Menge Arbeit verbunden. Nicht nur das, hinter dem Blocking steht häufiger ein komplexes Blocking-Schema. Die Spieler sind somit nicht nur körperlich, sondern auch mental gefordert, bestimmte Situation schnell zu beobachten und gemeinsam zu lösen. Die einzelnen Blocks unterscheiden sich nach Run- oder Pass-Situationen. Bei Runs ist die einfachste Regel, beim Blocken bewegen sich die Offensive Line Spieler nach vorne und beschäftigen ihren Spieler, indem sie ihn wegbewegen und aus dem Weg schieben, bis der Spielzug beendet ist. Es werden folgende Blocks verwendet:

Driveblock

Unter den Blockarten ist er der häufigste gesetzte Block. Ziel ist es, den Gegenspieler kräftig wegzublocken; dies gelingt am besten, wenn der Block kraftvoll von unten nach oben kommt. Der Spieler verharrt in seinem Stance wie bereits beschrieben. Er achtet genau auf seinen Gegenspieler, mit dem Start zieht sein erster Schritt in die Richtung, in die er möchte und der zweite Schritt ist ein kraftvoller Powerschritt. Aber auch hier gibt es je nach Coach Vorlieben und es ist eine Philosophiefrage. Der Kopf ist im Nacken, der Blick ist nach wie vor beim Gegenspieler. Der Block wird gesetzt, die Hüfte kippt leicht nach vorne, die Schritte bewegen sich schnell und kontrolliert nach vorne. Es wird erst aufgehört zu blocken, wenn der Spielzug beendet ist.

Reachblock

Befindet sich ein Spieler versetzt, also rechts oder links vom „Offensive Line"-Spieler, wird der Reachblock umgesetzt. Die Konzentration liegt bei den ersten Bewegungen auf den Füßen und den entsprechenden Schrittfolgen. Zuerst bewegt sich der Fuß, der sich nah beim Gegner befindet, der zweite Schritt ist wesentlich länger und dadurch wird der Gegner erreicht. Der zunächst letzte Schritt bringt den Spieler komplett vor den Mann, sodass er den Block setzen kann und der Defender keine Chance mehr hat, nach links oder rechts abzudrehen.

Double Team Block

Ist eine Defensive Line sehr stark und hebt sich ein Spieler besonders hervor, ist es von Vorteil, sich einander zu helfen und den Gegner gemeinsam zu beschäftigen. Dazu eignet sich der „Double Team"-Block, dieser benötigt regelmäßige Übung und Absprache, wie der Gegenspieler geblockt wird. Wer blockt oben und wer blockt leicht versetzt darunter. Beide Spieler müssen beim Start des Spielzugs zunächst ihre Beine zum Spieler bringen, damit sie wie beim Driveblock möglichst gut stehen. Der Defense Liner darf keine Chance bekommen, sich zum Beispiel durch die Mitte zu drücken oder ggf. über eine Drehung abzudrehen. Eine Hilfe ist es, je die inneren Beine zusammenzubringen und quasi eine Mauer vor ihm zu bilden. Es ist jedoch Vorsicht geboten und genaue Präzision beim Blocken und dass es zu keinem illegalen Chopblock/Strafe kommt. Es sollte gleichmäßig geblockt werden.

Cross Block

In der Offensive Line können Blockaufgaben auch unter den Spielern getauscht oder ggf. verschoben werden. Das bietet sich einerseits an, um Spieler mit ähnlichen Kraftressourcen gegenüberzustellen oder bestimmte Überraschungsmomente zu nutzen. Der Cross Block ist ein Kombinationsblock, der äußere Blocker führt den Drive Block nach innen aus. Der innere Blocker zieht nach außen und in Richtung der zweiten Spielerreihe, um den einen Spieler „inside-out" von innen nach außen weg zu blocken.

Des Weiteren gibt es noch den Trap Block, Combo Block und den Foldblock und die Schemata werden systematisch gelehrt, angepasst und trainiert.

Passblock
Beim Passblock beschützen die Offensive Line Spieler den Quarterback. Anders wie beim Runblock gehen sie nicht nach vorne, sondern eher zurück, um die „Pocket"/Tasche rund um den Quarterback zu bilden. Es ist wichtig genau zu beobachten, wie die Gegner stehen und wie groß eigene Schritte gemacht werden müssen. Der innere Fuß ist dabei der Dreh- und Angelpunkt; er steht fest, das andere Bei kann leicht variieren. Der Stand ist tief, um die Kraft über die Beine und Hüfte zu einem kraftvollen Hit zu bündeln. Die Arme sind so positioniert, dass sie sofort bereit sind. Die komplette Zeit wird der Gegner anvisiert und es wird sofort geholfen, wenn andere Teammitglieder Hilfe benötigen *(siehe 8.) Colby, 2013, Seite 73ff.)*.

BLOCK-REGELN

Es gibt unterschiedliche Möglichkeiten, wie „Offensive Line"-Spieler ihr Block-Schema anwenden und es vom Coach transparent vermittelt wird. Jede dieser Möglichkeiten bringt Vor- und auch Nachteile.

Beim „Base Counting" wird den Spielern eine feste Nummer zugewiesen; für diese sind sie komplett verantwortlich. Häufig werden die Nummern von innen nach außen aufgeteilt.

Vorteil:
Im Scouting kann sich bereits vorab ein Bild zu den einzelnen Spielern gemacht werden und darauf eingestellt werden. Durch die kontinuierlichen Begegnungen kann es einfacher sein, die wichtigsten Blocks anzubringen.

Beim „Zonenblocking" ist der Bereich der Defensive Line in bestimmte Bereiche, sogenannte Zonen, eingeteilt. Bereits beim Snap steht fest, wer in diesem Moment in der Zone steht, wird auch geblockt.

Vorteil:
Es kommt zu einer variablen Ausführung, manchen Spielern liegt es mehr, da sie freier agieren können.

Die Übungen der Schritte, Schrittfolgen und Schrittlängen können relativ schnell mit unterschiedlichen neuen Impulsen versehen werden.

PRAKTISCHE DRILLS: STANCE UND SCHRITTFOLGEN

Material: Trillerpfeife, Farbkarten bunt

Ein Training lebt von seinen Variationen; die Spieler sind häufig über 70-mal gefordert, aus einem guten Stance zu starten und die entsprechenden Schrittfolgen zu zeigen. Umso wichtiger ist es, diese regelmäßig auch in einer kreativen Art und Weise zu üben. Dabei können die Variationen unterschiedlichster Art sein. Die Basis nimmt der klassische Stance ein und es wird im Rahmen der Schrittfolgen „Kopf an Kopf" und „Schulter an Schulter" unterschieden.

Schrittfolgen „Kopf an Kopf"/Head on Head:

» Spieler gehen in den bereits beschriebenen Stance und starten auf Pfiff oder auf unterschiedliche Counts geradeaus mit den entsprechenden kraftvollen Schritten - auditiver Impuls
» Spieler stehen im Stance und starten auf eine visuelle Bewegung zum Beispiel Farbkarten oder auch eine vereinbarte Bewegung zum Beispiel tippen mit dem Fuß - visueller Impuls
» Silent Count

Schrittfolgen „Schulter an Schulter"/Shoulder on Shoulder:

Die Schritte wie oben können auch entsprechend zur linken und rechten Seite durchgeführt werden. Jedoch sollte der Coach kurz vorher per Ansprache sagen, in welche Richtung es geht. Der Trainer kann auch per Handzeichen anzeigen, ob die Spieler ihre Schrittfolgen nach links, nach rechts oder gemäß der Spielzüge setzen sollen.

Für eine Kombinationsübung kann der Song von Moby mit dem Titel "Flower" gewählt werden. Der Refrain mit „Bring Sally up and bring Sally down" ist selbsterklärend.

Material:
Handy bzw. MP3-Player mit Song oder CD; Box/ bluetooth-fähig

Aufstellung:
Alle Spieler stehen im Kreis. Sie gehen in ihren Stance runter. Mit dem Abspielen des Songs starten sie und achten auf den Refrain. Bei „Bring Sally up" kommen sie nach oben. Bei „Bring Sally down" gehen sie nach unten in ihren Stance. Durch die häufigen Wiederholungen im Lied sind die Spieler gefordert sofort zu reagieren und entsprechend ihren Stance abzurufen.

Coaching Points:
Korrekte Ausführung des Stance nach Ausführung siehe oben.

Vorteil:
Der Coach kann während der Ausführung im Kreis von Spieler zu Spieler gehen und beobachten wie diese den Stance ausführen und kann Rückmeldungen und Korrekturen durch-

führen. Das Lied hat eine Dauer von ca. drei Minuten und die Musik bietet Abwechslung. Mit dem Song wird der Stance mit einem neuen auditiven Impuls trainiert und die Verweildauer im Stance, ist je nach Passage im Song länger oder kürzer, sodass auch die Kraft und Intensität in den Beinen zusätzlich trainiert werden kann.

DRILL VARIATIONEN ZUM THEMA STANCE UND GLEICHGEWICHTSFÄHIGKEIT

Beweglichkeit und eine entsprechende Gleichgewichtsfähigkeit sind elementar. Von Vorteil ist es, Impulse einzuarbeiten, um eine Steigerung des Bewegungsflusses zu erreichen. Eine Idee ist es, die Spieler mit Abstand nebeneinander aufzustellen. Auf Pfiff machen die Spieler im Wechsel je zwei Einbeinsprünge rechts und links und versuchen dabei seitlich tief in die Hocke zu gehen. Position kurz halten und ausbalancieren. Auf Doppelpfiff gehen sie hinunter in ihren Stance.

Coaching Points und Wiederholungsanzahl:
Zuerst sollte die Beweglichkeit der einzelnen Spieler beobachtet werden. Die Übung ist anspruchsvoller, zuerst können die Spieler mit einer geringen Tiefe und Höhe der Einbeinsprünge starten. Es bietet sich an mit einer geringen Wiederholungszahl zu starten und die Übung wiederholend in den einzelnen Trainingsstunden einzubauen.

IMPULSE FÜR DAS OFFSEASONTRAINING ODER ZWISCHENDURCH

Material: Balance Pads oder zusammengerollte Gymnastikmatten je nach Anzahl der Spieler; Weichbodenmatten, Turnmatten, Turnbänke

Um weiter an der Gleichgewichtsfähigkeit zu trainieren, eignen sich auch folgende Impulse in der Halle:

» Stance auf dem Balance Pad oder auf einer zusammengerollten Gymnastikmatte ausführen lassen. **Wiederholung:** 10 x auf Pfiff oder vereinbarter Count
» Stance mit dem Song „Flower" von Moby auf einer großen Weichbodenmatte durchführen. Durch die Ausführung auf den Matten müssen die Spieler die unebene Fläche ausbalancieren, zusätzlich wird dadurch noch die Tiefenmuskulatur in den Beinen trainiert.

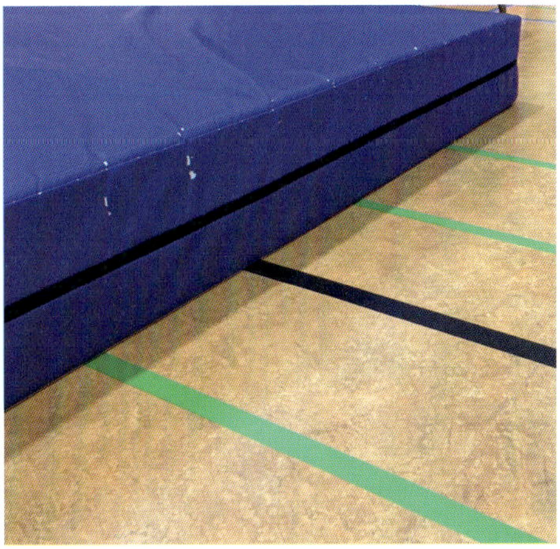

Abb. 81: Turnmatte

» Turnbänke nebeneinander stellen. Die Spieler sollen sich nebeneinander auf die Bänke stellen und hinunter in ihren Stance gehen. **Wiederholung:** 5-10 x pro Spieler, zur Steigerung kann die Bank umgedreht werden und die breite Seite schaut nach unten. Der Stance kann auf der schmalen Seite wiederholt werden. **Wiederholung:** 5-10 x pro Spieler.

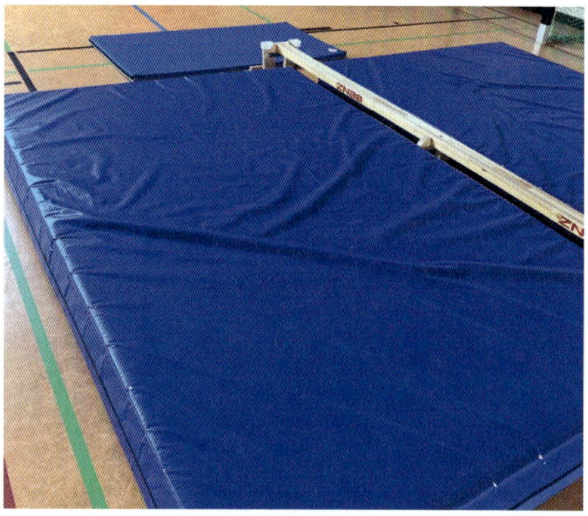

Abb. 82: Turnmatte und Bank

Sicherheitshinweise: Bänke auf der Vor- und Rückseite mit Matten sichern. Spieler sollen sich ggf. Hilfestellung geben und die Hand reichen.

Vorteil für den Spieler:
Den Stance auf dem Rasen und auf dem Turnhallenboden auszuführen, sind die Spieler bereits gewohnt. Den Stance auf unterschiedlichen und unebenen Flächen, wie zum Beispiel dem Balance Pad, gerollten Gymnastikmatten oder den Weichbodenmatten auszuführen, ermöglicht neues Bewegungslernen. Der Gleichgewichtssinn wird angesprochen, die Stabilität wird gefordert und die Tiefenmuskulatur wird mit einem neuen Reiz angesprochen. Die Übungen auf den Turnbänken erreichen eine Verkleinerung der Standfläche und die zusätzliche Höhe fordert die Spieler, sich komplett neu und konzentriert auf die Situation einzustellen. Alle Übungen führen zu einer stärkeren Körpermitte, die die Kompetenzen der Spieler ausbauen und entsprechende Differenzen im körperlichen Gefälle zwischen „Offensive Line"- und „Defensive Line"-Spieler ausgleichen können.

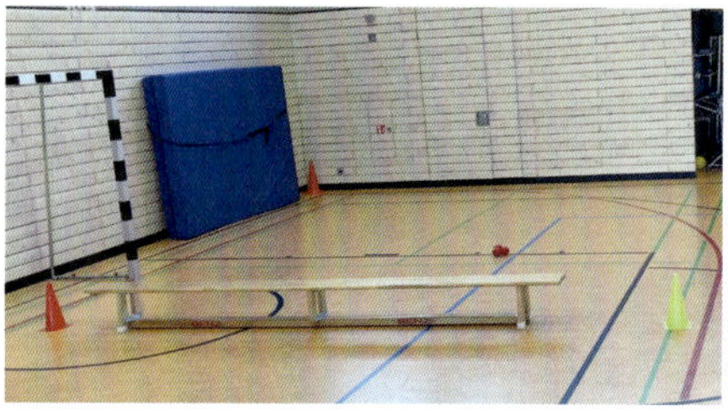

Abb. 83: Bank

IMPULSE MIT HILFSMITTELN FÜR DIE SCHRITTFOLGEN

Material: Trillerpfeife, Farbkarten, Medizinball/Slam Balls in unterschiedlichen Gewichtsklassen, Alternativ: Kettlebells Therabänder® in unterschiedlichen Widerständen.

Der Trainer kann verschiedene Farbkarten einsetzen. Er kann dabei die Farben den entsprechenden Richtungen zuordnen: Grün - rechts/Rot - links/Schwarz - Geradeaus

Je nach angezeigter Farbe, geht die Schrittfolge in diese Richtung. Die Spieler können eng anliegende Therabänder® oder Stabilitätsbänder knapp über dem Knie tragen. Die Schrittfolgen werden mit den Bändern durchgeführt. Wichtig ist, den Druck der Therabänder® auszugleichen, die Knie sollen dabei in richtiger Ausführung platziert sein und nicht nach innen fallen. Die Spieler können einen Medizinball, Slam Balls oder alternative eine Kettlebell in der Hand/den Armen halten, wie in der regulären Blockhaltung der Arme.

Wiederholung: Je 10 x in jede Richtung

Coaching Points:
Der Trainer sollte beobachten, dass die Spieler den Stance, den Start und die entsprechenden Schrittfolgen schnell und technisch sauber umsetzen. Ebenso sollte darauf geachtet werden, dass die Spieler ihre Armstellung trotz Gewicht in der richtigen „Block"-Stellung halten.

Vorteil für den Spieler:
Durch die Impulse erhalten die Spieler neue Reize auf unterschiedlichen Sinneskanälen. Durch diese Reizsetzung werden sie bei jeder Wiederholung neu gefordert und angesprochen. Die Therabänder® sorgen für einen Druck auf den Beinen, den sie ausgleichen müssen. Die Gymnastikbälle in den Armen trainieren den Kraftaspekt, den die Spieler jederzeit für einen impulsiven Block benötigen. Die Therabänder® und das Tragen der Gymnastikbälle fordert die Spieler in der Belastung. Nach Abnahme der Bänder, Medizinbälle und Kettlebells werden die Spieler einen technisch schnelleren und flüssigeren Bewegungsablauf zeigen. Bei Anfängern und Kindern sollte zunächst darauf geachtet werden, dass die Basisschritte bereits stimmig ausgeführt werden. Soll die oben genannte Übung durchgeführt werden, können ganz leichte Gymnastikbälle verwendet werden oder das Theraband® mit dem geringsten Widerstand.

„SCHNELLE FÜßE/QUICK FEET"- ÜBUNGEN ZUR ALLGEMEINEN FÖRDERUNG DER FUßMUSKULATUR (BARFUß)

Grundsätzlich bietet ein Hallentraining sich an, die „schnellen Füße" zu trainieren und den Spielern Übungen an die Hand zu geben, die sie (barfuß) zuhause machen können. Unsere Füße tragen uns täglich durch das Leben und den Sport und es sollten Übungen vorhanden sein, die die Fußmuskulatur stärken.

Um Sportler zu fördern, müssen die allgemeinen und körperlichen Grundlagen gut trainiert sein. Detaillierte Übungen lassen sich besser auf einer guten Basis aufbauen. Unabhängig vom Alter, ob Kinder, Jugendliche, Erwachsene, Geschlecht und der Spielerfahrungen sollten die Grundlagen überprüft und trainiert werden. Wenn solche Übungen belächelt werden, sind sie dennoch wichtig, um bei allen eine gute Basis zu erreichen und zu gewährleisten. Es reicht solche Übungen zu zeigen, die Spieler können sie zuhause regelmäßig wiederholen.

ZEHENDEHNUNG

Barfuß auf eine Unterlage stellen, Zehen anheben und halten. Darauf achten, dass man sicher auf dem Untergrund und den Fersen steht. Zehenspitzen langsam wieder abrollen und von neuem beginnen. Im weiteren Verlauf auf den Zehenspitzen schaukeln und wieder ablassen. 10 x wiederholen und nach und nach steigern.

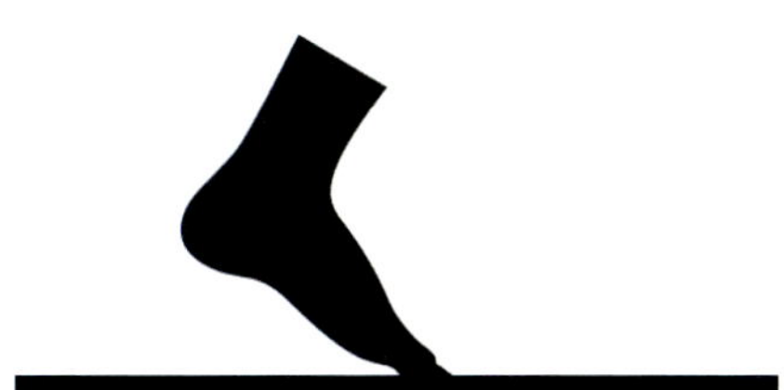

Abb. 84: Auf den Zehenspitzen stehen und schaukeln

GLEICHGEWICHTSSINN TRAINIEREN

In der Halle kann ein Parcour mit Balancierübungen aufgebaut werden, der die Muskulatur stärkt, aber auch das Gleichgewicht trainiert. Dazu können verschiedene Seile, ein Tau, gedrehte Handtücher, eine Bank umgedreht mit der dünnen Seite nach oben, verschiedene Untergründe und Matten zum Beispiel Stapelsteine, Balanciersteine usw. aufgebaut werden.

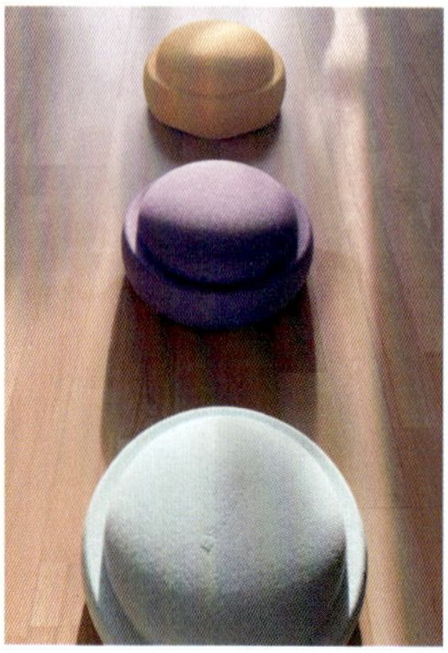

Abb. 85: Balanciersteine

Durchführung: Die Strecke langsam barfuß laufen und bewusst einen Fuß nach dem anderen setzen. Strecke nur auf Zehenspitzen gehen, Strecke mit Augen zu gehen, Strecke ggf. mithilfe rückwärts gehen.

ROLLÜBUNG FÜR DIE FUßSOHLEN

Material: eigene Tennisbälle, Golfbälle, Blackroll Ball, Holzkugel

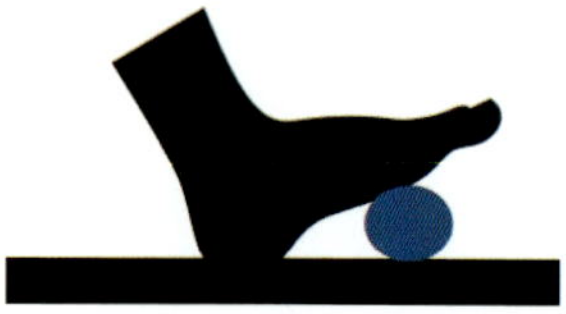

Abb. 86: Den Ball unter der Fußsohle hin- und herrollen.

Durchführung: Auf einen Stuhl/die Bank setzen, den Ball unter den Fuß legen und unterhalb der Fußsohle hin- und herrollen. Dabei langsam vorgehen und in den Körper hineinhören, den Druck an Stellen erhöhen um (Faszien) Verklebungen zu lösen.

(VOR-)ÜBUNGEN 5 STEP PASSBLOCK/BLOCKING:

Dieser Drill eignet sich für die Linemen und kann auch generell von anderen Positionen genutzt werden, um das Thema zu vertiefen. Die Offense Line stellt sich in einer Reihe mit Abstand nebeneinander auf. Der erste Spieler stellt sich Kopf an Kopf gegenüber des anderen Spielers auf. Der Spieler setzt einen „Punch" beim gegenüberstehenden Mitspieler und shuffelt dabei weiter zum nächsten Spieler, puncht" wieder und macht das solange, bis er am Ende der Reihe angekommen ist. Er reiht sich hinten ein und der nächste Spieler vorne ist an der Reihe.

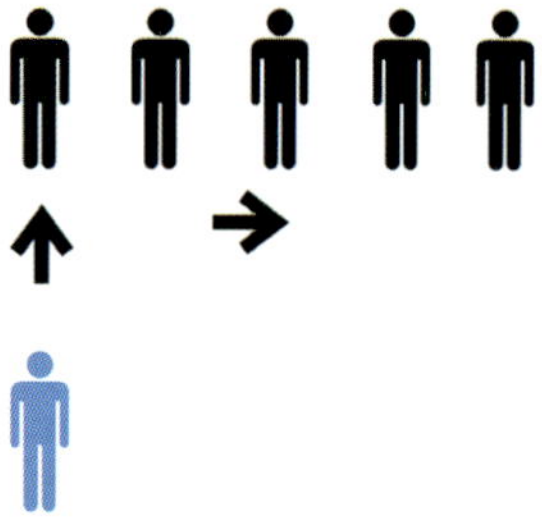

Abb. 87: Lauf nach vorne und nacheinander blocken, der Spieler shuffelt nach dem Punch direkt zum nächsten Spieler.

Coaching Points:

Den Drill erst langsam durchführen und von Durchgang zu Durchgang steigern. Je nachdem, wie viele Spieler hintereinander stehen, kann der Drill anspruchsvoller werden. Es reicht zu Beginn, jeden Spieler einmal blocken zu lassen.

- » Genauer Blick auf die Füße/Power Ankles
- » Saubere Fußarbeit/Footwork
- » Wie setzt er den Punch?/Einsatz der Kraft
- » Hand- und Armstellung

KICK SLIDE

Ein Spieler stellt sich an die Startlinie/Line of Scrimmage. Auf Count oder Pfiff startet er leicht versetzt in Bogenform in Kick Slide Steps nach hinten. Diese Übungen können mehrere Spieler gleichzeitig hintereinander machen, um den kompletten Bewegungsfluss aufrechtzuerhalten und mehr Wiederholungen zu ermöglichen. Vorab kann der Bogen abgelaufen werden und/ oder eingezeichnet oder mit Spielhütchen markiert werden.

Coaching Points:

» Genauer Blick auf die Füße/Power Ankles
» Saubere Fußarbeit/Footwork
» Wie setzt er den Punch/Einsatz der Kraft
» Hand und Armstellung

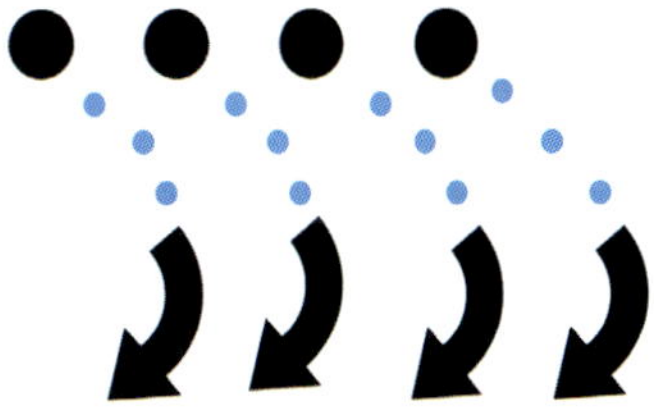

Abb. 88: Kick Slide nach hinten

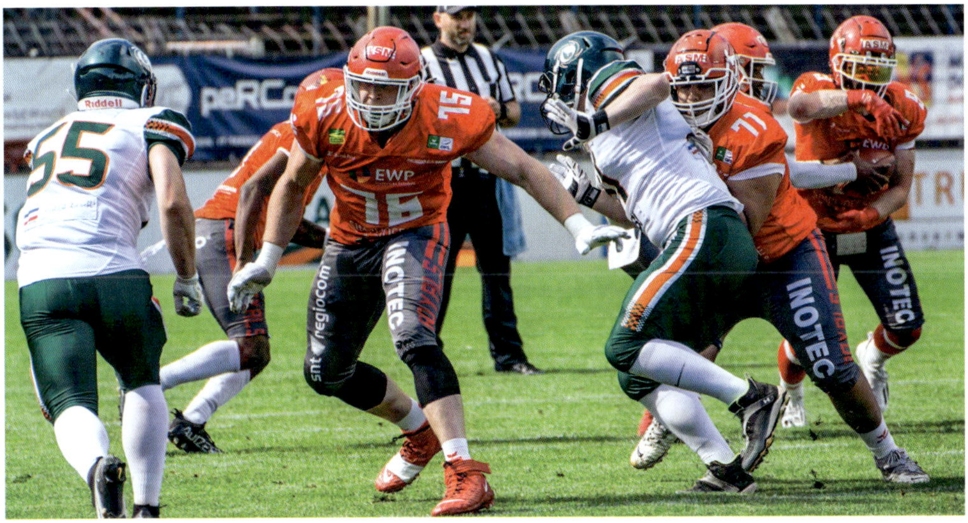

Abb. 89: Die Offensive Line schützt den Quarterback bei der Ballübergabe. (© Thomas Iden-Korjahn)

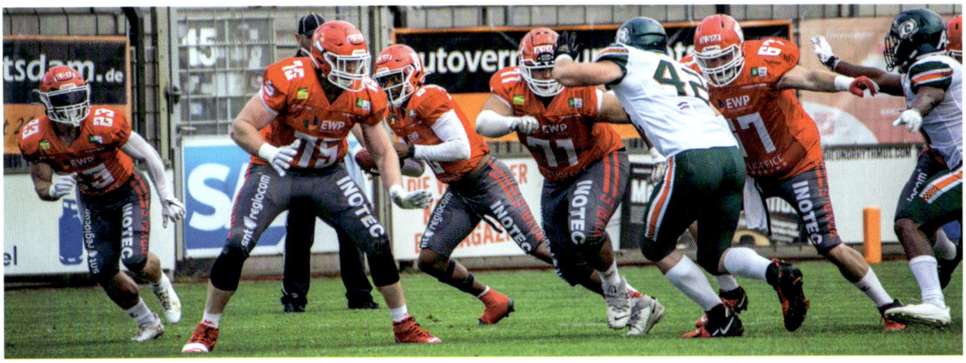

Abb. 90: Der Quarterback schert aus und hat Schutz durch die Offensive Linemen. (© Thomas Iden-Korjahn)

8.2 DER QUARTERBACK

Die Position des Quarterbacks ist eine der bekanntesten Positionen überhaupt, sie werden als Leader oder als Spielmacher der Offense bezeichnet – durchaus eine richtige Bezeichnung, da er seine Mitspieler anführt und eine große Verantwortung trägt. Seine Aufgaben sind vielseitig und komplex. Er sollte über eine Führungspersönlichkeit und eine hohe Vorbildfunktion verfügen. Im Spiel benötigt er eine schnelle Auffassungsgabe, eine hohe Spielintelligenz und ein taktisches Verständnis. Sportlich gesehen sollten ein starker Wurfarm, eine gute Athletik, eine bewegliche Hüfte und eine sehr gute Beinarbeit mitgebracht werden. Im Spiel kann der Ball mit einem Pass an die Wide Receiver/Tight Ends, mit einem Handoff an die Runningbacks oder mit einem Trickplay weitergegeben werden. Dabei muss die Defense in ihrem Tun gelesen werden, das heißt, es müssen verschiedene Coverages erkannt und die Schwächen des Gegners beobachtet werden.

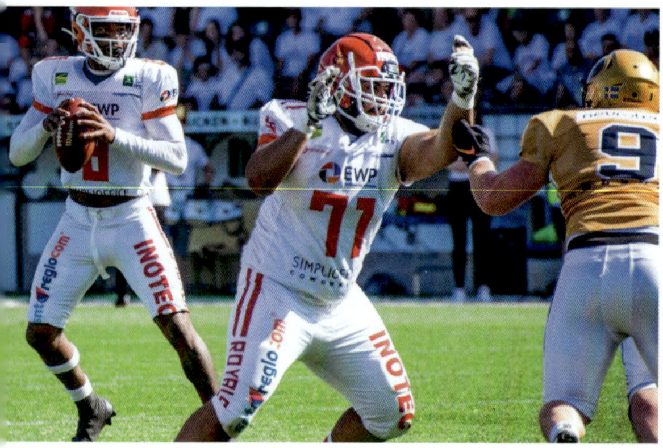

Abb. 91: Der Quarterback liest seine möglichen Anspielstationen. (© Thomas Iden-Korjahn)

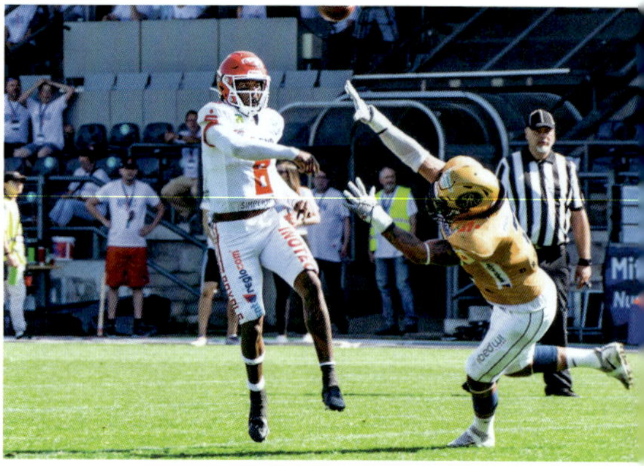

Abb. 92: Er passt den Ball. (© Thomas Iden-Korjahn)

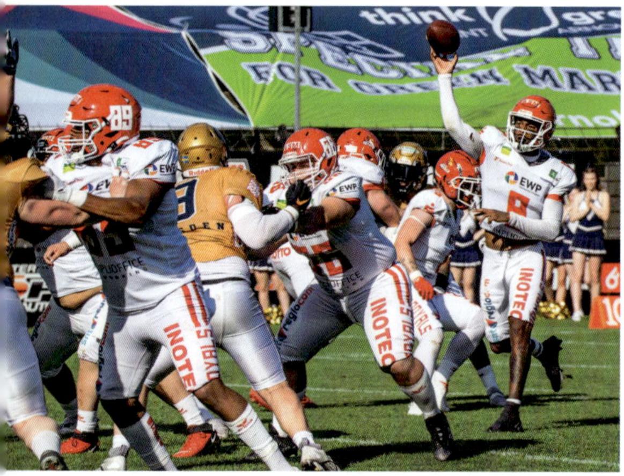

Abb. 93: Die Spieler schützen ihren Quarterback beim Wurf. (© Thomas Iden-Korjahn)

Die Position des Quarterbacks unterliegt auch einem Wandel der Zeit. Vor vielen Jahren gab es ein sehr klassisches Bild in Bezug zu den körperlichen Voraussetzungen und zu den Bewegungen, dieses Bild hat sich heutzutage verändert. Es gibt nicht nur den groß gewachsenen, schlanken Quarterback, sondern auch immer mehr Spieltypen, die durch ihren Stil aufmerksam machen. Diese Vielfalt gibt Teams neue Variationen und sie können innerhalb der bevorzugten Offense Schemata verwendet werden. Bei den Quarterbacks gibt es die „Pocket Passer", die es bevorzugen, in ihrer Pocket zu bleiben und zu passen. „Dual Threat Quarterbacks" bringen den Vorteil mit, dass sie auch selbst mit dem

Football laufen können und das Spiel vielseitig bereichern können. Quarterbacks sind im Spiel intensiv gefordert und sie haben eine Vielzahl an Aufgaben zu bewältigen.

Dazu gehören:

» Eine hohe Ballsicherheit und ein geschickter Umgang mit dem Ball,
» gute Passfähigkeit,
» ausgereifte Beinarbeit,
» die Flexibilität mit dem Ball zu laufen,
» visuelle Übersicht,
» Entscheidungssicherheit.

Um all die geforderten Aufgaben zu erfüllen, muss das Training wie auch bei anderen Positionen aufgegliedert werden. Die Bereiche gliedern sich wie folgt:

» Wurftechnik/Grip,
» Beinarbeit und Body Position,
» exaktes Passen mit unterschiedlichen Geschwindigkeiten und Längen/Follow Throughs,
» „Drop Back"-Techniken,
» das „Lesen" der Defense/Reads.

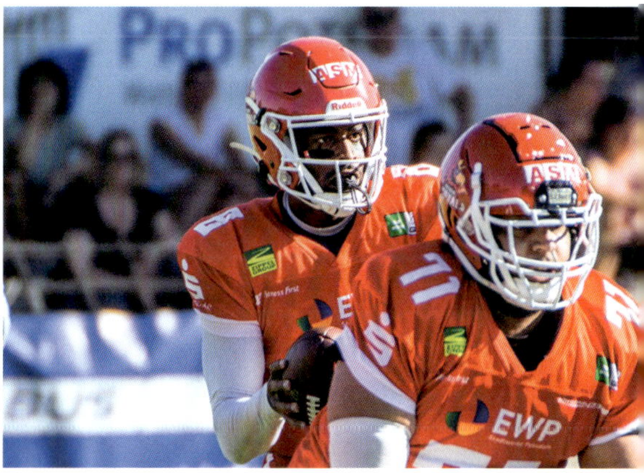

Abb. 94: Der Quarterback liest die Defense und deren Aufstellung. (© Thomas Iden-Korjahn)

Der Quarterback hat stets einen Blick auf die Line of Scrimmage und besitzt auch eine Übersicht, wo sich seine Mitspieler positionieren müssen. Für einen Quarterback gibt es unterschiedliche Möglichkeiten sich aufzustellen. Entweder er steht direkt „Under Center", d. h., er steht direkt hinter dem Center. Dieser steht mittig in der Offensive Line. Er platziert dabei seine Wurfhand unter dem Hinterteil des Centers, seine andere Hand platziert er genau an der Wurfhand. Seitlich betrachtet sieht es aus wie ein liegendes V am Hinterteil des Centers. Er positioniert sich direkt schulterbreit und geht dabei in die Knie. Sein Rücken ist gerade und mit seinem Kopf hat er einen genauen Blick auf das Spielfeld. Die Offense hat den Vorteil, dass sie ihren „Count" kennen und wissen, wann es losgeht. Mit dem Count startet der Center direkt mit einem Schritt nach vorne und übergibt den Ball nach hinten. Der Quarterback geht mit einem dynamischen Schritt mit und greift den Ball. Dabei ist es wichtig, den Ball so zu positionieren, dass der Quarterback ihn direkt weiterverwerten kann, d. h., entweder zu einem Pass oder zu einem „Handoff" für den Runningback. Wenn der Quarterback „Under Center" steht, muss er einige Schrittfolgen zurück, um eine bessere Sicht über die Line of Scrimmage zu haben, andererseits aber auch um dem Pass Plays gerecht zu werden.

Die unterschiedlichen „Drop Backs" gehen Hand in Hand mit dem favorisierten Offensiv-Schema. Der Quarterback kann sich auch in eine sogenannte Shotgun stellen. Das heißt, er positioniert sich ca. 3-4 Yards hinter dem Center und bekommt den Ball zugesnappt. Der Ball kommt dabei zügig auf Bauch/untere Brusthöhe. Die Abstände hinter dem Center können je nach Vorliebe des Teams, des Centers und des Quarterbacks leicht variieren.

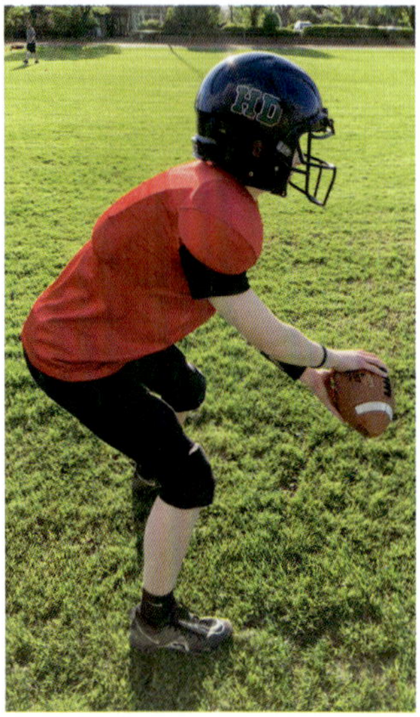

Abb. 95: Shotgun-Aufstellung

Vorteile Under Center

- » Es handelt sich um eine „Basic"-Aufstellung.
- » Der Ball kann in der Regel sicher übergeben werden.
- » Eine zügige Ballübergabe wird gewährleistet.
- » Ein Ball kann schnell weiterverwertet werden, zum Beispiel in einem QB-Sneak oder in einem Run.
- » „Drop Back"-Techniken ermöglichen dem Quarterback Raum für seine Pässe.

Nachteile Under Center

- » Eine schnelle Defense kann ein weiteres (Pass-) Spiel unterbinden, wenn sie eine sehr starke Defensive Line haben.
- » Die vielen nacheinander folgenden und gleichzeitigen Schritte, zum Beispiel „Drop Back"-Techniken können Quarterbacks nervös machen; durch eine „Shotgun" minimieren sie einen Teil der Zwischenschritte
- » Manchen Spielern ist es unangenehm, direkt am Hinterteil des Centers zu stehen.

Vorteile einer Shotgun-Aufstellung

- » Der Quarterback hat in der Regel einen (besseren) Überblick über seine Offense.
- » Er kann sich bis zum Snap mental, aber auch körperlich besser auf das Spiel einlassen, da einige Teilschritte zum Beispiel „Drop Back"-Techniken nicht vollzogen werden müssen.
- » Er hat mehr Zeit, den Ball zu passen oder bei kritischen Situation nach links oder rechts abzudrehen.

Nachteile einer Shotgun-Aufstellung

- » Längere Snaps benötigen genauso viel Übung.
- » Snaps müssen präzise kommen, ansonsten wird es auch hier für den Quarterback schwierig, ein gutes Lauf- oder Passspiel daraus zu machen.
- » Die Gefahr Minusyards zu machen, ist hoch.

Als „Runplay" bezeichnet man die Spielzüge, die mit dem Ball gerannt werden. In der Mehrzahl bekommen die Runningbacks mit einem Handoff den Ball überreicht. Ein Handoff muss stetig geübt und trainiert werden. Ein Quarterback muss mit jedem Runningback harmonisieren, egal wie groß, klein, dick oder dünn er ist. Die unterschiedlichen Körpertypen müssen beim Handoff beachtet werden, denn der Ball wird dem Runningback in seine Hände/ Magengrube übergeben. Je nach Größe kann es variieren und der Quarterback muss den Ball entsprechend höher/tiefer überreichen.

Wichtig: Bei den Handoffs gibt es unterschiedliche Sichtweisen und Einstellungen. Einige machen nur den Quarterback verantwortlich, wenn es beim Handoff zu einem Fumble kommt und der Ball verloren wird. Andere wiederum sehen die Verantwortung auch beim Runningback. Er sollte alles Erdenkliche tun, um den Ball sicher zu greifen. Er hat die Verantwortung, alle Schritte kompetent durchzuführen und den Ball erst loszulassen, wenn der Runningback ihn auch wirklich hat.

BALLÜBERGABE/HANDOFF

Wenn der Ball mit dem Snap übergeben wurde, geht der Quarterback zurück nach oben, mit dem Blick weiter über das Spielfeld. Den Ball hält er parallel zum Boden und er ist in Höhe des Bauchnabels. Die Augen richten sich zum Runningback, er sollte aufmerksam sein, ob nicht ggf. Spieler der Defensive Line „durchbrechen" und ihn unter Druck setzen möchten. Der Ball wird mit zwei Händen übergeben, beim direkten Kontakt löst sich eine Hand und die zweite Hand zieht erst dann heraus, wenn der Runningback den Ball sicher hat.

Ein Handoff kann auch als „Fake" überreicht werden, um eine Ballübergabe nur anzutäuschen und die Gegenspieler auf eine falsche Fährte zu führen. Alle Teilschritte sind gleich, der Quarterback übergibt den Ball nicht, jedoch hat er die Aufgabe den Ball nach dem Fake kurz zu verstecken, um die Überraschung zu steigern, wenn der den Ball dann in einem folgenden Spielzug verwertet wird.

UNTERSCHEIDUNG VON PÄSSEN FORWARD PASS UND LATERAL PASS

Im American Football gibt es die Möglichkeit, den Ball als „Forward Pass" nach vorne, über die Line of Scrimmage zu spielen oder den Pass hinter der Line of Scrimmage als „Lateral Pass" zu spielen. Der große Unterschied ist, ob der Pass gefangen wird oder nicht. Bei einem Forward Pass, der nicht gefangen wird und auf den Boden fällt, spricht man von einem „Incomplete" Pass. Der Ball ist „dead" und es wird das Ende des Spielzugs einberufen. Wird ein Lateral Pass hinter der Line of Scrimmage nicht gefangen, ist es ein „freier" Ball. Die Offense muss ihn sofort sichern, wenn sie ihr Angriffsrecht behalten wollen oder das Angriffsrecht geht an die Defense über, wenn diese den Ball sichern konnten (*siehe 8.) Colby, Seite 37)*.

WURFTECHNIK/GRIP

Wie ein Ball gehalten wird und wie er später geworfen wird, steht in direktem Zusammenhang. Je besser ein Ball bereits in der Hand lag, umso besser zeigt sich auch der „Spin" in der Luft. Je exakter sich ein Ball in der Luft dreht und einen guten Spin hat, umso effektiver wird er sein Ziel erreichen. Je nach Länge des Passes kann der Spin sehr kraftvoll und hart sein, vor allem bei schnellen und kurzen Routen.

Ein Spieler greift den Ball mit seiner Wurfhand. Dabei liegen sein kleiner Finger, Ringfinger, Mittelfinger und Zeigefinger auf den Nähten. Der Daumen umgreift den Football und liegt quasi auf der Rückseite des Balls. Der Zeigefinger liegt vor der Naht, der Mittelfinger direkt vor der Naht und der Ringfinger auf der Naht. Der kleine Finger liegt leicht versetzt unterhalb der Naht. Beim Greifen des Footballs kann es immer leichte Variationen geben und vorkommen, dass Finger einige Millimeter oder einen Zentimeter versetzt liegen. Es ist sinnvoll, zu Beginn etwas mit dem Football zu spielen und den Ball in der Hand auszuprobieren, um zu sehen, wie er am besten liegt. Denn nur durch eine angenehme Haltung in der Hand, kann er auch entsprechend gut gepasst werden. Ein Ball muss fest in der Hand liegen, aber auch nicht so fest, dass im weiteren Verlauf der Griff zu krampfhaft wird und negative Auswirkungen auf den weiteren Wurf hat.

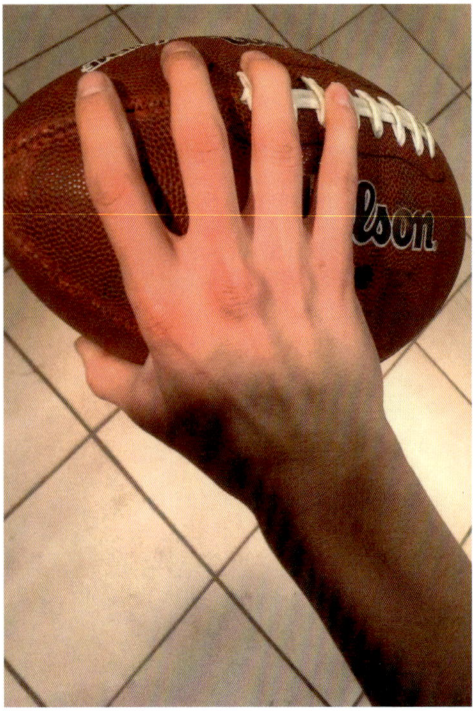

Abb. 96: Wurftechnik/Halten des Balls

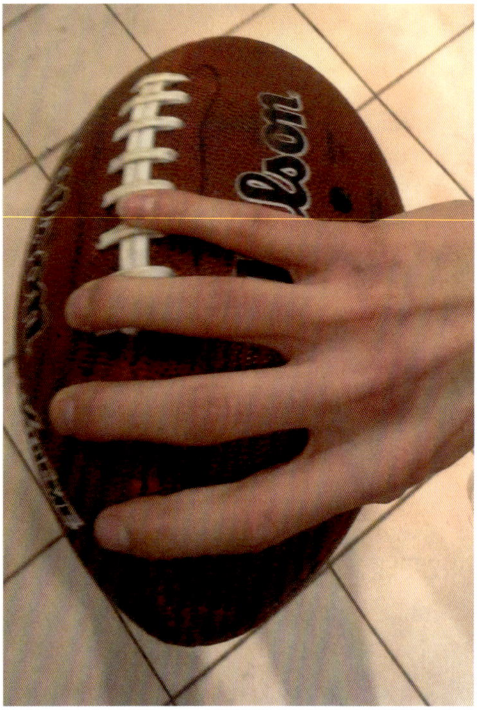

Abb. 97: Wurftechnik/Halten des Balls

In den Prozess des Werfens und Passens wird der komplette Körper einbezogen und das hat eine direkte Auswirkung auf den Pass. Wenn der Quarterback den Ball passen möchte, dreht er die Hüfte so, dass die gegenüberliegende Hüfte seines werfenden Arms in die Richtung seines Ziels positioniert ist. Für einen Rechtshänder ist es die linke Hüfte und für einen Linkshänder ist es die rechte Hüfte. Die Knie sind leicht gebeugt und ein Teil des Gewichts liegt auf den vorderen Fußballen *(siehe 8). Colby, 2013, S. 38 ff.)*.

Aufstellung und Abfolge:

- » Die Hüfte dreht sich so, dass die gegenüberliegende Hüfte des Wurfarms in Richtung des Ziels positioniert wird.
- » Die Schulter des gegenüberliegenden Wurfarms richtet sich auf das Ziel.
- » Knie sind leicht gebeugt und das Hauptgewicht liegt auf den Fußballen.

Die Fußbewegung des Hauptfußes/Lead Foot

Der Quarterback fokussiert das Ziel mit den Augen und richtet seinen Körper mit den Fußbewegungen danach aus. Er geht dabei leicht ein, zwei Schritte nach vorne. Der Fuß und die Zehen zeigen in die Richtung des Ziels. Das Gewicht wird auf den hinteren Fuß verlagert, um quasi noch die Kraft der Bewegung mit dazu zu nehmen.

Zielbewegung

Der Körper wird jetzt mit der Schulter nach vorne so aufgedreht, dass der Bauch in die Richtung des Ziels schaut. Der Wurfarm wird nach vorne geholt und der nicht werfende Arm geht mit einer natürlichen Bewegung nach hinten. Das Gewicht verlagert sich komplett auf den vorderen Fuß. Der Ball wird losgelassen und der werfende Arm zieht seine Bewegung nach unten durch.

Der Prozess des Werfens benötigt viel Wiederholung und Übung und selbst Jahre später kann immer noch an vielen Details gearbeitet werden. Alle Bewegungen sollten in Einklang miteinander sein. Der größte Anteil der Kraft kommt dabei aus einer starken Bein- und Hüftarbeit und diese sollte regelmäßig trainiert werden. Darüber hinaus sind die Abläufe wie folgt: aus Schritt und Fuß setzen, Hüfte drehen, Schulter drehen und den Arm in Wurfstellung bringen/ Wurf ansetzen in einen fließenden Ablauf zu bringen. Die Länge der Schritte können auch Auswirkungen auf die Höhe des Balls haben. Ist der Pass zu hoch, war der Schritt mit dem Plant Fuß zu groß, wirft er zu niedrig, war der Schritt mit dem Plant Fuß zu klein.

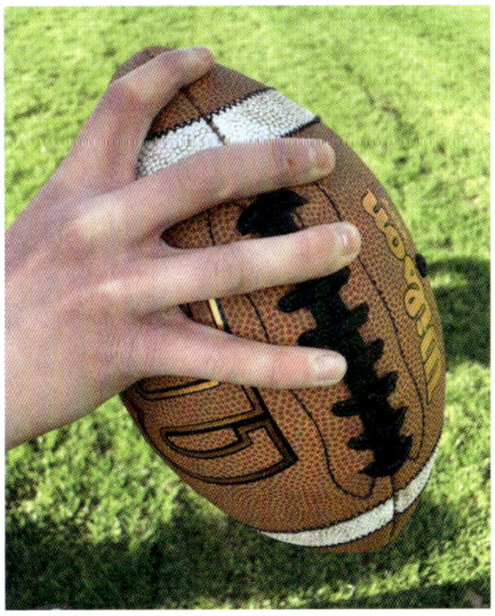

Abb. 98: Halten des Balls

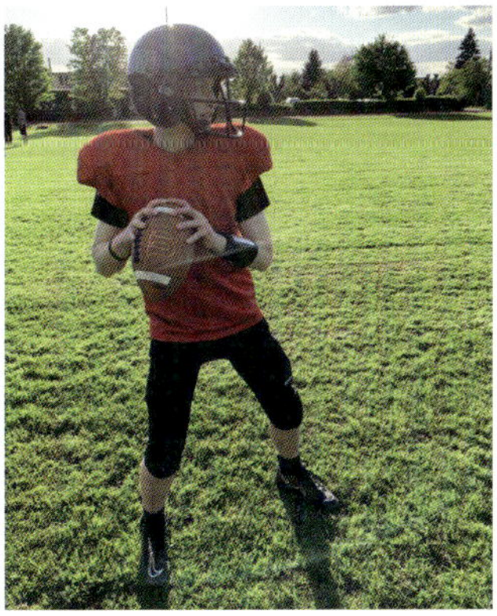

Abb. 99: Drop Back/Blick auf das Feld

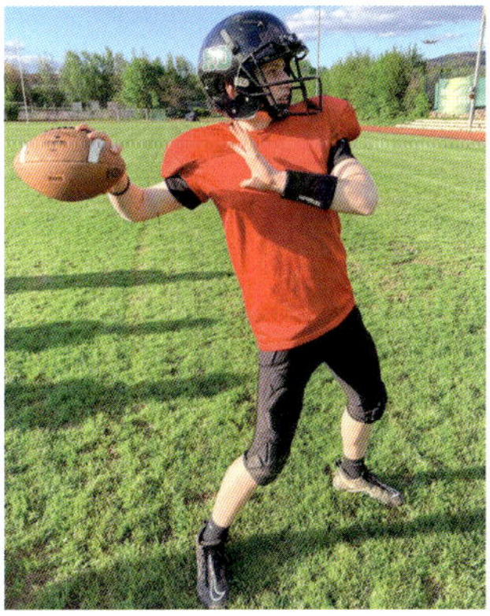

Abb. 100: Arm in Wurfstellung bringen

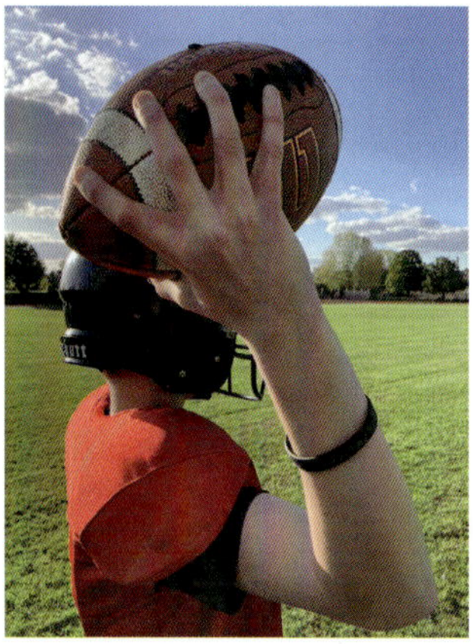

Abb. 101: Ball in Wurfposition

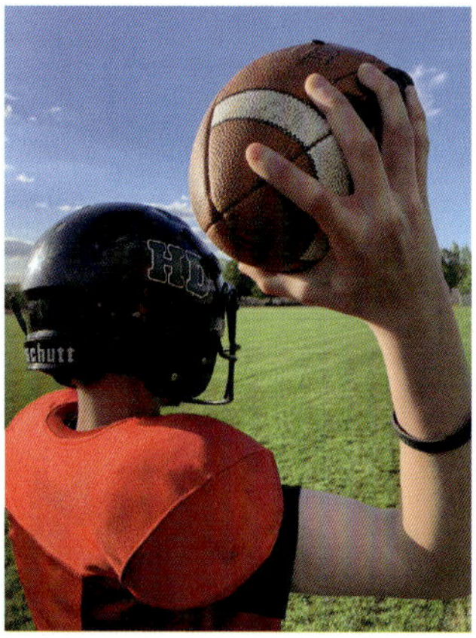

Abb. 102: Ball in Zielrichtung bringen

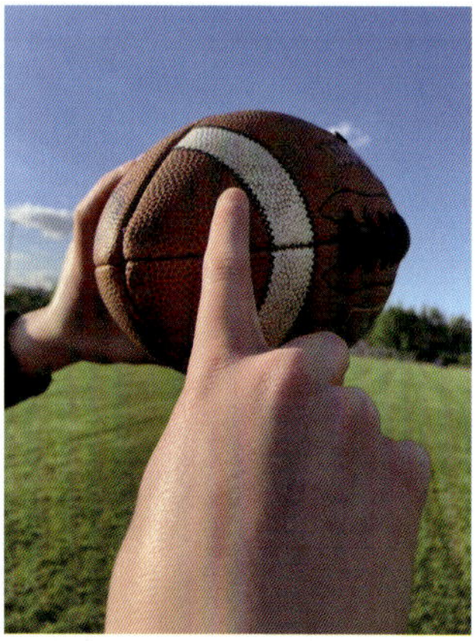

Abb. 103: Ball den Spin mitgeben

EXAKTES PASSEN MIT UNTERSCHIEDLICHEN GESCHWINDIGKEITEN UND LÄNGEN/FOLLOW THROUGH

Es wurden bereits wichtige Schrittabfolgen aufgezeigt. Der Ball wird in dieser Zeitstufe des Passablaufs in einer bestimmten „Basic"-Position gehalten. Nachdem der Quarterback den Ball vom Center erhalten hat, hält er ihn mit beiden Händen vor seiner Brust. Gerade die Höhe ermöglicht ihm eine schnelle Weiterverwertung des Balls. Wenn er dabei ist, sich zu setzen, hat er das Gewicht auf dem hinteren Fuß. Er lässt eine Hand vom Ball los und zieht den Ball nach hinten in die Wurfposition. Der Ball wird dabei eng am Kopf entlang gezogen. Wenn er den Arm und Ball in der richtigen Position hat, zieht er den Arm gerade nach vorne und lässt den Ball los. Sein Handgelenk dreht sich, die Finger rollen dabei noch leicht über die Oberfläche, dabei bleiben der Zeiger und Mittelfinger am längsten auf dem Ball. Sie geben dem Ball den letzten Spin mit. Nach dieser Bewegung sollte der Arm nicht sofort aufhören, sich zu bewegen, sondern sollte komplett nach unten durchziehen und endet an der Hüfte *(siehe 8.) Colby, 2013, Seite 39ff.)*.

Im Laufe der Zeit haben sich verschiedene Laufrouten für Wide Receiver etabliert, die je nach Philosophie eines Teams in unterschiedlicher Gewichtung gespielt werden. Bei jeder dieser Routen gibt es Besonderheiten für einen Quarterback und wie diese geworfen werden müssen. Einerseits in der Länge, aber auch in der Härte und wie ein Ball zu den Offense Spielern kommt.

Ein Ball, der Drop, wird immer ein bisschen früher losgelassen, wie die Stelle, an der er später sein soll. Es muss somit der Laufweg des Wide Receivers oder des Offense Spielers beachtet werden. Beide benötigen ihre Zeit - der Ball, der in der Luft ist und der Wide Receiver der in Bewegung ist, bis sie beide an der genau jeweiligen Stelle angekommen sind. Bei **kurzen** Routen muss der Ball immer sofort kommen, wie zum Beispiel bei Curl, Out, Slant, Hitch.

Bei anderen Routen muss die Defense und deren Coverage beobachtet werden. Plays sind so aufgebaut, dass quasi über die Defense Spieler gepasst werden muss wie zum Beispiel bei einem Fade und Corner. Jenen Spielzügen gilt besondere Vorsicht, dass sie nicht abgefangen werden. Bei **langen** Routen wird ein Pass ein wenig vor den Spieler geworfen und er läuft zum Ball wie zum Beispiel bei einem Fly oder einem Deep Post. Des Weiteren gibt es noch Varianten, bei denen ein Quarterback mit Gefühl den Ball passen muss, um zum Beispiel bestimmte Spielsequenzen auszunutzen, zum Beispiel das Passen des Balls in die Nähte einer Defense *(siehe 8.) Colby, Seite 39ff.)*.

„DROP BACK"-TECHNIKEN

Je nach Philosophie und Offense Schemata gibt es unterschiedliche Wege, sein Pass-Spiel aufzubauen und umzusetzen. Viele Faktoren spielen dabei eine Rolle und müssen vom Quarterback beachtet werden. Spielt er jedoch „Under Center" muss er je nach Pass einige Schritte zurück, um die richtige Position zu finden, um den Ball gut an seinen Mitspieler zu bringen. Über die Jahre haben sich etliche „Drop Back"-Techniken etabliert und zu diesen zählen:

» Three Step Drop - für alle kurzen Routen von 5-7 Yards
» Five Step Drop - für alle mittleren Routen von 10-15 Yards
» Seven Step Drop - für alle langen Routen
» Play Action Drop - für alle besonderen Plays

SEMISPRINT UND SPRINT DROP

Bei der Aufstellung des Quarterbacks gibt es bei den Coachs unterschiedliche Favoriten, manche Coachs möchten, dass der Quarterback seine Füße komplett parallel zueinander stehen hat, bevor er nach dem Snap nach hinten geht. Wenn dies der Fall ist, müssen die Fußfolgen beachtet werden und dass er optimal zum Stehen kommt, um den Ball zu werfen. Andere Coachs bevorzugen, dass ein Fuß bereits leicht versetzt sein darf. Wenn der Quarterback den Snap erhalten hat, setzt er mit seinem Fuß des Wurfarms zuerst auf und die leichte Versetzung des Beines macht es ihm leichter, nach hinten zu kommen. Er kommt dem Center nicht in die Quere oder läuft Gefahr, dass dieser ihm auf die Füße tritt, sollten sie ihren Passblock vollziehen. Ein Quarterback braucht Raum, um seinen Fuß in die Richtung zu bringen, wo er hinwerfen möchte.

Für Quarterbacks gibt es Standard-Schrittfolgen, die sich etabliert haben – sie sind unter den Fachbegriffen Plant Step, Crossover Step und Reach Step bekannt.

Beginnt der Quarterback mit einem Three Step Pass, d. h. es folgt ein Reach Step, ein Crossover Step und ein Plant Step. Die Schrittfolge geht sehr schnell und der Pass wird sofort geworfen. Handelt es sich um eine Route im mittleren Segment, muss der Quarterback noch mehr Raum nach hinten machen, da der Wide Receiver auch einen längeren Laufweg hat. Bei einem 5 Step Drop werden 2 Reach Step, 2 Crossover Step und ein Plant Step gemacht. Bei langen Routen setzt der Quarterback je einen Step auf und es erfolgen 3 Reach Step, 3 Crossover Step und 1 Plant Step *(siehe 8). Colby, 2013 Seite 46ff.)*.

Sieht das Playbook einen Play Action Pass oder einen Pass aus dem vollen Lauf vor, liegt das Hauptaugenmerk auf den letzten zwei Schritten, bevor der Pass geworfen wird. Zumeist gehen die Sprints entlang der Line of Scrimmage und der Wide Receiver passt den Ball, wenn er sieht, dass sein Wide Receiver frei ist. Wichtig ist, auf welche Seite ein Pass geht und ob der Wurfarm direkt an der Line of Scrimmage oder quasi zum Innenfeld liegt. Das Bein wird so positioniert, dass sein (Wurf-)Fuß vorne ist, was eigentlich das Gegenteil zur ursprünglichen Technik darstellt. Würde der andere Fuß vorne stehen, würde es zu keiner adäquaten Drehung der Hüfte kommen, was für den Pass erforderlich wäre. Der Quarterback kann dem Ball mit noch mehr Gewicht auf den Hinterballen seines Fußes noch mehr Kraft mitgeben. Läuft er auf die Seite, in dem sein Wurfarm innen liegt, muss er seine Schulterdrehung beachten, sodass ein guter Blick auf den Receiver möglich ist.

Stehen die Quarterbacks in einer Shotgun Formation, benötigen sie die Schritte nach hinten nicht, da sie in der Regel weit genug von der Line of Scrimmage stehen. Ist es ein langer Pass, würde man drei „Drop Back"-Schritte nach hinten machen und es genau bei der Schrittkombination lassen, die man normalweise auch bei einem normal Three Step Drop machen würde *(siehe 8.) Colby 2013, S. 48ff.)*.

DAS „LESEN" DER DEFENSE/READS

Ein Quarterback sollte seine Defense „lesen" können; dies geschieht einerseits bereits vor dem Snap und während des Spielgeschehens, wenn er zum Beispiel seine „Reads" anwendet. Das „Lesen" zu lernen benötigt Zeit und Übung, wie jeder „praktische" Drill. Ein Quarterback, aber auch die Spieler sollten begleitet werden und eine gute Schulung/Impulse für die Umsetzung bekommen.

Vor dem Snap gibt es etliche Punkte, die von einem Team umgesetzt werden können, um es sich selbst, aber auch dem Quarterback einfacher zu machen. Dazu gehört bereits die Aufstellung im Huddle, sodass die einzelnen Spieler in einer „logischen" Positionen stehen, dass der Quarterback seinen Spielzug zügig nennen kann. Das heißt, in der Regel steht die Line zusammen, gebeugt vor dem Quarterback, die Wide Receiver rechts bzw. links vom Quarterback im Kreis und der Runningback gegenüber. Es gibt es je nach Team unterschiedliche Philosophien. Grundsätzlich sollte es ein einheitliches Modell geben, damit nicht alle Spieler kreuz und quer stehen und es dem Quarterback schwer gemacht wird, einzelne Spieler zu finden. Des Weiteren gibt es auch noch „No Huddle"-Spielsysteme, in denen die einzelnen Teams ihre eigenen Vorlieben zur „Spielzug"-Korrespondenz entwickelt haben. Aber das Wichtigste ist, dass die Spieler alles in einer gewissen Schnelligkeit tun, auch die Aufstellung, um jederzeit wieder für den neuen Spielzug bereit zu sein.

Des Weiteren sollten die Wide Receiver konzentriert darauf achten, ob sie direkt an der Line of Scrimmage stehen oder „offline". Für den Quarterback ist es einfacher, nur noch kurz abzunicken, anstatt noch aufwendig darauf zu achten, ob die Spieler weiter vor oder zurück müssen. Jeder Spieler sollte auf das „Down und Distance" achten und einen Blick darauf haben, wo das First Down ist bzw. ob man sich in der Endzone befindet. Denn gerade zu jenen Aspekten lassen sich wichtige Punkte ableiten. Werden 7 Yards zum First Down benötigt, läuft der Wide Receiver ggf. nach Absprache die angesagte Route einen Yard länger, um den Catch, aber auch das First Down sicher zu erreichen. Er kann die Zeit nutzen, um zu lesen ob ggf. ein Shift der Defense geplant ist und dieser erfolgt zumeist, wenn der Quarterback bereit ist zu starten. Innerlich sollte der Quarterback auch seinen Spielzug vor Augen sehen und welche Priorität es beim Lesen gibt. Die Reads, die es gibt, sind zum Beispiel den Key Read, Progression Read, und den Hot Read. Der Key Read bedeutet, dass der Defender quasi der Schlüssel ist und Hinweise darauf gibt, wo der Ball hingeworfen wird. Es besteht auch die Möglichkeit, den Ball nach einer bestimmten Favoriten-Einteilung zu werfen, zum Beispiel wird von rechts nach links gelesen und die Wide Receiver haben mit ihrer Route eine bestimmte Nummer wie sie angeworfen werden, falls sie frei sind. Beim Hot Read wird unmittelbar ein Wide Receiver festgelegt, der den Ball bekommen soll.

Quarterbacks, aber auch die Offense Spieler, sollten so viele Informationen wie möglich zur Defense sammeln. Es muss darauf geachtet werden, wie die Box gefüllt ist und die Safties und Corner stehen. Gibt es ggf. bestimmte Machtverhältnisse, die beachtet werden können? Zum Beispiel ein schwacher Corner gegen körperlich überlegene Wide Receiver, ein nicht gedeckter Receiver zum Beispiel in einer 2-gegen-1-Situation oder gibt es mögliche Blitze, die gespielt werden können? Des Weiteren liefern die Safeties und auch die Cornerbacks in ihrer Aufstellung Hinweise, welche Coverage gespielt wird. Geschulte Offenses können vorab ihre Plays noch ändern, um angemessen auf ihre Beobachtungen zu reagieren.

Ein Quarterback und seine Offense sollte erkennen können, welche Coverage von der Defense gespielt wird. Dazu gibt es unterschiedliche Möglichkeiten für die Beobachtung. In der Mitte des Feldes lässt sich erkennen, wie viele Safeties sich aufgestellt haben. Nur ein Safety oder zwei Safeties? Die Linebacker und Cornerbacks geben in ihrer Aufstellung Aufschluss, ob sie mehr innen oder außen stehen und ggf. eine „Head up"-Aufstellung favorisieren. Genauso ist der Stand eines Corner Backs ein Indikator, welche Coverage gespielt wird und auch sein Blick kann einiges verraten. Achtet er stark auf den Quarterback, hat er höchstwahrscheinlich eine Zonen-Deckung. Achtet er oder schaut er komplett auf den Wide Receiver, kann es sein, dass er in einer Man Coverage spielt. Mit dem Count geht der Blick des Cornerbacks übrigens auf die Hüfte der Wide Receiver, um frühzeitig zu erkennen, wann möglicherweise ein Cut kommt und ggf. der Pass gespielt wird *(siehe 13.) Myers 2007 S.122ff.)*.

Über die „Offseason" bietet es sich an, einzelne Punkte in verschiedenen praktischen und theoretischen Schwerpunkten zu behandeln. Viele Teams haben im Herbst und Winter die Möglichkeit, auf ein Hallentraining zurückzugreifen. Ein Hallentraining bietet oft nur begrenzten Raum; es ermöglicht dennoch vielfältige Möglichkeiten. Mit dem Einsatz von Großgeräten, können neue Impulse gesetzt werden, die über das Jahr im Training draußen nicht angeboten werden können. Spieler müssen über eine gute „Lower Body Flexibility" verfügen. Je beweglicher Spieler in ihren Füßen, Beinen und in der Hüfte sind, umso schneller können sie kraftvolle Richtungswechsel vornehmen. Diese Flexibilität muss stetig trainiert werden, um das Optimum zu erreichen, auch für Quarterbacks ist diese Flexibilität unabdingbar. Die Wurfweite und die Wurfkraft kommen nicht nur rein aus der Schulter, sondern ziehen ihren Anteil aus dem „Lower Body", überwiegend aus der Hüfte. Es werden nachfolgend Drills vorgestellt, die in Kombination den „Lower Body", die Beinarbeit und auch die Passfähigkeit/visuelle Übersicht behandeln. Jeder Quarterback benötigt im Training ein aufbauendes Programm, damit er sich optimal aufwärmen und vorbereiten kann. Für das Aufwärmen, aber auch für das Erlernen der Position hat sich folgender Ablauf oder auch das „Aufsplittern" von Abläufen etabliert.

AUFWÄRMEN DES QUARTERBACKS

Material: Ball

Je zwei Spieler stehen sich ca. 5 Yards gegenüber:

Der Arm wird im 90-Grad-Winkel hoch gehalten und bleibt so, Der Ball wird nur aus dem Handgelenk heraus geskippt. Des Weiteren kann auch auf die Finger und das Loslassen des Balls geachtet werden.

Im nächsten Schritt wird der Unterarm dazu genommen und die Bewegung durchgeführt, in dem der Unterarm sich mitbewegen darf.

Dreimal die Schulter im Kreis bewegen, Arm in Position wie oben halten und den Ball werfen.

Den Ball jetzt in der kompletten Bewegungskette zusammensetzen und entsprechend werfen. Von Pass zu Pass kann je ein Schritt zurückgegangen werden, um die Länge zu vergrößern.

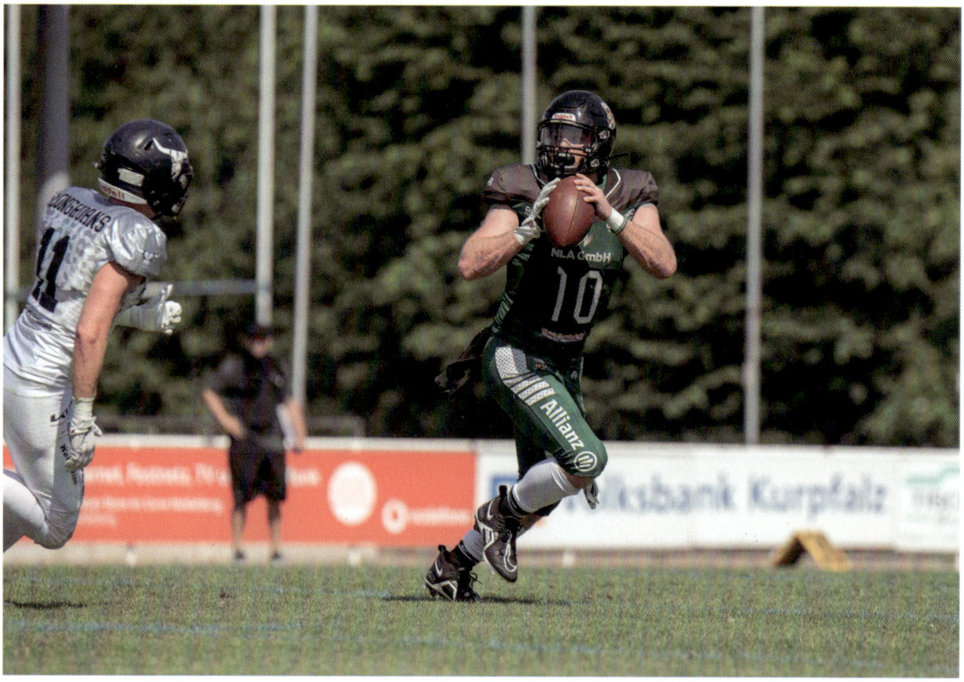

Abb. 104: Der Quarterback ist intensiv gefordert, viele Aufgaben gleichzeitig zu erfüllen. (© Sabrina Risse)

KOMBINATIONSÜBUNG AUFWÄRMEN UND WERFEN

Diese Übung kann nach dem Warm-up auch als Einstiegsübung für die Quarterbacks, aber auch alle Offensespieler kombiniert werden. Generell ist es geschickt, eine Übung zu wählen, in der bereits Ballkontakt eingebaut werden kann. Gerade so viele Ballkontakte wie möglich führen zu einer guten Routine.

Material: Bälle

Die Spieler stellen sich hintereinander in zwei Reihen auf. Zwischen den Reihen sollte ein Abstand von ca. 3-4 Yards vorhanden sein. Immer ein Spieler hat einen Football in der Hand. Auf Pfiff machen die ersten beiden Spieler je einen großen Ausfallschritt nach vorne. Sie verharren komplett in diesem Ausfallschritt. Der Spieler mit dem Ball dreht seine Hüfte im Ausfallschritt auf die Seite des anderen Spielers auf und passt ihm in dieser Position den Ball zu. Hat der andere Spieler den Ball gefangen, setzen sie wieder an und führen den nächsten großen Ausfallschritt nach vorne aus. Diesmal darf der andere Spieler seine Hüfte drehen und den Ball zupassen. Die Ausfallschritte werden immer im Wechsel über die gesamte Hallenlänge durchgeführt. Wenn die ersten beide Spieler genug Abstand zur Gruppe haben, dürfen die nächsten Spieler starten.

Durchgang: Je 2 x, dass die Spieler jeweils 1 x links und 1 x rechts von ihrem Spielpartner starten.

Zielsetzung: Die Ausfallschritte dienen zur Dehnung und fördern das Gleichgewicht. Außerdem wird über die Länge der Übung auch noch automatisch die Kraft in den Beinen trainiert. Das Öffnen der Hüfte nach links und rechts ermöglicht eine gute Hüftrotation. Automatisch wird mit dem Ball noch das akkurate Passen und Fangen trainiert.

Coaching Points:

» Richtige Ausführung der Ausfallschritte rechts und links,
» Spieler sollen nicht kippeln oder wackeln, (Tipp: ein besseres Gleichgewicht wird erreicht, wenn die Spieler einen visuellen Punkt fixieren und sich darauf konzentrieren.),
» Drehung der Hüfte und
» exaktes Passen und Fangen.

Variationen: Abstand zwischen den Spielern vergrößern.

KREIS DRILL FÜR DIE BEINARBEIT

Material: Hütchen, Bälle

Mit den Hütchen wird ein großer Kreis gelegt, Durchmesser je nachdem 15-20 Yards.

Der Quarterback steht in der Mitte des Kreises. Ein Mitspieler rennt um den Kreis, im Uhrzeigersinn. Der Quarterback passt den Ball seinem rennenden Mitspieler zu, dieser passt den Ball, wenn er ihn gefangen hat, sofort wieder zurück. Er rennt dabei die ganze Zeit weiter. Er bekommt den Ball immer wieder, ein Durchgang bedient ca. 10 Pässe. Danach wird ein

Richtungswechsel vorgenommen und der Spieler rennt in die entgegensetzte Richtung. Der Drill wird so oft durchgeführt, dass jeder Spieler 1 x dran war und in der Mitte im Uhrzeigersinn/gegen den Uhrzeigersinn bedient hat.

Zu Beginn bietet es sich an, das Tempo nur auf 50 % anzusetzen, von Durchgang zu Durchgang kann es gesteigert werden. Manchen Spielern kann ggf. durch das Runden rennen schwindelig werden. Tipp: Vorab nachfragen und rechtzeitig einen Richtungswechsel vornehmen!

Zielsetzung: Der Quarterback muss mit einer sauberen Beinarbeit agieren. Peilt er den Spieler an, setzt er seinen linken/rechten Fuß mit Blick auf den Spieler und passt mit einer sauberen Schulterrotation. Je größer der Kreis, umso mehr Zeit hat der Quarterback, je kleiner der Kreis umso anspruchsvoller wird die Übung.

Coaching Points:

» Beinarbeit
» Schulterrotation
» Passen und Fangen

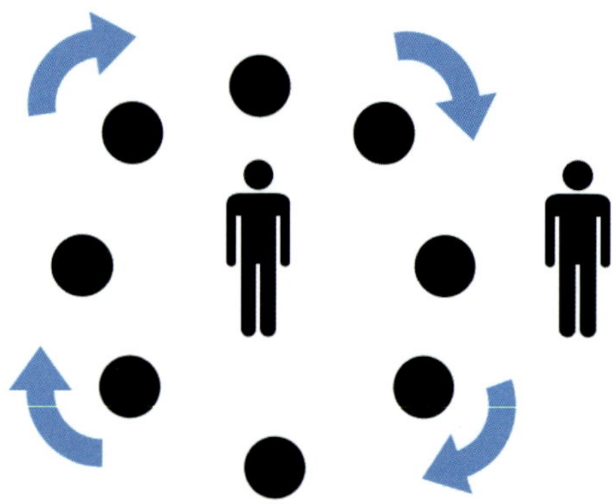

Abb. 105: Der Quarterback ist in Bewegung und passt den Ball dem Spieler zu.

PASSÜBUNG FÜR DIE TREFFSICHERHEIT

Material: ein Kasten groß, zwei Kästen klein

Jede Halle verfügt über Großgeräte, wie zum Beispiel Kästen in verschiedenen Höhen. Diese können für Kurzpass-Routen, zum Beispiel „5 and in", wunderbar verwendet werden, um ein Fenster für den Pass zu markieren. Ein großer und länglicher Kasten wird mit passendem Abstand an die Line of Scrimmage gestellt. Auf den Kasten kommt je links und rechts noch ein kleiner Kasten, sodass nur noch ein kleines Sichtfenster entsteht. Der Quarterback soll die Route (links/rechts) bedienen und darf nur noch durch das kleine Fenster passen.

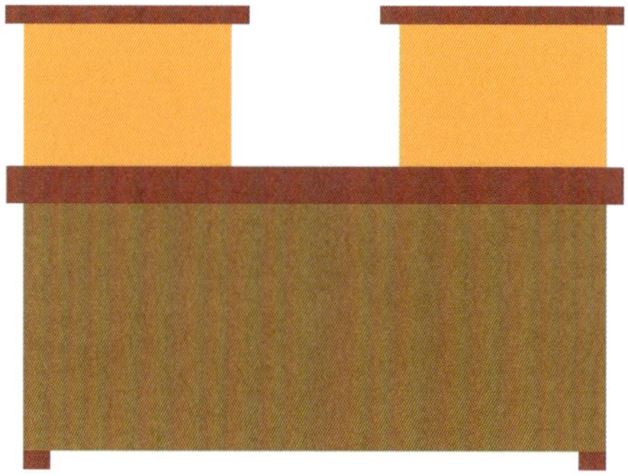

Abb. 106: Der Ball wird durch das Fenster der Kästen gepasst.

Zielsetzung: Die Übung erfordert zu Beginn wenig Konzentration und Ausdauer, da die Sichtweise komplett eingeschränkt ist. Die Quarterbacks werden in ihrer „visuellen Übersicht" gefordert, um akkurat und genau durch ein kleines Sichtfenster zu passen. Diese Voraussetzung benötigen sie im Spiel jederzeit, um sekundenschnell zu entscheiden, welcher Passempfänger noch am besten anzuspielen ist.

PASSÜBUNG ZUR DIFFERENZIERTEN TREFFSICHERHEIT

Beteiligte Spieler: Vorrangig steht bei diesem Drill der Quarterback im Vordergrund, es werden jedoch 4 Spieler wahlweise Wide Receiver/Runningbacks benötigt. Für den ersten Schritt kann ebenfalls der Center für den Snap hinzugenommen werden.

Ausrüstung: Drill kann mit und ohne Ausrüstung durchgeführt werden.

Material: Hütchen zur Bodenmarkierung in unterschiedlichen Farben, zum Beispiel rot, gelb, grün und blau

Der Drill kann professionalisiert werden, wenn Kisten einmalig selbst gebaut werden und in diversen Drills zum Einsatz kommen. Die Kästen vermindern Wartezeiten in Schritt 2. Ebenfalls können Bodenmarkierungen mit Buchstaben verwendet werden.

Quarterbacks sind im Spiel intensiv gefordert, wenn es darum geht, ihre Wide Receiver sekundenschnell zu lesen, um den Pass optimal anzubringen. Der Drill eignet sich, um die Reaktionsfähigkeit und das Lesen des Quarterbacks zu schulen. Durch unterschiedliche Varianten kann der Drill vielfältig eingesetzt werden und lässt weitere Beobachtungspunkte für die Coaches zu. Die Wide Receiver positionieren sich mit Abstand zueinander in einer Reihe. Der Quarterback steht mit einer Entfernung von ca. 10 Yards mittig gegenüber. Vor die Wide Receiver wird jeweils ein farbiges Hütchen gelegt oder wahlweise der Kasten gestellt. Der Quarterback bekommt nun genaue Angaben, auf die er achten muss.

Zum Beispiel:

» Die Receiver werden nummeriert von links nach rechts - 1,2,3,4.
» Die Receiver zeigen kurz die Farbe des Hütchens, das vor ihnen liegt.
» Die Buchstaben werden besprochen.
» Die Receiver sagen ihren Namen.

Sollte der Kasten zum Einsatz kommen, wird kurz wiederholt, was darauf für den ersten Durchgang zu sehen ist. Im ersten Durchgang setzt der Quarterback einen Three Step Drop.

Schritt 1

Der Quarterback stellt sich auf, wahlweise bekommt er den Ball vom Center oder er kann ihn bereits so schon in der Hand halten, beides ist möglich. Auf Count geht er zurück und bekommt vom Coach nun auf Zuruf mitgeteilt, wer den Pass bekommt. Zu Beginn empfiehlt es sich, jede Angabenserie einmal komplett durchzugehen. Alle Zahlen, Buchstaben und Farben werden querbeet zugerufen, wie auch die Namen. Danach können die Angaben auf Zuruf komplett gemischt werden, zum Beispiel einmal eine Zahl, eine Farbe, ein Buchstabe oder der Name.

Es empfiehlt sich, mindestens 10 Bälle neben den Quarterback zu legen, sodass zügig auf Tempo gearbeitet werden kann. Der Receiver, der den Ball gefangen hat, kann ihn solange mit Abstand vor sich ablegen. So werden Wartezeiten während des Drills vermieden. Nach jedem 10er-Satz können die Bälle wieder nach vorne gebracht werden.

Schritt 2

Der Schwierigkeitsgrad wird erhöht. Um mit jedem Ablauf eine neue Grundsituation zu generieren, steht der Quarterback jetzt zu Beginn immer mit dem Rücken zu den Receivern. So kann der Coach mit Handzeichen oder leisen Zurufen die Wide Receiver umstellen oder neue Situationen erschaffen. Die Hütchen werden mit der Farbe vertauscht, die Spieler tauschen ihre Plätze etc. Die Nummerierungen bleiben jedoch gleich, auch wenn an jener Stelle nun ein anderer Wide Receiver steht. Wird mit den Kästen gearbeitet, können sie je nachdem umgedreht werden, um die neue Angabentafel anzuzeigen. Auf Count muss der Quarterback sich umdrehen, seinen vereinbarten Drop Back setzen und ihm wird jetzt durch Zuruf mitgeteilt, wem er den Pass zuwerfen muss. Reaktionell ist er jetzt mit jedem Durchlauf neu gefordert, zu lesen und entsprechend auf die Veränderungen zu reagieren.

Schritt 3

Der Quarterback steht nach wie vor mit dem Rücken zu den Wide Receivern. Diese verändern jetzt zusammen mit dem Coach ihre Tiefe - je nachdem geht ein Wide Receiver zum Beispiel 2 Yards zurück, der andere 4 Yards nach vorne oder 1 Yards links/rechts zur Seite. Auf Count dreht sich der Quarterback um, neben seiner Reaktionsfähigkeit ist er nun gefordert, seinen Wurfarm auf die veränderten Distanzen zu regulieren. Die Veränderungen können von Durchgang zu Durchgang flexibel verändert werden.

Tipps zum Drill:

Der Drill ist im Schwerpunkt für den Quarterback konzipiert. Damit die Wide Receiver/ Runningbacks ein wenig gefordert sind, können alle Spieler die keinen Ball erhalten, heruntergehen und können Liegestütze oder Sit-ups machen oder eine Standwaage. Damit wird sichergestellt, dass sie zumindest einen Aspekt der Kraft oder Balance/Koordination trainieren.

Der Drill wurde erstmalig auf den Three Step Drop ausgelegt. Es können auch der Five Step Drop oder Seven Step Drop verwendet werden, die Aufstellung/Tiefe der Wide Receiver sollte dann je nach Einsatz verändert werden. Während des Drills kann der Coach sich einen Schwerpunkt des Quarterbacks heraussuchen und genauer beobachten, um dazu noch genauer Rückmeldung zu geben, zum Beispiel nur zur Beinarbeit, Einsatz der Hüfte, Handstellung etc.

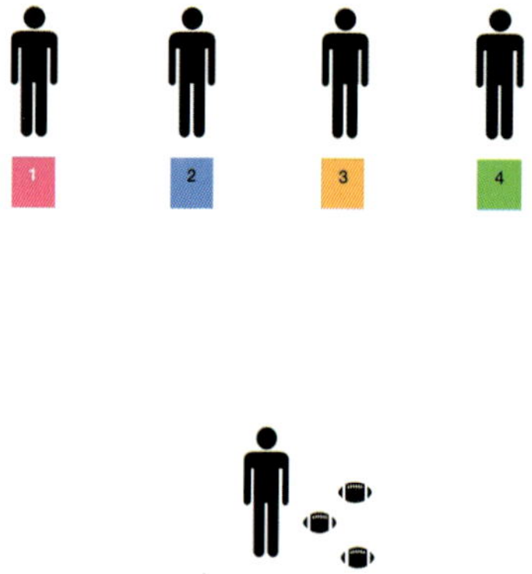

Abb. 107: Grundaufstellung der Wide Receiver mit den entsprechenden Hütchen/ Anzeigetafeln und Nummerierungen

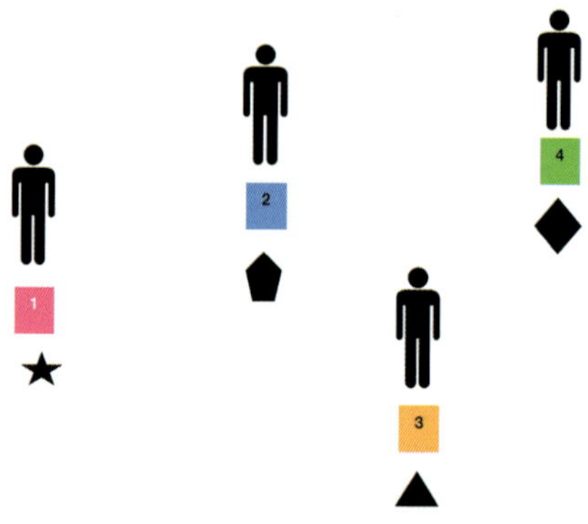

Abb. 108: Der Schwierigkeitsgrad wird erhöht - die Wide Receiver variieren mit ihren Abständen und es kommen veränderte Symbole zum Einsatz.

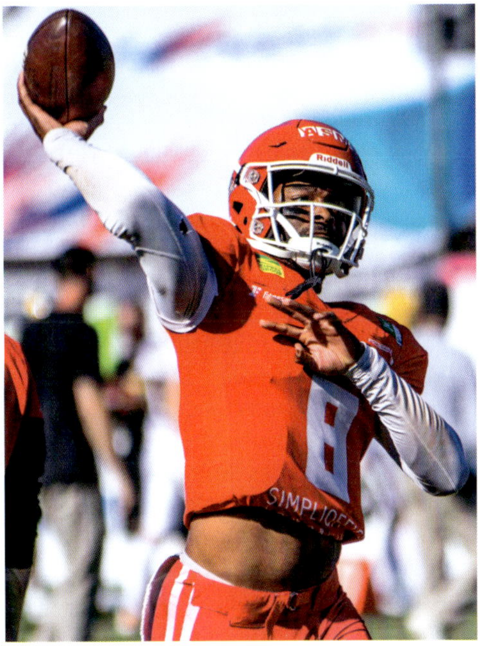

Abb. 109: Quarterback während des Passes (© Thomas Iden-Korjahn)

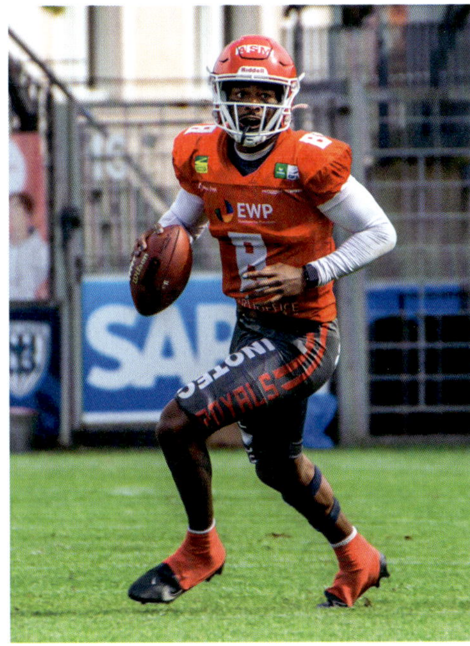

Abb. 110: Quarterback Rollout mit Blick auf mögliche Anspielstation (© Thomas Iden-Korjahn)

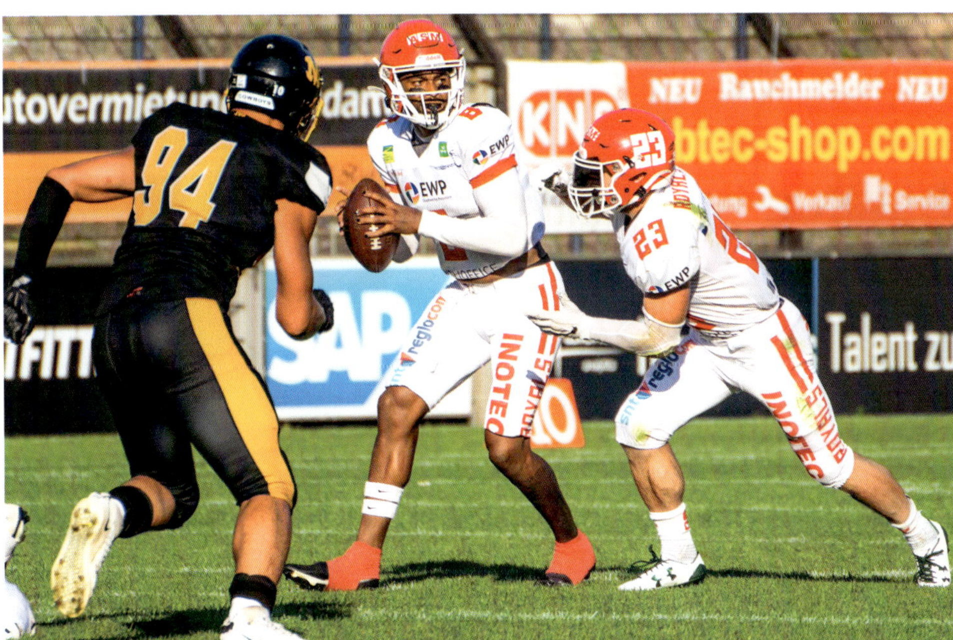

Abb. 111: Der Quarterback muss eine Entscheidung treffen. Passt er den Ball oder gibt er ihn an den Runningback ab? (© Thomas Iden-Korjahn)

8.3 DIE WIDE RECEIVER

Wide Receiver (Passempfänger) ist eine komplexe Spielposition, bei dem mehrere Aufgaben und Grundlagen erfüllt werden müssen. Grundlegend ist ein guter Stance wichtig, um mit dem Count kraftvoll zu starten und einen guten „Takeoff" zu zeigen. Unabdingbar ist eine geschulte und geschickte Beinarbeit, um zum Beispiel Cuts zu zeigen, um die Gegenspieler zu verwirren oder gar zu umgehen, um auf eine gewohnte Laufroute zurückzukehren. Route Running (Laufrouten) müssen die Receiver immer wieder genau im Training üben. Die Laufrouten werden im Passing Tree (auf Deutsch Passbaum) vorgegeben, das jedes Team in seinem Playbook verzeichnet hat. Welche Route dabei in welchem Spielzug oder Play kombiniert wird, ist der Philosophie des Headcoachs vorenthalten. Auf alle Fälle müssen die Routen zusammen mit den Quarterbacks intensiv geübt und wiederholt werden. Durch die Wiederholungen können sich Quarterbacks und Wide Receiver optimal aufeinander einstellen. Das ist elementar, denn gerade im Spiel können einzelne Situationen unvorhersehbar sein und eine unmittelbare Konzentration auf das Fangen und den Catch des Balls ist zwingend notwendig. Wide Receiver müssen gut blocken können; gerade bei Laufspielzügen und um die restlichen Mitspieler optimal zu unterstützen und die größtmögliche Anzahl an Yardgewinn umzusetzen. Abschließend müssen Wide Receiver ein geschultes Auge besitzen, um zu erkennen, in welcher Coverage die gegnerische Mannschaft spielt. Das „Lesen" der Gegner kann Vorteile verschaffen, wenn zum Beispiel ein Pass in die „Nähte" von Zonen geworfen wird und dort erfolgreich gefangen zu werden. Zum Schluss müssen Wide Receiver verschiedene Techniken beherrschen, um einer „Press Coverage" zu entgehen. Im Typus der Wide Receiver wird grundlegend in Splitend, Flanker, Wingback und Slotback unterschieden. Die Bezeichnungen werden dabei von der eigentlichen Erstaufstellung der Offense abgeleitet und ob die Receiver dabei on/off der Line of Scrimmage stehen und/oder tight/wide zum Quarterback stehen. Durch die Hauptaufgaben können die erforderlichen Eigenschaften eines Wide Receiver relativ einfach abgeleitet werden.

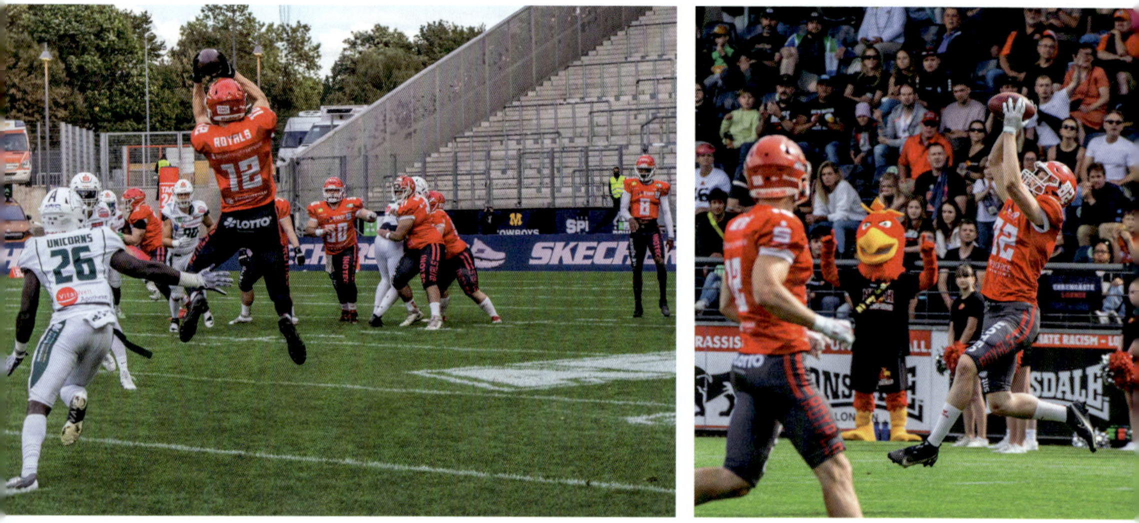

Abb. 112 und 113: Wide Reciever während des Fangens (© Thomas Iden-Korjahn)

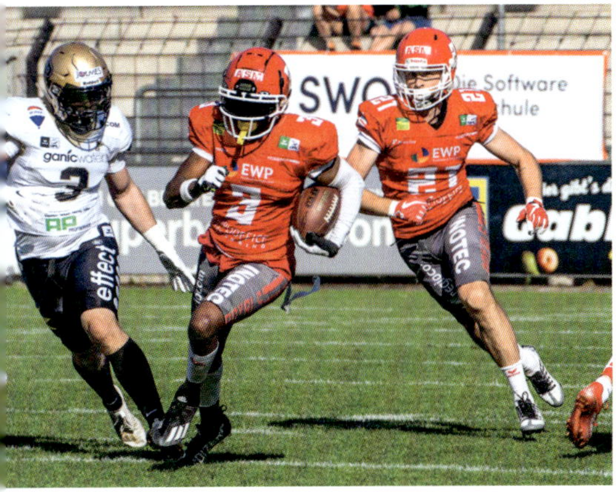

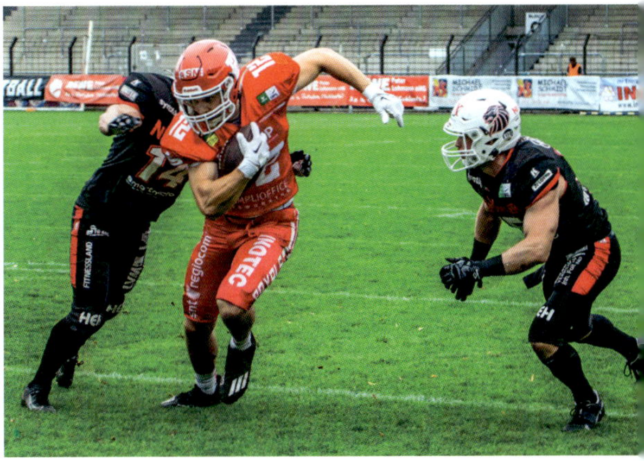

Abb. 114 und 115: Auch nach dem Fangen sind Wide Receiver noch gefordert. (© Thomas Iden-Korjahn)

Vom Körperbau werden zweierlei Spielertypen gesucht, große und kleine Spieler, die aber durchaus eines gemeinsam haben sollten: Schnelligkeit, Athletik und geschickte Hände zum Fangen. Darüber hinaus ist es grundlegend von Vorteil, auch Masse mitzubringen, geht es gerade um die Position der Tight Ends, die in Blockaufgaben noch häufiger gefordert werden. Nicht zu vergessen, ist auch die mentale Einstellung, die jeder Wide Receiver mitbringen sollte. Natürlich ist es ärgerlich, einen Ball in einer wichtigen Spielsituation nicht zu fangen. Aber dann ist es umso wichtiger, sich wieder auf das nächste Geschehen zu konzentrieren und sich selbst zu sagen: der nächste Ball ist meiner. Diesen Grundsatz heben erfahrene Wide Receiver gerne hervor: „Als Receiver ist es besonders wichtig, in jedem Play konzentriert bei der Sache zu sein. Denn auch wenn man vielleicht eine ganze Weile den Ball nicht berührt, könnte der nächste Block, der nächste Catch der entscheidende sein - und dieser Moment darf nicht verpasst werden."

DIE AUFGABEN EINES WIDE RECEIVER IM ÜBERBLICK

Fangen, Stance & Take off, Route Running, Coverages erkennen und lesen, Releases und Footwork, Blocken und Cutten

STANCE & TAKE OFF

Zu Beginn eines Offense Spielzugs ist es wichtig, dass sich die Wide Receiver in einem guten Stance befinden, um daraus kraftvoll zu starten. Je besser der Stance und der darauffolgende „Take off" ist, umso besser können die folgenden Routen gerannt werden. Dies gilt natürlich auch bei einem Run und wenn die Wide Receiver ihre Gegenspieler blocken müssen.

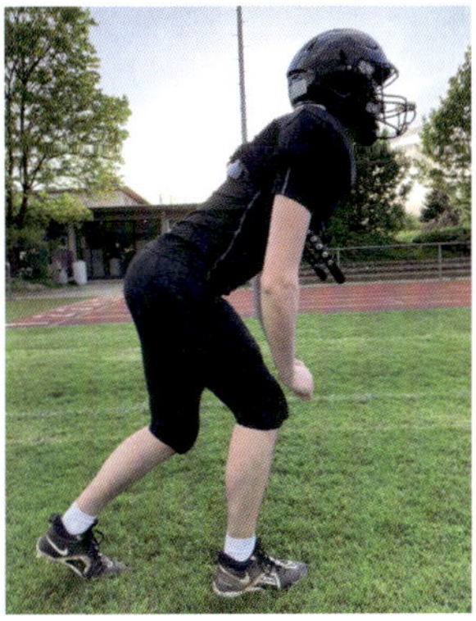

Abb. 116: Wide Receiver im Stance

WELCHES BEIN STEHT VORNE?

Es gibt unterschiedliche Varianten und jede einzelne Art zeigt ihre Vor- und Nachteile. Es ist interessant abzuwägen, was für die einzelnen Teams und Sportler am besten passt:

- Der innere Fuß ist vorne,
- der äußere Fuß ist vorne,
- individuelle Regelungen gemäß des Spielplans und
- freie Entscheidung des Wide Receivers.

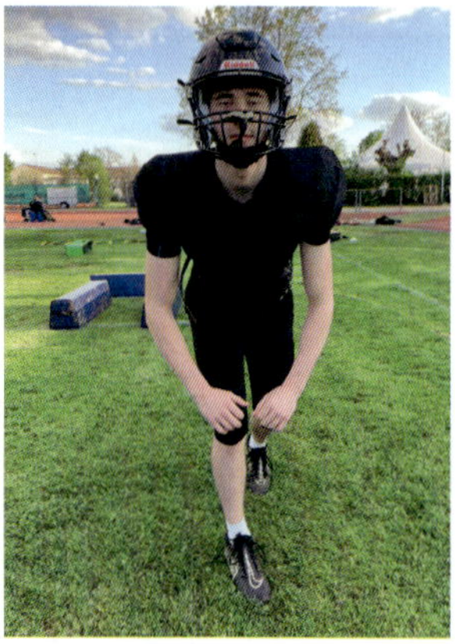

Abb. 117: Stance von vorne

Der innere Fuß ist vorne/im US-Bereich auch Outback benannt

Diese Variante wird bei Teams sehr oft praktiziert. Gerne wird auch folgende Eselsbrücke genannt: immer der nähere Fuß beim Quarterback soll vorne stehen und das äußere Bein steht hinten. Diese Technik wird häufig bevorzugt, da sie einige elementare Vorteile mit sich bringt. Jeder einzelne Receiver muss sich nur eine Regel merken, des Weiteren gibt es allen spielenden Wide Receivern einen einheitlichen Look. Das ist ein großer Vorteil, da die Defense somit keine favorisierten Abläufe und Routen erkennen kann. Zählen die Wide Receiver ihre Schritte anstatt die Meter bis zu ihrem Breakpoint, sind die Wide Receiver in der Regel in der richtigen Schrittfolge, um entsprechende Breaks zu machen.

Das äußere Bein steht vorne

Diese Variante sieht man weniger; sie hat ebenso positive Aspekte. Wenn das äußere Bein vorne steht, bringt es gerade bei späteren Blockaufgaben einen Vorteil, ebenfalls können auch einzelne Motion schneller und gezielter gelaufen werden. Durch die leichte Neigung nach innen, ergibt sich auch ein besserer Blick zum Hauptgeschehen.

INDIVIDUELLE REGELUNGEN GEMÄß DES SPIELPLANS

Je nach Teamphilosophie können auch unterschiedliche Regelungen getroffen werden. Diese ergeben sich aus Faktoren und daraus, wie Einzelaspekte am liebsten umgesetzt werden möchten. Natürlich bedeutet diese Philosophie, dass das Playbook sehr komplex wird und auch die Spieler auf einem sehr hohen Level spielen müssen. Teilweise ändert sich die Aufstellung mit jedem Spielzug.

FREIE ENTSCHEIDUNG DES WIDE RECEIVERS

Die meisten Spieler kennen ihren Körper und ihre Stärken am besten, d. h. man kann sie diese auch ausspielen lassen. Hin und wieder haben Spieler ein starkes Bein und starten mit diesem am liebsten. Es würde je nach Einsatz und Dauer zu lange dauern, die Spieler komplett umzutrainieren *(siehe 13.) Myers, 2007, Seite 12ff.)*.

Ein Wide Receiver steht prinzipiell im **Two Point Stance**: Schulterbreit im Sprinterstand. Die Knie sind vor den Zehen, die Schulter vor dem Knie. Die Hände befinden sich vor der Brust,

Ellenbogen leicht angewinkelt und das Gewicht liegt auf den Fußballen, die Aufteilung könnte mit 90 % vorderes Bein und 10 % hinteres Bein beschrieben werden.

Der **Stance by Press** variiert ein wenig und sieht wie folgt aus: Schulterbreit im Sprinterstand. Die Knie sind über den Zehen, die Schulter über dem Knie. Die Hände befinden sich vor der Brust, Ellenbogen leicht angewinkelt. Der Stand ist etwas aufrechter mit der Gewichtsaufteilung 60 % auf dem vorderen Bein und 40 % auf dem hinteren Bein. Welcher Fuß dabei vorne steht, ob der innere oder äußere, kann durch verschiedene Aspekte variieren. Es kommt auf das Offense Schema, die Route an sich, starkes/schwaches Bein oder wenn nicht sogar auf die Coaches Philosophie an.

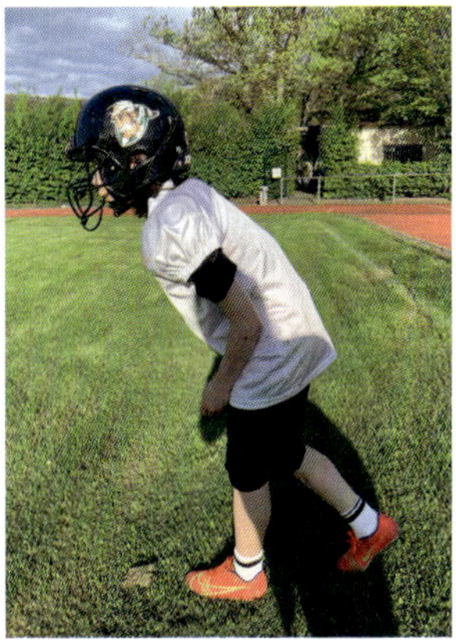

Abb. 118: Wide Receiver Stance

Tight End Three Point Stance: Etwas mehr als Schulterbreite, tiefer Stand nach unten. Die Hand positioniert sich davor, etwa in Höhe des Kopfs. Das Gewicht verteilt sich mit etwa 60 % auf der Hand und 40 % auf den Füßen. Der Kopf schaut nach oben, die Hüfte und Schultern befinden sich etwa auf der gleichen Höhe.

Ein Tight End startet aus einem tieferen Stance, da er ebenfalls wichtige Blockaufgaben gegen Defensive Linemen übernimmt. Des Weiteren starten Wide Receiver aus einem 2 Point Stance, da sie vor dem Start oder beim Start direkt, noch das Defense Alignment lesen können. Diese Beobachtungen sind wichtig, da sie die Passroute oder den weiteren Verlauf des Spielzugs beeinflussen können *(siehe 13.) Myers 2007, S.14ff.)*.

Regelmäßig sollte immer wieder der korrekte Stand überprüft werden. Die Offseason bietet sich an, Drills anzubieten um Fehler zu korrigieren und die Spieler an den richtigen Stance zu erinnern. Die Abstände zwischen dem vorderen und hinteren Bein sollten ausgeglichen sein. Die oben genannten Punkte können im nächsten Schritt nochmals detaillierter erarbeitet werden. Zum Beispiel kann exakt die einzelne Position des Fußes betrachtet werden, um mögliche Schwächen zu korrigieren, die sich gegebenenfalls auch auf den weiteren Start negativ auswirken können. Je nach Aufstellung sollten die Wide Receiver minimal mit ihren Füßen spielen und ausprobieren, wie sie am besten aus dem Stance starten können. Es ist sinnvoll, ein ständiges „Pokerface" aufzusetzen und sich nicht selbst mit seinem Blick zu verraten. Wer dauerhaft den Blick auf seine spätere Seite lenkt, macht sich „lesbar".

Takeoff: Ein Wide Receiver startet aus einem guten Stand heraus. Es muss sofort, zügig und kraftvoll erfolgen, Verzögerungen sollen vermieden werden. Das Grundgewicht liegt auf den Fußballen und darüber wird abgerollt und die Hüfte bleibt in ihrem tiefen Stand. Der Oberkörper bleibt leicht vorgelehnt, sodass die Sicht auf die Nummer erschwert ist. Es sollte binnen kürzester Zeit die Höchstgeschwindigkeit erreicht werden.

ROUTE RUNNING/LAUFROUTEN

Über die Jahre haben sich eine Vielzahl an Routen entwickelt, die in einem Passbaum verzeichnet sind. Wide Receiver sollten das Geschick haben, ihre Routen gut zu verkaufen, d. h. sie lassen die Defense im Glauben, dass sie eine bestimmte Route laufen, dabei ist es eine ganz andere Laufroute. Wide Receiver sollten ihre Routen in der Regel als „tiefe" Route verkaufen, da die meisten Defender Angst haben, „tief" geschlagen zu werden, indem der Wide Receiver auf ihrer Seite den Touchdown macht. Zumeist stellen sie sich dann etwas tiefer auf. Wenn ein Wide Receiver eine kurze Route läuft, hat er zumeist schon einen Vorteil. Jede Route hat einen Namen, über die Jahre haben sich eine Vielzahl an anderen Begriffen eingebürgert, die eigentlich ein und dasselbe meinen. Des Weiteren gibt es auch die Teams, die ihre Routen mit einer Zahl benennen, diese haben sie zumeist aus einem Passing Tree abgeleitet. Gerade zahlen gehen zumeist nach innen und die ungeraden Zahlen nach außen. Einige Teams fassen thematische Routen zusammen und geben ihnen einen Oberbegriff. Die entsprechenden Inside und Outside Receiver wissen dann, welche entsprechende Route sie zu laufen haben. Routen werden immer „Full Speed" gelaufen und auch über die Länge und Tiefe sollten die Wide Receiver, Quarterbacks und Coaches im Gespräch und Austausch sein. Manche geben zum Beispiel einzelne Schrittfolgen vor - 3 Schritte und dann nach innen. Ein Quarterback muss hier mit Variablen arbeiten, da nicht jeder Wide Receiver die gleiche Größe und Schrittlänge besitzt. Besser ist es, mit den Yardlinien zur Orientierung zu arbeiten. Aber auch hier kann nicht jedes deutsche Team dauerhaft auf ein Feld mit Yardlinien zurückgreifen, sodass sie sich ggf. mit Yardlinern/Markierungen im Training helfen sollten. Quarterbacks und Wide Receiver benötigen Zeit, um sich abzustimmen, einzuspielen und vor allem „blind" zu verstehen. Denn gerade auch einen vielleicht ungünstigen „Catch" zu machen, ist wichtig und beide Parteien sollten das entsprechend im Hinterkopf behalten. Wide Receiver sollten mit Weitblick spielen und entsprechend fokussiert sein. An dieser Stelle werden die gängigsten Routen aufgeführt:

Vertical/Streak/Go/Fly/Seam: Route ist unter mehreren Namen bekannt, einfach nur gerade aus.

Post: Passroute, bei der der Receiver ca. 10 Yard geradeaus läuft und dann einen 45-Grad-Winkel nach innen macht. Der Winkel kann je nach Belieben auch variiert werden, sodass man ihn tiefer oder höher läuft in der Schräge an sich.

In/Out: Passroute, bei der der Receiver nach ca. 5 -10 Yards im 90-Grad-Winkel nach innen bzw. außen läuft.

Curl: Der Wide Receiver startet kraftvoll, verkauft eine tiefe Route, läuft dann aber quasi einen Halbkreis, um innerhalb der Defense eine Lücke in der Coverage zu finden. Andere laufen ihn aber auch nur geradeaus, machen einen harten Cut/Drehung und kommen sofort zurück, indem sie dem Wide Receiver kurz entgegenlaufen.

Hitch: Passroute, bei der der Receiver nach wenigen Schritten stehenbleibt und sich umdreht.

Slant: Passroute, bei der der Receiver nach wenigen Schritten im 45-Grad-Winkel nach innen läuft. Der innere Receiver setzt einen Schritt, der äußere Receiver setzt drei Schritte.

Fade: Der Wide Receiver startet kraftvoll und innerhalb des Laufes beginnt er nach ca. 5 Yards die Route gefühlvoll nach außen zu ziehen, in dem er Richtung äußere Ecke läuft *(siehe 13.) Myers 2007, S. 54 ff.)*.

KOMBINATIONSROUTEN

Es gibt Routen, die sich miteinander kombinieren lassen. Der Vorteil ist, dass der Cornerback im ersten Teil noch gut mitkommt, aber im zweiten Teil der Route ggf. abgehängt wird. Es können viele Routen miteinander kombiniert werden. Hier stellt sich die Frage, wie viel sich die Wide Receiver merken sollen und ob nicht manchmal weniger mehr ist. Anbei zwei der gängigsten Kombinationsrouten.

Stop and Go: Der Wide Receiver startet normal geradeaus. Nach etwa 5-6 Yards stoppt er, dreht über die Innenschulter kurz auf, imitiert einen möglichen Catch, ein Fake wird durch den Quarterback durchgeführt. Der Wide Receiver läuft aber so schnell wie möglich geradeaus weiter. Mit diesem kurzen Moment, möchte man die Defense irritieren, um kurze Zeit danach den wirklichen Pass tief zu werfen. Einige Wide Receiver machen den Move auch über die Außenseite, um einen Defender, der vor allem das Innenfeld deckt, über außen zu schlagen.

Out and Up Route/Chair: Bei dieser Route startet der Wide Receiver gerade aus und macht nach einer kurzen Zeit einen harten Cut nach außen und läuft 90 Grad entlang der Yardlinie. In dieser Zeit kann der Quarterback einen erneuten Fake imitieren, was dem Wide Receiver das Zeichen gibt, erneut zu cutten und nun geradeaus Richtung Endzone zu laufen. Auf dem Weg zur Endzone bekommt er den Ball. Eselsbrücke: die Route wird Chair genannt, dass sie von oben wie ein Stuhl aussieht.

Neben den oben genannten Routen, gibt es noch weitere elementare Plays, die ein Wide Receiver in Kombination mit dem Quarterback durchführen kann *(siehe 13.) Myers 2007, S. 62ff.)*.

Screen: Dieser Passspielzug wird hinter der Line of Scrimmage geworfen und muss vom Wide Receiver sofort und zügig gefangen werden. In der Regel wird dieser Screen mit verschiedenen Vorblocken vollzogen, um durch die Schnelligkeit und die Vorblocker Yards nach vorne umzusetzen. Es gibt dabei drei klassische Varianten: den Quick Screen, den Middle Screen und den Bubble Screen.

Des Weiteren gibt es noch folgende Varianten:

Ein **Bootleg** ist ein Passspielzug, bei dem die Täuschung des Gegners eine zentrale Rolle spielt. Der Quarterback täuscht eine Ballübergabe auf einer Seite an und läuft danach ohne Vorblocker auf die andere Seite, um einen Pass zu werfen. Bei einem **Play-Action Pass** steht ein zuvor angetäuschter Laufspielzug im Mittelpunkt, bevor der Pass geworfen wird. Bei einem **Waggle Pass** wird zunächst erneut eine Täuschung vollzogen, bei dem der Quarterback eine Ballübergabe auf einer Seite antäuscht und dann mit einem Vorblocker auf die andere Seite läuft, um einen Pass zu werfen.

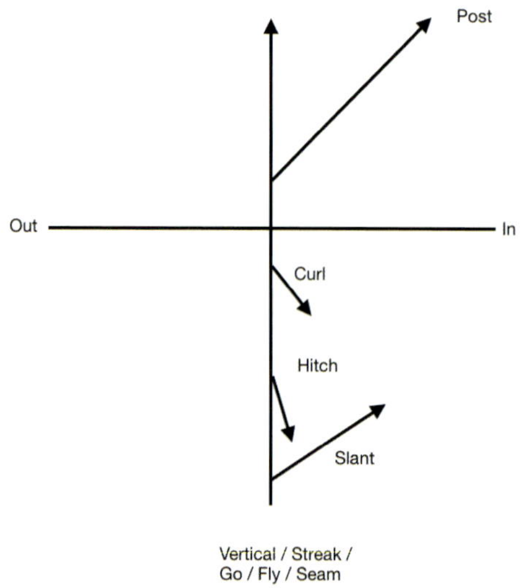

Abb. 119: Klassischer Routenbaum

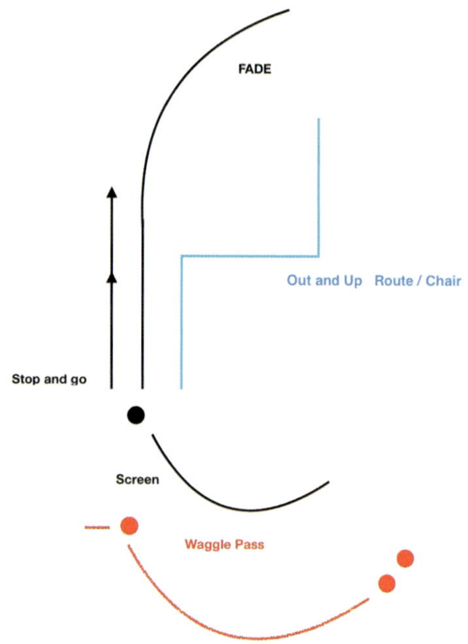

Abb. 120: Kombinationsrouten

FANGEN

Das Fangen ist eine der wichtigsten Eigenschaften eines Wide Receivers und darüber hinaus ist es auch für alle andere Positionen wichtig. Das Fangen ist ein komplexer Prozess, der regelmäßig geübt werden muss. Spielsituationen können völlig unterschiedlich sein – es können Kurzpässe, Pässe im mittleren Segment, lange Pässe ab 30 Yard aufwärts bis hin zu Pässen in der Endzone gespielt werden. All diese einzelnen Situationen sollten im Training einen Raum finden. Vielfalt bedeutet, dass nicht nur reines „Routen"-Laufen stattfinden sollte, sondern ein durchdachtes Training mit unterschiedlichsten Anforderungen stattfindet. Nur durch die abwechselnden Sequenzen bekommen die Wide Receiver ein Gefühl für den Ball und wie sie sich diesem nähern müssen, um mit einer hohen Erfolgsquote zu fangen. Nicht immer kommen Bälle perfekt, die Spieler müssen immer mit Behinderungen von anderen Spielern, hohem Aufkommen (Spielertraffic), mit zu kurzen/langen und zu tiefen/hohen Bällen rechnen. Wer aus nicht perfekten Pässen einen „Catch" zaubern kann, beherrscht sein Handwerkzeug.

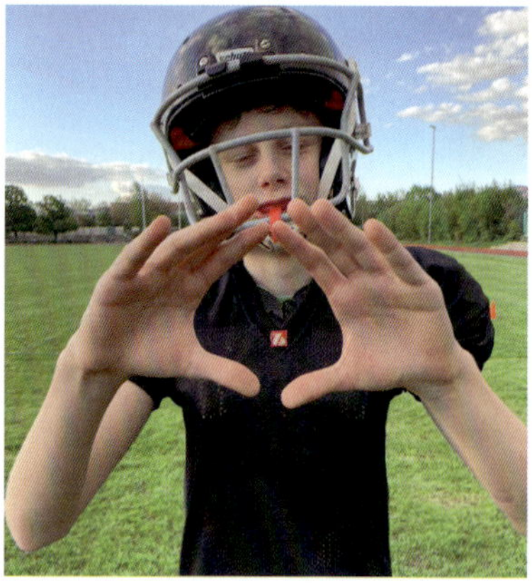

Abb. 121: Diamond-Handstellung zum Fangen

Die wichtigste Regel für das Fangen ist:
Die Augen schauen immer Richtung Ball; es wird mit den Fingerspitzen gefangen. Die Handflächen gehen zum Ball und die Arme sind ausgestreckt. Beim Fangen wird nur gesprungen, wenn es nicht anders geht. Die Augen schauen bis zur sicheren Ballsicherung immer zum Ball. Beim Fangen wird der Körper zwischen Ball und Verteidiger gebracht.

BLOCKEN

Blocken ist eine elementare Aufgabe der Offense. Alle beteiligten Spieler müssen es beherrschen, auch wenn die Häufigkeit des Blockens je nach Position variiert. Es gibt unterschiedliche Arten von Blocks, die je nach Position und Anforderung im Spiel eingesetzt werden. Folgende Blockarten haben sich etabliert: Run Block, Drive Block, Stalk Block, Down Block, Angle Block, Reach Block, Pull Block/Kickout, Lead, Trap Block/Cross Block und Double Team Block. Im folgenden Verlauf wird sich bei den Wide Receivern zunächst auf den Stalk und Drive Block konzentriert.

Die Basis ist zumeist gleich und der Hauptfokus liegt auf der Körperhaltung und der Beteiligung der Beine, Arme und Hände. Das Erlernen des Blockens sollte vorzugsweise in einzelnen aufgegliederten Übungsreihen trainiert werden, um jeden erforderlichen Bewegungsablauf in einen Mittelpunkt zu stellen. Gegen Ende werden die Teilschritte zusammengefügt, um den kompletten Bewegungsablauf anzuwenden. In der praktischen Übungsreihe endet die Anwendung in einem Stalk Block; in späteren Schrittfolgen und in den Variationen wird eine Kombination des Schiebens nach rechts und links eingebaut, wie es in einem Driveblock praktiziert wird. Der Vorteil von aufgegliederten Übungsreihen ist, dass Anfänger das Blocken von Grund auf erlernen und es ihnen durch die Aufteilung der Teilschritte einfacher fällt, die wichtigsten Ausführungen zu verinnerlichen. Die Übungsreihe eignet sich auch für erfahrene Spieler, um in regelmäßigen Abständen ihre Technik in Teilschritten zu überprüfen und eingeschlichene Fehler zu korrigieren.

CUTTEN

Eine gute Beinarbeit ist für jeden „American Football"-Spieler Pflicht. Darüber hinaus sollte in der Offense und auf der Position der Wide Receiver und Running Backs das „Cutten" eine gesonderte Rolle einnehmen. Im Spiel tragen richtig gesetzte „Cuts" zu einem wesentlichen Erfolg bei, da Wide Receiver und Running Backs dadurch wichtige Aufgaben erfüllen können. Einerseits führen die Cuts dazu, dass sich besser von einzelnen Defense Spielern separiert werden kann. Durch die Verzögerung der Defense können sich die Millisekunden zunutze gemacht werden, um sich frei zu laufen und für genügend Abstand zwischen Wide Receiver und Defender zu sorgen. Millisekunden können im Spiel viel bewirken, um zum Beispiel den Ball zu fangen oder einen Defender so lange zu beschäftigen, dass ein Mitspieler den Ball fangen kann. Ein Cut hilft den Spielern während des „Break", sodass sie nicht hinfallen oder stolpern. Spieler müssen beim Cut bestimmte Regeln und Abläufe beachten. Macht er den Cut auf der rechten Seite, ist der linke Fuß sein sogenannter „Plant"-Fuß. Macht er den Cut auf der linken Seite, setzt er den rechten Fuß als „Plant"-Fuß. Er setzt dabei den Fuß, senkt das Knie und die Hüfte, drückt sich ab und läuft genau in die Richtung, in die er möchte. Während der Receiver im Break ist, dreht er die Zehen in die Richtung des Cuts und bleibt auf den vorderen Fußballen. Die Knie des anderen Beins nimmt das Gewicht des Körpers mit Schwung in die neue

Richtung mit. Bei den Cuts sollten die Schrittfolgen nicht zu groß und nicht zu weit sein. Die Wide Receiver und Runningbacks sollten in ihrem Körperrahmen bleiben, um nicht das Gleichgewicht zu verlieren oder zu stolpern. Werden Cuts geübt, benötigt es in der Regel Zeit und Übung, um alle erforderlichen Schritte zu verinnerlichen. Das A & O ist eine gute Laufschule, um den späteren Cut ebenso gut umzusetzen. Vor dem Cut sollten Spieler tief bleiben und sie sollten während des Cuts nicht aufrecht nach oben kommen. Das Hochkommen würde die Kraft für den weiteren Verlauf mindern und sie kann nicht mehr für einen weiteren explosiven Lauf genutzt werden. Neben dem Körper und Oberkörper, nehmen auch die Arme und Ellenbogen eine tragende Rolle ein. Die Arme sollten in einer angepassten Bewegung sein und die damit verbundene Drehung im Cut, kann durch die Bewegung der Arme positiv beeinflusst werden. Die Armbewegungen helfen den Cut vorzubereiten, den Break zu initiieren und letztendlich die Arme auch wieder für den weiteren Catch bereitzuhalten. Die Arme sollten während des Breaks in einer natürlichen Bewegung nah am Körper sein und den Körper unterstützen. „Bewegte" Arme helfen auch dem Körper und den Füßen, in Bewegung zu bleiben. Während eines Cuts sollten die Wide Receiver nicht auf den Boden oder ihre Füße schauen. Am Anfang benötigt die Kopfhaltung Übung, um sie zu verinnerlichen. Ein wachsamer Blick auf das Spielgeschehen und den Quarterback stehen an erster Stelle, um rechtzeitig auf den Ball zu blicken und für das Fangen bereit zu sein. Dafür sollten auch die Hände jederzeit bereit sein. Im American Football haben sich einige Cuts etabliert, die je nach Route, Philosophie und Auslegung einen Sinn machen. Trainer sollten sich fragen, wie viel sie an diversen Techniken installieren und ob je nach Alter und Leistungsgruppe so viele unterschiedliche Varianten benötigt werden *(siehe 13.) Myers 2007, S. 90 ff.)*.

Hitch Cut

Dieser Cut wird vor allem bei den kurzen Routen verwendet, bei dem ein Wide Receiver eine kurze Strecke rennt und eine kraftvolle Drehung in Richtung Quarterback umgesetzt werden muss. Er dreht dabei um 45 Grad nach links oder nach rechts ab. Der Wide Receiver muss eine Feldposition einnehmen, sodass der Quarterback jederzeit eine gute Sicht auf ihn hat.

COVERAGES ERKENNEN UND LESEN

Wide Receiver müssen neben ihrem praktischen Können ein hohes Maß an Beobachtungsgabe und Wissen mitbringen. Bei der Aufstellung müssen sie die Defense beobachten, um herauszufinden in welcher Formation diese stehen und wie sie am besten gegen sie ankommen können. Das „Lesen" muss dabei genauso gelernt werden, wie viele praktische Drills und Ausführungen. Das „Lesen" kommt mit der Übung und auch mit der Unterstützung der Coaches. Zunächst sollte der Wide Receiver ein hohes Maß an Wissen zu seiner eigenen Spielposition haben. Dazu gehört das Wissen zu den Routen und ob diese zum Beispiel eher die Mitte des Spielgeschehens treffen oder über die Außenflanken gehen. Hinzu kommt die Tiefe der Route und auf welcher Höhe ein Break gesetzt wird. Die gegenüberliegende Defense gibt ebenfalls wichtige Punkte vor. Wie stehen die Defekter? Stehen sie Head up oder haben sie sich eher im inneren oder im äußeren Feld positioniert? Wie tief stehen sie und verrät der Blick der Augen bereits, welche Zone oder welchen Spieler sie verteidigen möchten? All diese Faktoren spielen eine Rolle, damit ein Wide Receiver seine Aufgaben erfolgsorientiert lösen kann.

Wide Receiver sollten ihre Routen jederzeit gegen eine Man Coverage (Press and Loose), aber auch gegen eine Zone (Cover 2, Cover 3 und Cover 4) laufen können.

Eine „Man Coverage" wird häufig verwendet, wenn die Defense fähig ist, Spielduellen „Eins gegen Eins" standzuhalten. Sinnvoll ist es auch, wenn die Defense „blitzt" und dadurch nicht mehr jede einzelne Zone direkt verteidigt werden kann. Eine Defense greift auch gerne darauf zurück, wenn sie weniger Angst vor Pässen, aber Angst vor zu vielen erfolgreichen Runs hat. Sie nutzen quasi jeden vorhandenen Spieler, um den Ballträger frühzeitig zu stoppen. Spielt eine Defense „Zone", teilen sie das Feld in mehrere Bereiche auf und je ein Spieler ist für einen Bereich verantwortlich. Kommt ein potenzieller Spieler mit dem Ball in seine Zone, ist er direkt verantwortlich, ihn zu tackeln. Durchläuft ein Spieler seine Zone, muss er ihn seinem Mitspieler übergeben/ankündigen, dass dieser für ihn verantwortlich ist.

Einzelne Cover geben die verschiedenen Felder und Spieltypen vor, wie zum Beispiel:

Cover 1 - ein Feld und ein Safety

Cover 2 - zwei Felder und 2 Safeties

Cover 3 - ein Safety und zwei Corner

Cover 4 - zwei Safeties und zwei Corner

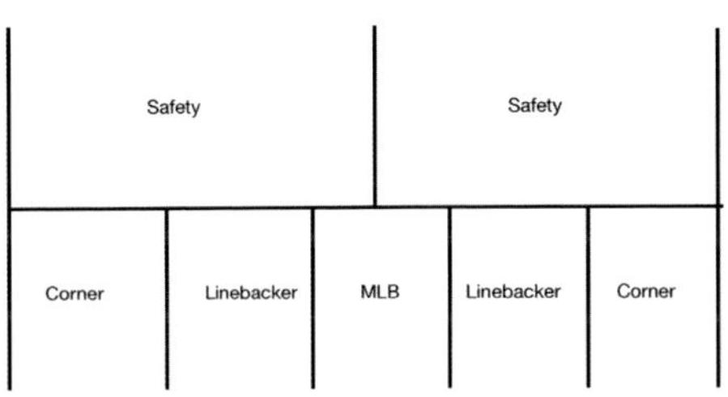

Abb. 122: Die Skizze zeigt ein Beispiel – hier könnten zum Beispiel die Routen entlang der Nähte gelaufen werden.

Jede Coverage der Defense kann für einen Wide Receiver einen Vorteil und/oder einen Nachteil darstellen. In einer sehr guten Mann-zu-Mann-Deckung kann jeder Catch gefährlich werden, da er ggf. frühzeitig abgefangen werden kann. Ist ein Wide Receiver jedoch technisch gut geschult, zum Beispiel im Stance, Take off und Release kann er mit einem guten Defender umgehen und besitzt die Fähigkeit, sich freizulaufen. Häufig machen es die kleinen Details aus, um überlegen zu sein. Wird eine Zone Coverage technisch gut gespielt, kann sie eine Herausforderung darstellen. Es ist von Vorteil, Routen zu laufen, die zum Beispiel die „Nähte" der Zonen treffen. Wird ein Catch genau in einer solchen „Naht" gefangen, wird ein MisMatch generiert. Es werden die Millisekunden genutzt, in denen ein Übergabefehler bei den Defense Spielern entsteht, wer den Spieler entsprechend übernimmt. Spieler sollten das, was sie sehen auch untereinander und mit dem Coach kommunizieren *(siehe 13.) Myers 2007, S. 122ff.)*.

RELEASE

Defender können sich auch „Press" gegenüber des Wide Receivers aufstellen. Das heißt, sie stehen direkt vor ihm oder in ca. 3 Yards Entfernung von ihm. Das Ziel ist, den Wide Receiver einige Sekunden lang auf seinem ersten Weg der Route zu stören. Die „Press-"Aufstellung wird verwendet, wenn in einer Man Coverage, in einer Cover 2 oder in einer individuellen Aufstellung gespielt wird. Das Thema „Release" ist je nach Team, Alter, Liga und Gegner sehr genau zu beobachten. Es gibt Ligen und einzelne Teams, in dem der Gegner überhaupt nicht „Press" steht und der Hauptfokus auf anderen Inhalten in der Defense gelegt wird. Viele spielen es auch nicht, um unnötige Strafen zu vermeiden. Denn attackiert ein Defender den Wide Receiver zu stark und verpasst den Moment aufzuhören, können ebenfalls Strafen erfolgen. Die Zeit für umfangreiche Settings im Release Bereich können ggf. in Bereichen eingebracht werden, die auch aktiv gespielt werden. Die grundlegende Basis sollte bekannt sein, um vorbereitet zu sein. Dazu zählt der Stance, die Arme, Hände und die Füße. In der Regel bringen die Wide Receiver einen großen Vorteil mit, sie wissen, wann der Spielzug losgeht und auch welche Route er laufen muss. Geht seine Route in das Innere des Feldes, sollte er auch seinen Release auf die Innenseite setzen. Handelt es sich um eine Route, die über außen zieht, sollte er den Release entsprechend über außen gestalten *(siehe 13.) Myers, 2007, Seite 73ff.).*

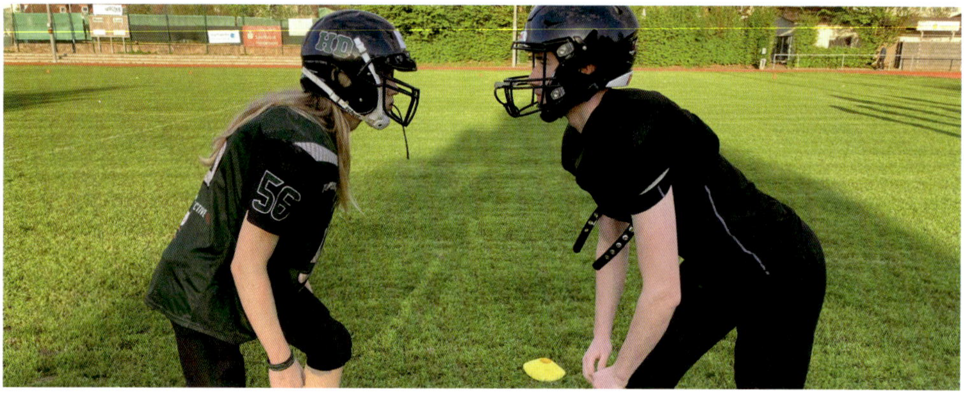

Abb. 123: Aufstellung Press

Plaziert sich ein Defender direkt Press gegenüber des Wide Receivers, kann dieser bereits mit seinem Stance eine gute Ausgangslage schaffen. Er stellt sich bereits enger und tiefer auf, um mit einer schnellen und explosivartigen Bewegung rauszukommen. Er kann in Kombination sofort seine Hände und Arme einsetzen, dabei ist die Schnelligkeit der Hände und Arme besonders wichtig. Er bekommt dadurch Unterstützung, um so schnell wie möglich am Defender vorbeizukommen und für den Quarterback anspielbar zu sein und vor allem zu bleiben. Wide Receiver sollten es vermeiden, in die Blocks zu laufen und sollten versuchen, den Körperrahmen und die Hüfte der Defender zu bewegen.

Folgende Release-Techniken gegen Press gibt es:

» **Dip and Rip:** Die Hand des Defenders wird weggeschlagen von unten nach oben, die Technik eignet sich vor allem für Inside Release.

- » **Swim Move:** Die Hände eines Defense-Spielers werden weggeschlagen. Direkt danach erfolgt eine Art Schwimmbewegung mit dem inneren Arm über die Hände, um direkt nach außen zu ziehen.
- » Außerdem gibt es noch **Grab and Punch** sowie den **Speed Release** *(siehe 13.) Myers, 2007, Seite 75ff.).*

PRAKTISCHE ÜBUNGEN

IN DEN STANCE KOMMEN/STANCE & START VORÜBUNG

Material: Pfeife, mehrere Bälle

Diese Übung eignet sich hervorragend, um zu überprüfen, ob die Spieler so schnell wie möglich in den richtigen Stance kommen und auch so verharren können. Alle Spieler stellen sich dabei mit etwas Abstand auf einer Linie auf. Auf den ersten Pfiff bewegen sie sich alle trippelnd auf einer Stelle. Auf den zweiten Pfiff gehen sie sofort in ihren Stance und bleiben so stehen. Der Coach kann dabei kurz überprüfen, ob alle Wide Receiver den korrekten Stance haben und kann sie ggf. korrigieren.

Wiederholung: 5-10 Stück

Variationen: Sollte der Drill bereits bekannt sein oder man benötigt nach einer Weile einen weiteren Impuls, kann zum Beispiel immer mal wieder ein oder mehrere Bälle (überraschend) auf die Wide Receiver geworfen werden. So werden zusätzlich Ballkontakte erschaffen, die zum Aufwärmen dienen können, aber auch die Konzentration wird geschult.

STANCE & START

Material: Bälle

Dieser Drill kann als Aufbau für den ersten Drill dienen oder kann als eigenständiger Drill durchgeführt werden.

Im weiteren Verlauf wird nur noch ein Ball benötigt. Die Wide Receiver stellen sich am Anfang des Platzes in einer Reihe und ihrem entsprechenden Stance nebeneinander auf. Der Coach steht vor ihnen und zeigt den Snap. Mit dem Snap starten die Wide Receiver mit einem ganz langsamen Tempo und bewegen sich für 10 Yards nach vorne. Dort bleiben sie wieder in ihrem Stance stehen und starten erst wieder, wenn der weitere Snap simuliert wurde. Diesmal erhöhen sie ihr Tempo bereits leicht und laufen wieder 10 Yards. Das Ganze wird so lange wiederholt, bis sie die letzten 10 Yards des Feldes in ihrem komplett schnellsten Tempo starten und rennen.

Die Wide Receiver trainieren mit diesem Drill den Blick auf den Ball/Snap; sie werden in ihrer Ausdauer gefordert und können bzw. müssen mit jeder Wiederholung genau auf ihren Stance und ihren kraftvollen Start nach vorne achten. Je größer die „Wide Receiver"-Gruppe ist, desto eher können verletzte Spieler und/oder ein anderer Coach die Spieler in ihrer Ausführung filmen oder ggf. mit korrigieren.

TURN AROUND AND CATCH

Material: Bälle

Der Wide Receiver stellt sich mit dem Rücken und einer Entfernung von 8-10 Yards gegenüber dem Coach auf.

- Dieser hat mehrere Bälle neben sich liegen. Auf Pfiff oder ein anderes Zeichen hin dreht sich der Wide Receiver so schnell wie möglich um und fängt den Ball.
- Nach dem Catch stellt er sich sofort wieder in seine Anfangsposition und ihm wird der nächste Ball zugeworfen.

Variationen:

- Der Ball kann etwas höher, tiefer, sehr seitlich links und rechts geworfen werden, sodass die Wide Receiver in ihrer Bewegungsfähigkeit gefordert sind.
- Das Tempo kann erhöht werden und mindestens vier Bälle auf Schnelligkeit hintereinander zugeworfen werden.
- Nach dem Count wird die Richtung angegeben, wie herum sich der Wide Receiver zu drehen hat, zum Beispiel links/rechts.
- Auf Count und „Go" müssen die Spieler sofort umdrehen und auf den Coach zusprinten und den Ball fangen.
- Mehrere Wide Receiver mit Abstand nebeneinander aufstellen. Die Spieler erhalten eine Nummer. Nur wenn die zugeteilte Nummer aufgerufen wird, darf sich der entsprechende Spieler umdrehen und den Ball fangen. Wenn ggf. noch ein zweiter Coach vorhanden ist, können auch zwei Spieler gleichzeitig aufgerufen werden.

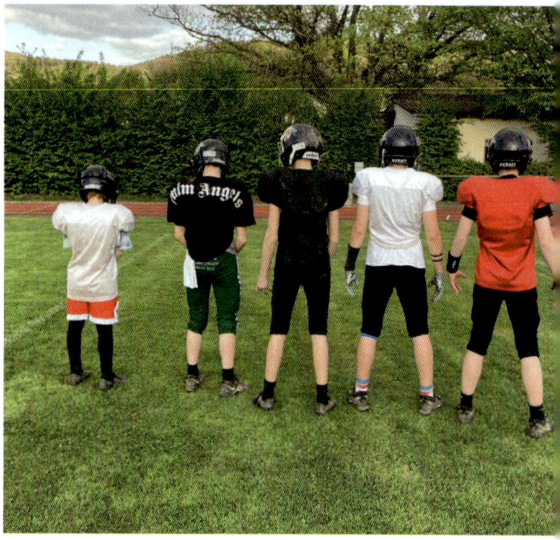

Abb. 124: Turn around and go

Der Drill eignet sich sehr gut, um die Hände zu trainieren und vor allem eine gute Hand-Augen-Koordination zu gewährleisten. Durch das schnelle Umdrehen trainieren die Spieler auch eine „schnelle Hüfte" und ihre Reaktionsfähigkeit. Der Drill eignet sich, um Spielern Verschnaufpausen vor zu viel „rennen" zu geben oder auch zur Überbrückung, um Wartezeiten im Training zu vermeiden.

Coaching Points:

- schnelles Drehen der Hüfte
- Handhaltung
- Ball zum Körper und sichern
- Reaktionsfähigkeit, Blick auf den Ball

FANGEN IN DER ENDZONE

Drei Spieler stellen sich in der Endzone auf mit einem Abstand von ca. 1-2 Metern zu jedem anderen Spieler.

» Der erste Wide Receiver stellt sich links/rechts vom Quarterback mit der Entfernung von 8 Yards zur Endzone auf.
» Der Quarterback gibt seinen Count und der Wide Receiver sprintet los und setzt seinen Cut so, dass er ganz knapp hinter den Spielern in der Endzone läuft.
» Diese springen hoch und heben die Arme, um das Werfen des Quarterbacks zu erschweren und das Fangen für den Wide Receiver anspruchsvoller zu gestalten.
» Der Quarterback versucht höhere Bälle zu werfen und der Wide Receiver probiert diese zu fangen.

Der Drill eignet sich für die Quarterbacks, Wide Receiver und Runningbacks gleichermaßen, um eine Routine in der Endzone zu entwickeln.

Coaching Points:
» Stance & Start
» Reaktionsfähigkeit, Blick auf den Ball
» Konzentrationsfähigkeit
» Wille zum Ball zu gehen

BLOCKEN

Das Blocken sollte in Teilschritten aufgegliedert werden. Jeder Teilschritt sollte ca. 10 x wiederholt werden und die Spieler sollen in ihren Rollen abwechseln.

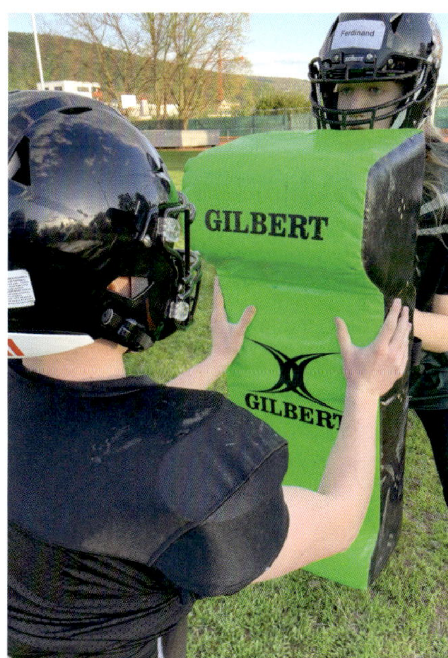

Abb. 125: Blocken kann in kleingliedrigen Schritten geübt werden.

Aufstellung der Spieler:
Es werden zwei gleich große Gruppen gebildet. Diese stehen sich gegenüber. Seitlich muss genug Seitenabstand eingehalten werden. Eine Gruppe stellt die Blocker dar, die andere Gruppe gegenüber hält für sie die Blocking Shields.

Schritt 1
Die Blocker setzen sich auf die Knie. Mit einem Abstand von ca. 30 cm steht der andere Spieler mit dem Blockingkissen gegenüber, er steht dabei leicht tief. Die Blocker konzentrieren sich nur auf ihre Arm- und Handstellung, da diese im Fokus stehen. Die Arme befinden sich in einem leichten rechten Winkel, die Hände sind am Oberschenkel positioniert. Die Blocker bewegen ihre Arme jetzt von unten nach oben gegen das

Blocking Shield. Die Daumen zeigen dabei nach oben, die Finger zur Seite. Die Hände werden dabei mittig auf das Blocking Kissen gesetzt.

Coaching Points:
Der Vorteil ist, die Zweiergruppen können von hinten und durch die Seitenabstände auch von der Seite beobachtet werden. Er achtet auf eine korrekte Armstellung, die Arme liegen seitlich im rechten Winkel eng am Körper. Die Daumen sind hoch und die Finger zeigen zur Seite. Der Kopf schaut geradeaus mit Kopf im Nacken.

Schritt 2
Die Blocker sitzen nach wie vor auf den Knien. Der Abstand der Spieler gegenüber sollte jetzt 50 cm betragen. Die Arme der Blocker befinden sich in einem leichten rechten Winkel, die Hände sind am Oberschenkel positioniert. Die Blocker bewegen ihre Arme jetzt von unten nach oben gegen das Blocking Shield. Die Daumen zeigen dabei nach oben, die Finger zur Seite. Die Hände werden dabei mittig auf das Blocking-Kissen gesetzt. Während sie ihre Arme von unten nach oben schieben, sollte jetzt der Fokus auf die Hüfte gelegt werden. Diese soll während der Ausführung nach vorne gekippt werden.

Das Kippen der Hüfte ist für die spätere Gesamtausführung elementar. Wird die Übung aus dem Stance bzw. aus dem Run durchgeführt, benötigen die Spieler neben einem tiefen Stance, kraftvoller Beinarbeit auch eine bewegliche Hüfte, um das untere Padlevel zu erreichen und von unten nach oben zu arbeiten. Eine tiefe Grundhaltung begünstigt das kraftvolle Arbeiten aus den Beinen, über die Hüfte und erzeugt die maximale Power, die benötigt wird.

Coaching Points:
» Korrekte Armstellung; seitlich im rechten Winkel eng am Körper
» Handstellung; Daumen hoch und Finger zur Seite
» Kopfhaltung; geradeaus, Kopf im Nacken
» Kippen der Hüfte nach vorne

Schritt 3
Die Spieler stehen sich gegenüber mit einem Abstand von 50 cm. Die Teilschritte werden zusammengefügt und aus dem Stand geübt. Dabei sollen die Blocker noch nicht schieben.

Coaching Points:
» Stance des Blockers
» Tiefe Körperhaltung/Underpadlevel
» Korrekte Armstellung; seitlich im rechten Winkel, eng am Körper
» Handstellung; Daumen hoch und Finger zur Seite
» Kopfhaltung; geradeaus, Kopf im Nacken
» Kippen der Hüfte nach vorne

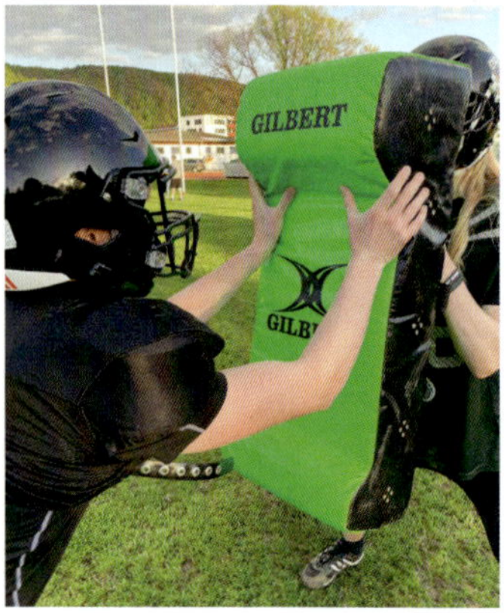

Abb. 126: Blocken

Schritt 4

Die Spieler stehen sich weiterhin gegenüber, der Abstand ist bei 50 cm. Alle Schritte werden zusammengefügt und aus dem Stand geübt, die Blocker schieben ihren Gegenspieler jetzt einen Meter nach hinten. Die Konzentration liegt auf einer kraftvollen Beinarbeit mit Powersteps und das von unten nach oben gearbeitet wird.

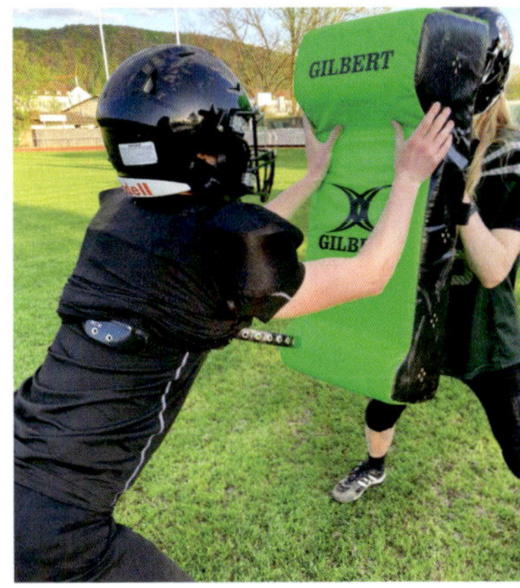

Abb. 127: Nachdem der Spieler sich erstmal nur auf die Arme und den Oberkörper konzentriert hat, kann auch aus dem Stand weiter geübt werden, um ein Gefühl zu bekommen.

Coaching Points:

- » Stance des Blockers
- » Korrekte Armstellung; seitlich im rechten Winkel eng am Körper
- » Handstellung; Daumen hoch und Finger zur Seite
- » Kopfhaltung; geradeaus, Kopf im Nacken
- » Tiefe Körperhaltung - Underpadlevel
- » Kippen der Hüfte nach vorne
- » Kraftvolle Powersteps bzw. gute Beinarbeit

Schritt 5

Die Spieler stehen sich mit einem weiteren Abstand von 5 Yards gegenüber. Auf Pfiff rennen die Blocker auf ihren Gegenspieler zu. Sie verharren einen Meter vor ihrem Spieler im Breakdown, auf den zweiten Pfiff des Coaches oder auf den Zuruf „Hit" setzen sie den Block und schieben ihren Gegenspieler.

Ein Breakdown sind kleine kraftvolle trippelnde Schritte auf der Stelle. Sind Anfänger vorhanden, können diese in einem Zwischenschritt erklärt werden.

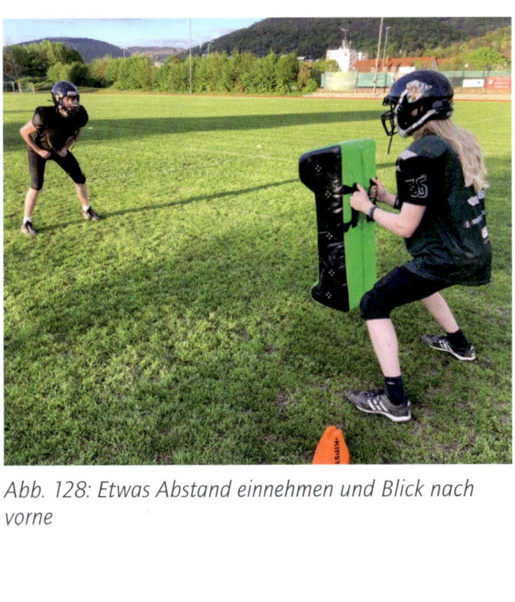

Abb. 128: Etwas Abstand einnehmen und Blick nach vorne

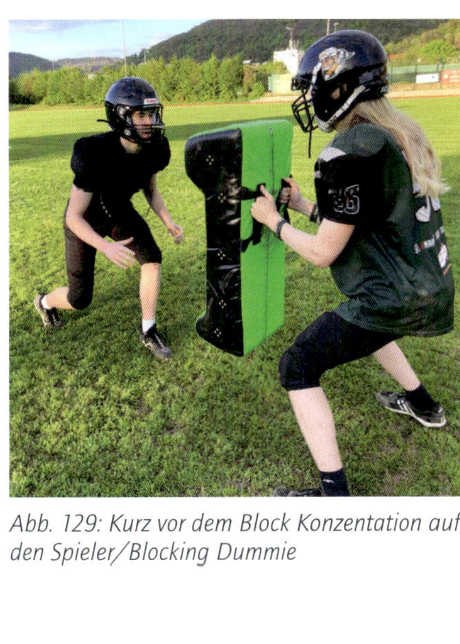

Abb. 129: Kurz vor dem Block Konzentation auf den Spieler/Blocking Dummie

Coaching Points:

- » Stance des Blockers (Beine schulterbreit, tief)
- » Korrekte Armstellung, seitlich im rechten Winkel eng am Körper
- » Handstellung, Daumen hoch und Finger zur Seite
- » Kopfhaltung, geradeaus, Kopf im Nacken
- » Tiefe Körperhaltung - Underpadlevel
- » Kippen der Hüfte nach vorne
- » Breakdown
- » Kraftvolle Powersteps bzw. gute Beinarbeit beim Blocken

DRILLVARIANTEN ZUM BLOCKEN

Die Seitenabstände der Zweiergruppen werden nebeneinander vergrößert. So schieben sich keine einzelnen Gruppen ineinander. Der Blocker läuft auf seinen Gegenspieler zu, setzt den Block und schiebt seinen Mann, nach Zuruf des Coaches, nach rechts oder links.

Coaching Points:
Siehe Punkte zuvor.

WEITERE DRILLVARIANTE

Der Coach positioniert sich hinter der Gegenspielergruppe mit ausreichend Abstand. Er hält einen Football in der Hand. Die Blocker können ihn sehen. Ertönt der Pfiff, rennen sie los, der Coach hebt den Ball waagerecht hoch und zeigt den Blockern an, ob sie ihren Gegenspieler nach links oder rechts blocken sollen. Durch diese Variation werden bei den Blockern beim Laufen noch die Reaktionsfähigkeit und das Lesen trainiert.

Coaching Points:
Siehe oben, wie gehabt.

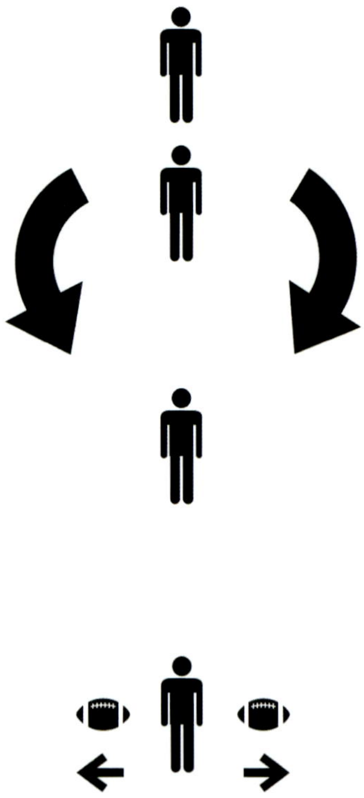

Abb. 130: Der Coach zeigt mit dem Ball die Richtung an, die Blocker müssen links oder rechts blocken.

CUTTEN

Ausrüstung: Der Drill ist mit und ohne Ausrüstung möglich.

Hilfe: Abwechselnd sollten Trainer, Assistenten oder Spieler helfen.

Material: Step over Dummies; es gehen auch halbhohe Hütchen und kleine Hütchen. Für die späteren Variationen werden Blocking Shields und Bälle verwendet. Für den letzten Teil des Drills können die Quarterbacks für das Passen der Bälle hinzugenommen werden.

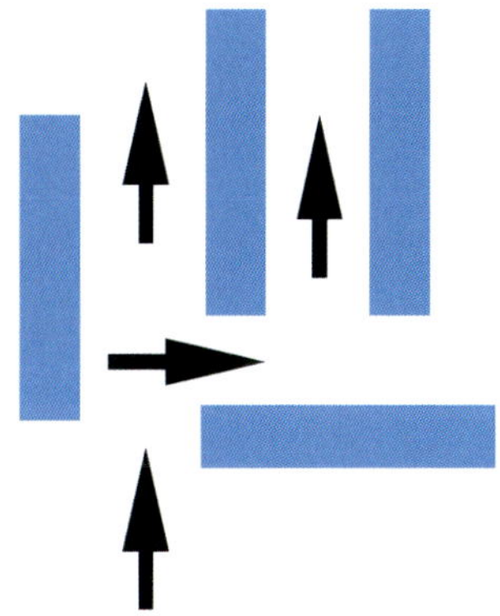

Abb. 131: Aufbauskizze

Schritt 1

Die Spieler stellen sich mit einem Abstand von 5 Yards leicht schräg zum Material auf. Sie stellen sich mit ihrem normalen Stance auf, mit dem Count laufen sie mit einer langsameren Geschwindigkeit auf die erste Öffnung zu. Sie setzen kurz davor den ersten Cut nach außen, um danach gerade aus durch die Step over Dummies oder die Hütchen zu laufen. Stehen sie leicht links, setzen sie den Cut vor dem Eingang rechts und sprinten geradeaus durch den Gang. Stehen sie leicht rechts vom Eingang, setzen sie den Cut leicht links und sprinten durch den Gang.

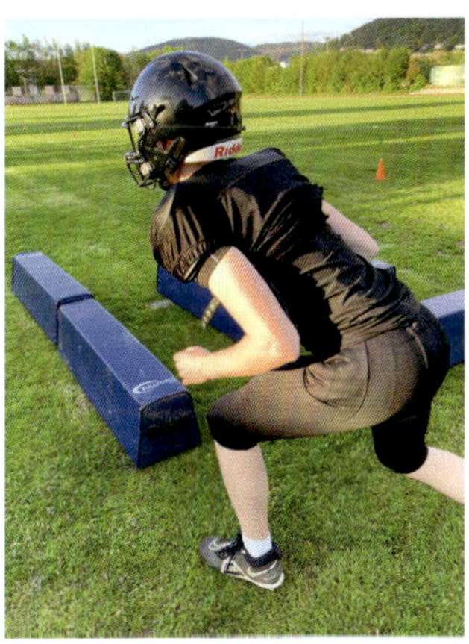

Abb. 132: Kleiner Cut

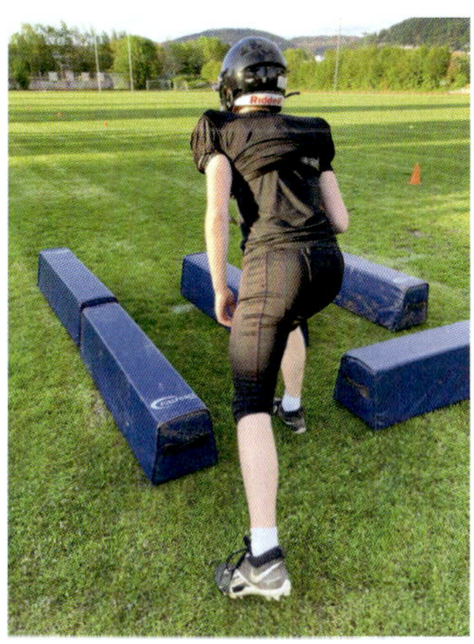

Abb. 133: der Spieler achtet auf eine saubere Fußstellung.

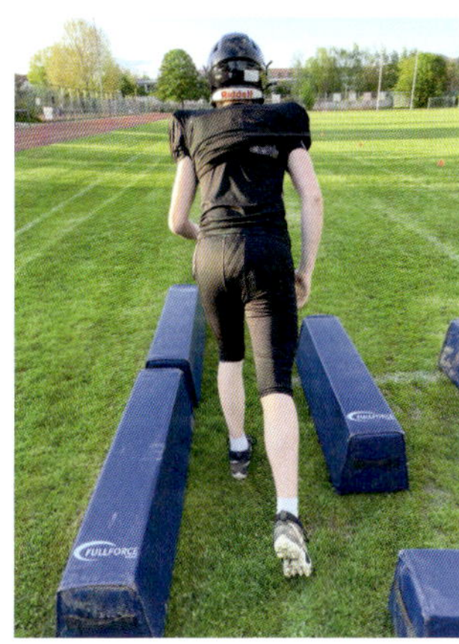

Abb. 134: Sprint durch den Gang

Coaching Points: Stance & Start, sauberer Cut und Armarbeit

Wiederholung: Jeder Spieler sollte die Chance für 5 Wiederholungen erhalten.

Um die Wartezeit zu verkürzen und Wiederholungszeiten zu erhöhen, ist es sinnvoll, den Drill zum Beispiel zweimal aufzubauen. Dabei geht einmal die Variante mit den Step over Dummies und die Variante mit den Hütchen.

Schritt 2

Die Spieler positionieren sich wieder in einer Entfernung von 5 Yards schräg zum Aufbau des Materials. Sie stellen sich in ihrem Stance auf, auf Pfiff laufen sie auf die erste Öffnung zu, je nach Aufstellung setzen sie den Cut links oder rechts. Sind sie im Gang der Step over Dummies setzen sie erneut einen Cut, um durch Gang B zu laufen.

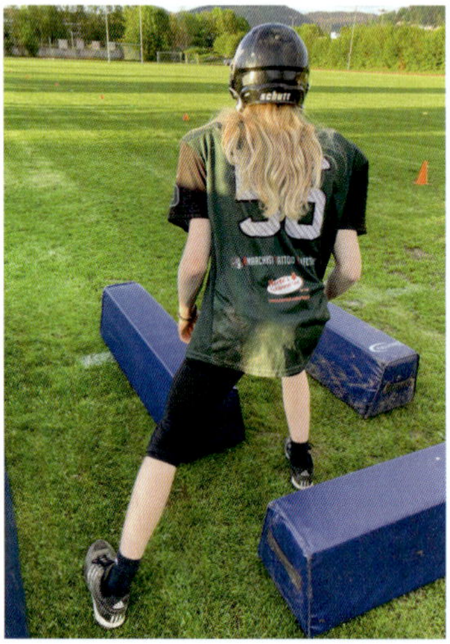

Abb. 135: Cut und Sprint

Coaching Points:

» Richtiger Stance und Start
» Sauberer Cut vor dem Eingang
» Armarbeit
» Sauberer Cut im Eingang

WICHTIG:
Die Spieler sollen beide Cuts sauber setzen und darauf achten, dass sie nicht über die Hütchen und Step over Dummies springen. Der Trainer sollte den Verlauf genau beobachten. Lieber belässt man zum Beispiel einen Drill zunächst bei einem Teilschritt und wiederholt diesen stetig, bevor der nächste Schritt durchgeführt und Gefahr besteht, dass dieser ungenau durchgeführt wird.

Schritt 3

Der Trainer bzw. die Hilfe stellt sich beim Drill mittig am Ende der beiden Gänge auf. Er hält ein Blocking Shield in der Hand. Sie stellen sich in ihrem Stance auf, auf Pfiff laufen sie mit ihrem Tempo von 50 Prozent auf die erste Öffnung zu, kurz vorher wird ein Cut gesetzt, um hineinzulaufen. Wenn die Spieler kurz vor dem Gang sind, müssen sie prompt reagieren. Der Trainer oder die Hilfe stellt sich zügig mit einem Schritt in Gang A oder in Gang B und zeigt, ob der Wide Receiver links oder rechts lang muss. Die Spieler sind gezwungen, rechtzeitig zu reagieren. Ist Gang A zu, müssen sie erneut cutten, um durch Gang B zu laufen. Ist der Laufweg B blockiert, müssen sie geradeaus, um durch Gang A zu laufen. Die Anzeige der Laufwege soll schnell erfolgen, sodass die Spieler nicht ins Straucheln kommen.

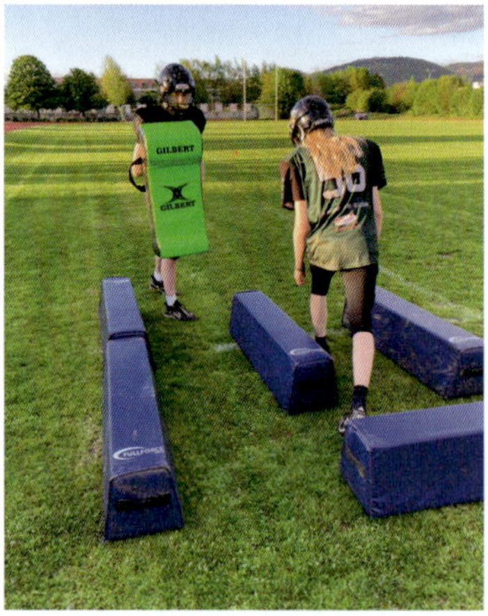

Abb. 136: Es wird dem Athleten angezeigt, welcher „Laufweg" zu ist.

Coaching Points:

» Richtiger Stance & Start

» Sauberer Cut zu Beginn

» Armarbeit

» Reaktionsschnelligkeit und das richtige Lesen, welcher Laufweg sich öffnet oder schließt

Wiederholung: 5 Durchläufe pro Spieler

Geschwindigkeit: Zu Beginn sind die Spieler den Drill nur mit 50 % Geschwindigkeit gelaufen und haben sich auf die technischen Aspekte konzentriert. Wenn der Drill öfter durchgeführt wurde, kann er variiert werden.

In Kombination mit einem Pass und dem Hinzunehmen des Quarterbacks:

Material: Das Material mittig auf dem Feld aufbauen bzw. mit so viel Platz, dass auch noch links und rechts Platz ist, um auf eine Route zu gehen.

Wenn die Spieler durch den Gang gelaufen sind, können sie einen Cut links oder rechts setzen, um auf eine kurze Laufroute zu gehen (5 and in oder 5 and out). Die Helfer stehen dabei in der Nähe des Laufweges und können den Spielern einen kleinen Bump an die Schulter oder an die Arme geben. Diese Bumps sollen den „Traffic/Pressure" auf den kurzen Routen bzw. in den ersten 10 Yards simulieren. Der Ball wird ihnen rechtzeitig vom Quarterback zugepasst. Der Drill kann auch ohne Bumps durchgeführt werden und dafür können andere Laufrouten gewählt werden.

Coaching Points: Der Drill trainiert viele Aspekte gleichzeitig und fordert die Spieler in ihrer Konzentration. Sie müssen eine nach der anderen Aufgabe umsetzen und dürfen nie den Fokus für das spätere Fangen verlieren. In einer Spielsituation sind sie häufiger gefordert, Cuts zu setzen, sich freizulaufen und nie die Konzentration für den späteren Catch zu verlieren.

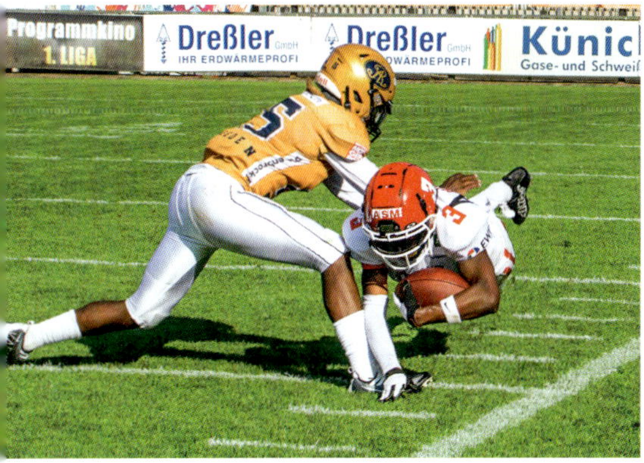

Abb. 137: Spieler nach dem Catch (© Thomas Iden-Korjahn)

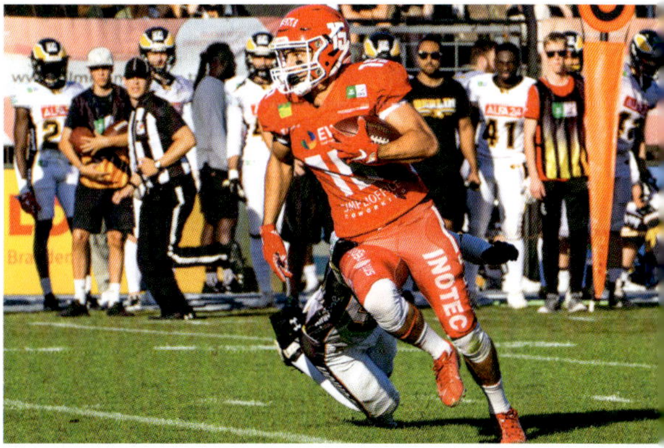

Abb. 138: Der Spieler macht weiteren Yardgewinn nach dem Catch. (© Thomas Iden-Korjahn)

8.4 RUNNINGBACKS

Die Position der Runningbacks ist durch mehrere Anforderungen geprägt. Es gehört Schnelligkeit, Beweglichkeit, Ausdauer und Kraft dazu. Je nach Philosophie eines Teams werden sie hauptsächlich für den Lauf eingesetzt oder erhalten u. a. als zusätzliche Option den Ball durch einen Pass. Mit jedem Spielzug können die Aufgaben eines Runningbacks unterschiedlich sein, so kann er als zentraler Vorblocker dienen und auch eine Funktion bei Trick Plays erhalten, indem er verschiedene Täuschungsmanöver durchführt oder selbst den Ball passt. Sie müssen somit über eine hohe Reaktions-, Orientierungs- und Umstellungsfähigkeit verfügen. Mental sollten die Ballträger eine große Durchsetzungsfähigkeit, einen starken Willen, aber auch eine gewisse innere Ruhe besitzen. Die unterschiedlichen Anforderungen widersprechen sich nicht. Ein Runningback sollte immer den Drang nach vorne haben, dazu benötigt er aber auch die innere Ausgeglichenheit, es aushalten zu können, dass sich ein Lauffenster erst kurz vorher öffnet, zum Beispiel in der Offensive Line. In der Position selbst wird zwischen „Fullback" und „Halfback" unterschieden. Den beiden Funktionsformen werden besondere Aufgaben und Merkmale zugeordnet. Der Fullback besitzt eine kräftigere Figur und hat zentral gesehen, die wichtige Funktion „vorzublocken". Er kümmert sich hauptsächlich, je nach Formation, um die Mitte. Hat er den Ball, gehen seine „Laufwege" zumeist durch die Mitte. In der Regel werden durch ihn wichtige Kurzstrecken überbrückt, um zum Beispiel das nächste First Down zu schaffen oder eine bestimmte Strategie an Spielzügen durchzuführen. Bei Passspielzügen wiederum unterstützt er mit seinen starken Blocks, kann jedoch – falls vorgesehen – auch den Ball über ein Audible erhalten. Der Halfback ist in seiner Statur schmaler gebaut und überzeugt durch seine Wendigkeit und seine Agilität. Neben der Mitte laufen die Halfbacks häufiger über die Flanken. Blockaufgaben sollten, falls diese erforderlich sind, genauso gut beherrscht werden. Sie setzen durch ihre Schnelligkeit und wenn sie erstmal ein offenes Fenster gefunden haben deutlich mehr Yards um, besonders, wenn einzelne Spielzüge zusammen mit dem Fullback als Vorblocker durchgeführt werden.

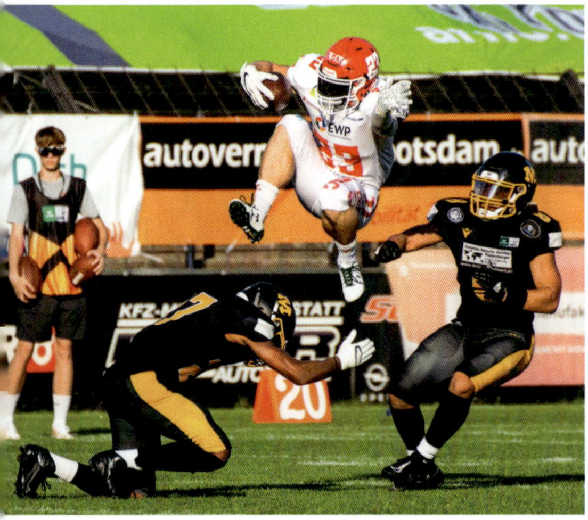

Abb. 139: Ein Runningback springt über einen Verteidiger. (© Thomas Iden-Korjahn)

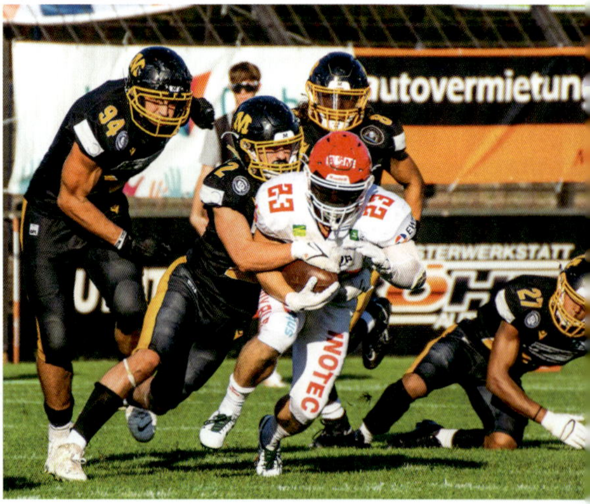

Abb. 140: Der Runningback wird gestoppt. (© Thomas Iden-Korjahn)

In Bezug auf den „Fullback" gibt es unter Trainern und durch aktuelle Tendenzen unterschiedliche Ansichten. Einige Trainer unterstützen die Position und halten an ihr fest, andere wiederum prophezeien der Position einen leichten Rückgang. Ebenfalls wird zur Zeit der moderne Begriff „Blocking Back" verwendet. Zu den Grundlagen jeden Runningbacks gehören: Stance & Starts, Footwork & Running, Balance/Vision and Adjustments, Blocken in Run- und Passsituationen und ganz primär die Ballannahme und das Ballhandling.

Letzteres sollte regelmäßig, umfangreich und detailliert trainiert werden. Damit lassen sich in jeglichen Situationen „Fumble" vermeiden. Abwechslung und neue Impulse sind unverzichtbar, sie erschaffen unterschiedliche Situationen und trainieren das „Lesen" und das mentale Selbstbewusstsein. Generell ist der Quarterback für eine korrekte Ballübergabe verantwortlich, der Runningback muss ihm jedoch gleichermaßen zuarbeiten und eine gute „Pocket" bilden. Die Position widmet sich auch diversen Techniken und Taktiken, die je nach Philosophie eines Teams unterschiedliche Gewichtungen einnehmen können. Zu den Basics gehören Dives, Sweeps, Power, Counter, aber auch Trick-Plays, in denen „Handoff"-Fakes benötigt werden. Ein Runningback sollte unterschiedliche Blockarten beherrschen können sowie einen Isoblock, Leadblock, Kickout Block und Cutbacks.

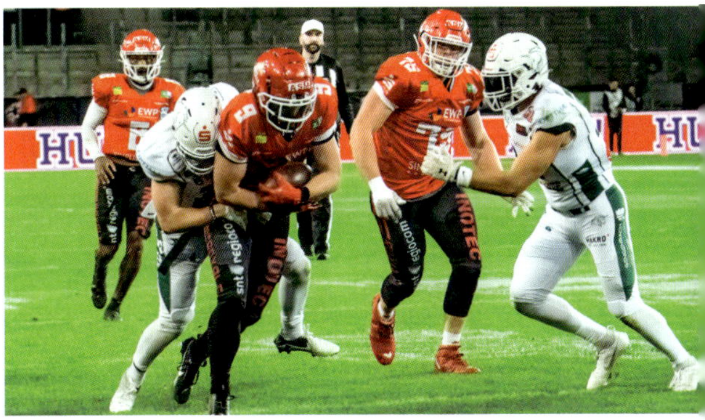

Abb. 141: Der Ballträger wird getackelt, wichtig ist, nach vorne zu fallen bzw. zu versuchen, immer weiter in Bewegung zu bleiben, um noch weiteren Yardgewinn zu machen. (© Thomas Iden-Korjahn)

DIE AUFGABEN EINES RUNNINGBACKS IM ÜBERBLICK

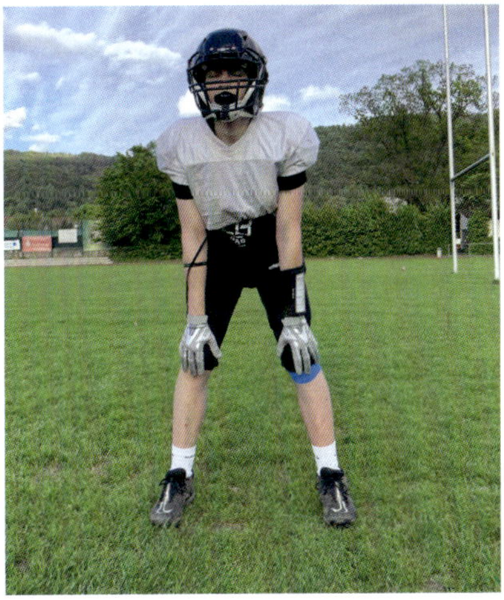

Abb. 142: Two Point Stance

STANCE & STARTS

Wie bei den Wide Receivern nimmt auch bei den Runningbacks der Stance einen wichtigen Rahmen ein. Runningbacks stellen sich im Two Point Stance oder im Three Point Stance auf.

Two Point Stance

Dabei sind die Füße parallel und schulterbreit und mit Blick auf die LOS/Line of Scrimmage. Die Hüfte und die Knie sind leicht gebeugt und der Oberkörper ist gerade. Der Blick geht geradeaus und richtet sich auf den Gegner.

Three Point Stance

Die Füße stehen parallel mit dem Blick zur LOS. Dabei geht er richtig herunter in die Knie und verteilt sein Gewicht gleichmäßig. Eine Hand bleibt oben und wird am Körper gehalten. Der Rücken ist parallel zum Boden und das Gesäß ist höher als die Schulter. Der Kopf schaut gerade aus und richtet sich auf den Gegner.

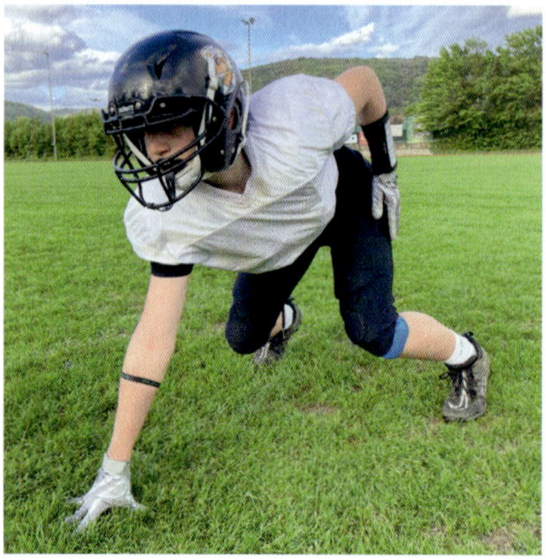
Abb. 143: Three Point Stance

Die Starts kommen so kraftvoll, schnell und möglichst tief. In der Regel startet man mit dem Fuß, in welche Richtung der Spielzug geht. Bei einem Sweep überkreuzt sich der erste Schritt und bei einem Counter und bei Zone werden die ersten Schritte mit anderen Winkeln gesetzt und gestartet.

Ein Runningback beobachtet die Defense, seine Mitspieler und welche Blocks sie setzen. Aus diesen Blocks entwickeln sich die „Fenster" mit den späteren möglichen Laufwegen. Dabei läuft er gleichzeitig am Quarterback vorbei und bekommt den Ball in seine „Pocket" gelegt. Die Kunst liegt darin, so lange wie möglich auf die Blocks der Mitspieler zu vertrauen und es bis kurz vor knapp auszuhalten. Jedoch sollte er auch schnell und flexibel sein, um anders zu reagieren, sollte ein Fenster ggf. dauerhaft blockiert sein.

BALLANNAHME UND BALLHANDLING

Die Pocket:

Von der Größe sollte sie so groß wie möglich sein.

Der Insidearm/der nähere innere Arm zum Quarterback muss bis auf die Höhe der Schulter gehoben werden. Die Winkel des oberen Armes bis zur Schulter und der Winkel des Ellenbogens sollten 90 Grad betragen. Der Daumen der oberen Hand sollte senkrecht nach unten zeigen, dadurch wird das Öffnen des Ellbogens noch präziser unterstützt. Der untere Arm liegt am Körper auf Höhe des Bauchnabels an.

Die untere Hand zeigt nach oben und zeigt nach außen. Die Finger beider Hände zeigen auseinander. Wenn der Ball mit Druck an den Bauch kommt, werden die Arme sofort geschlossen. Stellenweise spürt man die Finger des Quarterbacks, dieser sollte den Ball erst loslassen, wenn er sicher übergeben wurde.

Allgemeine Ballsicherheit:

Die Zeigefinger liegen oberhalb bzw. seitlich der Spitze des Balls, der Mittelfinger unterhalb der Ballspitze. Im Bereich der Zeigefinger gibt es unterschiedliche Traineransichten. Manche coachen, dass die Zeigefinger oberhalb der Spitze liegen dürfen, andere favorisieren das seitliche „Liegen" der Finger. Der Hintergrund ist, möglichen Kontakt durch einen Linebacker und dessen Facemask beim Tackle zu vermeiden und die Finger entsprechend zu schützen. Die andere Seite wird dabei direkt in die Armbeuge gelegt und mit dem Ellenbogen wird er gegen den Körper gedrückt. Der Ball sollte möglichst nie völlig frei auf dem Unterarm getragen und transportiert werden. Bei einem ausstehenden Kontakt sollten sich der andere Arm und die Hand schützend über den Ball legen. Der Ball kann von links nach rechts gewechselt werden. Dabei wird der Arm vorsichtig vor den Bauch gelegt. Der andere Arm legt sich schützend über den Ball, dabei umgreift die Hand den Ball bis sie ihn sicher hat und zieht den Ball auf den anderen Unterarm hinüber.

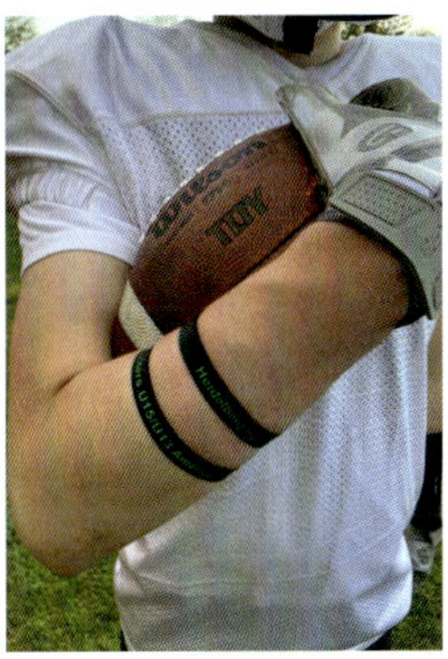

Abb. 144: Ball im rechten Arm

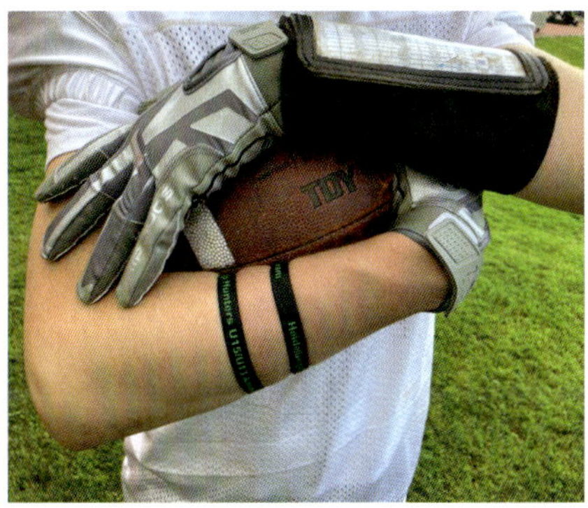

Abb. 145: Ball über die Mitte ziehen

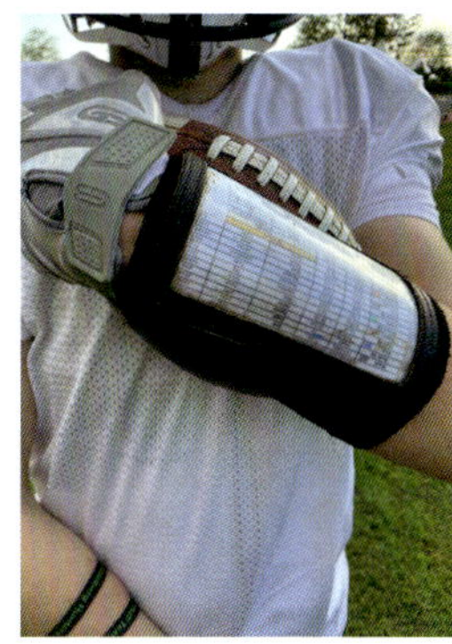

Abb. 146: Ball im linken Arm

Handoff - Täuschungen:

Je nach Spielzug kann mit Täuschungen, sogenannten Fakes, gearbeitet werden. Es wird genauso überzeugend wie bei einem echten Handoff gearbeitet. Je besser die Täuschung dargestellt wird, umso besser ist die Dominanz gegenüber der Defense, die darauf reinfallen sollte. Ein Kriterium ist dabei der Zeitpunkt der Armbewegung. Der Runningback führt seine Arme später als bei einem normalen Handoff zusammen. Dadurch kann der Quarterback den Ball müheloser wieder aus der Pocket herausziehen, um mit dem Ball selbst zu laufen, ihn als Pass anzubringen oder ihn in einem Trickspielzug zu verwerten.

MERKE:
Wie das Fangen bei den Wide Receivern benötigen die Ballannahme und das Ballhandling eine dauerhafte Übung. Trockenübungen und regelmäßige Wiederholungen mit dem Quarterback werden manchmal als mühselig empfunden und es wird ggf. darauf verzichtet. Eine routinierte Ballübergabe muss stetig geübt werden, da sie je nach Größe der Quarterbacks und Runningbacks leicht variieren können. Quarterbacks und alle Runningbacks eines Teams müssen diese Situation wie im Schlaf beherrschen.

RENNEN MIT DEM BALL

Das höchste Gebot ist, den Ball nie zu fumbeln, die Sicherheit rund um den Ball steht an erster Stelle. Es müssen nicht nur die Übergabe, sondern auch das Rennen mit dem Ball trainiert werden. Viele Coachs sehen es als Kriterium an, den Ball nur auf der Außenseite zu tragen. Diese Außenseite ist abhängig davon, in welche Richtung gespielt wird. Einfacher ist die Regelung, den Ball immer weg vom Defender zu tragen, d. h., kommt der gegnerische Linebacker von rechts, trägt der Runningback den Ball links und umgekehrt. Es soll vermieden werden, dass der Linebacker den Ball aus der Armbeuge schlägt. Das Wechseln des Balls von rechts nach links und eine Variation an Trockenübungen und „Highspeed"-Übungen sollte gegeben sein. Einige sehen im Wechsel bereits eine Gefahr und befürworten diese Variante nicht unbedingt. Sie lassen die Spieler selbst entscheiden, wie sie es möchten und am besten können. Die Spieler sichern den Ball jedoch anderweitig vor dem Kontakt, indem sie beide Arme über den Ball legen.

FOOTWORK & RUNNING

Ein Runningback gibt von Anfang an 100 Prozent Speed, er bremst nicht ab. „You don't run to somebody, you run through somebody." Dennoch gibt es bestimmte Möglichkeiten auszuweichen und dadurch weiteren Yardgewinn zu erzielen. So gibt es zum Beispiel die „Cut-Technik", bei der eine Seite fokussiert und angetäuscht wird, aber der eigentliche Laufweg geht genau auf der anderen Seite entlang. Des Weiteren gibt es noch die sogenannte „Spin-Technik". Es wird eine bestimmte Schulterseite des Gegners anvisiert, möchte er zum Beispiel links vorbei, blickt er auf die linke Seite des Gegners und hat den Kopf rechts von ihm. Sobald der linke Fuß den Boden berührt, dreht er in einer 360-Grad-Drehung und läuft links am Gegner vorbei. Er sollte so tief sein, um nicht vom Gegner umfasst zu werden. In der Regel sollte das Cutten und eine saubere Beinarbeit regelmäßig trainiert werden, dazu ist es auch möglich, Einheiten mit den Wide Receivern zusammen zu legen.

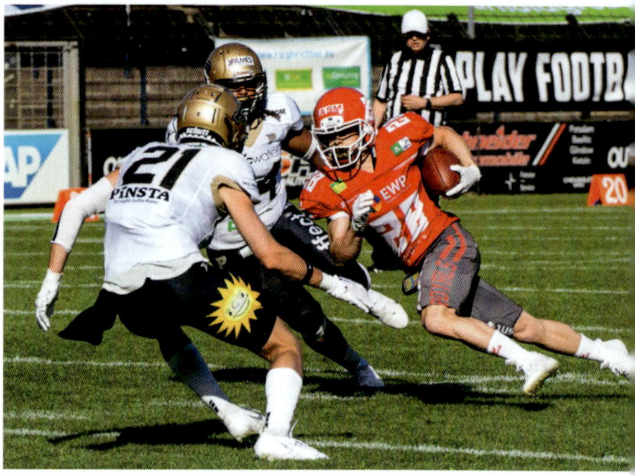

Abb. 147: Runningback im Run (© Thomas Iden-Korjahn)

BALANCE

Die Balance ist für den Runningback elementar. Es beschreibt den Zustand, wie lange ein Runningback auf den Füßen bleiben kann, wenn er im Kontakt ist. Manche Runningbacks fallen gleich um, andere machen noch etliche Yards, bis der Runningback zu Boden geht. Diese Balance muss ebenfalls trainiert werden, um sie Schritt für Schritt auszubauen. Wichtig sind eine hohe und gute Körperspannung, die durch zusätzliches Krafttraining verbessert werden kann.

VISION AND ADJUSTMENTS

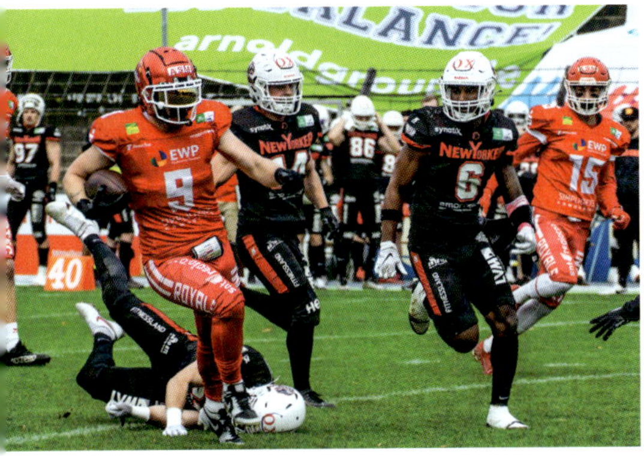

Abb. 148: Ein Verteidiger prallt beim Runningback ab. (© Thomas Iden-Korjahn)

Runningbacks müssen gut lesen können, damit sie erkennen, wo und wann sich ein Fenster für sie öffnet. Manchmal müssen sie bis zum letzten Moment warten und müssen somit auch Geduld und eine positive Einstellung mitbringen. Teilweise sind die Gaps, durch die ein Spielzug läuft, schon vorher bekannt und ein Runningback kann darauf vertrauen, dass ihm der Offensive Lineman den Weg frei macht. Hin und wieder können unvorhersehbare Dinge passieren, zum Beispiel, dass ein Lineman im Block abrutscht und den Defender nicht so lange beschäftigen kann, wie er es eigentlich sollte. In diesen Spielmomenten muss er bereit sein, flexible Entscheidungen zu treffen, um noch so viel Yard wie möglich umzusetzen. Dazu gehört ein detaillierter Gesamtblick und das sofortige Bereitsein zu cutten, um womöglich ein anderes freies Gap zu finden *(siehe 8.) Colby, 2013, Seite 90ff.)*.

BLOCKEN IN RUN- UND PASSSITUATIONEN

Je besser geblockt wird, umso besser kann ein Spielzug verlaufen. Kraftvolle Blocks können häufig weitere wichtige Yards bringen, wenn ein Runningback vorab nicht aufhört.

Wenn der Runningback den Ball hat, sollte er mit dem Ball nach vorne fallen und nie nach hinten. Auch das Fallen bei einem Tackle oder bei einem Kontakt mit dem Ball sollte entsprechend trainiert werden. Wenn ein Ballträger in den Kontakt geht, sollte er den Ball schützen, stetig die Beine bewegen und versuchen nach vorne zu fallen, umso noch weitere wichtige Yards umzusetzen.

In der Praxis gibt es eine Vielzahl an Blockarten, die kontinuierlich erlernt und gelernt werden. Dabei unterscheidet man, ob die Blocks bei einem Run oder bei einem Pass eingesetzt werden. Nicht jeder Block wird gebraucht und ist abhängig vom gespielten Schemata der Offense, gewissen Vorlieben und der Situation selbst.

Bei Runs ist der „Isolations-"Block sehr bekannt und wie das Wort verrät, soll über den Block ein bestimmter Spieler isoliert werden, um ihn so in einer Mann-gegen-Mann-Situation aufzunehmen und zu blocken. In diesem Fall lässt die Offense Line bewusst einen Spieler der Verteidigung über, dass der Runningback ihn nach hinten schiebt. Bei einem „Lead Draw Block" geht der Runningback zu einem festgelegten Verteidiger und blockt diesen. In einem Kickout-Block werden Blocks bei den Spielern an der Außenseite durchgeführt, also Defense Ends oder Outside Linebacker. Die Hauptaufgabe liegt darin, die Spieler nach außen zu bekommen, um innen Raum für den Spielzug zu machen. Es sollte immer wieder versucht werden, dabei die Innenseite des Gegners anzupeilen. Je nach Spielsituation ist zu beobachten, dass die Verteidigung bewusst den inneren Raum verteidigt, dann sollten die äußersten Spieler ebenfalls nach innen geblockt werden, um die Außenseite für den Verlauf des Spielzugs zu öffnen. In einem „Fake und Block" wird ein Fake-Handoff angetäuscht und der Spieler führt direkt danach seine Blockaufgaben durch. Bei einem Leadblock wird bei einem Laufspielzug bewusst ein Defensespieler geblockt. Bei Pass Blocks gibt es den Pass Pro Block, das heißt, bei Dropback-Pässen beschützt der Runningback bewusst den Quarterback, indem er sich zwischen die Verteidiger und Quarterbacks bringt, sodass dieser in Ruhe passen kann. In der Blocktechnik gleicht er sich der Offensive Line an und übernimmt diese. Zuletzt gibt es den Check Release, das heißt, ein Runningback achtet besonders auf einen bestimmten Defense Spieler. Wenn dieser Anstalten macht, einen „Passrush" durchzuführen, muss der Runningback ihn blocken. Wenn er es nicht tut, kann der Runningback seiner regulären Aufgabe im Spielzug nachkommen.

TOSS UND OPTION PITCH

Bei den Runningbacks gibt es zwei klassische Lateral-Pässe, den Toss und den Option Pitch. Es ist Geschmacksache, wie oft und wie häufig diese Pässe bei den einzelnen Teams gespielt und umgesetzt werden. Bei den Pässen wird der Ball bei einem Toss nicht wie in einem normalen Pass geworfen, sondern mit beiden Händen unterhalb gefühlvoll zugeworfen. Der Toss wird meistens gespielt, wenn der Quarterback „Under Center" steht. Der Runningback läuft so schnell wie möglich weg vom Defender und er hat den Blick zum Quarterback. Dieser nimmt nach dem Snap den Ball, geht 1-2 Schritte Richtung Runningback und wirft den Ball mit beiden Händen unterhalb des Runningbacks zu. Dabei wirft er den Ball ein wenig vor den Runningback, sodass dieser ihn gut fangen kann. In der Regel besteht ein Abstand von 5-7 Yards und es gibt zwei differenzierte Arten, den Toss zum Runningback zu bringen. Mit dem Spin Toss dreht sich der Ball, wenn er zum Runningback geht und er hat mehr Power und ist schwieriger zu fangen. Bei einem Dead Spin wird der Ball nur so zugeworfen, er ist wesentlich langsamer. Beide Varianten können genutzt werden. Wichtig ist jedoch, wenn der Ball nicht gefangen wird, ist er hinter der Line of Scrimmage ein „freier" Ball, d. h. die Defense kann sich das jederzeit zunutze machen *(siehe 13.) Myers 2007, S. 224)*.

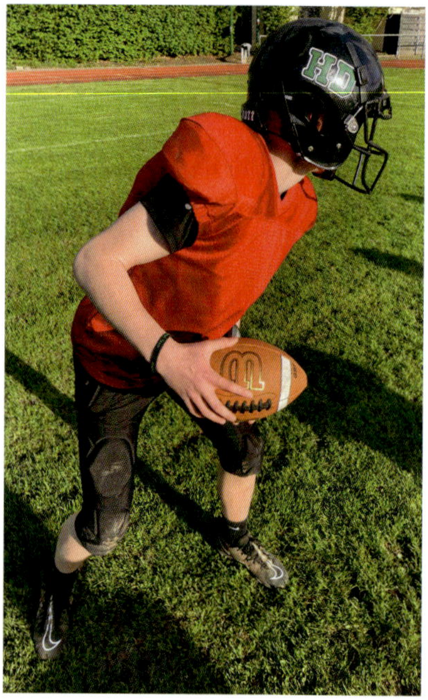

Abb. 149: Toss vom Quarterback

Die Idee des Option Pitch ist es, wie das Wort schon sagt, eine weitere Option oder Variante im Spiel zu haben. Das ist es besonders hilfreich, um gegen eine starke Defense anzukommen und auszuprobieren, welche weitere Strategie verwendet werden kann. Bei einem Option-Spielzug laufen der Quarterback und der Runningback versetzt – in Richtung Außenlinie. Der Runningback ist 3 Yards weiter außen und ca 4-5 Yards hinter dem Quarterback. Der Runningback läuft in die Richtung des Defensiv-Line-Spielers; er hat den Ball gesichert und ist bereit zu entscheiden. Er muss entsprechend schnell die Defense lesen und eine Entscheidung fällen. Reagiert der Defense Line oder auch der Outside

Linebacker auf den Runningback, kann er den Ball behalten und läuft selbst. Reagieren die beiden Spieler jedoch auf ihn und ziehen nach innen, pitcht er den Ball zum Runningback, der demnach über außen zieht *(siehe 8.) Colby, Seite 91 ff.)*.

PRAKTISCHE DRILLS

Im Kapitel zum Zirkeltraining ist schon ein beispielhafter Zirkel mit Runningback-Übungen vermerkt.

ÜBUNG FÜR DEN HANDOFF UNTER ERSCHWERTEN BEDINGUNGEN

Vier Spieler stellen sich hintereinander mit einem Abstand von ca. 2 Yards zum Vordermann auf. Jeder hält einen Ball vor sich. Dahinter steht mit einem Abstand von 5 Yards und Sicht auf die Rücken der Spieler, der Runningback. Er hört vom Coach nur, ob er rechts oder links an der Reihe vorbeilaufen soll. Vorher hat der Coach mit den vier Spielern vereinbart, welcher Spieler der Reihe den Ball seitlich raushält, sodass der Runningback ihn sofort per Handoff annehmen muss. Der Runningback läuft los. Er weiß zu Beginn nicht, ob er von Spieler eins, zwei, drei oder vier den Ball erhält.

Variationen:

» Vom Tempo erst mit 60 % beginnen und dann langsam steigern.
» Abstände der vier Spieler zueinander verringern.
» Mehr Spieler dazu stellen (6-8 Spieler).

Zielsetzung:
In einer regulären Spielsituation wissen die Runningbacks, von wem sie den Ball bekommen. Jedoch kann es, je nach Druck auf den Quarterback, oder einem schlechten Snap vom Center zum Quarterback, zu Verzögerungen in allen weiteren Abläufen kommen. Mit diesem Drill trainieren die Runningbacks das schnelle Starten und dass sie vor keiner Übergabe abbremsen sollen. Sie erhalten weitere Sicherheit und können ihre Reaktionsfähigkeit trainieren.

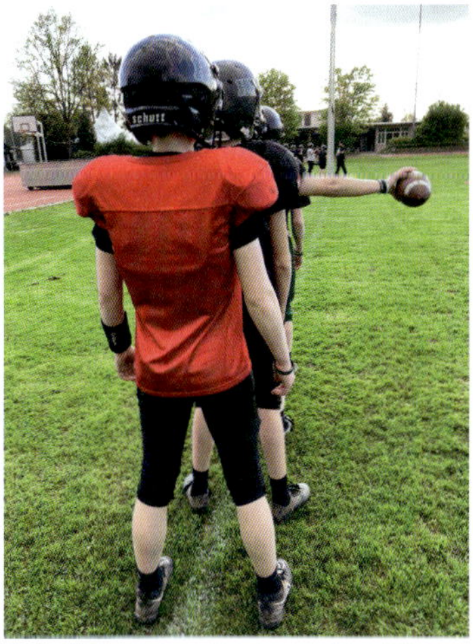

Abb. 150: Der Ball wird von Durchgang zu Durchgang von einem anderen Spieler seitlich rausgehalten.

Wiederholung: 5 x pro Spieler

Coaching Points:

» Korrekte Ballannahme links und rechts
» Reaktionsfähigkeit: kein Abbremsen
» Sicherheit, auch nicht perfekte Annahmen zu meistern

ÜBUNG ZUM BALLHANDLING

Alle Runningbacks stellen sich an die Linie. Jeder Runningback hat einen Ball in der Hand. Auf Kommando trippeln sie auf der Stelle, sie wechseln den Ball dabei von rechts nach links. Auf „Stopp" verharren sie im Stand und haben den Ball sicher auf einer Seite im Arm liegen. Beim Wechseln des Balls darauf achten, dass die Spieler den Ball sicher im Arm halten. Die andere Hand greift zur hinteren Spitze und zieht den Ball am Bauch entlang in die Armbeuge. Die untere Hand unterstützt dabei führend und wird erst entfernt, wenn der Ball wieder sicher in der anderen Armbeuge liegt.

Wiederholung: 8 x, dass der Ball jeweils 4 x auf jeder Seite fest im Arm liegt.

Variationen:
Die Spieler trippeln weiter auf der Stelle, auf den Zuruf „Kontakt" müssen sie sofort den zweiten Arm auf den Ball legen und ihren Schwerpunkt, den Oberkörper senken. Kurz danach gehen sie wieder hoch, trippeln weiter auf der Stelle und wechseln den Ball vor sich, weiterhin zwischen rechts und links.

Weiterhin werden 2 Farbkarten hinzugenommen (zum Beispiel blau und grün). Einer Farbe wird eine bestimmte Seite zugeordnet. Blau ist rechts, grün ist links. Die Spieler müssen auf mehrere Kommandos reagieren, nicht nur auditiv, sondern auch visuell. Sie trippeln weiter, auf Kommando müssen sie den Ball bei Zuruf „Kontakt" mit beiden Armen kurz sichern oder beim Zeigen einer Farbkarte zum Stehen kommen und den Ball genau auf dieser Seite entsprechend halten.

Coaching Points:

» Korrektes Wechseln des Balls
» Korrektes Halten des Balls
» Reaktionsfähigkeit

BALLHANDLING IM LAUF/UNTER RENNEN

Das Wechseln der Tragseite soll auch unter Bewegung, dem Rennen, stattfinden. Die Runningbacks stellen sich in einer Reihe auf, auf der anderen Seite steht der Coach in einer Entfernung von 20 Yards. Die Spieler müssen auf ihn zulaufen und auf dem Weg mindestens 5 x die Tragseite des Balls gewechselt haben. Kurz vor Erreichen des Coachs, bekommen sie eine Seite per Handzeichen angezeigt. Auf dieser jeweiligen Seite müssen sie vorbeilaufen und der Ball sollte sich entsprechend auf der Außenseite befinden.

Coaching Points:

» Korrektes Wechseln des Balls beim Rennen und Bewegung

Arbeitsteilung ist bei einigen Teams an der Tagesordnung. Es gibt Teams, die Runningbacks ausschließlich für den Run einzusetzen. Jedoch gibt es auch Teams, die in ihren Runningbacks Routen einbauen, sodass eben auch das Fangen einen wichtigen Bestandteil einnimmt. Es ist sinnvoll, auch immer wieder Trainingssequenzen einzubauen, indem Runningbacks und Wide Receiver zusammenarbeiten.

Wide Receiver und Runningbacks sollten mit jedem Snap kraftvoll nach vorne starten, es soll kein Hinweis erhalten sein, ob sie auf eine Route gehen oder einen Gegenspieler blocken möchten. Kleinste Fehler beim Start können der Defense einen Vorteil verschaffen. Ebenfalls sollte von jedem einzelnen Spieler im Team die Block-Aufgabe ernst genommen und entsprechend positiv umgesetzt werden. Ein ordentlich ausgeführter Block von allen beteiligten Spielern führt zu einem allgemein guten Raumgewinn.

ÜBUNGEN FÜR STANCE & START

Es ist von Vorteil, den kraftvollen Start und das sogenannte „Pokerface" zu trainieren, damit die Defense nicht einsehen kann, ob es ein Run oder ein Pass wird. Dazu eignen sich kurze Einheiten, indem Trainer zum Beispiel auf Pfiff oder Count aus unterschiedlichen Startpositionen starten lassen, wie zum Beispiel: auf den Knien sitzen, auf dem Bauch liegen, auf dem Rücken liegend, auf einem Bein stehen usw.

Coaching Point: Die Spieler sollen immer eine Stelle vor sich auswählen, die sie fixieren und sollen vom Tempo immer gleich stark und schnell starten und ca. 10 Yards rennen. Das Starten aus unterschiedlichen Positionen macht sie sicher. Die Stelle, die sie fixieren, sollte nicht die Stelle sein, in der sie später einen Cut setzen. Vielmehr sollten sie mit den Coachs trainieren, wie sie ihre Pre Snap Reads mit einer guten Strategie machen können, ohne sich zu verraten. Diese Reads sollten enthalten: Wie viele Safeties und welche Alignments haben sie?/Wo stehen die Linebacker und wo ist ggf. der Strong Safety/Welche Alingments zeigt der Cornerback? Die Trainer sollen dabei ganz bewusst auf die Körperhaltung und auf den möglich starren Blick und den Pre Snap Read achten.

ÜBUNGEN UND FUNDAMENTALS ZUR BLOCK POSITION

Auf diese entsprechenden Coaching Points sollte geachtet werden:

» Stance des Blockers/Beine schulterbreit und tief
» Tiefe Körperhaltung/Underpadlevel
» Korrekte Armstellung, seitlich im rechten Winkel eng am Körper
» Handstellung, Daumen hoch und Finger zur Seite
» Kopfhaltung, geradeaus, Kopf im Nacken
» Kippen der Hüfte nach vorne

VORÜBUNG MIT SCHWERPUNKT KRAFT

Im Offseason-Training können auch verschiedene wichtige Inhalte miteinander kombiniert werden. Einerseits kann zum Beispiel die Technik wiederholt werden in einfachen Durchläufen. Wenn die Spieler die Technik alle gleichermaßen gut beherrschen, können auch weitere Inhalte eingebaut werden, wie zum Beispiel das Thema „Kraft".

In einer Turnhalle oder auf dem Rasenplatz können Medizinbälle mit in das Training eingebaut werden. Die Spieler können diese zum Beispiel vor sich halten und 5 -10 Yards tief mit Powersteps nach vorne laufen.

Es können verschiedene Untergründe hingelegt werden: Weichbodenmatten und normale Matten, über die die Spieler laufen müssen; hier wird die Tiefenmuskulatur zusätzlich trainiert.

Die Spieler stehen sich nun gegenüber. Abstand 50 cm. Die Blocker schieben ihren Gegenspieler jetzt zeitgleich einen Meter nach hinten. Konzentration liegt jetzt auf einer kraftvollen Beinarbeit mit Powersteps und das von unten nach oben gearbeitet wird.

Coaching Points:

» Stance des Blockers (Beine schulterbreit, tief)
» Korrekte Armstellung, seitlich im rechten Winkel eng am Körper
» Handstellung, Daumen hoch und Finger zur Seite
» Kopfhaltung, geradeaus, Kopf im Nacken
» Tiefe Körperhaltung - Underpadlevel
» Kippen der Hüfte nach vorne
» Kraftvolle Powersteps bzw. gute Beinarbeit

Wiederholung
10 x, danach wechseln die Gruppen

Aufbauende Varianten sind auch bei der Blockübung im Kapitel der Wide Receiver zu finden.

Bei den Runningbacks können des Weiteren jede Menge Übungen zum Footwork, Speed und Cutten trainiert werden.

DRILL ZUM CUTTEN

Material: Mehrere Hütchen oder Step Over Dummies

Die Hütchen werden zu mehreren Reihen hintereinander gestellt bzw. die Step Over Dummies werden versetzt hingelegt, wie in der Abbildung dargestellt.

Der Ballträger stellt sich auf die andere Seite. Auf Pfiff rennt er Richtung Hütchen und macht kurz vor den Hütchen/Step Over Dummies den ersten Cut, rennt wieder geradeaus und macht den zweiten Cut. Insgesamt kommt er auf vier Cuts links und rechts.

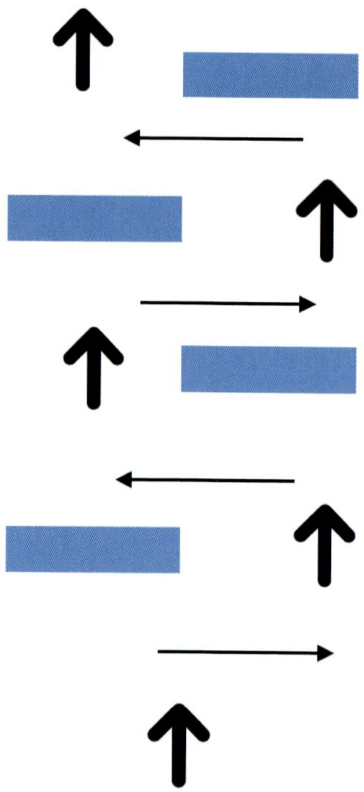

Abb. 151: Aufbau des Drills

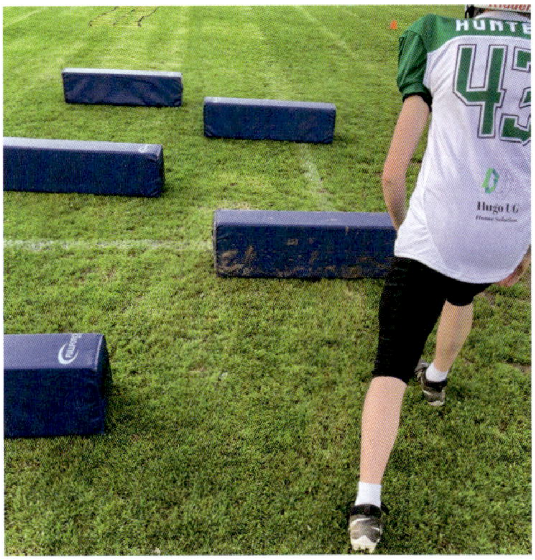

Abb. 152: Start des Drills - der Cut wird gesetzt. Wichtig: Zu Beginn den Drill langsam im Tempo aufbauen.

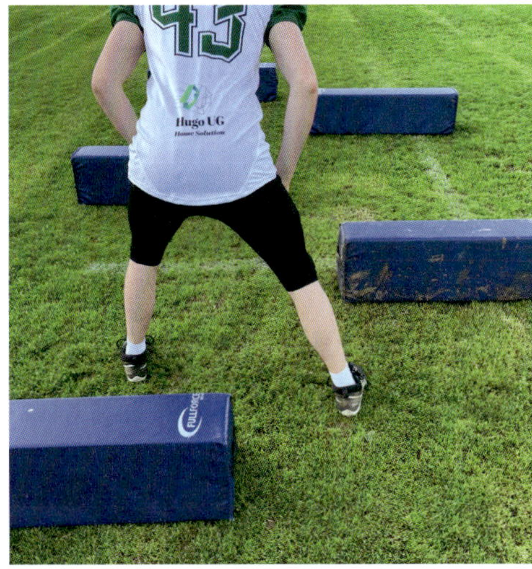

Abb. 153: Der Spieler bewegt sich nun im Gang des Drills.

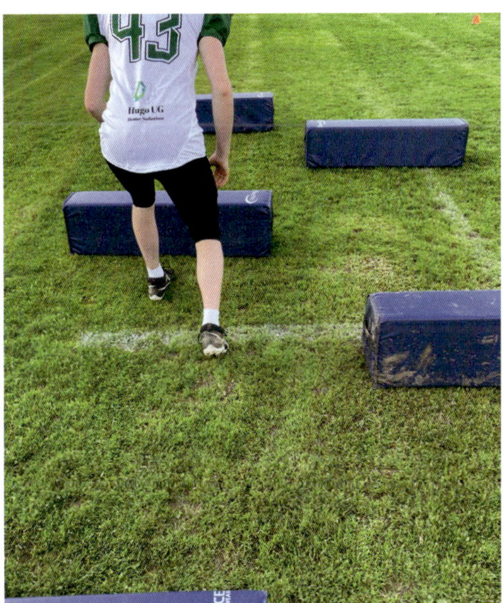

Abb. 154: Er setzt abwechselnd seine Cuts rechts und links.

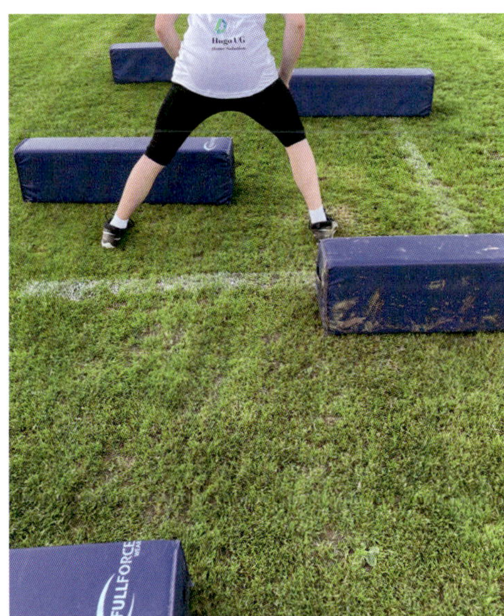

Abb. 155: Am Ende des Gangs angekommen kann er ggf. noch einen Kurzsprint machen.

Coaching Points:

» saubere Beinarbeit
» Schwerpunkt senken vor dem Cut
» Vermeiden von Überkreuzschritten
» Haltung der Knie vor dem Cut

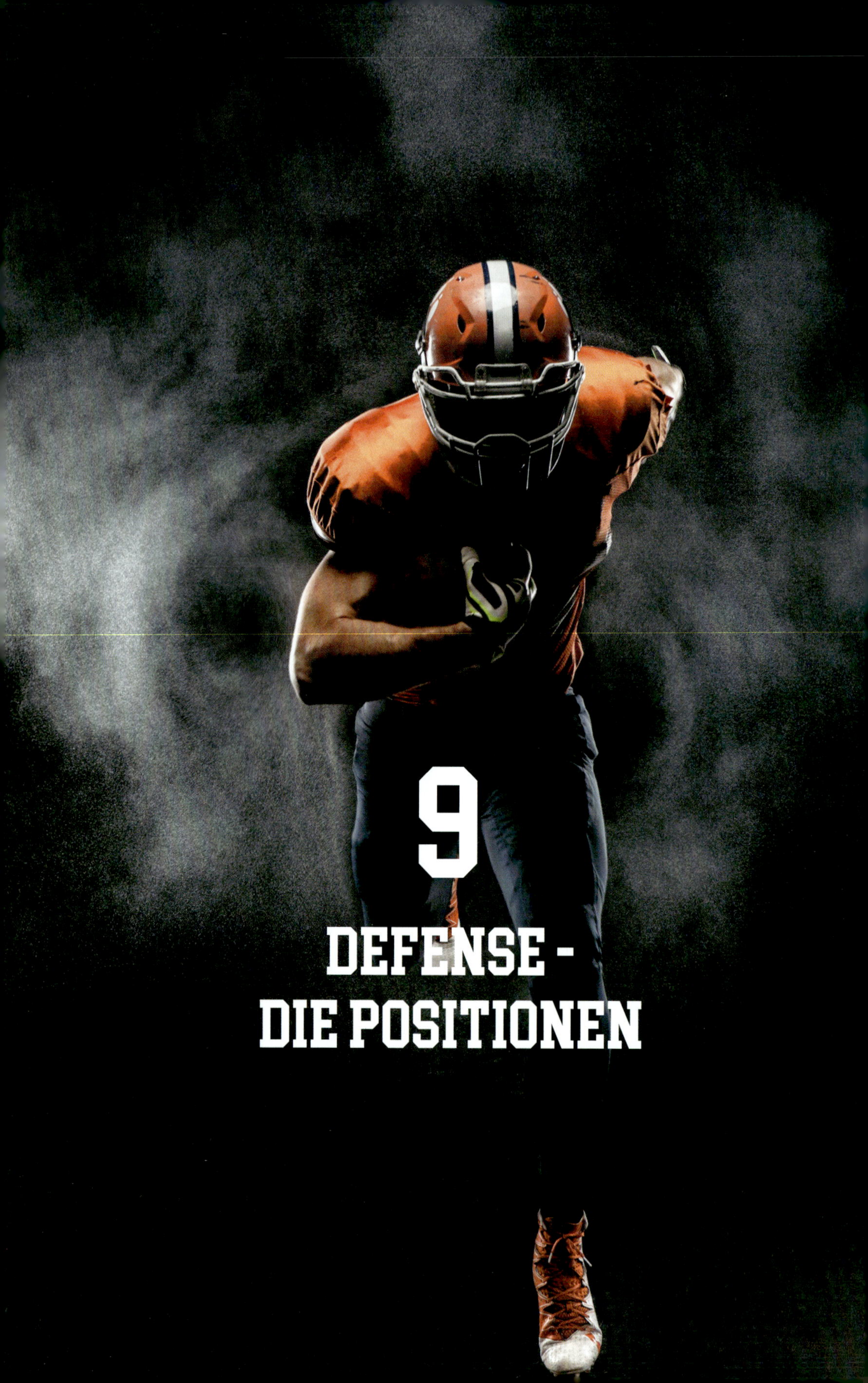

9 DEFENSE - DIE POSITIONEN

Die Defense hat die Hauptaufgabe jeglichen Raumgewinn der Offense sofort zu unterbinden und sie davor zu hindern, Punkte zu machen. Dabei ist die Zielsetzung gar nicht so einfach, denn die Defense ist in einer Position, in der sie reagieren muss. Eine Offense weiß vorab, welchen Spielzug sie spielt und auf welchen Count sie startet. Die Defense muss somit darauf reagieren und das sehr schnell und in einer Einheit. Sie muss somit eine gute Beobachtungsgabe an den Tag legen, indem sie bereits schon vor dem Spielzug liest, was ihr die „Offense" gibt. Spätestens mit dem Beginn des Spielzugs muss sie präsent und am Mann sein, um den Ballträger entsprechend zu stoppen.

Die Defense hat drei große Positionsgruppen:

» Die Defensive Line steht ganz vorne mit ihren Defensive Tackles und Defensive Linemen. Mit den Linebackern in der Box spricht man auch von der sogenannten Front/Front Seven.
» In der Mitte positionieren sich die Linebacker. Sie stehen dabei mittig, rechts und links.
» Ganz außen und ganz hinten spielen die Defensive Backs, die Safeties und Cornerbacks. Sie spiegeln die sogenannte Secondary.

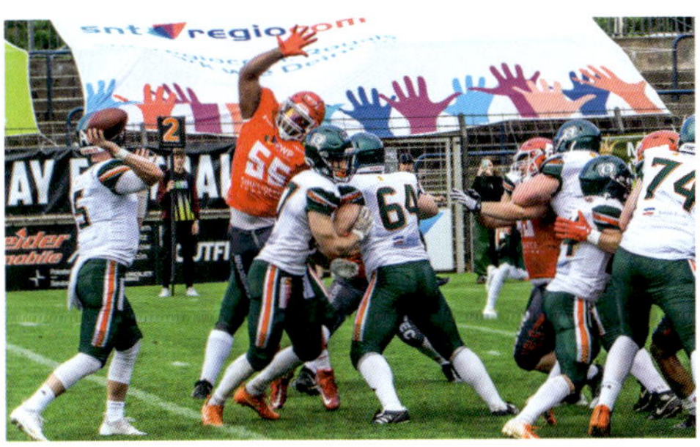

Abb. 156: Defensive Line (© Thomas Iden-Korjahn)

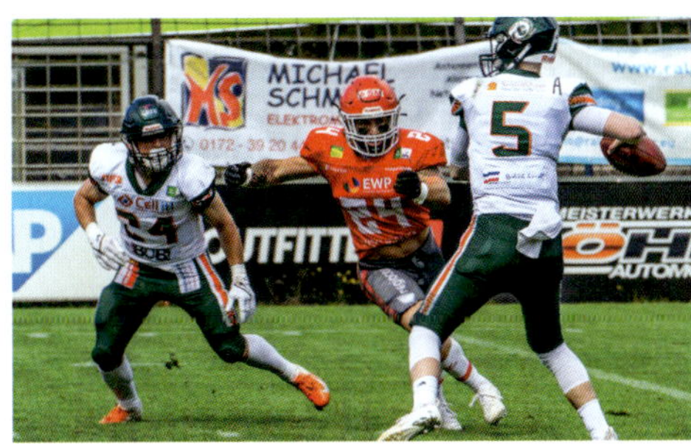

Abb. 157: Linebacker (© Thomas Iden-Korjahn)

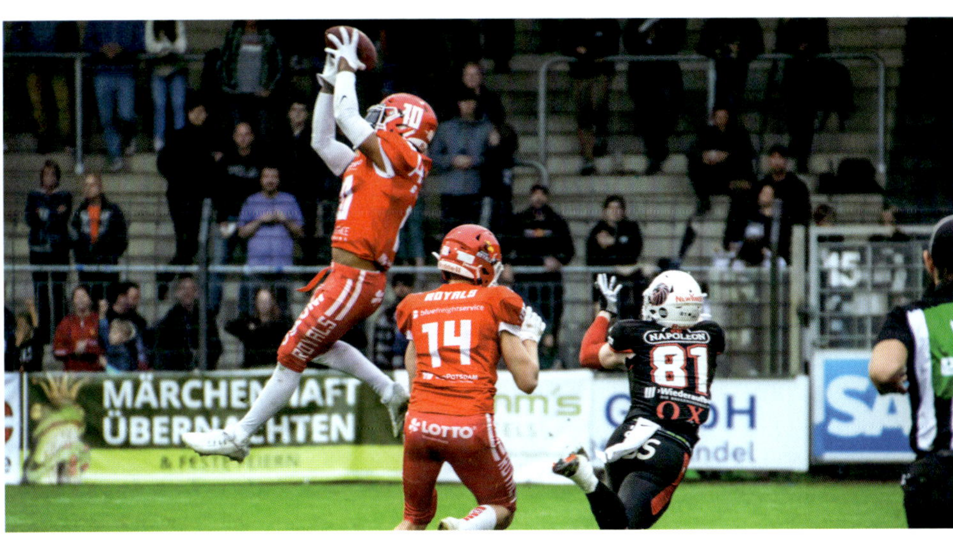

Abb. 158: Die Verteidigung hat den Receiver im Blick für den späteren Tackle. (© Thomas Iden-Korjahn)

9.1 DEFENSIVE LINE

Die Defensive Line ist ein wichtiger Teil der Defense und je besser sie aufgestellt wird, umso effektiver und schneller kann sie den Raumgewinn unterbinden. Je besser sie arbeiten, egal ob bei Run oder Pass, umso schneller wird der Spielzug der gegnerischen Offense bereits verhindert. Je nach Philosophie des Coaches, des Teams aber auch nach Können der Spieler, besteht eine Defensive Line aus 3 - 5 Spielern.

Die Defensive Line positioniert sich direkt an der Line of Scrimmage. Es gibt ein sogenanntes Defensive Line Alignment, d. h., es wird durchnummeriert, damit jeder Spieler weiß, wo seine Verantwortlichkeiten liegen. Jeder Offensive Lineman hat eine Nummer 0, 2, 4, 6, aber auch die Schultern haben eine Nummer 1, 3, 5, 7. Die Nummern stehen dafür, dass man sich Kopf an Kopf oder Schulter an Schulter positioniert bzw. im späteren Spielzug genau weiß, was zu tun ist *(siehe 8.) Colby, 2013, Seite 16)*.

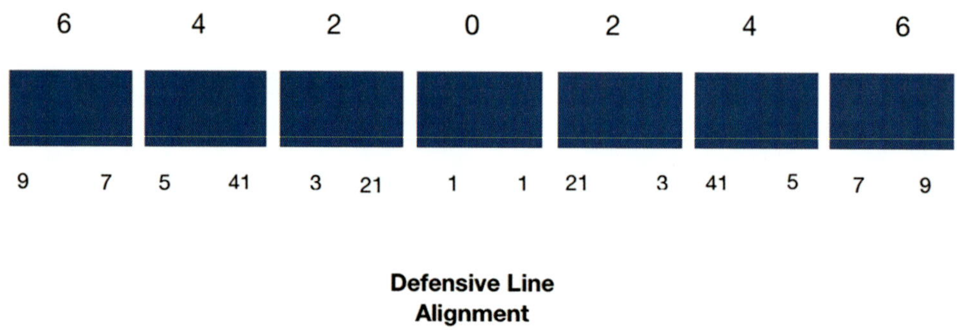

Abb. 159: Aufstellung der Defensive Line

Der Spieler in der Mitte, gegenüber des Center heißt Noseguard, wird aber auch Nosetackle genannt. Die Spieler auf beiden Seiten neben ihm heißen linker bzw. rechter Defensive Tackle, die Spieler, die sich außen positionieren sind die Defensive Ends. Tackles und Ends unterscheiden sich zumeist durch ihre körperliche Statur. Defensive Ends sollten kraftvoll, schnell und sehr wendig sein, mit ihren Stärken sollen sie gerade Runs über die äußeren Flanken verhindern. Im weiteren Verlauf sind sie gefragt, den Quarterback zu bedrängen, bestenfalls zu sacken oder auch um den Ball abzuwehren, zum Beispiel durch Heben der Hand. Defensive Tackles wiederum sind meist etwas schwerer, ihr Hauptschwerpunkt liegt darin, Spielzüge durch die Mitte zu unterbinden, indem sie zum Beispiel Gaps verschließen und keine Laufwege mehr möglich machen. Dabei sind sie vor allem in ihrer Reaktionsschnelligkeit gefragt; sie müssen sofort am Gegner sein, sodass er überhaupt gar nicht sein Blocking Schema etablieren und umsetzen kann. Somit sind die ersten Sekunden die wichtigsten und das herauskommen aus dem Stance darf nicht verzögert sein. Um das schnelle Starten zu beherrschen, ist es somit wichtig, den Spielern immer wieder Übungen mit dem Ball und den entsprechenden Snaps zu präsentieren. Hinzu können aber auch Übungen eingebunden werden, die die allgemeine Reaktionsfähigkeit trainiert, die somit auch einen erheblichen Einfluss auf die Umsetzung der Aufgaben hat. In der Regel werden Defensive Tackels nicht unbedingt für den Pass Rush eingesetzt, aber auch hier ist es die Philosophie des Trainers und hängt ggf. auch mit den körperlichen Voraussetzungen der Spieler zusammen.

Defensive Linemen sollten des Weiteren sehr geschickt mit den Händen umgehen können und sollten gerade in diesem Bereich eine große Stärke aufweisen. Im Spiel sind die Spieler effektiv gefordert, sehr schnell und vor allem kreativ mit den Händen umzugehen und die Arme erst mal zweitrangig zu benutzen. Die sogenannten Punches der Defensive Linemen sind am allerwichtigsten, ein Raumgewinn nach vorne wird verhindert und der zentrale Einsatzort des „Defensive Line"-Spielers wird gewahrt. Mit den Händen wird auch vermieden, dass der Offensive Lineman eine Stelle findet, um seine Blocks effektiv zu setzen. Denn ist der Offensive Lineman überhaupt erst mal am Mann, kostet es noch mehr Aufwand, sich von diesem Block zu lösen oder dem ganzen standzuhalten, sodass kein größeres Fenster frei gemacht wird.

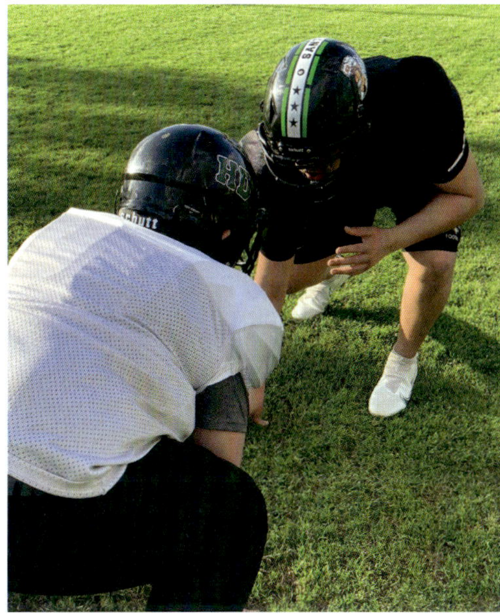

Abb. 160: Der Defensive Lineman steht der Offensive Line gegenüber.

Die Aufgaben erfordern demnach eine mentale Stärke und vor allem die Überzeugung „Nicht mit mir". Dieser Biss muss mit jedem Spielzug mitgebracht werden und vor allem dauerhaft durchgezogen werden. Je Spielverlauf und je nach Talent, kann es sein, dass man von zwei Offensive Linemen in Beschlag genommen wird. Gerade in diesen „2:1"-Konstellationen muss man sich behaupten und es erfordert demnach die entsprechende Kraft und Stärke sowie das richtige „Mindset".

Es werden auch Situationen entstehen, in dem ein Defender zunächst keinen Gegner hat, da das Blocking-Schema der Offense etwas anderes vorsieht. Dann muss dem Defensive Lineman sofort bewusst sein, für wen er im weiteren Falle verantwortlich ist. Gerade jene Situationen werden gerne bewusst eingesetzt, um „Mismatches" in der Line zu kreieren, um Schwachstellen herauszufiltern.

Defensive Ends werden an das Ende der Line rechts oder links positioniert. In der Regel kommt es darauf an, in welchem Abstand sie sich zu ihrem inneren Mitspieler positionieren. Daraus resultieren bestimmte Aufgaben, die sie erfüllen müssen. Stehen sie mehr auf der Höhe der Offensive Linemen, müssen sie sich vor allem kraftvoll behaupten können. Stehen sie eher weiter außen, kommt es auf Schnelligkeit an, da sie häufig den Tight End gegenüber haben werden.

Manchmal können Teams ihre Spieler gar nicht rein nach körperlichen Aspekten auswählen und somit gewinnt das qualitative Spiel noch mal an Bedeutung. Durch eine akkurate Technik kann u. a. ein leichtes Ungleichgewicht ausgeglichen werden und es schützt die Spieler vor Verletzungen. Spieler können sowohl auf der Position des Tackels als auch des Ends ausgebildet werden, um ggf. Personalengpässe zu kompensieren oder auch um ein breites Fachwissen und Transparenz zur kompletten Line zu erhalten. Bei diesem Aspekt müssen die Spieler jedoch ein intensives und detailliertes Fachwissen in der Praxis und Theorie erhalten. Wie auch in jeder Position ist auch der Stance für jeden Spieler die elementare Basis, auf den jede weitere Aufgabe aufbaut. Die „Techniques" sollten Anfängern genau erklärt werden. Sie benötigen Raum zur regelmäßigen Wiederholung und Vertiefung.

DIE AUFGABEN DER DEFENSIVE LINE

STANCE

Die Füße stehen nebeneinander und der Abstand ist in etwa schulterbreit. Größere Spieler und kräftigere Spieler können die Füße etwas breiter auseinander stellen, um einen tiefen und stabilen Stand zu haben. Der Rücken und die Schultern sollten möglichst horizontal zum Boden sein, bevor die Spieler sich hinab in den 3-Punkt-Stand begeben.

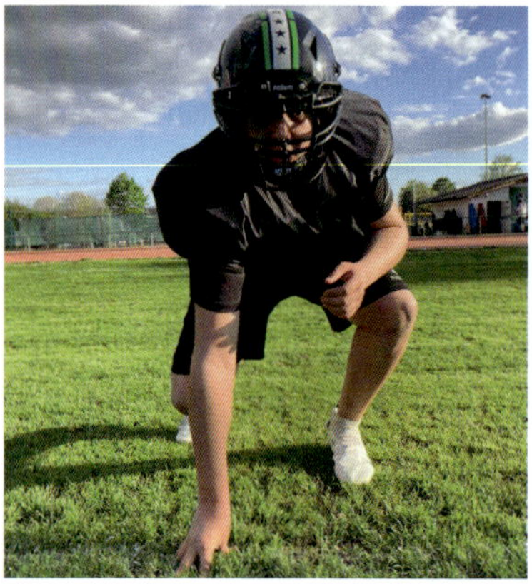

Abb. 161: Stance des Defensive Lineman

Ein Arm wird im Winkel von 45 Grad nach vorne gebracht und das Gewicht wird hauptsächlich auf die Beine und die Arme verlagert. Dabei sollten die Spieler ihre starke Seite kennen und beachten, häufig ist es der rechte Arm. Der Kopf sollte oben gehalten werden, ein Fuß kann noch mal etwas nach hinten gesetzt werden, auch hier sollte die starke Seite beachtet werden. Die Fersen dürfen dabei in der Luft sein, um ein kraftvolles Starten zu unterstützen. Die Spieler sollten ihren Kopf in den Nacken nehmen, sodass sie einen guten Blick auf das Spielfeld haben.

Die Spieler starten den ersten Schritt immer mit einem Powerstep, dabei erfolgt dieser erste Schritt mit dem hinteren Fuß; er soll so weit nach vorne gebracht werden, dass er auf der Höhe der Hand ist, die unten war.

Beide Hände schießen nach vorne, dabei sind die Hände offen und die Daumen zeigen nach oben. Der Blick geht genau auf den Gegner und die Hände werden sofort auf dem Körper des Gegners positioniert. Die Ellenbogen zeigen nach unten, die Daumen nach oben und die Finger nach außen. Die Hände befinden sich auf der Nummer des Gegners. Je schneller die Hände an der Brust sind, umso besser ist die Ausgangslage. Denn eine innere Handposition ermöglicht eine Überlegenheit, da der Gegner durch die Hände mehr oder minder beschäftigt ist. Wer die Hände zuerst zur Brust bekommt, gewinnt. Eine innere Handposition ermöglicht eine Überlegenheit, da der gegnerische Spieler dadurch „gesteuert" und beschäftigt werden kann. Um das Spielgeschehen zu beobachten, schaut der Spieler leicht seitlich und unterhalb des Helms des Offensive Lineman vorbei, um das Spielfeld im Auge zu behalten.

Die Füße führen kontinuierlich ihre Powersteps aus. Denn über die Bewegung der Füße und einer tiefen Körperhaltung wird die Kraft über die Hüfte nach oben transportiert - das heißt eine „Man to Man" in der Defensive Line „Big on Big"-Begegnung kann einfacher gewonnen werden.

Neben dem Stance und Start spielen die Winkel und Blocks eine große Rolle. Die „Techniques", oder das generelle Konzept, müssen den Spielern genau erklärt werden und auch bei erfahrenen Spielern braucht es Raum zur regelmäßigen Wiederholung. Ein Trainerstab sollte darauf achten, eine korrekte Theorie zu lehren und dass eine einheitliche Sprache gesprochen wird, wie zum Beispiel die Bezeichnung der Löcher in der Offense, gerade/ungerade Zahlen (Kopf an Kopf oder Schulter) usw. Ein detailliertes Spielverständnis ist wichtig, um zu verstehen, wann zum Beispiel eine bestimmte Aktion erfolgen sollte. Jeder Spieler sollte den Visual Key, den Pressure Key, Alignment kennen. Das Wissen hilft, um zu verstehen, was passiert, wenn Läufe zum oder weg vom Mann gehen und welchen Weg für die sogenannte Pass Rush Lane wichtig ist. Auf den ersten Blick sieht es einfach aus, aber im „Tun" wird bewusst, dass alles sehr anspruchsvoll ist. Es benötigt somit Detailwissen und unterschiedliches praktisches Know-how. Es gibt Eselsbrücken, sogenannte Run/Pass Keys, die Spielern das Lesen der Offensive Line erleichtern können. Einige erkennt man vor dem Start und andere mit dem Start.

Vor dem Start:

Augen der Offensive Linemen: Manche Offensive Linemen schauen aufgrund von Nervosität auf die Seite, auf die ein Spielzug erfolgen wird und zeigen kein „Pokerface".

Füße/Ferse und Hände der Offensive Linemen: Ein gutes Zeichen sind die Füße der Offensive Linemen. Ist die Ferse angehoben, erfolgt häufig ein Lauf. Sie werden ebenso darauf trainiert, schnell und zügig zu starten, um für ihren Block nach vorne zu kommen. Häufig sind auch die Handknöchel besonders belastet. Die Handschuhe schlagen Falten oder die Hände haben einen weißlichen Schimmer, da das Gewicht besonders darauf lastet.

Beim Pass sind die Füße häufiger im flachen Zustand und auch bei den Händen sind keine besonderen Auffälligkeiten erkennbar. Da sie nach dem Start in ihre Pocket gehen, um den Quarterback zu schützen.

Kopf und Gesäß des Offensive Lineman:
Beim Pass ist der Kopf zumeist mit Blick über das ganze Feld platziert und das Gesäß tief. Der tiefe Standpunkt hilft, das Gleichgewicht nicht zu verlieren.

Ist der Kopf jedoch tief und das Gesäß hoch, kann man von einem Lauf ausgehen. Der tiefe Schwerpunkt hilft, für die folgenden Blocks mehr Kraft zu bekommen.

Weitere Informationen gibt das Down & Distance oder auch das ständige Wechseln von verschiedenen Counts, um eine Defense zu verwirren und besonders zu fordern.

Nach dem Start:

Helme der Offensive Linemen: Achten Spieler auf den Helm, sollten sie die vorderen Helmschrauben genauer im Fokus haben. Denn gehen diese nach vorne, ist es ein Laufspielzug, gehen sie zurück, ist es ein Indiz für einen Pass-Spielzug. Bewegen sie sich nach rechts oder links, sind es Spielzüge, die über diese jeweiligen Seiten gehen.

Spieldrang: Bei einem Run gehen die meisten Offensive Linemen mit erhöhtem Drang, Schnelligkeit und Härte nach vorne, um möglichst schnell am Defender zu sein.

Defensive Linemen müssen sich bewusst sein, dass sie im Spiel immer wieder verschiedenen Blocks stellen müssen. Es gilt diesen bereits vor dem Spiel zu umgehen oder sich schnell zu lösen. Die Ausführung des Blocks bietet auch Hinweise: Versucht ein Offensive Lineman sofort, seinen Körper und Kopf vor den Defender zu bekommen, kann man davon ausgehen, dass der Ball auch in diese entsprechende Richtung geht. Schwierig wird es bei Spielzügen, die zwar einen Run antäuschen, aber letztendlich einen Pass spielen. Des Weiteren gibt es vereinzelte Blocks, die schwierig sind zu verteidigen wie zum Beispiel den Trap Block *(siehe 8.) Colby, 2013, Seite 101ff.)*.

Wie löst sich ein Spieler von einem Block oder wie wird mit dem „Offensive Line"-Spieler umgegangen?

Der Spieler wird mit beiden Armen angenommen. Sein Stand ist tief, die Daumen schauen nach oben und die Finger zur Seite. Seine Hände positioniert er auf der Innenseite der Schulter des Blockers. Im direkten Kontakt nimmt er den Spieler an, streckt die Hände aus und versucht, den Spieler so lange zu beschäftigen, dass sich dieser nicht zwischen ihm und den Ball bringen kann. Das ist wichtig, da der Offensive Lineman alles tun wird, um seinem Ballträger Raum für seinen Run zu verschaffen. Deshalb ist der Defense Lineman immer gefordert, während des direkten Kontakts mit einem Gegenspieler immer noch das Spielfeld im Blick zu behalten.

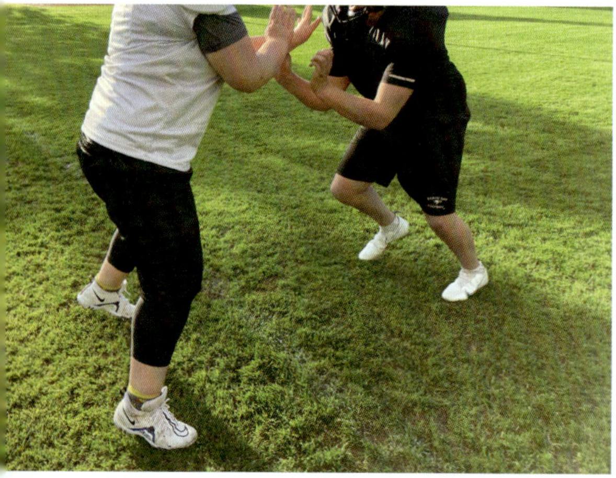

Abb. 162: Spieler im Kontakt im Training

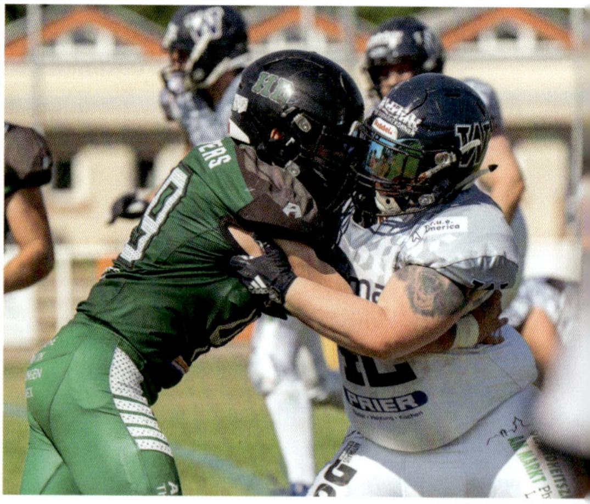

Abb. 163: One on-One-Spielsituation. Im Kontakt ist Kraft gefragt. (© Sabrina Risse)

BLOCKARTEN

Es gibt verschiedene Blockarten beim Lauf, die beachtet werden sollten. Den Anfang machen zum Beispiel:

Der Base Block

Der Gegner macht Druck; dies muss unterbunden werden und er muss zurückgeschoben werden. Der „Defensive Line"-Spieler wacht über sein Gap und kontrolliert es entsprechend, gegebenenfalls kann er sich lösen und ein Squeeze vornehmen. Die Aufgabe des Defensive Lineman sind kleine, schnelle Powersteps, um den Gegner aufzunehmen, hart zu stoppen und das Gap weiterhin zu verteidigen.

Der Reach Block

Der Gegner versucht, mit einem Reach Block zu überholen, um somit das Loch zu dominieren. Hier wird ein Push und Pull durchgeführt, der Blocker soll nach außen „gereacht" werden. Die Hände kontrollieren und es muss zeitgleich komplett nach außen reagiert werden. Das Push steht für die Außenseite des Gegners und diese nach hinten zu drücken. Das Pull wiederum steht für das Ziehen an der Innenseite. Während des Prozesses sollten die Füße breit auseinander genommen werden, um schnelle und dynamische Schritte in die gleiche Richtung des Blockers zu machen und keinen Raum dabei zu verlieren. Der Gegner sollte aufgenommen werden und es sollte versucht werden, über die Außenschulter ins Offense Backfield zu kommen. Das Gap sollte weiterhin verteidigt werden.

Natürlich gibt es neben den Run auch noch das Passing Play, das verteidigt werden muss. Im Training sollte eine Defense auf alle möglichen Variablen und Möglichkeiten trainiert und eingestellt werden. In einem Spiel oder in der Vorbereitung auf ein Spiel kann herausgearbeitet werden, welches Konzept ein Gegner besonders gerne spielt, zum Beispiel High-Low-Konzepte usw. *(siehe 8.) Colby 2013, S. 104ff.).*

Des Weiteren kann jeder Coaching Staff zusammenstellen, ob er seine Spieler lieber in einer Manndeckung und/oder Zonendeckung spielen lässt.

Beide Konzepte bieten ihre Vor-, aber auch Nachteile. Den „Run" zu stoppen, klingt erst mal sehr einfach, ist es in der Realität aber nicht. Deshalb hat jeder Defensive Lineman erst mal sein eigenes Gap oder einen Bereich, für den er verantwortlich ist. Weitergeführt haben natürlich auch die Linebacker und die Cornerbacks ihre gesonderten Aufgaben, auf einen Run zu reagieren, wie zum Beispiel im Rahmen, eines Triangle Read. Im Kapitel der Linebacker gehe ich näher auf Triangle Reads ein.

ÜBUNGEN ZUM THEMA STANCE

Material: Farbkarten (rot, gelb, grün, blau, lila, pink, schwarz, braun), Gewichte zum Umschnallen, Gewichtswesten

Häufig werden Spieler auf akustische Signale konditioniert, zum Beispiel Counts, Trillerpfeife, um eine Übung oder einen Spielzug zu beginnen. Im Spiel hat man häufig eine laute Publikumskulisse, sodass nicht jeder Count eines Quarterbacks oder der Offense gehört wird. Es ist sinnvoll, die Wahrnehmung zu fördern und vor allem die visuelle Reaktion in den Vordergrund zu stellen.

Gerade beim Thema Stance können Übungen mit dem Ball oder auch mit Farbkarten trainiert werden. Vorteil der Farbkarten ist es, dass zur Reaktion noch die Konzentration geübt wird. Diese ist nicht außer Acht zu lassen. Ein Spiel kann zeitlich sehr einnehmend sein und ist auch mental anstrengend. Spieler werden also nicht nur körperlich müde, auch die Konzentration kann abnehmen. Somit ist es sinnvoll, diese in einen besonderen Fokus zu stellen und vorausschauend zu trainieren.

Durchführung:

Die Spieler stellen sich mit ihrem regulären Abstand auf. Mit jedem Spielzug wird eine neue Farbe vereinbart, wann der Spielzug starten soll. Der Trainer zeigt die Karten querbeet und hintereinander hoch. Wenn die vereinbarte Karte kommt, geht der Spielzug los. Die Spieler reagieren mit einem schnellen Start und setzen 5 Powersteps nach vorne oder reagieren je nach Ansage auch nach rechts und links versetzt. Danach gehen sie wieder in ihren Stance.

Reagieren die Spieler zu schnell oder zu langsam, müssen sie zum Beispiel je 5 Liegestütze machen.

Zielsetzung:

Die Spieler sollen einerseits in ihrer Reaktion und Konzentration gefordert werden, sie sollen auch als Einheit reagieren und möglichst gleich schnell starten. Im Spiel würde eine nicht abgestimmte Defensive Line in eine schlechtere Ausgangslage gegenüber der Offense kommen. Zeitverzögerungen öffnen bereits freie Fenster und Laufwege für den Ballträger.

Mit Gewicht: Die Spieler bringen verschiedene (falls vorhanden) Gewichte für Hände/Füße oder Gewichtswesten mit und üben den Stance damit. (Alternativ: Rucksäcke mit Wasserflaschen eng umschnallen). Vorteil: Zusätzliches Gewicht fördert die Konzentration auf die Bewegung und Ausführung der Übung und trainiert gleichzeitig die (Tiefen) Muskulatur.

Blind: Augen mit einem Schal verbinden und die Spieler die ersten Schritte „blind" ausführen lassen (Stance + erste Schritte mit Powersteps und Handhaltung). Das Ganze mit der Kamera filmen und den Spielern in einer späteren Theoriestunde zeigen. Die Übung blind ausführen zu lassen, fördert die Körperwahrnehmung und die Videoaufnahme bietet zudem eine weitere Möglichkeit der Analyse.

Zur Musik: Powersteps können kraftvoll zur Musik auf der Stelle geübt werden oder auch auf einer Weichbodenmatte. Der weiche Untergrund dämpft die Bewegung und intensiviert so das Muskeltraining nochmals.

Kegel Sprint: Um das Tiefbleiben zu üben, können Kegel aufgestellt werden. Die Spieler tippen sie leicht an und umrunden sie einmal, kommen schnell heraus und positionieren ihre Hände. Diese Übung trainiert das tief bleiben dynamisch.

ÜBUNGEN FÜR DIE HÄNDE/MATTE:

Matten (Weichbodenmatten) können in der Turnhalle mit Seilen an einer Sprossenwand befestigt werden, falls vorhanden. Auf die Matten können mit Klebeband eine Nummer oder ein Trikotkragen aufgeklebt werden. Die Spieler können sich tief davor aufstellen und eigenständig ihre Pushes mit den Händen üben und gleichzeitig ihre Powersteps machen.

Tipp: Generell bieten sich jederzeit Übungen zur Reaktionsfähigkeit an, um das Lesen zu verfeinern. Neben der Reaktionsfähigkeit ist eine schnelle Hand-Augen-Koordination wichtig.

Im folgenden Drill können ebenfalls die Matten aus einer Turnhalle verwendet werden oder auf dem Platz auf einem großen Tackling Dummie angebracht werden:

Kurzdrill: Wird in der Halle trainiert, können Matten an den Hallenwänden aufgestellt und mit Seilen an den Sprossenwänden befestigt werden. Auf den Matten werden auf mittlerer Höhe (Spielerposition) vier Kreuze mit unterschiedlichen Farben (gelb, rot, grün blau) geklebt. Die Spieler gehen in ihren Stance. Auf Zuruf einer Farbe sollen sie sofort mit einer Hand auf die entsprechende Farbe blocken. Das Ganze kann auf Tempo durchgeführt werden und bei Zuruf einer Farbe und Zahl (zum Beispiel 3 x rot, 2 x grün), müssen sie das Kreuz so oft anblocken.

Im nächsten Schritt des Spielgeschehens sind die Defensive Linemen gefragt. Sie müssen reagieren und richtig handeln. Sie sollten schon vorher ein Bewusstsein besitzen, von wem sie ggf. geblockt werden, um besser darauf reagieren zu können. Mit diesem Wissen können sie ihre eigene Strategie besser einsetzen. Kommen die Gegner auf einen zu, sollten sie diesen auf der Stelle abwehren, verdrängen und das eigene Gap schließen und verteidigen. Geht die Offensive Line nach hinten, müssen sie zügig auf den jeweiligen Passrush umstellen. Bei Spielzügen, die nach links und rechts gehen, ist es wichtig, die entsprechenden Blocks zu brechen und demnach die „Backs" zeitnah zu tackeln.

DRILLS FÜR BEIDE BLOCKS

DRILL MIT MEDIZINBALL (ALTERNATIV KETTLEBELLS)

Medizinbälle auf den Boden legen, die Spieler stehen dahinter. Auf verschiedenen Counts (visuell oder mit der Trillerpfeife) nehmen sie den Ball auf und machen in einer tiefen Körperhaltung ihre Powersteps nach vorne. Den Medizinball halten sie genau in der Höhe, in der sie auch ihren Spielgegner „blocken" würden. Die Distanz kann je nachdem variiert werden zum Beispiel 3 bis 5 Yards mit je 5 Wiederholungen.

Ziel: Durch den Medizinball trainieren die Spieler zusätzlich ihre Kraft in den Armen und in den Beinen.

MIRROR DRILL

Zwei Spieler stellen sich mit reichlich Abstand gegenüber auf. Ein Spieler simuliert den Offense Spieler, ein Spieler stellt den Defense Spieler dar. Der Offense Spieler gibt die Bewegungen vor und shuffelt zum Beispiel nach links und rechts. Er kann dazwischen stoppen usw. Der Defense Spieler muss die Bewegungen des Gegners komplett spiegeln (Mirror = Spiegel) und zeitgleich nachmachen.

Ziel: Durch das Spiegeln trainieren die Spieler ihre Reaktionsfähigkeit und ihre Schnelligkeit. Sie können bei dieser Übung das „Lesen" üben und auf welche Indizien zu achten sind, zum Beispiel die Beine, Hüfte usw. Bei diesem Drill sollten die Spieler nicht dauerhaft nach unten schauen, sondern versuchen, die ganze Zeit die Kopfhöhe zu halten und den gesamten Blick auf das Feld zu wahren.

Variationen: Der Coach kann sich hinter den Offense Spieler stellen und kann zum Ende des Durchgangs (nach 30 Sekunden) einen Ball hineinwerfen, den der Defense Spieler noch abfangen muss.

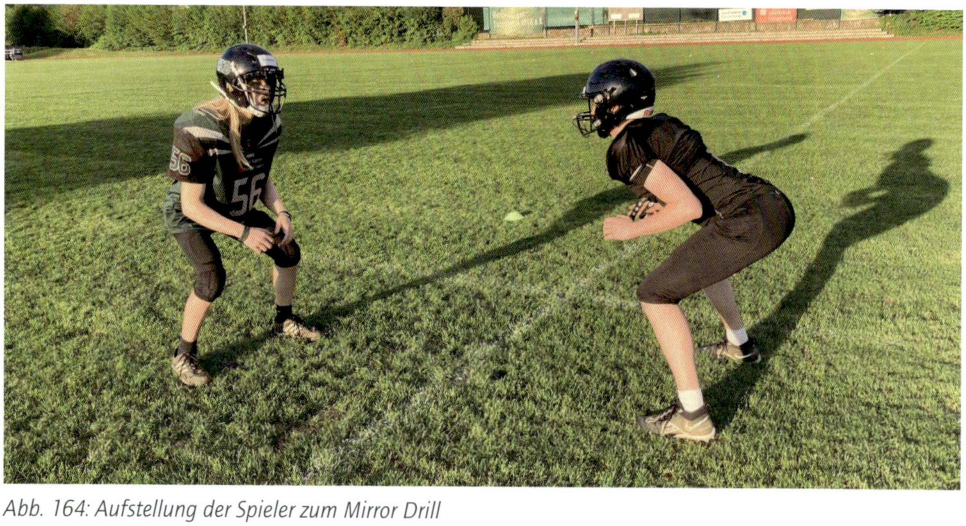

Abb. 164: Aufstellung der Spieler zum Mirror Drill

9.2 LINEBACKER

Hinter den Defensive Linemen werden direkt die Linebacker positioniert. Sie haben eine starke mentale Einstellung sowie Biss und ihre Devise ist, dass kein Spieler ihr Territorium mit einem Ball durchqueren darf. Er wird sofort gestoppt und jeglicher Raumgewinn wird unterbunden. Zu diesen Inhalten gehören selbstverständlich eine Vielzahl an verbundenen Aufgaben, die ein Linebacker somit erfüllen sollte. Neben dem starken Willen ist Durchsetzungsvermögen und vor allem analytisches Denken gefragt. Dieses Denken ist in zweierlei Hinsicht wichtig, einerseits sollte man sich in die Lage der Offense hineinversetzen können, um nachzuvollziehen, was ihre möglichen nächsten Schritte sind. Anderseits sollte man jedoch auch seinen eigenen Einsatz, wie auch den Einsatz der Mitspieler steuern und wie am effektivsten der Ballträger gestoppt werden kann. Dazu ist eine gute Beobachtungsgabe, eine schnelle Auffassung und ein detaillierter Überblick notwendig. Außerdem sollten Linebacker die folgende Einstellung haben: Härte, ein gutes Spielverständnis, Fachwissen und den Willen, leiten zu wollen oder eine „Leadership"-Rolle einzunehmen. Die Linebacker verteidigen im Spiel gegen den Lauf und den Pass und auch sie haben dazu unterschiedliche Möglichkeiten und Variationen.

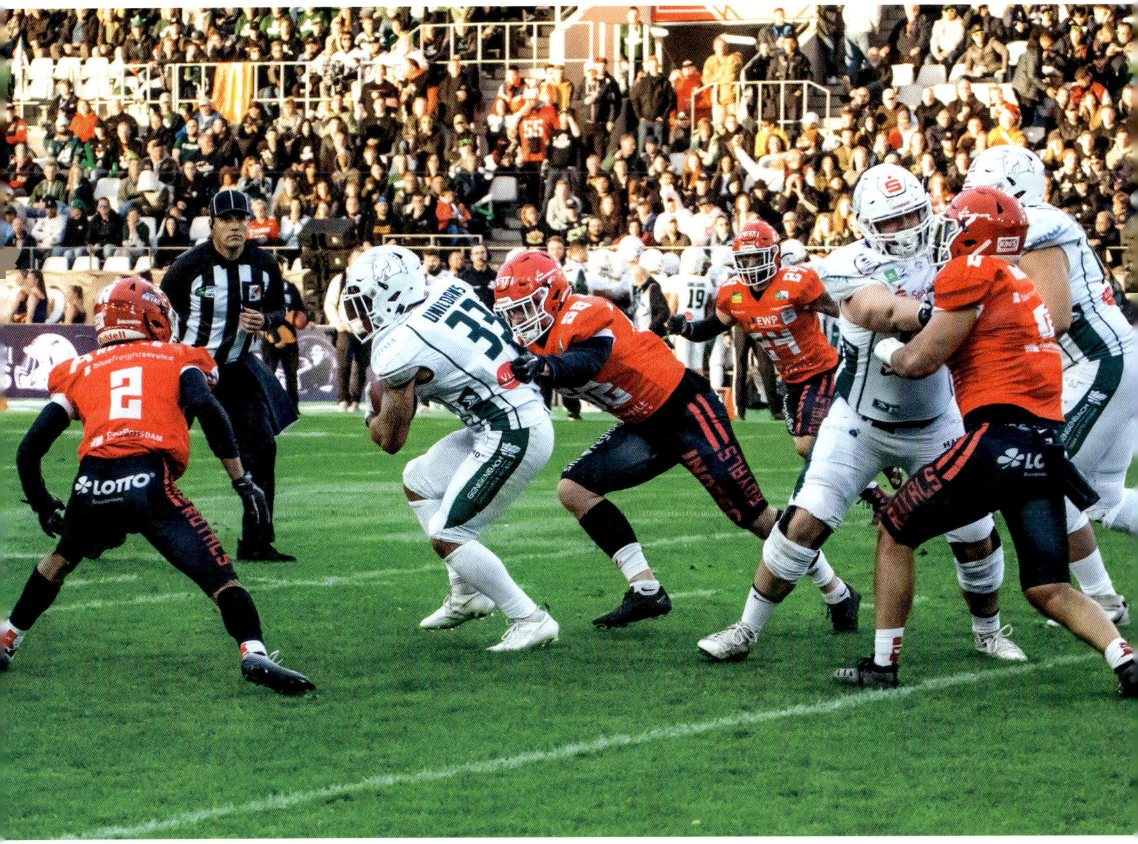

Abb. 165: Beim Tackling (© Thomas Iden-Korjahn)

Agressiv vs hart

„Ein Linebacker muss aggressiv sein!" Diese Aussage wird häufiger verwendet und ein Coaching Team sollte immer klären, was fachlich darunter zu verstehen ist. Eine aggressive Verhaltensweise, wie sie in einer klassischen und regulären Definition erklärt wird, wünscht sich keine Coaching Crew auf dem Spielfeld. Denn reine Aggression kann einen analytischen, detaillierten Überblick schmälern und vor allem können unnötige Strafen provoziert werden. Was man sich wünscht, sind Spieler, die Härte zeigen und den schmalen Grad dazwischen bewahren können.

Körperliche Voraussetzungen

Es gibt Größen- und Gewichtsangaben; diese beziehen sich häufig auf College- und NFL-Angaben aus den USA. Diese geben gewisse Richtwerte vor und sollten hierzulande individuell betrachtet werden. Von Vorteil sind große Spieler und wenn diese gut über die Line schauen können. Sie sollten kräftig und muskulös sein, um Spieler unterschiedlicher Gewichtsklassen tackeln zu können. Es gibt allgemeine Fähigkeiten, die jeder Linebacker mitbringen sollte. Auf die Position bezogen, zeigen sich diese wie folgt:

» **Schnelle Reaktion**
Der Drang geht immer nach vorne. Der Spielzug der Offense möchte so schnell wie möglich beendet werden. Es wird nicht gewartet, wenn ein Mitspieler Hilfe benötigt, dann bekommt er diese sofort.

» **Orientierungsfähigkeit**
Die Linebacker haben ein stetiges Bewusstsein, wo sie sich gerade auf dem Feld befinden und was wichtig ist zu beachten - Down & Distance

» **Umstellungsfähigkeit**
Sie sind stets flexibel, sie können mühelos ihren „Stance" wechseln und/oder eilen zu ihren Mitspielern, wenn diese Hilfe benötigen, zum Beispiel bei einem Tackle

» **Kopplungsfähigkeit**
Die Fähigkeit, dynamisch zu reagieren; d. h. es wird alles getan, das Spiel grundsätzlich zu unterstützen, zum Beispiel: den Ball abzufangen, wegzuschlagen oder eine Interception zu fangen, sollte eine Situation dies ermöglichen.

» **Rhythmusfähigkeit**
Fähigkeit mit den anderen Linebackern und der kompletten Defense in einer Einheit und in einem Rhythmus zu arbeiten, d. h. immer mehrere sollten sich am Ballträger/Passempfänger befinden.

Linebacker werden auch in weiteren Aufgaben stark gefordert und sollten dazu einige Fähigkeiten mitbringen. Sie sollten viel Kraft haben und die Fähigkeit, Blocks anzunehmen, diese zu brechen und sich kraftvoll zu lösen. Weiterhin sollten sie mit dem angemessenen Kraftaufwand „tackeln" können. Sie benötigen eine sehr gute Ausdauer und die Fähigkeit, lange auf dem Spielfeld verbleiben zu können, wenn zum Beispiel eine Offense mehrere Drives auf dem Feld ist. Es kann auch eine Strategie sein, eine Defense von Beginn an zu fordern, dass sie zeitnah körperlich, aber auch mental müde werden. In diesem Status ist es für eine Offense leichter, Punkte zu machen. Linebacker müssen sich auf dem Feld mühelos bewegen können, d. h. in allen erforderlichen Schrittintervallen, zum Beispiel Backpaddling, Side Shuffles und sie müssen durchgängig schnell reagieren und agieren.

Auf der Position der Linebacker unterscheidet man zwischen:

» Inside Linebacker (ILB)
» Middle Linebacker (MLB)
» Outside Linebacker (OLB)

Einige Coaches favorisieren dabei etwas kräftigere und stärkere Linebacker in der Mitte, um gegen kraftvolle Läufe anzukommen. Außen werden gerne laufstarke Linebacker genutzt, um sich einerseits gegenüber der Wide Receiver aber auch gegen kräftige „Offensive Line"-Spieler und Runningsbacks behaupten zu können. Linebacker stehen in der Mitte; hinter der Defensive Line und vor den Defensive Backs. Verschiedene Nuancen und Variationen ergeben sich aus dem Playbook bzw. der Philosophie des Teams.

DIE AUFGABEN DER LINEBACKER

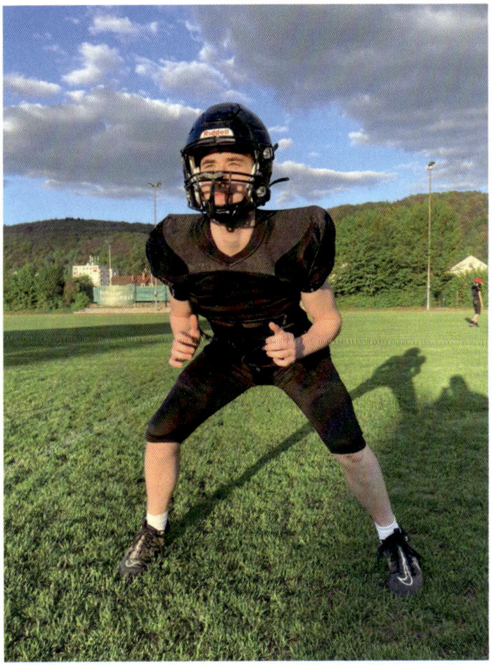

Abb. 166: Grundlegender Stance des Linebackers

STANCE

Ein guter Stance ist Grundvoraussetzung, um daraus diverse Aufgaben zu erfüllen. Einerseits muss ein Linebacker seine Keys lesen und sich dabei von Sideline zu Sideline bewegen, Blocks von Gegenspielern aufnehmen und sich davon lösen können. Des Weiteren sollte er einen Passrush auf den Quarterback durchführen können und dabei sollte er beide Varianten - Mancover aber auch Zonencover - spielen können.

Es gibt einen grundlegenden Stance, dabei sind die Füße schulterbreit und stehen parallel zueinander. Die Zehen stehen gerade nach vorne und sind flach auf dem Boden. Das Gewicht ist auf den Ballen und die Ferse befindet sich am Boden. Die Beine sind gebeugt und dabei sind die Knie über den Füßen. Die Hüfte ist gebeugt und an der Brust lässt sich noch die Trikotnummer gut lesen. Der Kopf schaut nach vorne und anhand der Mimik und Gestik ist der Linebacker nicht lesbar, da er einen Punkt in der Offense fixiert. Die Arme können auf dem Oberschenkel liegen, manche Spieler lassen sie auch hängen oder halten sie entspannt vor dem Oberkörper. Im Rahmen des Stance, gibt es auch noch leichte „Variationen, die eingesetzt werden, um weitere Spielsituationen angemessen zu schaffen, zum Beispiel der „Blitz-"Stance. Technisch gesehen, muss ein Linebacker genauso wie bei allen anderen Positionen seine Technik sauber beherrschen und ausführen.

ALIGNMENTS

Alingnments ist Englisch und heißt Ausrichtung auf Deutsch; der Begriff beschreibt die Aufstellung und Ausrichtung der Spieler und in welchem Rahmen sie ihre Aufgaben ausführen. Diese können gemäß einer „4-3"-Over, einer „4-3"-Under oder einer „4-4" unterschiedlich ausfallen. Generell sollte ein Linebacker folgende Fragen verinnerlichen und sie sollten in Fleisch und Blut übergehen:

» Was muss ich tun und welche Aufgabe habe ich? Muss ich gegen den Lauf oder Pass verteidigen?
» Wer ist ein starker „Key-"Spieler und generell der Spieler, auf den am meisten geachtet werden muss?
» Wie sind wir aufgestellt und wer kann mir helfen?

READS

Um die Fragen zu beantworten, gibt es sogenannte Reads oder auch Eckpunkte, die gelesen werden können. Sie geben dem Linebacker Hilfestellung und auf was er grundsätzlich zu achten hat.

Das Lesen zu lernen, benötigt Zeit und sollte von Trainern regelmäßig erklärt, begleitet und mit Impulsen und Hilfen untermauert werden.

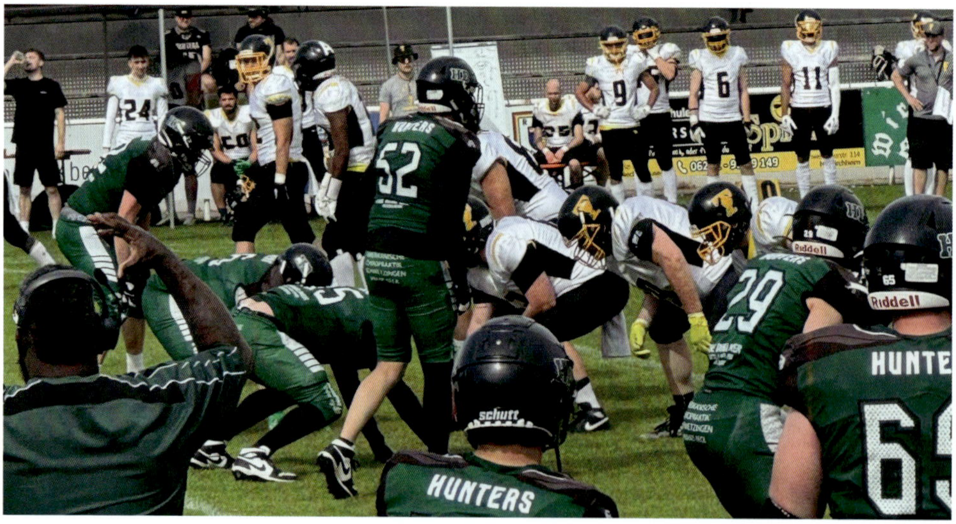

Abb. 167: Das Lesen ist für beide Seiten, ob Offense oder Defense, wichtig. (© Sabrina Risse)

Ein Linebacker kann laut Tabelle* auf Folgendes achten:

Spielverlauf	Feldposition	Gegner/Team und Einzelspieler	Defense Calls	Besonderes
Was sagt die Uhr?	Hash Marks - Wo befinden wir uns?	Wie hat sich der Gegner aufgestellt? Welche Formation ist zu sehen?	Eigene Front	Welche Spielzüge/ Trick Spielzüge haben besonders funktioniert und können ggf. noch mal eingesetzt werden?
Welches Quarter ist es gerade?	Welches Down wird gespielt?	Welches Personal wird eingesetzt?	Personal	
Punktestand - nah beinander oder hohe Punktdifferenz?	Wie viel muss zum nächsten First Down umgesetzt werden? Wie hoch ist die Distanz?	Wo ist die Strongside/Run?	Personal	Mentale Einstellung – Ruhe bewahren bei knappen Spielständen. Aber auch bei hohen Differenzen nicht zu sorglos damit umgehen.
Wie viel Time Outs hat jedes Team noch?	Yard Linie	Pass/Strongside	Welche Calls kommen/Audibles	
	Redzone erlangt?	Was kann ggf. passieren?	Welche Calls kommen/Audibles	Gibt es extra Aufstellungen in der Redzone?

**Modifiziert nach dem Skript des Lehrausschuss Baden Württemberg 2016.*

Vereinzelte Inhalte können stärker oder schwächer ausgeprägt sein und haben inhaltlich diverse und feine Nuancen. Zum Beispiel kann beim Personal immer gefragt werden: Wer ist der stärkste oder der schwächste Gegenspieler? Sind die Calls der Offense zu entschlüsseln? Heißt zum Beispiel eine bestimmte Farbe, Name usw., dass der Spielzug immer nach links geht? Von Vorteil ist es auch nicht, zu lange zu warten und Umstellungen sofort vorzunehmen. Manchmal schafft es eine gegnerische Offense mit einem einzigen Spielzug, immer und immer wieder Raumgewinn zu machen, ohne sich sonderlich anzustrengen. Hier geht der Blickwinkel nicht nur zur starken Offense, sondern auch zum eigenen und möglichen schwächsten Glied und dahin, wie ein Spieler entsprechend unterstützt werden kann.

PRAKTISCHE DRILLS

AUFBAUENDE DRILLKOMBINATION ZUR THEMATIK KEY „RUN" READ UND BLOCKANNAHME

Ausrüstung: Drill ist mit Ausrüstung durchzuführen

Material: Football, Hütchen

Hilfe/Beteiligte Spieler: Center, Quarterback, Runningback und Defensespieler

Jeder Linebacker hat in seinem Bereich die Aufgabe bzw. Möglichkeit, in einem Dreieck, dem sogenannten Triangel, die Abläufe des Quarterbacks, des Runningbacks und der Linemen zu lesen. Der „Triangle Read" benötigt Übung, um alle Inhalte zu erlernen und anzuwenden. Es eignen sich diverse Drills, die aufeinander aufbauen und das Thema schrittweise behandeln. Linebacker sind im Spiel stetig gefordert; sie müssen die Offense zügig lesen, um richtig zu deuten, was passiert. Dazu zeigt jede einzelne Position des Gegenübers charakteristische „Keys" oder elementare „Schlüssel"-Bewegungsabläufe auf, welcher Spielzug erfolgen kann. Je nach Verlauf erfolgen viele der Bewegungsabläufe gleichzeitig, sodass ein detaillierter Blick der Linebacker vorhanden sein muss. Innerhalb von Sekunden müssen die Abläufe und Bewegungen gedeutet sowie verarbeitet werden und es muss mit einer hohen Reaktionsschnelligkeit darauf reagiert werden. Das System des Triangle Read muss zunächst allgemein verinnerlicht werden, um die wesentlichen Aspekte zu beherrschen. Im Triangle Read selbst, kann die Option „Run" und „Pass" und das entsprechende „Lesen" herausgearbeitet werden. In der Übungsreihe wird der Schwerpunkt „Run Read und Blockannahme" vermittelt, geschult und vertieft. Spielern soll die Möglichkeit gegeben werden, durch die schrittweise Vermittlung die Aufgaben zu erlernen. Dadurch werden sie optimal vorbereitet und es kommt zu keiner möglichen Überforderung, wenn zu viele Keys auf einmal vermittelt werden.

STANCE UND READSTEP

Die Linebacker stellen sich gegenüber des Centers in einer Entfernung von 5 Yards auf. Sie gehen in ihren Stance, sie achten dabei genau auf den Center. Ihr Blick soll auf die Schrauben des Helms des Centers gerichtet sein. Weitergeführt sollen sie den Blick bis nach unten auf den Stance, die Beine und die Fußstellung des Centers legen. Beginnt der Snap, tätigt der Center seinen Schritt gemäß eines Runs nach vorne. Die Linebacker reagieren sofort mit ihrem Readstep. Formal geht es in diesem Schritt um den Stance, den Blick auf den Center und den Readstep. Ist dieser getätigt, gehen die Spieler zurück in ihre Aufstellung und wiederholen ihn entsprechend.

Merke: Beim Erlernen des Lesens ist es wichtig, sich Anhaltspunkte anzueignen. Im klassischen Standard empfiehlt es sich, den Blick auf den Helm der Linemen zu legen und auf die bereits geschilderten Punkte zu achten.

Coaching Points:

» Stance: Richtige Ausführung des Readsteps
» Reaktionsfähigkeit
» Blick und Fokussierung der Spieler auf den Center (Helm, Stance und Fußstellung)

Variationen:

- » Der Drill kann je nach Schwerpunkt variiert werden.
- » Der Center verwendet zeitgleich unterschiedliche Counts mit dazu.
- » Linebacker machen ihren Readstep nach vorne und gehen danach sofort wieder in ihre Zone und ihren Bereich zurück.
- » Es wird mit einem schnelleren Tempo trainiert.

Ziel der Übung:

Durch den Drill soll der Stance wiederholt werden und die Wahrnehmung wird gefördert. Der Readstep automatisiert sich, denn er ermöglicht den Linebackern Zeit, sich auf weitere Aufgaben zu konzentrieren. Des Weiteren erhalten sie dadurch auch einen besseren Winkel und eine bessere Sicht auf die entsprechenden Bewegungen des Quarterbacks und Runningbacks.

Wiederholung:

Je 5 x pro Spieler

FÖRDERUNG DER REAKTION

Die Linebacker stellen sich wieder normal mit 5 Yards Entfernung in ihre Aufstellung. Center und Quarterback haben vorab besprochen, was sie durchführen möchten, dass der Center entsprechend seine Steps durchführen kann. Sie simulieren diverse Bewegungen und die Linebacker müssen entsprechend darauf reagieren. Deutet der Quarterback einen Handoff an, müssen die Linebacker mit einem Readstep nach vorne reagieren. Hält der Quarterback den Ball nach links oder rechts, shuffeln die Linebacker in die entsprechende Richtung.

Merke: Der Quarterback zeigt charakteristische Bewegungsabläufe auf, auf die parallel geachtet werden kann. In diesem Drill sollen die Linebacker neben dem Center noch auf die Füße, Schulter, die Hände und die Augen des Quarterbacks achten und welche markanten Bewegungen er dazu aufzeigt.

Coaching Points:

- » Stance der Spieler
- » Blick auf den Center und Blick auf den Quarterback
- » Reaktionsschnelligkeit beim Readstep und sauberes Shuffeln links und rechts
- » Blick der Spieler/Konzentration auf den Spielverlauf

Ziel der Übung:

Es geht darum, den Blick zu schulen und reaktionsschnell auf die unterschiedlichen Optionen zu reagieren. Es soll zu einer Automatisierung des Readsteps kommen. Der Blick auf den Center und den Quarterback soll weiter geschult werden. Das schnelle Shuffeln nach links und rechts wird geübt.

Wiederholung:

Je 5 x pro Spieler

MIRROW THE RUNNINGBACK

Ein Ballträger steht in seinem regulären Stance hinter dem Center und dem Quarterback. Der Linebacker steht in einem Abstand von 5 Yards auf seiner Seite. Vorher haben die Spieler besprochen, was sie durchführen möchten. Denn sie simulieren nun verschiedene Bewegungen und die Linebacker müssen entsprechend darauf reagieren. Beim Pfiff oder Count bekommt der Runningback den Ball per Handoff rechts oder links. Die Aufgabe für den Linebacker ist es, sofort auf den Runningback zu reagieren und einen Wrap up zu setzen. Zu Beginn läuft der Runningback direkt eng links oder rechts am Quarterback durch das Gap. Im späteren Verlauf können Hütchen hinzugenommen werden, um noch weitere Gaps zu erschaffen, durch die gelaufen wird. Zuerst wird immer nur ein Linebacker und ein Runningback in einer „1 vs. 1"-Situation eingesetzt, gegen Ende sind zwei Linebacker und zwei Runningbacks in der Aufstellung möglich.

Merke: Runningbacks zeigen ebenfalls durch ihre Aufstellung und ihre ersten Schritte markante Anhaltspunkte auf. Tätigen sie ihre Schritte sofort auf das nächste Gap des Quarterbacks zu, spricht man von einem direkten Lauf/ Flow, wie zum Beispiel bei einem Dive oder Lead. Bei einem Iso wiederum, ist der Lauf/ Flow leicht schräg und schnell. Bei Sweep und Toss ist der Lauf überschaubar und zeigt einen „Slow Flow" auf.

Coaching Points:
» Stance
» Reaktionsschnelligkeit auf beide Seiten
» Schnelligkeit nach vorne
» Fokussierter Blick auf Center, Quarterback und Runningback
» Wrap up/Tackle

Variationen:
Der Drill eignet sich, um Variationen zu kombinieren. Er kann im Tempo von langsam zu schnell aufgebaut werden. Zuerst wird ein normaler Wrap up eingesetzt, um danach zum regulären Tackeln überzugehen. Der Center gibt den Count vor, der Quarterback die jeweilige Seite. Andererseits kann aber auch zum Beispiel der Coach hinter dem Linebacker stehen und kurz vorher erst die Richtung per Handzeichen vorgeben, so hätten zum Beispiel der Quarterback und Runningback eine spezielle Aufgabe. Sie können dadurch ihre Reaktionsschnelligkeit, Handoff und Ballhandling üben.

Ziel der Übung:
Der Schwerpunkt liegt auf dem „Lesen" der Mitte. Was macht der Center? Kommt er auf den Linebacker zu und führt seine Steps zum Runblock aus? Was ist beim Quarterback erkennbar? Was macht der Runningback? Wo geht er lang? Was hat er vor? Die Übung ist erstmalig „heruntergebrochen", sodass sich die Linebacker voll und ganz auf den Center, den Quarterback sowohl den Runningback konzentrieren können und ein Gefühl für deren charakteristische Bewegungsabläufe bekommen.

Wiederholung:
Je 5 x pro Spieler

VORÜBUNG BLOCKEN UND BLOCKANNAHME

Dieser Drill dient als Vorübung.

Die Linebacker sollen ihre Arme und Oberkörper warm bekommen. Andererseits sollen sie ein Gefühl haben, wie Blocks ihrer Gegenspieler der Offense gesetzt werden. Zwei Spieler stehen sich gegenüber, je ein Spieler hält ein Blocking Shield in der Hand. Die Übung kann je nachdem auch ohne Blocking Shield ausgeführt werden. Als Vorstufe können die Spieler auch auf den Knien sitzen und sich erst mal auf ihre Arme und Handstellung konzentrieren. Die Linebacker gehen in ihren Stance auf Pfiff, blocken sie gegen das Blocking Shield/ den Brustkorb. Die Hände schießen auf den Brustkorb/Blocking Shield des Gegners, die Ellenbogen werden innen gehalten und die Daumen zeigen nach oben. Ebenfalls werden die Hände innen gehalten, der Kopf zeigt nach oben und wird tief im Nacken gehalten. Die Beine werden dauerhaft in Bewegung gehalten und es wird von unten nach oben gearbeitet. Es wird je 10 x gegen die Blocking Shields geblockt und die Spieler wechseln sich danach entsprechend ab.

Im nächsten Zug setzen die Spieler wieder an, jedoch lösen sie sich nach dem Block sofort und scheren nach links oder rechts aus. Dies wiederholen sie je 10 x und wechseln sich danach entsprechend ab. Für den Aspekt der Blockannahme und des entsprechenden Lösens gibt es unterschiedliche Techniken und Möglichkeiten. Je nach Trainerphilosophie, Erfahrung der Spieler und favorisierter Technik, können an dieser Stelle verschiedene Techniken eingeführt und vertieft werden. Ein möglicher Standard ist, auf einen Blocking Back mit folgendem Merksatz zu reagieren:

Wichtig ist es, schneller als die Gegenspieler zu sein. Es sollte immer auf die Hände des Blockers geachtet werden. Er sollte von vorneherein nicht in der Lage sein, seine Hände und seinen Block am Linebacker anzusetzen. Falls es der Fall sein sollte, werden die Hände unterhalb der Arme des Blockers gesetzt; sie werden von unten nach oben weggeschoben. Die eigenen Hände werden auf die Brust des Gegenspielers und kraftvoll dagegen gesetzt. Danach wird sich gemäß dessen schnell gelöst.

Coaching Points:

» Stance des Spielers
» Blick und Fokussierung des Spielers
» Schnelle und sofortige Reaktionsfähigkeit nach vorne
» Blockannahme und Lösen
» Beinarbeit

Wiederholung:

Je 5-10 x pro Spieler

RUN READ UND BLOCKANNAHME

Drill Nummer 3 und 4 können miteinander kombiniert werden. Ein Ballträger steht mit einem Vorblocker hinter dem Center und Quarterback. Der Linebacker steht mit 5 Yards auf der anderen Seite. Beim Pfiff oder Count wird dem Runningback der Ball per Handoff rechts oder links übergeben. Die Aufgabe des Linebackers ist, richtig zu lesen, auf welcher Seite der Spielzug ausgeführt wird. Er muss sein Readstep setzen, auf den Vorblocker reagieren und den Block annehmen. Die zentrale Aufgabe liegt aber darin, sich sofort zu lösen, um direkt beim Ballträger einen Wrap up zu setzen.

Coaching Points:

» Stance des Spielers
» Blick und Fokussierung des Spielers
» Schnelle und sofortige Reaktionsfähigkeit nach vorne
» Blockannahme und Lösen
» Schnelles Reagieren und Übergang auf den Ballträger
» Wrap up setzen

Variationen:

Der Vorblocker kann ein Blocking Shield in der Hand tragen, die Übung geht auch ohne Blocking Shield. Zu Beginn empfiehlt es sich, den Drill von langsam zu schnell auszuführen. Die Spieler können sich durch das langsame Tempo voll und ganz auf das Lesen einstellen und die Schritte verinnerlichen. Es wird die Technik verinnerlicht und es wird demnach „sauber" ausgeführt. Von Mal zu Mal kann das Tempo erhöht werden. Mit Hütchen können im weiteren Verlauf weitere Gaps in der Line dargestellt werden, durch die die Spielzüge gehen. Ebenso kann nach dem Wrap up zu einem normalen Tackle übergegangen werden. Der Center gibt den Count vor. Der Coach kann ebenfalls hinter dem Linebacker stehen. Er gibt per Handzeichen dem Center, Quarterback und Runningback die Richtung vor.

Ziel der Übung:

Der Schwerpunkt liegt auf dem weiteren „Lesen" der Mitte. Was machen der Center, der Quarterback und Runningback? Wie muss reagiert werden, wenn ein Vorblocker auf einen zukommt. Wie wird der Block angenommen, um sich danach wieder zügig zu lösen? Die Übung ist erstmalig heruntergebrochen, von Mal zu Mal können weitere Offensiv Linemen hinzugenommen werden, um den Schwierigkeitsgrad aufzubauen.

Wiederholung:

Je 5 x pro Spieler

Vorteil der Entwicklung von exemplarischen Übungsreihen:

Die Übungsreihe wurde von der Methode von einfach zu schwer aufgebaut. Sie zeigt, wie zum Beispiel besondere Inhalte einem Team nähergebracht werden können. Die Spieler sollen in Abschnitten und Facetten Inhalte, wie zum Beispiel hier den Triangle Read, und besonders den Blick auf das Thema „Run Read und Blockannahme" vermittelt bekommen. Dabei wurden einzelne elementare Aspekte herausgenommen und herunter gebrochen, um sie in fünf aufbauenden Drills in den Mittelpunkt zu setzen. Es wurde sich ganz speziell dafür entschieden, nicht sofort mit einer ganzen Offensive Line zu arbeiten, sondern Spieler nach Spieler hinzuzunehmen. Über einen längeren Zeitraum kann die Übungsreihe eingesetzt und wiederholt werden, bis sie beherrscht wird. Zum weiteren Ausbau bietet es sich dann an, eine Drillreihe für den Aspekt „Pass" zu entwickeln. In dieser Übungsreihe können alle Keys aufgezeigt werden, die speziell beim Quarterback und seinem Pass-Spiel zu beobachten sind.

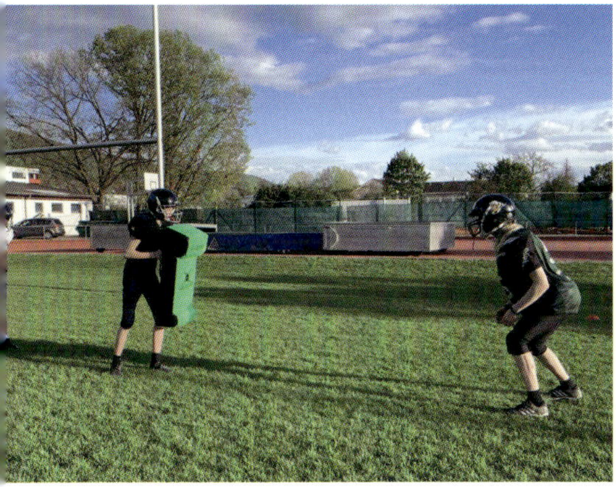

Abb. 168: Der Linebacker hat den Runningback und Vorblocker im Blick.

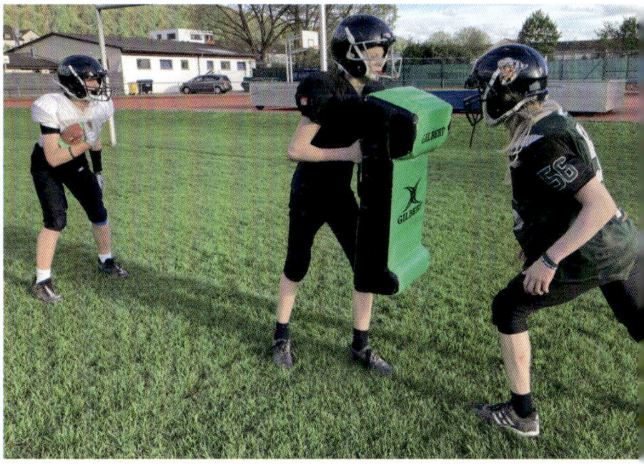

Abb. 169: Er nimmt den Vorblocker kurz an.

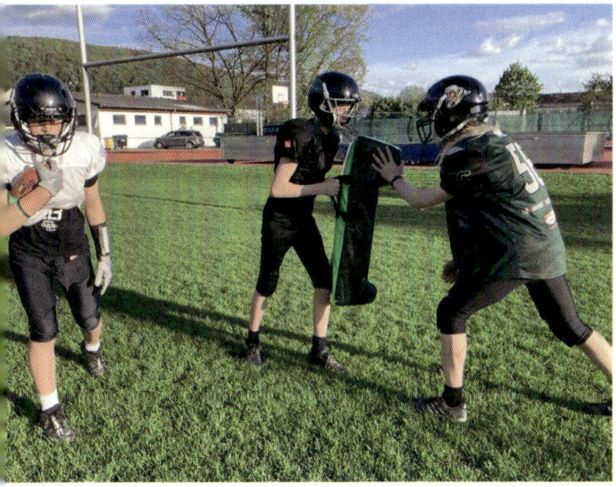

Abb. 170: Er achtet weiterhin auf den Runningback.

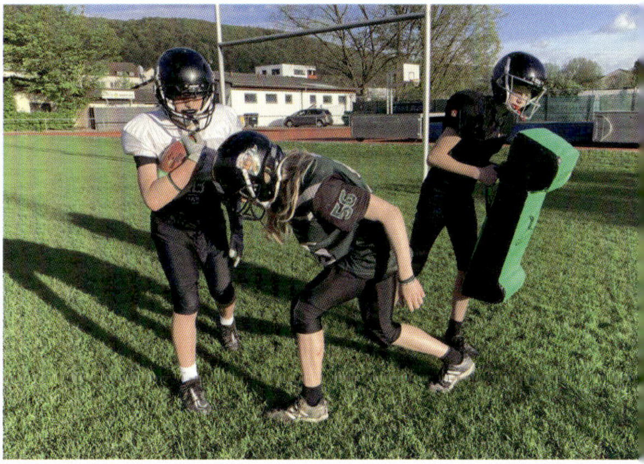

Abb. 171: Er löst sich vom Blocker und setzt den Tackle.

DRILLREIHE GEGEN DEN PASS

Linebacker sind im Spiel nicht nur gefordert gegen den „Run" vorzugehen, sie müssen auch gegen den Pass sehr gut aufgestellt sein. Linebacker müssen die verschiedenen Aspekte automatisiert haben, damit sie im Spiel zügig auf ihre Fähigkeiten zurückgreifen können. Deshalb ist es sinnvoll, im Training auch verschiedene Pass Situationen genauer anzuschauen und im Übungsaufbau genauer zu betrachten, was man dagegen tun kann.

In der Regel sind Linebacker für die Hook Zone und Cornerbacks für die Flat Zonen verantwortlich. Beginnt ein Spielzug und ein Pass ist in der Luft, droppen die Spieler zurück in ihre Zonen, je nach Philosophie und Pass Länge können das zwischen 7-12 Yards sein. Zur Orientierung können die Spieler auch den Quarterback lesen. Wie viele Schritte geht dieser zurück, um seinen Pass anzubringen? Sind es nur wenige „Drop Back"-Schritte und entsprechend eine kurze Route oder mehrere „Drop Back"-Schritte und eine längere Route? Das Zurückgehen an eine bestimmte Stelle ermöglicht ihnen eine bessere Sicht und vor allem eine exakte Reaktion auf die Spielhandlung. Wer zu weit zurückgeht (und der Quarterback wirft nur einen kurzen Pass), gibt dem Wide Receiver zu viele Möglichkeiten zu cutten und ggf. ein Big Play daraus zu laufen. Wie die Spieler zurück gehen, kann variieren, Backpaddle bieten sich an, um an die bestimmte Stelle zu kommen. Andere Spieler stellen sich automatisch von Beginn weiter hinten auf, zum Beispiel weitere 1-2 Yards wenn sie wissen, dass sie zum Beispiel aus dieser abwartenden Position wesentlich besser agieren können. Die Augen sollten immer zum Quarterback gehen und sollte dessen Körperhaltung - den Blick der Augen, Stand der Füße - beobachten.

Des Weiteren gibt es die Möglichkeit, die Zonen und das entsprechende „Droppen" an den Routen der Wide Receiver und Cornerbacks zu orientieren. Das System ist komplexer und alle Linebacker müssen ihren entsprechenden Spieler optimal im Blick haben, um nicht an einer Stelle zu verteidigen, an der sie weitab der eigentlichen Spielsituation sind.

Neben den flachen Zonen müssen auch die tiefen Zonen verteidigt werden. Die Entfernungen betragen ca. 15-17 Yards bzw. muss auch er sich am Quarterback und deren Wurfqualitäten und Längen orientieren. Spieler, die eine tiefe Zone verteidigen sind immer im Backpedal. Sie beenden das Backpedal, wenn sie sehen, dass der tatsächliche Ballträger in ihre Richtung kommt. Gerade dieser Übergang von der beobachtenden in die agierende Situation muss blitzschnell passieren und entsprechend trainiert werden *(siehe 8.) Colby, Seite 116 ff.)*.

Praxisbeispiel:

Ein Wide Receiver stellt sich an der Line of Scrimmage auf. Der Defender steht 9 Yards tief. Der Wide Receiver bekommt einen Pass zugeworfen und läuft auf den Defender zu. Dieser arbeitet sich im Backpedal zurück. Wenn der Wide Receiver etwa 4 Yards entfernt ist, öffnet er seine Hüfte und läuft mit ihm mit. Er hält den Wide Receiver dabei in seiner Innenseite. Das gibt ihm die bessere Chance, den Ball abzufangen, wegzuschlagen und ihn zu tackeln. Innen hat er ebenfalls die Unterstützung seiner Mitspieler *(siehe 8.) Colby, Seite 121ff.)*.

Entscheidet sich eine Defense gegen eine Zonendeckung, können sie eine Manndeckung spielen. Hier haben sie unterschiedliche Varianten an Möglichkeiten. Spielen sie eine sogenannte Blitz Man, hat die Mehrzahl der Spieler einen fest zugeordneten Offense-Spieler, den sie decken müssen. Sie bekommen dabei keine Hilfe und sind fest für diesen Spieler verantwortlich. Einerseits ist es eine gute Variante. Kommen die Spieler mit und decken den Wide Receiver und Spieler gekonnt, ist es für den Quarterback ein zermürbendes Spiel, da er seinen Ball nicht anbringen kann. Vor allem nicht, wenn die Defense-Spieler ihren Mann „innen" in Schach halten. Gibt es jedoch körperliche Mismatches und die Offense Spieler schlagen ihren Defender regelmäßig, in dem sie sich freilaufen, können jederzeit Big Plays passieren. Es vergeht oft zu viel Zeit, dass Mitspieler mit unterstützen können.

PRAKTISCHE ÜBUNG GEGEN DEN PASS

Von Vorteil ist es, immer und immer das Verhalten nah am Mann zu trainieren und die entsprechenden Optionen zu üben. Bei dieser Übung stellen sich die Spieler ca. 10-15 Yards tief auf. Dabei steht der Defender in dieser Höhe und der Wide Receiver positioniert sich dabei ca. 1 Yard tiefer und rechts vom Defender. Der Wide Receiver bekommt einen Pass zugeworfen, der Defender muss so schnell wie möglich versuchen den Ball weg zuschlagen. Schafft er es nicht, kann er in diesem Drill jedoch sofort üben seine Hände an den Mann zu bekommen und zu greifen, um für das spätere tackeln bereit zu sein.

Coaching Points:

» Reaktionsschnelligkeit

» Ball wegschlagen oder abfangen

» Fängt der Wide Receiver den Ball sollte er sofort am Mann sein

Variationen: Beide Seiten üben und auf beiden Seiten unter „Lauf" trainieren.

9.3 DEFENSIVE BACKS UND SAFETIES

Neben der Defensive Line und den Linebackern gibt es noch die Positionsgruppe der Defensive Backs. Zu ihnen gehören die Cornerbacks wie auch die Safeties. Die Safeties verteidigen zumeist die äußeren Flanken des Spielfelds, während die Safeties den hinteren Bereich des Feldes verteidigen und ihre Mitspieler unterstützen, falls ihre Mitspieler ihre Hilfe benötigen.

In der Defense wird häufig eine 3-4-Defense gespielt, dabei besteht die Defense aus 3 Defensive Linemen und 4 Linebackern. Hinzu kommen noch zwei Cornerbacks links und rechts sowie zwei Safeties. In der gängigen 4-3-Defense gibt es ebenfalls zwei Cornerbacks und zwei Saftes, jedoch verfügt die Front über 4 Defensive Linemen und 3 Linebacker. In der Regel werden die Defensive Backs vor allem gegen das Passspiel eingesetzt., bei den beiden Safeties unterscheidet man im Rahmen eines Strong Safeties und in einem Free Safety. Beim Strong (stark) lässt sich auch eine weitere Aufgabe ableiten. Er hilft auch an der Line of Scrimmage bei den Laufspielzügen aus. Der Free Safety ist dagegen vor allem für die tiefen Pässe verantwortlich und versucht, diese abzuwehren.

Cornerbacks haben die hauptsächliche Aufgabe, ihren Gegner auf ihrer Seite zu decken und jeglichen möglichen Pass erst gar nicht passieren zu lassen und entsprechend abzuwehren. Die Aufgaben können leicht variieren, je nachdem ob ein Team Mann oder Zonendeckung spielt. Bei einer Manndeckung wechseln die Cornerbacks auch die Seiten mit, sollte es zum Beispiel ein Audible geben. Bei einer Zonendeckung müssen die Spieler der gegnerischen Mannschaft innerhalb der Zonen nahtlos übergeben werden. Nathlos ist dabei ein wichtiger Aspekt, da viele Offenses bei einer Zonendeckung in die „Nähte" werfen und vor allem das Überraschungsmoment nutzen, um dadurch positiven Yardgewinn nach vorne zu generieren.

Einige Defense-Formationen haben eine deutliche höher Anzahl an Defensive Backs auf dem Feld. Das kann der Fall sein, wenn eine Offense mit überdurchschnittlich guten Wide Receivern spielt und man vor allem bei den (tiefen) Passrouten gut aufgestellt sein will. Ein fünfter Defensive Back - Cornerback - heißt in diesem Falle Nickelback. Wird sogar ein sechster Spieler eingesetzt, ist dieser ein sogenannter Dime. In den USA ergeben zwei Nickel einen Dime.

Die Anforderungen sind wie in der Defensive Line und bei den Linebackern sehr komplex und die Spieler müssen demnach ein hohes Maß an (Spiel-)Intelligenz und vor allem auch an mentaler Stärke und Frustrationstoleranz mitbringen.

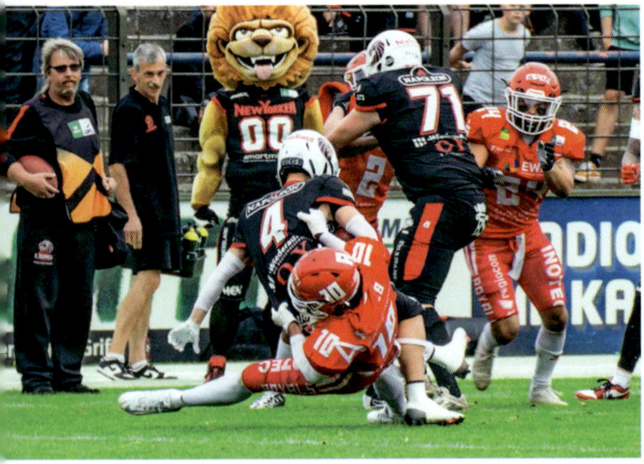

Abb. 172: Der Ballträger wird getackelt. (© Thomas Iden-Korjahn)

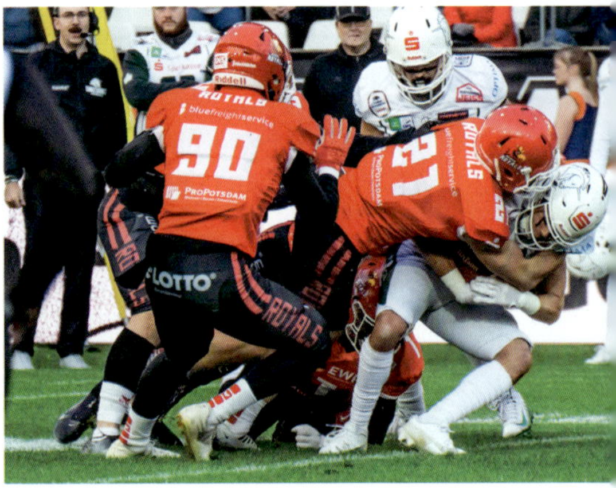

Abb. 173: Die Defensespieler unterstützen sich gegenseitig und sind ebenfalls am Mann. (© Thomas Iden-Korjahn)

WICHTIG:
Beim Lesen der Pre Snaps, beim Down & Distance und bei sämtlichen Hinweisen der Feldformation ist eine Defense umfangreich gefordert. In der Regel übernimmt ein Defense-Spieler die Kommunikation und teilt seinen Mitspielern mit, auf welche Punkte geachtet werden muss.

Die Fähigkeit, stetig zu wissen, wo der Ball ist, ist eine Fähigkeit, die regelmäßig trainiert werden muss. Denn gerade manche Teams spielen auch gerne mit einer „No Huddle"-Offense und versuchen, durch ihre Schnelligkeit und keine Unterbrechungen zwischen den Spielzügen eine Defense zu überlaufen. Sie werden unvorbereitet getroffen.

Defensive Backs müssen über eine ausgeglichene mentale Stärke verfügen, d. h., sie müssen konzentriert und fokussiert sein und ihre Verantwortung kennen. Denn werden sie in einer „1:1"-Situation geschlagen und daraus wird ein Touchdown gelaufen, kann dies zu Enttäuschung und Frust führen. Die kurzweilige persönliche Niederlage muss jeder Spieler aushalten können und vor allem schnell vergessen können. Was zählt, ist immer der nächste Spielzug und dass dieser positiv gemeistert wird. Erfolge können Cornerbacks jedoch verbuchen, indem sie ihren Gegenspieler so gut decken, dass er gar nicht mehr anspielbar ist, den Ball abwehren oder sogar mit einer Interception abfangen. Es gibt Teams die im Scouting genau darauf achten, welcher Cornerback der schwächere Spieler ist. Es ist ratsam, dass Cornerbacks auf beiden Seiten einsetzbar sind und dass ein Leistungsgefälle vermieden wird. Cornerbacks müssen sich bewusst sein, dass ihre Position häufig eher als unscheinbar eingestuft wird. Selten werden Zuschauer sagen: „Die Cornerbacks haben ihren Mann aber sehr gut gedeckt", häufig geht das positive Hervorheben an die Ballträger und deren besondere Spielaktionen. Vom Körperbau und von der allgemeinen Athletik sind die Defensive Backs zumeist dünner, schneller und athletischer als zum Beispiel Linebacker. Tackling können sie jedoch genauso gut und müssen vor allem auch das Open Field Tackling mühelos beherrschen. Des Weiteren gehören diverse „Bump-Techniken" zu ihren Aufgaben, um die Wide Receiver auf den ersten Yards zu beschäftigen.

Wie auch bei allen anderen Positionen müssen sie ihren Stance beherrschen und benötigen des Weiteren ein gutes Backpedal/Rückwärtslaufen.

Das Playbook und die Defense Philosophie

Es gibt diverse Fragen, die Coaches immer begleiten werden: Welchen Schwerpunkt gibt es bzw. welche Philosophie wird individuell verfolgt? Benutzt eine Defense mehr „Blitze" und hat ihren Focus auf „Man-to-Man", benötigen die Spieler ein aussagekräftiges Training in der Schnelligkeit, Beweglichkeit und der Wendigkeit. Spielt ein Team „Zone", wird man die ein oder andere kleine athletische Schwäche verzeihen können, jedoch muss dafür eine hohe Reaktionsfähigkeit und eine gute Kommunikationsfähigkeit zwischen den Spielern vorhanden sein. Nur so können Übergaben in den Zonen gelingen und Fehler werden in den sogenannten Zonen-Nähten vermieden. Manche Teams spielen auch mit einer Mischung aus beidem.

DIE AUFGABEN DES DEFENSIVE BACKS

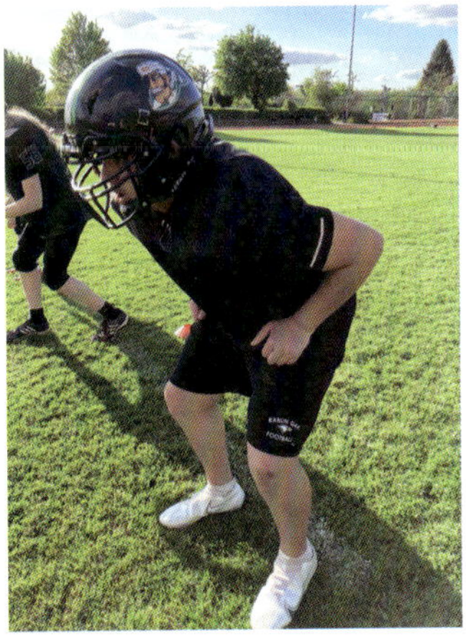

Abb. 174: Cornerback Stance

STANCE

Der Cornerback hat die Füße leicht versetzt, dabei hat er den äußeren Fuß vorne und den inneren Fuß etwas weiter hinten. Der Abstand der Füße ist schulterbreit. Der Körperschwerpunkt ist tief, die Hüfte ist tief und der Oberkörper ist nach vorne gelehnt über die Knie. Die Arme sind locker am Körper und bereit um für das Backpedal eine unterstützende Funktion einzunehmen oder an der Line zu jammen.

BACKPEDAL

Der Körperschwerpunkt liegt tief, vor allem im Backpedal, da ansonsten beim schnellen Rückwärtslaufen das Gleichgewicht in Mitleidenschaft gezogen wird. Ein zu aufrechter Oberkörper kommt schneller ins Wanken als zum Beispiel eine tiefe Körpermitte.

Das Backpedal wird eingesetzt, um den Wide Receiver vor sich zu halten und dabei weiterhin den Quarterback und seine möglichen Spielaktionen zu „lesen". Hin und wieder kann das Lesen auch komplexer sein, denn neben dem Lesen des Quarterbacks, sollte man auch stets einen Blick auf die Hüfte des Wide Receivers haben. Die Hüfte des Wide Receivers verrät, wann dieser einen Cut setzt, um eine bestimmte Route zu verfolgen. Beim ersten Schritt des Backpedals drückt sich der Cornerback explosiv ab, um den Schwung für seinen Rückwärtslauf mitzunehmen. Während eines Backpedals kann es sein, dass ein Cornerback wieder schnell nach vorne kommen muss, aufdreht und vorwärts mit dem Wide Receiver mitläuft. Hierzu gibt es unterschiedliche Techniken.

WEAVING

Der Cornerback spiegelt den Wide Receiver, da dieser zum Beispiel auch schräg diagonal über das Feld laufen kann. Mit dieser Technik kann man dem Wide Receiver mit einem „Stem" standhalten, ihn im Blick behalten und mit ihm auf einer Höhe bleiben.

BREAKING

Es gibt unterschiedliche Möglichkeiten aus dem Backpedal, um wieder in den Vorwärtslauf zu kommen, u. a. den T-Step. Dabei wird beim Rückwärtslauf, ein Bein waagerecht hinter das Bein gestellt, sodass es wie ein T aussieht. Das linke Bein schaut dabei in die Richtung, wohin der Wide Receiver möchte und drückt sich explosiv ab.

QUICK STEP BREAK

Während der Cornerback rückwärts läuft, gibt es auch die Möglichkeit, viele kleine Schritte auf der Stelle zu machen, um dann wieder kraftvoll nach vorne herauszukommen. Generell bringen die beiden Techniken Vor - und Nachteile und können mit den Spielern gemeinsam ausprobiert und besprochen werden. Hin und wieder kann die Technik des T-Steps Probleme machen und aufgrund einer unsauberen Technik, verlieren manche Spieler Zeit, um wieder nach vorne zu kommen. Andere wiederum finden es zu viele Schritte bei den Quiz Step Breaks, der auch Zeit und Energie kosten kann.

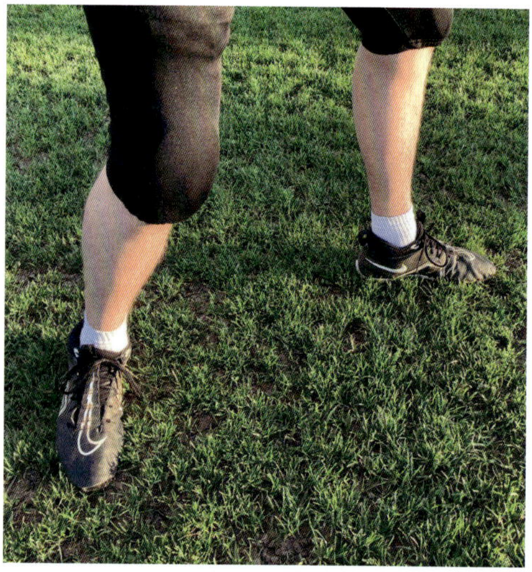

Abb. 175: Es gibt mehrere Varianten, um zügig wieder nach vorne zu kommen.

Des Weiteren gibt es auch noch die Bail-Technik die eingesetzt werden kann, sie ersetzt das Backpedaling und wird als Alternative angesehen. Sie benötigt jedoch ein explizites Training, um es zu beherrschen und ein Coaching Team sollte für sich entscheiden, wie viele Techniken sie einführen ggf. aufgrund der individuellen Stärken der Spieler einsetzen.

PRESS-TECHNIK

Die Press-Technik nennt sich auch „Bump and Run" oder „Shuffle"-Technik. Die Cornerbacks stehen dabei direkt gegenüber von den Wide Receivern und spielen ein sehr „körperliches" Spiel in den ersten Sekunden nach dem Snap, den Wide Receiver auf seinem ersten Weg stören.

Je nachdem, welches Schema und welche Coverage ein Team bevorzugt, kann das natürlich auch Auswirkungen auf die Spielertypen haben. Wird zum Beispiel eine „Zone Pass Defense" gespielt, können oder dürfen die Safties größer und stattlicher sein. Setzt ein Team jedoch auf eine schnelle und wendige Athletik, da sie hauptsächlich eine „Man-to -Man"-Coverage favorisieren, sollten natürlich die Cornerbacks überdurchschnittlich ausgebildet sein, vor allem in ihrer Schnelligkeit und ihrer allgemeinen Kraft und Agilität. Generell sollte in einem Team stets auf diverse Facetten geachtet werden: Was für Spielerpersonal ist vorhanden? Was sind die Stärken und die Schwächen? Was spielen die Gegner und was sollte im Repertoire vorhanden sein, um es dagegen einzusetzen? Was sind Basispunkte und was kann an Variationen ins Training eingebracht werden? Es gibt immer wieder Trends - eine Weile sind sie sehr häufig zu sehen, dann werden sie eine Weile kaum noch gespielt. Spieler sollten in der Regel über verschiedene Aspekte Bescheid wissen und auch wie man sie „fachpraktisch" angemessen einsetzen kann. Die „Bump and Run Coverage" wird von den Cornerbacks eingesetzt, in dem sie sich direkt und nah vor den Wide Receiver platzieren. Sie versuchen, dem Wide Receiver mit ihrem kompletten Körper, den Armen und/oder den Händen den Start zu erschweren.

Gerade in den 1960er-Jahren erlebte die „Bump and Run Coverage" ihre Blütezeit und wurde sehr viel und häufig eingesetzt. Mit der stetigen Veränderung der Regeln hatte dies natürlich auch Auswirkungen auf den Einsatz in den Teams. Heutzutage ist ein erstmaliger Kontakt unter den NCAA-Regeln erlaubt, solange der Kontakt regelkonform ist (von vorne/nicht auf den Kopf und keine Blindside) und der Ball sich noch NICHT in der Luft befindet. Dennoch wird die „Bump and Run Coverage" zur Zeit seltener eingesetzt und auch Trainer und Schiedsrichter haben dazu unterschiedliche Einstellungen und Meinungen. Manche empfinden es als elementare Basic, was jeder können muss. Andere Coaches trainieren es gar nicht mehr, da sie je nachdem, keine unnötigen Strafen eingehen wollen, wenn ihre Spieler nicht rechtzeitig wieder ihre Hände vom Mann haben, falls der Ball in die Luft geht. Jedoch eine „Bump and Run Coverage" lohnt sich immer dann, wenn Wide Receiver zu einer bestimmten Zeit an einer ganz bestimmten Stelle des Feldes sein sollen. In einer Videoanalyse von gegnerischen Teams kann das zügig festgestellt werden, ob das Team starke Receiver hat, die bei ganz bestimmten/routinierten Routen immer einen erfolgreichen Catch haben. Durch das „Bumpen" können sie fortan gestört werden. Jedoch aufgepasst: Starke Receiver stört das nur minimal. Haben sie einmal den Kniff heraus, umgehen sie den Cornerback und ein Situationsvorteil entsteht. Denn ist der Wide Receiver erst einmal hinter dem Cornerback, hat er ein freies Feld und kann den Catch dennoch machen.

Drills/Techniken/Tipps:

» Kontinuierliche Videoanalysen: Wie stehen Wide Receiver am Start und wie reagieren sie auf den ersten Metern? Welche Kniffe gibt es, um die Wide Receiver, den Quarterback und die Offense an sich genau zu lesen?
» Timing und Reaktion – der Schnellere siegt und gerade bei „Bump and Run" ist die Zeit der härteste Gegner. Ist der Ball erst mal in der Luft, ist jeder Kontakt ein Fehler.
» Übung macht den Meister: Gerade „Bump and Run" muss immer wieder geübt werden, da es ggf. bei jedem Team und jedem Spieler eingesetzt werden kann.

Die Technik wird vor allem in einer Man-to-Man-Coverage und in einer Cover 2 gespielt. Mit der Press-Technik möchte man die Wide Receiver auch häufig über „außen" führen, um somit den inneren Bereich frei zu halten, um zum Beispiel einen Linebacker blitzen zu lassen. Häufig verraten Wide Receiver schon auf den ersten Metern ihre Route, ein Wide Receiver der eigentlich eine innere Route hat, wird nicht versuchen, dem ganzen „Bump and Run" über außen zu umgehen, um wieder auf die eigentliche Route zu kommen. Dieses Wissen kann dann effektiv genutzt werden, schlägt der Wide Receiver jedoch den Cornerback, ist dieser häufig in einer sehr viel schlechteren Position, um noch nachzukommen.

Es gibt einige Teams, die komplett auf Press verzichten. Sie geben einer Offense lieber ein paar kurze Yards, anstatt sich tief und ggf. mit einem Touchdown schlagen zu lassen.

SAFETIES

Bei den Safeties wird in **Strong Safety (SS)** und in **Free Safety (FS)** unterschieden. Der Strong Safety ist zumeist auf der starken Seite positioniert, d. h., in der Regel dort, wo zum Beispiel der Tight End steht und /oder ggf. mehrere Wide Receiver. Er ist etwas kräftiger gebaut und steht je nach Spielzug und Philosophie manchmal auch näher an der Line of Scrimmage. Die Free Safeties agieren wie der Name bereits erklärt, etwas freier in ihrem Spiel. Sie lesen die Offense zu Beginn und entscheiden demnach, wo sie sich positionieren. Sie sollen vor allem den Bereich gegen sämtliche tiefe Pässe absichern und bei ihren Spielkollegen aushelfen, wenn diese Hilfe benötigen.

Je nach Team Philosophie und Coverage haben Safeties auch eine hohe Verantwortung beim Run und ihre Aufgaben ähneln sich zu Teilen wie bei den Linebacker-Aufgaben. Das heißt, liest er einen Run, verhält er sich wie ein Linebacker. Er nimmt den Block an, beobachtet weiterhin das Spielfeld und löst sich, um ggf. auf den Ballträger zu gehen. Hat er jedoch eine wesentliche Pass-Verantwortung, muss er im Lesen vorsichtiger sein. Das heißt, nicht jeder angetäuschte Run ist auch wirklich einer. Reagiert er zu früh darauf und verlässt seinen Bereich, kann ihn der Receiver jederzeit mit einer gut gelaufenen Route schlagen.

PRAKTISCHE ÜBUNG GEGEN DEN RUN

Material: Hütchen

Mit den Hütchen wird eine Länge von 10 Yards markiert, in der Mitte auf 5 Yards steht ein Hütchen.

Die Spieler positionieren sich mittig und gehen in ihren Stance hinab. Auf den Count kommen sie hoch und versuchen entsprechend, ihre Hände an den Mann zu bekommen. Die Spieler sollen versuchen den anderen Spieler je nachdem, in die Richtung des Hütchens zu blocken.

Coaching Points:

» Beide Spieler müssen mit einem tiefen Schwerpunkt arbeiten, die Kraft kommt über die Beine.

» Die Arme und Hände sollten der Position entsprechend angebracht werden. Der Defender versucht den Blocker von sich weg zu halten und den entsprechenden Körperrahmen zu wahren.

» Der Defender hat den Kopf oben und versucht nach wie vor, den Blick auf das Spielfeld zu wahren.

PRAKTISCHE ÜBUNG SCHWERPUNKT: BUMP AND RUN COVERAGE

Ausrüstung: Drill ist mit oder ohne Ausrüstung durchführbar

Material: ggf. Hütchen

Der Cornerback und der Wide Receiver stehen sich genau gegenüber. Der Abstand ist bei ca. 1-2 Yards. Der Cornerback fokussiert sich mit seinem rechten Arm unauffällig auf die linke Schulter des Wide Receivers; er konzentriert sich dabei auf den mittleren/äußeren Teil der Schulter. Zeitgleich setzt der Cornerback auch noch sein rechtes Bein nach vorne, durch diesen leicht tieferen Stand kann er einen über die Hüfte kraftvollen Bump setzen. Je schneller und massiver der Bump gesetzt wird, umso überraschender ist der Effekt und die Störung auf den Wide Receiver.

Schritt 1 - Die Spieler stehen im Stand gegenüber und üben die Bewegung im „Trockenen" mit mehreren Wiederholungen. Je nach dem kann alle dreimal durchrotiert werden, so dass unterschiedliche Spielertypen und Spielergrößen sich gegenüber stehen.

Schritt 2 - Die Spieler stehen sich gegenüber auf Pfiff oder auf verschiedenen Counts macht der Cornerback den Bump am Wide Receiver. Auch hier kann alle dreimal durchrotiert werden - wichtig ist das Startzeichen, hier sollten stets verschiedene Counts ausprobiert werden.

Schritt 3 - Die Spieler stehen sich gegenüber und die Spieler versuchen, den Bump am bewegenden Wide Receiver zu setzen, dieser kann erschwerend noch etwas leichte Gegenwehr zeigen.

Variationen: Quarterback und weitere Receiver und Cornerbacks hinzunehmen. Das Ganze kann gefilmt werden und es wird laut mitgezählt, wie lange die Cornerbacks an einem Wide Receiver dran bleiben können und dürfen, bis der Ball in der Luft ist. So bekommen die Cornerbacks ein Zeitgefühl, wie schnell und/oder ggf. langsam die Zeit vergehen kann. Es können verschiedene Routen/Spielsituationen simuliert werden.

Im ersten Schritt können auch Hütchen verteilt werden, um den ersten Schritt nach rechts visuell aufzuzeigen.

DRILL UND SCHWERPUNKT „T-STEP BREAK"

Ausrüstung: Drill ist mit oder ohne Ausrüstung durchführbar

Material: Bälle, Rasenkreide, Klebeband in der Halle, Trillerpfeife

Wie in jeder Position gibt es verschiedene Grundeigenschaften, die in jedem Training geübt werden sollten. Bei den Defensive Backs bzw. den Cornerbacks gehört u. a. das „Backpedalling"; der „T-Step Break" zu den „Everydays", die regelmäßig trainiert werden sollten.

Backpedalling

Diese können jederzeit auf Pfiff durchgeführt werden und die Spieler machen ihren „Backpedal".

Jedoch gibt es einige Varianten mit und ohne Hilfsmittel:

» Die Spieler tragen ein Theraband kurz oberhalb der Knie.
Durch das Theraband haben sie einen zusätzlichen Zug auf die Knie, was die Bewegung erschwert. Dadurch müssen sich die Spieler mehr auf die Bewegung konzentrieren, um diese sauber auszuführen und die Balance zu halten. Die Knie sollten dabei nicht nach innen weg knicken.

» Die Backpedals werden in der Geschwindigkeit variiert, d. h. der Trainer pfeift und die Spieler fangen langsam an, mit dem nächsten Pfiff werden sie ganz schnell, um mit dem nächsten Pfiff wieder langsam zu werden usw.

Vorteil: Der Coach kann überprüfen, ob die Spieler mit einer schnellen Reaktion arbeiten und auch konstant ihre „tiefe" Körperhaltung beim Backpedal behalten, die Arme richtig bewegen usw.

DRILL - „T-STEP BREAK"

Backpedalling ist elementar und sollte so schnell wie möglich durchgeführt werden. Genauso schnell sollte jedoch auch gebremst und gestoppt werden können (to break/the break) um nach vorne heraus zu beschleunigen und zu sprinten. Es gibt unterschiedliche Techniken und Varianten. Die Spieler sollten nach und nach alle Techniken kennenlernen und regelmäßig wiederholen. Gerade unterschiedliche Techniken erhöhen das Repertoire eines Spielers und können auch wieder mit einer „Stärken"-Orientierung zum Einsatz kommen. Das heißt, wenn einem Spieler eine bestimmte Technik nicht liegt, kann er ggf. auf eine weitere Technik ausweichen.

Um die Technik von Anfang an sauber zu verinnerlichen, macht es Sinn diese in Teilschritte aufzuteilen und zu üben. Diese Methode hilft Anfängern sehr gut und lässt jedoch auch Fortgeschrittene ihre Technik überprüfen. Cornerbacks sollten sich von Anfang an daran gewöhnen, immer geradeaus nach vorne und nicht nach unten zu schauen. Im Rahmen des Drills ist eine eigene Sichtkontrolle nach unten unumgänglich.

Die Spieler stehen an einer Linie. Den linken Fuß lassen sie geradeaus stehen und setzen den rechten Fuß waagrecht dahinter. Kontrolle: immer an das T denken.

Im nächsten Schritt bleibt der rechte Fuß stehen und sie setzen den linken Fuß waagerecht dahinter. Kontrolle: immer an das T denken. Es ist sinnvoll, beide Seiten zu üben, da jeder Mensch eine starke und schwache Seite hat und es im Spiel auch davon abhängt, in welche Richtung der Cornerback anschließend sprinten möchte. Der Abstand zwischen den Füßen hängt von der Körpergröße des Spielers ab. Die Füße sollten weit genug entfernt sein, dass ein Spieler weiterhin einen tiefen Schwerpunkt besitzt und sich gut „rausdrücken" kann, um nach vorne zu sprinten.

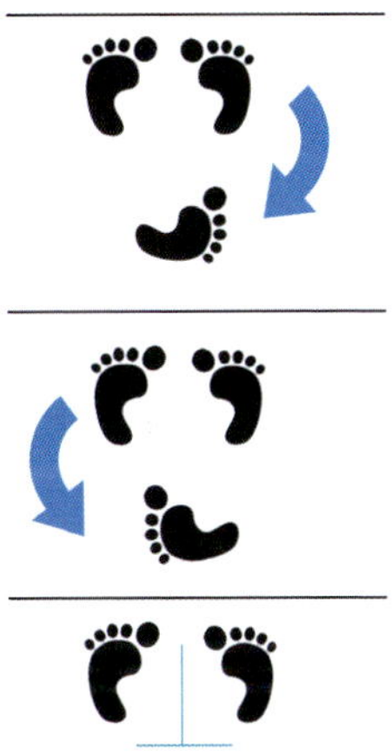

Abb. 176: Schrittfolgen links/rechts, um das T zu bilden

Jede Seite kann in den Trockenübungen 5-10 x auf Pfiff wiederholt werden. Nun können die Spieler mit Rasenkreide ein T auf dem Rasen anbringen, in der Halle mit Klebeband. Sie stellen sich 5 Yards davor auf und bewegen sich auf Pfiff im Backpedal nach hinten und setzen an der Bodenmarkierung ihr T.

Vorteil: Sie bleiben stehen und können an der Bodenmarkierung grob überprüfen, wie ihre Füße stehen. Haben die Spieler diese Variante verinnerlicht, können sie zum nächsten Teilschritt übergehen und nach dem Setzen des „T's" sofort nach vorne sprinten.

Varianten:

» Die Geschwindigkeit variiert von langsam zu schnell

» Der Trainer kann die Spieler auch ohne Bodenmarkierung im Backpedal nach hinten laufen lassen. Die Spieler müssen auf den Coach achten – hebt er den Ball, müssen sie den T-Step machen und nach vorne durch sprinten. Der Trainer kann den Spielern auch noch einen Ball zu werfen, den sie fangen/abfangen müssen.

Coaching Points: Der Drill ist heruntergebrochen, jedoch kann der Coach direkt in der Basis ansetzen und bestimmte Punkte überprüfen und korrigieren zum Beispiel: die Fußstellung, tiefe Körperhaltung, Armstellung, Blick nach vorne, kraftvolles Rausdrücken und nach vorne sprinten. Wird der Drill beherrscht, kann darauf die nächste Technik aufgebaut werden. Im Training ist es sinnvoll, hin und wieder Positionsgruppen zusammenzulegen, um bestimmte Schwerpunkte zu üben. Gerade bei Cornerbacks und Wide Receiver gibt es unterschiedliche Übungen, die sich eignen.

KOMBINATIONSÜBUNG FÜR CORNERBACKS UND WIDE RECEIVER

Beteiligte Spieler: Dieser Drill eignet sich, um Cornerbacks und Wide Receiver in einer „Individual"-Einheit zusammenzulegen, da die Positionen für sich das Fangen oder das Abwehren des Balls trainieren können.

Ausrüstung: Drill kann mit und ohne Ausrüstung durchgeführt werden

Material: Hütchen zur Bodenmarkierung, je nach Anzahl der Spieler/ Gruppe, ausreichend Bälle.

Ein gute Reaktionsfähigkeit, eine exzellente Hand-Augen-Koordination und demnach „gute" Hände sind Eigenschaften, die ein Wide Receiver mitbringen sollte. Cornerbacks wiederum sollten diese Grundanforderungen, wenn auch in einem anderen Zusammenhang, ebenfalls beherrschen um in elementaren Spielsituationen den Pass abzuwehren und besser, abzufangen. Die Übungsreihe gibt verschiedene Drills vor, die mit beiden Positionsgruppen durchgeführt werden können.

VORÜBUNG

Diese Übung eignet sich, um die Hände warm zu machen und reaktionell auf die folgenden Übungen vorzubereiten.

Die Spieler teilen sich in Zweiergruppen auf und nehmen jeweils einen Ball dazu. Ein Spieler legt sich auf den Rücken. Der Blick richtet sich nach oben. Arme und Hände werden wie beim Passfangen vor der Brust platziert. Der zweite Spieler steht direkt daneben, mit Blick auf die Brust des liegenden Spielers. Er hält dabei den Football auf Bauchhöhe senkrecht nach unten. Er lässt den Ball los, sodass der liegende Spieler ihn fangen kann. Die Schwierigkeitsgrade können individuell verändert werden. Wird der Ball sehr hoch gehalten, hat der liegende Spieler mehr Zeit, darauf zu reagieren. Wird der Ball in der Höhe niedriger gehalten, muss er entsprechend zügig und schnell darauf reagieren. Eine weitere Erschwernis ist vorhanden, wenn der liegende Spieler seine Arme seitlich am Körper liegen hat und dann auf den Ball reagieren muss.

Wiederholung

15 x pro Spieler

Schritt 1

Die Spieler werden in Kleingruppen mit je vier Spielern aufgeteilt: am besten je zwei Receiver und je zwei Cornerbacks. Der Wide Receiver stellt sich in die Mitte auf, je rechts und links positionieren sich eng mit Blick auf den Wide Receiver die Cornerbacks. Der vierte Spieler positioniert sich gegenüber vom Wide Receiver mit einem Abstand von 5 Yards und hält einen Ball in der Hand. Der Ball wird dem Wide Receiver zugeworfen. Er hat die Aufgabe den Ball zu fangen und entsprechend zu sichern. Die Cornerbacks sollen ihn daran hindern und müssen versuchen, den Ball wegzuschlagen. Es geht erst mal nur um das Wegschlagen und das Benutzen der Hände und noch nicht darum, eine Drehung einzusetzen, um vor den Mann zu kommen. Zu Beginn empfiehlt sich, dass sich die Corner absprechen und nur von einer Seite abwechselnd hineingeschlagen wird. Nach einigen Durchgängen können die Cornerbacks zeitgleich hineinschlagen.

Coaching Points:

» Flexible Hände
» Fangsicherheit/Abwehrsicherheit; Wegschlagen des Balls
» Reaktionsfähigkeit

Wiederholung

Die Spieler rotieren in ihrer Gruppe im Uhrzeigersinn, sodass jede Teilaufgabe je 8 x abgedeckt wird. Jeder erfüllt alle Aufgaben - Cornerback, stehender Spieler in der Mitte, je links und rechts stehen.

Schritt 2

Die Vierergruppen bleiben nach wie vor bestehen. Der Wide Receiver steht in der Mitte, der zweite Spieler mit 5 Yards Entfernung gegenüber. Die Cornerbacks platzieren sich versetzt rechts und links 1-2 Yards seitlich schräg nach hinten mit Blick auf den Werfer. Der Ball wird dem Wide Receiver zugeworfen, die Cornerbacks müssen versuchen, so schnell wie möglich nach vorne zu kommen und den Ball wegzuschlagen. Wie gehabt, erst nur von einer Seite rechts und links, dann von beiden Seiten gleichzeitig.

Coaching Points:

» flexible Hände
» Fangsicherheit/Abwehrsicherheit; wegschlagen des Balls
» Reaktionsfähigkeit
» Schnelligkeit; Antrieb nach vorne

Wiederholung

Die Spieler rotieren in ihrer Gruppe im Uhrzeigersinn, sodass jede Teilaufgabe je 8 x abgedeckt wird. Jeder erfüllt alle Aufgaben - Cornerback, stehender Spieler in der Mitte, je links und rechts stehen.

Schritt 3

Die Vierergruppen bleiben nach wie vor bestehen. Der Wide Receiver steht in der Mitte, der zweite Spieler mit 5 Yards Entfernung gegenüber. Die Cornerbacks platzieren sich versetzt rechts und links 1 bis 3 Yards seitlich schräg nach hinten mit Blick auf den Werfer. Der Ball wird dem Wide Receiver zugeworfen, die Cornerbacks müssen versuchen, so schnell wie möglich nach vorne zu laufen, um vor den Wide Receiver zu kommen, um den Ball abzufangen. In diesem Vorgang können der seitliche Winkel und die Abstände der Cornerbacks variiert werden, um von einfach zu schwer zu arbeiten.

Coaching Points:

- » Flexible Hände
- » Reaktionsfähigkeit
- » Schnelligkeit; Antrieb nach vorne
- » Winkel um vor den Receiver zu gelangen um den Pass abzufangen

Wiederholung

Die Spieler rotieren in ihrer Gruppe im Uhrzeigersinn, sodass jede Position mit 8 x abgedeckt wird. Denkbar ist auch, dass nur die Wide Receiver mit Fangen/Werfen tauschen und die Cornerbacks rechts und links tauschen, je 8 x.

Schritt 4

Vierergruppen bleiben weiterhin bestehen. Der Wide Receiver steht normal, direkt hinter ihm stellt sich der Cornerback, Rücken an Rücken zu ihm. Auf Count dreht der Cornerback sich mit einer Drehung eng am Körper des Wide Receiver entlang, um nach vorne zu kommen. Er hat die Aufgabe, den Ball abzuwehren oder falls machbar abzufangen. Der Wide Receiver soll nach wie vor versuchen, den Ball zu fangen. Drehungen sollen auf beiden Seiten ausgeführt werden. Die Wide Receiver können ebenfalls die Rolle des hinteren, drehenden Spielers einnehmen; sie sollen nur fangen und der stehende Cornerback versucht, ihnen den Ball wegzuschlagen.

Coaching Points:

- » Flexible Hände
- » Fangsicherheit
- » Abwehrsicherheit; wegschlagen des Balls
- » Reaktionsfähigkeit
- » Schnelligkeit
- » Enge Drehung rechts/links

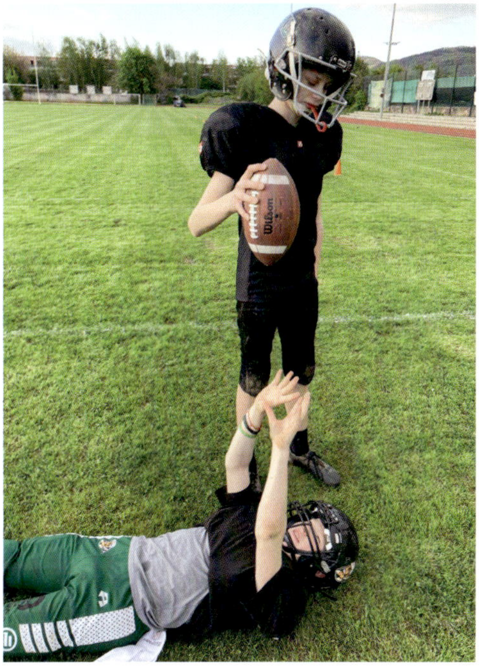

Abb. 177: Der Ball wird in unterschiedlicher Höhe zum Fangen über den Spieler gehalten.

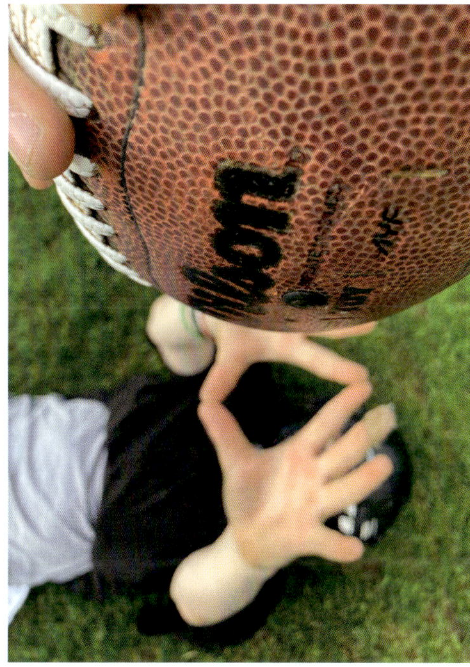

Abb. 178: Die Hände sollten im Idealfall so nach oben kommen, um den Ball zu fangen.

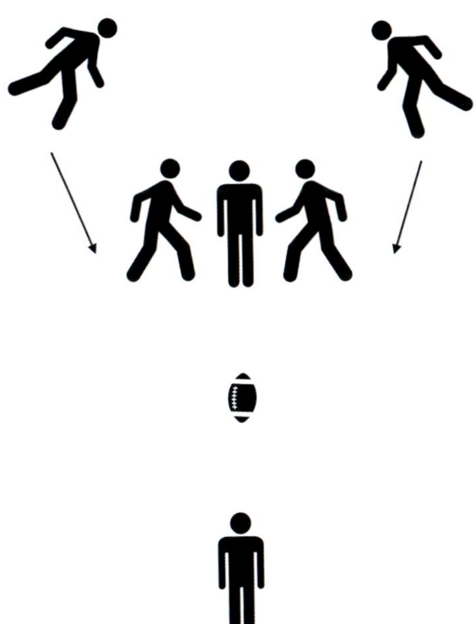

Abb. 179: Die Skizze zeigt den Ablauf zu Schritt 3.
Die Cornerbacks laufen nach vorne, um den Ball für den Wide Receiver wegzuschlagen oder abzufangen.

10 SPECIAL TEAMS

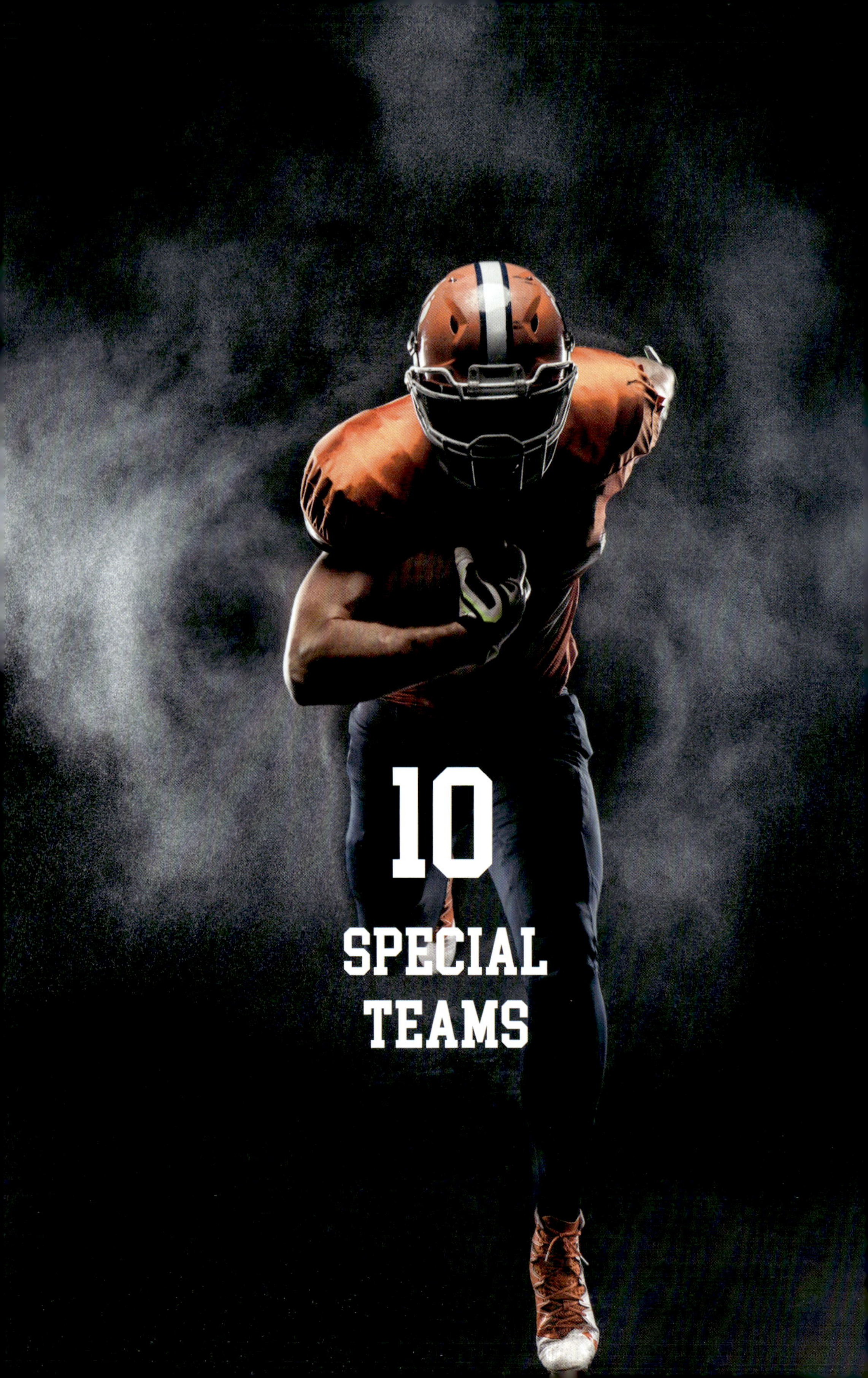

Die Special Teams sind im Spiel sehr wichtig und sie dürfen nicht unterschätzt werden. Special Teams können ein Spiel wesentlich beeinflussen und können einen Anteil von 20 % in einem Spiel ausmachen. Wer Special Teams nur unzureichend trainiert und der ganzen Thematik nicht viel Theorie und Praxiszeit einräumt, wird sich in der Saison und bei den Spielen selbst im Weg stehen. Durch die Special Teams kann zum Beispiel eine größere Aktion zu einem Sieg führen, aber zum Beispiel können auch mehrere erfolgreich durchgeführte PATs zu einem späteren Sieg führen. Sinnvoll ist es, regelmäßig im Training Schwerpunkte zu setzen und diese in der Theorie wie auch in der Praxis zu vertiefen. Zu den Special Team gehören:

» Punt und Punt Return
» Kickoff und Kickoff Return
» Field Goal und Point after Touchdown (PAT)-Versuche/Field Goal und PAT Blocks

Dabei ist das Fieldgoal Team in der Regel auch das Team, die den Kick beim Point after Touchdown (PAT) ausführen. Möchte ein Team jedoch für 2 Punkte gehen, schicken sie zumeist bei der Two Point Conversion ihre Offense auf das Feld.

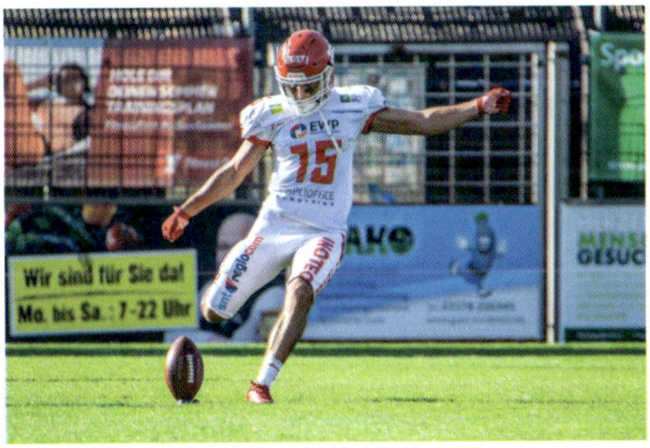

Abb. 180: Der Ball wird gekickt.
(© Thomas Iden-Korjahn)

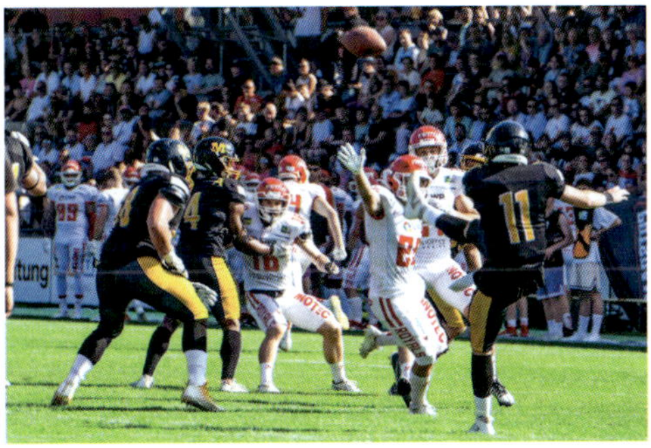

Abb. 181: Der Kicker verspürt Druck.
(© Thomas Iden-Korjahn)

10.1 PUNT UND PUNT RETURN

PUNT

Der Punt gehört zu den einflussreichsten Spielmomenten im Spiel, es kann ein Spiel wesentlich gedreht werden, da sich der Einfluss in der Feld Position widerspiegelt. Das Punt Team sollte immer zwei Aspekte im Blick haben: Der Punter sollte entsprechenden Schutz haben und danach sollte auch das Feld weiterhin im Blick behalten werden. Nur so kann verhindert werden, dass ein Punt Returner zu viel Yards auf dem Feld macht. Mittlerweile haben sich auch im Rahmen des Punts verschiedene (komplexe) Schemata entwickelt und es gibt diverse Varianten. In einer „Spread Punt Alignment" werden bereits vorab zwei (schnelle) Spieler hervorgehoben, die sofort nach dem Snap zum Returner sprinten, um ihn sofort zu decken und den Yardgewinn entsprechend dadurch zu schmälern. Wiederum werden in einem „Shield Punt Alignment" drei Spieler wesentlich vor dem Punter positioniert, um für ihn sozusagen eine Mauer zu bilden, hinter der er quasi Raum nach vorne gewinnen kann. Des Weiteren können auch hier diverse „Zonen-" und „Man-"Schemata installiert werden *(siehe 8.) Colby, 2013, Seite 199)*.

Der Punt an sich ist ein sogenannter „Scrimmage-"Kick, eine Defense kann viel Druck machen und kann ihn entsprechend blocken. Kicken und Punten hat einige Gemeinsamkeiten, aber auch wesentliche feine Unterschiede. Der Ball sollte für den Punter immer unter den gleichen Voraussetzungen für den Kick verfügbar sein. Die Kraft für den Kick schöpft der Spieler aus seiner kompletten Körperhaltung und vor allem aus dem sogenannten Follow Through. Der Ball wird im Unterschied vom Punter selbst gehalten, d. h. er lässt den Ball vor sich fallen und kickt ihn dann. Dieser Ablauf benötigt effektive Übung, damit er nicht irgendwie und auf gut Glück, sondern mit einer kontinuierlichen Qualität weiterverarbeitet wird.

Das Ganze startet mit einem guten und sauberen Snap, der innerhalb eines festgelegten Körperrahmens des Punters kommt. Jeder Snap, der zu weit links, rechts, hoch oder tief kommt, ist mit Aufwand für den Punter verbunden. Er benötigt wieder Zeit sich zu setten, durch das erneute Setten kann ein Punt häufig schon geblockt werden. Nachdem der Punter den Ball hat, macht er sich für seine Schrittkombination für den folgenden „Drop" bereit. Hier gibt es unterschiedliche Schrittkombinationen, die bevorzugt werden; einige arbeiten mit zwei Schritten, andere mit drei Schritten. Während der Punter seine Schritte macht, bringt er den Ball in die Position, wie er es benötigt. Wichtig ist, dass er sich von Anfang an eine Position angewöhnt und bei dieser auch bleibt. Der Ball sollte mit derselben Hand wie des kickenden Fußes gehalten werden, er ist leicht gebeugt und der Ellenbogen zeigt Richtung Boden. Der Arm ist auf der Höhe des Bauchnabels ausgestreckt.

Im nächsten Schritt wird, nachdem alle Schritte vollzogen wurden, der Ball fallen gelassen. Dabei holt das kickende Bein Schwung und gleichzeitig wird der Ball fallen gelassen. Der Arm zieht komplett zur Seite weg, der fallende Ball und der Fuß treffen aufeinander. Das Bein muss nicht komplett durchgezogen werden, jedoch bleibt das Follow Through mit dem Oberkörper leicht nach vorne gebeugt bestehen.

PUNT RETURN

Die Hauptaufgabe des „Punt Return"-Teams liegt darin, der Offense die beste Feldposition zu verschaffen, um aus dieser Ausgangslage Punkte zu machen. Ein Punt Returner hat dabei eine große Verantwortung. Er muss, während der Ball in der Luft ist, entscheiden, ob er weiter läuft, um Raumgewinn zu machen oder den Ball fängt und es weitergeführt mit einem Fair Catch Signal belässt.

Viele Mannschaften haben des Weiteren eine grundlegende Philosophie für ihr „Punt Return"-Team. Sie stören den Punt bereits vorab, indem sie ihn blocken oder Störungen provozieren oder sie konzentrieren sich grundsätzlich auf einen eigenen und effektiven Return. Es ist wichtig, dass ein Coaching Staff und Special Team Coordinator mit seinem Team bespricht, wie er den Punt Return spielen möchte und auf was er seinen Schwerpunkt legt. Möchte grundlegend durch Schnelligkeit Raum gewonnen werden oder liegt das Augenmerk auf dem Blocken. Mischformen sollten in der Regel vermieden werden, da sie zu Unsicherheiten in der direkten Ausführung führen können. Im American Football gibt es immer wieder hervorragende Returns zu sehen, ein Spezialrezept gibt es hierfür jedoch nicht. Oftmals setzt es sich aus vielen kleinen Faktoren zusammen und es ergibt sich daraus ein Momentum. Es gibt verschiedene Inhalte, auf die geachtet werden können, um den Gegenspielern aus dem „Punt"-Team gegenüber zu treten:

» die Situation direkt an der Line of Scrimmage,
» der Übergang der Blocker,
» die Beobachtung, wie und in welchem Rahmen sich die Spieler über das Feld bewegen,
» der Block für den Returner *(Colby 2013, S. 204)*.

Das „Punt Return"-Team muss grundlegend in einem guten Stance stehen, um daraus sofort zu reagieren und zu agieren. Je besser die Gegenspieler kontrolliert werden, umso besser entwickelt sich die Ausgangslage für den Returner, häufig reichen schon ein oder zwei Yards an Beschäftigung mit dem Gegner aus, um wesentlichen Raum nach vorne umzusetzen.

Generell muss sich ein Punt Return bewusst sein, wo ihre Hauptaufgaben liegen und wie diese am besten umgesetzt werden können. Bereits an der Line of Scrimmage sollten die Spieler beschäftigt werden und das A & O liegt auf soliden Blocks, die entsprechend angesetzt und durchgeführt werden. Halbherzige Blocks oder nur ein Streifen eines Spielers haben keine effektive Wirkung. Hin und wieder können Punts sehr kurz kommen und enden in der Nähe der Blocker. Bei einer Berührung von Spielern des Return Teams, wird es zum freien Ball und jeder Spieler kann ihn „recovern". In manchen Spielsituationen haben nicht alle Spieler einen Blick auf das Geschehen oder bekommen mit, dass ein Punt sehr kurz kommt und möglicherweise einen Spieler berühren kann. Der Returner sollte in diesem Moment alle Spieler mit einem Code warnen, damit sie wissen, was auf dem Spielfeld passiert. Der Code bzw. das Wort warnt alle Spieler und signalisiert ihnen, mit dem Blocken aufzuhören, den Ball zu finden und von ihm weg zu gehen. Wenn der Ball auf den Boden fällt und keiner berührt ihn, wird er nach wenigen Sekunden zum toten Ball erklärt.

Ein Returner sollte auch wissen, wie tief er gehen kann, um einen Punt zu fangen. Fängt er den Ball zu tief, kann das negative Folgen und eine schlechtere Ausgangslage für ihn haben. Er sollte in der Regel bei der 10-Yard-Linie stehen und von dort aus seitlich oder nach vorne agieren. Je nach Team und der Kraft des Punts stehen manche Spieler sogar noch weiter vorne, um entsprechend auf den Ball zu reagieren. Mittlerweile haben sich viele Schemata etabliert, um einen Punt zu blocken. Am wichtigsten bleiben jedoch der „Get off", der Angriffspunkt zum Ball und der „Block Point" des Punts. Nicht zu vergessen ist die Hand und Körperposition beim Block. Der „Get off" ist kritisch und muss in der Regel genau analysiert werden; es ist hilfreich sich ca mit 15 Yards Entfernung zu positionieren. Um den Gegner besser einzuschätzen, sollte das Videomaterial ausführlich betrachtet werden, um zu erkennen, wo sich die Kontaktpunkte am besten ergeben *(siehe 8.) Colby, 2013, Seite 204ff.)*.

10.2 KICKOFF UND KICKER

KICKOFF

Das „Kickoff"-Team ist zentral gesehen, das Team mit dem jedes Spiel beginnt und auch über das Spiel hinaus häufig auf dem Feld zu sehen ist. Grundlegend möchte man natürlich, dass der Return sehr schwach ausfällt und die Gegner eine schlechte Feld-Position bekommen.

Neben dem Kicker, der eine wichtige Hauptaufgabe übernimmt, müssen auch alle Spieler auf der linken und rechten Seite eine Vielfalt von wichtigen Aufgaben erfüllen. Neben einem schnellen Lauf, guten „Tackling"-Skills, sind sie vor allem auch gefragt „analysierend" zu agieren. Sie müssen sofort erkennen, welchen Weg ein „Returner" einschlagen wird und müssen ihn zügig tackeln. Diese Aufgabe besonders im „Open Field" als alleiniger Spieler konsequent durchzusetzen, ist eine Herausforderung. Nur gemeinsam können Kickoff-Situationen positiv bewältigt werden und es muss eine doppelte Sicherung bestehen. Beim Kickoff gibt es unterschiedliche Schemata, die gespielt werden können. In der Regel hat man die Mehrzahl der Spieler (je nach Teamgröße zwischen 7-10 Spielern) für den späteren Tackle, die restlichen Spieler sind Safeties, die den hinteren Bereich abdecken, sollte es ggf. benötigt werden. Die Kickoff-Spieler werden nach linker und rechter Seite aufgeteilt und werden durchnummeriert zum Beispiel mit R1 und L! (Rechts1 und Links1). Ein besonderes Augenmerk geht immer auf die linke und rechte Außenlinie und es sollte ein größerer Abstand von von 5 Yards vermieden werden. Alle Spieler stellen sich auf der Linie auf, der Kicker steht leicht versetzt hinten. Wenn der Kicker die Linie erreicht und den Ball kickt, laufen alle Spieler sofort das Feld herunter. Natürlich benötigt das Feld herunterlaufen ein bestimmtes System und einen bestimmten Plan, somit wird immer detailliert auf den „Get off" und auf die Schnelligkeit des Sprints geachtet. Am besten ist es natürlich Blocks zu umgehen und zu vermeiden und auf dem schnellsten Weg das Tackle beim Returner zu setzen. Returner sollten in der Regel vom Kicking Team von außen nach innen „geführt" werden, um dort einfacher das Tackle zu machen. Hat ein Returner den Ball, müssen die Spieler des „Kickoff"-Teams blitzschnell zusammenarbeiten und zwei Spieler, je einer von links wie auch von rechts, müssen gleichzeitig in einem guten Winkel an den Returner herankommen, um ihn zu tackeln. Diese Abstimmung, aus dem Augenwinkel die Laufsequenzen seines Spielpartners zu erkennen, demnach die Geschwindigkeit (schneller/ langsamer) anzupassen und dazu einen passenden Winkel zu finden, ist eine fordernde Komponente *(siehe 8.) Colby 2013, S. 209ff.)*.

Erreicht ein Returner einmal die Außenlinie, kann er dadurch immensen Raumgewinn verbuchen oder schafft es sogar, den Ball komplett in die Endzone zu tragen.

Je schneller das Kicking Team läuft, umso schneller sind sie beim Returner. Coaches können den Speed und das Level ihrer Spieler gut überprüfen, wenn sie sich an der Seitenlinie in Richtung Returner positionieren. Ein eingespieltes und schnelles Kicking Team, schafft es als Einheit ca 1-2 Yards von ihrem Gegenspieler zu sein. Sind mehrere Spieler zu langsam, ist es ein guter Indikator den Stance und explosive Starten in einzelnen Drills zu trainieren. Jeder Kickoff-Spieler sollte es vermeiden geblockt zu werden, dazu ist es von Vorteil, sich in den Gegner hinein zu versetzen. Die meisten Gegner haben eine bestimmte Zone oder eine bestimmte

„Lane", die sie verteidigen sollen, damit ihr Return Yards umsetzen kann. Sie dürfen oder können die Lane gar nicht so weit verlassen, um einen Spieler zu blocken. Genau dieser Moment oder eine Naht muss gefunden werden, um dem Block komplett zu umgehen. Geübte Spieler können je nach Entfernung des Returners auch den Zweierkontakt mit dem Blocker kurz aufnehmen, sich rechtzeitig lösen und den Tackle setzen. Aber gerade die genannte Situation muss gut geübt und trainiert werden. Kommt es nämlich zu einem Mismatch wie zum Beispiel, dass der Blocker so gute Arbeit macht, dass der Kickoff-Spieler strauchelt oder sogar hinfällt, entstehen große „Löcher", die ein Returner sich zu Nutze machen kann. Ist der Returner noch in großer Entfernung: Block vermeiden Ist der Returner in Sichtweite Block aufnehmen und auf der Seite lösen, wo er lang kommt.

Zuletzt kommt es zum Tackling des Returners. Hierzu sollten alle Spieler geübt sein und der Returner sollte von außen nach innen und vor die Spieler geführt werden. Man kann sich das Ganze wie einen Trichter vorstellen, der immer enger wird, bis er getackelt wird. Einige Coaches nehmen auch den Kick an sich ins Blickfeld und entwickeln eigene Pläne, um ihre Zielsetzung zu verwirklichen. Einige bevorzugen Kicks in die Ecken, um sich quasi bereits die Außenlinien zunutze zu machen.

Natürlich gibt es auch noch weitere Arten von „Kicks", die gewisse Vorteile, aber auch Nachteile mit sich bringen. Einige Teams favorisieren kurze und hohe Kicks, die zwischen der 20- bis 30-Yard-Linie landen. Ein Team muss bei einem solchen Kick nicht so viel „Covern" und kommt relativ schnell zum Tackle des Returners. Durch den hohen Kick kann es im Return Team auch zu Unstimmigkeiten kommen, da man sich ggf. nicht einig ist, wer den Ball fangen soll und ein folgender Fumble kann eintreten. Es besteht die Möglichkeit, den Ball so zu kicken, dass er zügig den Boden berührt und einige wilde Bewegungen zeigt und mehrmals bounct und dadurch schwierig unter Kontrolle gebracht werden kann. Zum Schluss gibt es den relativ bekannten „Onside Kick", dieser soll sehr kurz gekickt werden, ca 10 bis 15 Yards. Wenn der Ball die 10-Yard-Linie überquert, ist er ein freier Ball für beide Teams. Ziel ist es, dass der Ball in keinster Weise vom Return Team aufgenommen werden kann, sondern dass das Kicking Team erneut den Ball erobern kann. Onside Kicks werden genutzt, wenn ein Team erneut den Ball haben möchte, um Punkte zu machen, zum Beispiel, wenn das Team in Rückstand liegt oder auch bei einem Unentschieden *(siehe 8.) Colby 2013, S. 209ff.)*.

KICKER

Teams haben einen oder mehrere Kicker und diese sollten ihren eigenen Positionscoach und Ansprechpartner haben, der wöchentlich seine Sequenzen an Drills in der Trainingszeit bekommt und/oder auf mögliche komplette Sondertrainings zurückgreifen kann. Wenn häufig neue Spieler ins Team kommen, bietet es sich an, auch diese probehalber immer wieder zum „Kicken" auszuprobieren. Denn nur so können mögliche talentierte Spieler für die Zukunft gefunden werden, um sie kontinuierlich auszubilden und aufzubauen.

Die drei Kicks im American Football sind der Kickoff, das Field Goal und der PAT (Point after Touchdown). Das Field Goal und das PAT haben Gemeinsamkeiten und die Technik ist größtenteils gleich. Unterschiedlich sind jedoch der Zeit- und Distanz-Druck, den ein Spieler erlebt und beherrschen muss. Vor allem, wenn es darum geht, dass sein Kick nicht geblockt wird. Beim Kickoff kann die Länge völlig unterschiedlich ausfallen, sei es gewollt oder wenn es aufgrund von mangelndem Können nicht besser bewältigt werden kann. Das „Kicken" des Balls macht sich nicht einfach *so* und benötigt, wie alles andere auch, seine Zeit und eine präzise Technik, die gut gelehrt werden muss. Heutzutage werden Kicker häufig mit Fußball in Verbindung gebracht und manchmal werden Spieler dafür eingesetzt, die eine sportliche Affinität und eine Historie mit Fußball haben. Das kann nützlich sein, geht aber wie oben beschrieben auch komplett anders.

Kicker sollten ihre eigenen Stärken und Schwächen kennen. Es ist sinnvoll, das Training oder einzelne Schritte kleingliedrig aufzuteilen. So kann genau beobachtet werden, an welchen Einzelschritten detailliert gearbeitet werden muss. In der Regel sollten Kicker von beiden Seiten der Hash Mark aus kicken können. Sollte jedoch eine Seite dominanter sein, sollte ein Coach das im Hinterkopf behalten. Des Weiteren sollten Kicker auch in den Distanzen langsam und stetig ausgebildet werden. In der Regel sollte erst eine Distanz sicher und gefestigt sein, bevor die nächst größere Distanz angestrebt wird. Kicker sollten regelmäßig trainieren, sollten aber auch die Grenze zur Überforderung kennen, indem sie ihr Bein nicht zu sehr strapazieren. Der komplette Prozess ist auch sehr individuell – Übung macht den Meister – von daher sollten Kicker ruhig den ein oder anderen Teilschritt genau ausprobieren. Nur durch das Experimentieren von kleinen Facetten, kann ein stimmiges Ganzes umgesetzt werden.

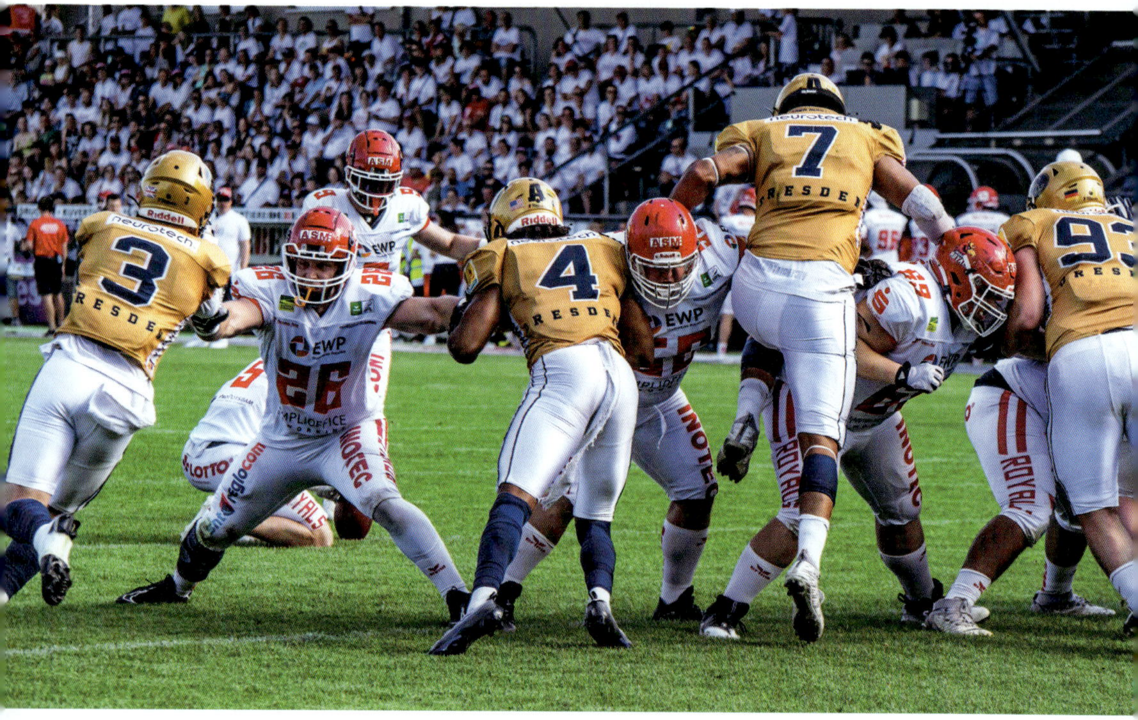

Abb. 182: Eine Drucksituation entsteht – beim Kick heißt es Ruhe bewahren. (© Thomas Iden-Korjahn)

Der gesamte Kicking-Prozess sieht auf den ersten Blick relativ simple und einfach aus. In der Realität ist er sehr detailreich und viele kleine Aspekte wirken dabei zusammen. Kicker benötigen im Spiel starke Nerven und müssen ganz zentral mit Fehlern umgehen können. Sie haben nur einen einzigen Versuch und geht dieser daneben, müssen sie es abhaken können. Sie müssen auch ein „Icing" nervlich aushalten können, es wird zwar nicht häufig praktiziert. Aber wenn, kann es den individuellen Rhythmus eines Spielers wesentlich stören und er muss in diesen Sekunden seine Konzentration behalten und sich nicht beirren lassen. Bei der Position des Kickers liegen das Glück und das Leid sehr nah beinander. Treffen sie kontinuierlich, sind sie ein Spitzenreiter, treffen sie einmal bei einer entscheidenden Situation nicht, werden sie vom Publikum und von anderen Spielern geschnitten. Somit muss immer die allgemeine Teamkultur gestärkt werden und dass eine angemessene Fehlerkultur vorhanden ist. Deutschlandweit gibt es selten „nur" Kicker, die Spieler haben oft eine weitere Position inne, die sie im Training und im Spiel bedienen. Hier gilt, dass die Spieler ein für sich passendes Training erhalten, bei denen beide Positionen gleichermaßen beachtet werden.

KICKEN BEIM PAT

Es beginnt schon mit dem Long Snap - der Ball wird durch die Beine zum Holder geworfen. Der Spieler fängt den Ball aus der Luft und stellt ihn mit der Spitze auf das Feld. Der Ball wird am oberen Ende festgehalten - er sollte dabei gerade stehen. Die Naht sollte dabei vom Kicker wegzeigen. Der Kicker läuft los, sobald der Ball unterwegs ist, alles in allem sind es nur Millisekunden und diese sind extrem anfällig. Wenn nur ein kleiner Aspekt schief läuft, kann dies seine Folgen haben, zum Beispiel: Der Snap ist zu hoch, zu tief, zu seitlich, der Ball steht nicht gerade, die Naht zeigt zum Kicker etc.

Der Ball wird mit der Innenseite des Fußes, knapp unterhalb ihres großen Zehens, dem Ballen gekickt. Eine Zeitlang hat man auch versucht, eine andere Technik einzuführen, wie zum Beispiel alle Zehen zu benutzen und den Knöchel in einer 90-Grad-Stellung zu halten. Diese Technik hat sich nicht durchgesetzt, sodass man sich wieder auf die sogenannte fußballzentrierte Technik zurückkommt, schon alleine auch deshalb, da die Kicks dadurch kraftvoller, weiter und schneller kommen.

KICKEN BEIM KICKOFF

Das Kicken beim Kickoff unterscheidet sich wesentlich zum Kick eines Field Goals oder eines PAT'S. Es wird viel mehr Kraft aufgewendet, um den Ball das ganze Feld herunter kicken zu können. Häufig schöpft der Kicker die Kraft aus seinem ganzen Körper und dem entsprechenden Anlauf den er nimmt, dieser kann zwischen 7 -10 Yards variieren. Zu empfehlen ist es, ein wenig mit dieser Distanz zu spielen und zu schauen, was individuell ggf. am besten funktioniert. Kurz vor dem Kick und während des Kicks bringt er auch seinen Oberkörper mehr hinein. Er kickt, zieht den Oberkörper kurz nach vorne und nimmt dabei auch den Arm der anderen Seite mit. Damit erschafft er nochmals einen weiteren Kraftschub, dem er dem Ball mitgeben kann.

Darüber hinaus hat auch der Longsnapper in den Special Teams eine besondere Funktion. Auch er sollte ein regelmäßiges und umfangreiches Training bekommen. In den USA haben sich in den letzten Jahren unterschiedliche Experten und Seminare entwickelt, um der Position mehr und mehr Beachtung zu schenken. Ein herausragender Longsnapper benötigt kontinuierlich Übung und ggf. seinen eigenen Coach, um viele kleine Abstimmungen und Inhalte zu verinnerlichen. Hierzulande hat man ebenfalls die Wichtigkeit erkannt und es werden mehr und mehr Fortbildungen, aber auch Fachbücher, angeboten.

10.3 KICKOFF RETURN

Die Vorseiten zum Kickoff-Team haben bereits gezeigt, auf welche Faktoren geachtet werden muss. Zunächst ist das Hauptziel, den Ball so weit wie möglich zurückzutragen oder sogar die Endzone zu erreichen. Ein Ball muss immer gefangen werden, um zu vermeiden, dass das Kickoff-Team den „freien" Ball erobern kann. Schon vor dem Start muss ein Team in der Lage sein, einzuschätzen, was für ein möglicher Kick erfolgen kann, um darauf bestmöglichst zu reagieren. Denn daraus ergeben sich unterschiedliche Strategien und Schemata für ein Kickoff Return Team. Des Weiteren müssen die Spieler die richtigen Blocks zur richtigen Zeit setzen, um ihren Returner dadurch Raum und Platz zum Laufen zu verschaffen.

Die (vorderen) Spieler haben beim Kickoff Return ein hohe Verantwortung, da sie mehrere Aufgaben zu bewältigen haben. Neben dem Blick auf den Kicker müssen sie rechtzeitig nach hinten kommen, um ihren späteren Gegenspieler in einem richtigen Winkel und zu einem richtigen Zeitpunkt zu blocken. Die Blocks müssen so effektiv sitzen, dass sich Spieler nicht rauswinden oder entziehen können. Jeder ungeblockte Mann ist eine potenzielle Gefahr für den Returner und schmälert den möglichen Raumgewinn. Ein Returner muss eine gute Einschätzung des Balls und vor allem eine hohe Ballsicherheit haben. Des Weiteren müssen sie zügig kommunizieren, um ihren vorderen oder seitlichen Kollegen zu sagen, dass er den Ball fangen muss. Nach dem Fangen muss er einerseits das Feld nach dem vorgegebenen Schemata betrachten und sich den Laufweg suchen. Dabei muss er sich jedoch auf seine Mitspieler verlassen, sodass sich diese spätestens nach 4-5 Yards vor ihm oder an seiner Seite befinden, um ihm den Weg frei zu blocken. Dazu benötigt er häufiger starke Nerven, da sich eine freie „Lane" häufig erst wenige Sekunden vorher öffnet *(siehe 8.) Colby, 2013, Seite 12ff.)*.

WICHTIG:
Special Teams benötigen Zeit und Struktur, um sie effektiv zu üben. Nur so können Situationen, Winkel und richtige Zeitpunkte eingeschätzt werden.

Hierzu gibt es einige Tipps:

» Kontinuität: Eine feste Anzahl an Spielern sollte mit einer festen Funktion und Position zugeordnet werden. Ständige Wechsel und Veränderungen vermeiden, damit ein kontinuierliches Lernen ermöglicht wird.

» Keep it simple – ein einfaches, aber gut gespieltes Schemata bringt mehr Erfolg als eine stetige Umstellung der Special Teams.

Bei Kinder- und Jugendteams gelten je nach BSO gesonderte Regeln für die Special Teams.

FIELD GOAL UND POINT AFTER TOUCHDOWN (PAT)-VERSUCHE

Jedes Team kann nach Wahl ein Fieldgoal versuchen, wenn es weiß, dass ihr regulärer Spielzug ggf. nicht funktionieren wird und sie trotzdem noch Punkte verbuchen möchten. Ebenfalls kann nach jedem Touchdown noch ein Point after Touchdown (PAT) absolviert werden. Als Alternative können die Teams jedoch auch mit dem Ball laufen und eine Two Point Conversion absolvieren. Das Risiko, gestoppt zu werden, ist jedoch höher, bevor Teams auf Punkte ganz verzichten müssen, setzen sie lieber die „sichere" Variante eines PATs durch. Die Anzahl der Punkte eines Special Teams können ein Spiel wesentlich beeinflussen und machen einen kleinen, aber feinen Unterschied. Sie entscheiden über den Sieg oder die Niederlage. Field Goals und PATs haben einige Gemeinsamkeiten in der Technik, den Ball zu kicken. Jedoch spielt die Zeit hier einen kritischen Faktor. Gerade bei einem Field Goal und bei einem PAT muss der Ball sehr schnell gekickt werden, bevor die Defense den Ball blocken kann und der Kick sozusagen schon beendet wird, bevor er richtig angefangen hat.

PRAKTISCHE ÜBUNGEN

Es ist wichtig Special Teams, egal, welche Unit, in jedem Training mit diversen Drills zu beachten und diese kontinuierlich zu üben. Nicht immer müssen es reelle Spielsequenzen sein, sondern es können mit Kreativität Drills entwickelt werden, die einerseits einem Aspekt der Special Teams nachkommen, andererseits aber auch noch einen weiteren erforderlichen Übungsinhalt vereinen. Die gute Mischung aus einzelnen Übungen, aber auch immer wieder nachgestellten „Special Teams"-Situationen bringen einen Trainingserfolg.

DRILLS FÜR DEN KICKOFF

Position: Kicker

Ausrüstung: Drill ist mit und ohne Ausrüstung möglich

Hilfe: Keine zwingend erforderlich

Material: Kicking Tee später ein Ball

Durchführung:

Der Kicker stellt das Kicking Tee ohne Ball auf, er stellt sich in etwa 8 bis 10 Yards Entfernung dahinter auf. Er verschiebt seine Postion leicht nach links oder nach rechts. Wenn er mit seinem rechten Fuß kickt, geht er leicht nach links, kickt er mit links, geht er leicht nach rechts.

Zunächst konzentriert sich der Kicker auf die einzelnen Schrittfolgen und die folgende Geschwindigkeit. Es wird noch kein Ball verwendet. Der Kicker soll durch die Trockenübungen ein Gefühl und eine Routine entwickeln, wo er sich beim Kick befindet. Wo ist der „Plant"-Fuß und wo befindet sich das kickende Bein? Erst danach setzt er die entsprechenden Schrittfolgen für sich fest und versucht diese konstant beim Kick einzuhalten.

Im zweiten Abschnitt des Drills nimmt der Kicker jetzt den Ball dazu. Er konzentriert sich nun auf 7 bis 8 Kicks. Er wird dabei von der Seitenlinie genau beobachtet und ggf. auch gefilmt. Die Beobachtungen dienen dazu, genau zu schauen, wo der Plant Fuß steht, kommt der Kick genau richtig oder ggf. zu hoch, zu tief oder zu weit? Welchen Kraftaufwand verwendet der Kicker? Hat er sein Bein komplett durchgezogen oder lehnt der Körper zu weit weg vom Ball? Berührt er den Ball mit der Innenseite seines kickenden Fußes?

KICKOFF- UND SCHNELLIGKEITSDRILL

Position: Alle Spieler des Kickoff-Teams sind beteiligt

Ausrüstung: Drill ist mit und ohne Ausrüstung möglich.

Hilfe: Keine zwingend erforderlich

Material: 1 Ball, wahlweise Cones

Das komplette Kicking Team reiht sich regulär an der Linie auf. Der Kicker kickt den Ball normal das Feld herunter. Die Spieler starten gemeinsam und versuchen mit der derselben Geschwindigkeit das Feld herunterzulaufen und eine Abstimmung zu finden. Kein Spieler sollte zu schnell oder zu langsam sein, da sonst Lücken entstehen können, die ein Returner für sich nutzen kann.

Bei diesem Drill reicht es, wenn die Spieler 5 bis 10 Yards laufen. Ein Coach kann den explosiven Start auch von der Seitenlinie beobachten und ggf. filmen.

Sollte es ggf. zu Differenzen im Start kommen, kann ggf. geschaut werden, ob Spieler ihre Postion untereinander tauschen oder sogar rechts/links tauschen und ob diese minimalen Veränderungen ggf. eine bessere Synchronität bringt.

Im nächsten Schritt kann der Drill auf 20 Yards ausgeweitet werden; auch hier wird geschaut, in welcher Geschwindigkeit die Spieler sich in der Entfernung befinden. Auch bei diesem Drill können Anpassungen getroffen werden. Die Spieler sollten untereinander keinen größeren Unterschied bis auf 1-2 Yards haben. Es können ansonsten Lücken entstehen, die ein Returner für sich nutzen kann. Mit den einzelnen Spielern kann geschaut werden, wie und in welchem Rahmen sie die Differenz besser ausgleichen können. Benötigen sie ein spezielles Lauftraining oder liegt es ggf. am explosiven Start?

WICHTIG: *
Wrap up: ist eine „kontaktlose" Variante; das sogenannte „Umarmen" oder „Festhalten" wird genutzt, wenn kein vollständiger Kontakt / Vollkontakt stattfinden soll.

DRILL ZUR ABSTIMMUNG

Position: Alle Spieler des Kickoff-Teams sind beteiligt.

Ausrüstung: Drill ist mit und ohne Ausrüstung möglich; je nachdem ob der Drill nur mit „Wrap up"* oder später mit regulärem Tackling durchgeführt wird.

Hilfe: Keine zwingend erforderlich.

Material: 1 Ball, wahlweise Cones

Aufstellung der Spieler:

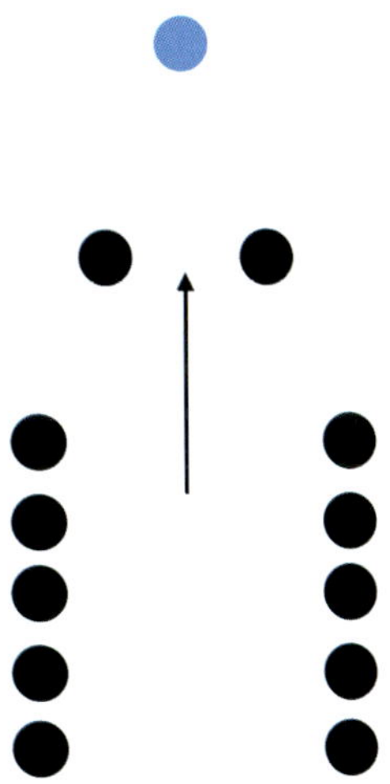

Abb. 183: Die Spieler müssen synchron zum Gegner laufen.

Es werden zwei Gruppen mit der gleichen Anzahl an Spielern gebildet. Sie stellen sich mit dem Zwischenabstand von 15 Yards hintereinander auf. Mit der Einführung des Drills kann der Abstand noch enger zueinander sein und kann mit einer kontinuierlichen Durchführung Schritt für Schritt erweitert werden. Dadurch wird gewährleistet, dass zu Beginn erst mal die Abstimmung im zentralen Mittelpunkt steht und dadurch das „Wahrnehmen" und die entsprechende „Beachtung" des Teamkollegen im Fokus steht.

Der Returner steht der Gruppe mit reichlich Abstand mittig gegenüber. Der Abstand sollte ca. 15-20 Yards groß sein, er hält den Ball in der Hand.

Ablauf:

Auf Pfiff läuft der Returner nur geradeaus. Von der gegenüberliegenden Seite startet je ein Spieler von jeder Seite und steuert auf den Returner zu. Beide Spieler müssen im Lauf ihr gemeinsames Tempo abstimmen und variieren. Sie müssen dabei ihre Schnelligkeit und vor allem ihren Winkel regulieren, sodass sie zeitgleich beim Returner ankommen, um den „Wrap up" zu setzen. Deshalb ist es wichtig, dass es feste „Special Team"-Gruppen mit festgelegten Positionen gibt, damit die Spieler untereinander eingespielt sind.

Coaching Points:

» Stance & Start
» Reaktionsfähigkeit & Umstellungsfähigkeit - Reagieren die Spieler im Lauf zügig genug? Können sie ihr Tempo verlangsamen ggf. beschleunigen?
» Den richtigen Winkel finden - Sind die Spieler neben den oben genannten Punkten in der Lage, den richtigen Winkel anzupeilen, ohne dass der Laufweg darunter leiden muss?
» (Zickzack, Schlangenlinien, Halbkreise vermeiden etc.)

Wiederholung: Je nach Anzahl der Spieler, jeder Spieler mindestens 4 x auf jeder Seite

Tipps & Tricks/Drillvariationen:

Der Drill kann ohne Ausrüstung durchgeführt werden, dann bitte nur einen „Wrap up" setzen. Der Drill kann ebenfalls etwas variiert werden. Zu Beginn stehen die Gruppen und der Returner enger zusammen. Es wird nur mit einem Tempo von 50 % gearbeitet, um die strukturierte Abstimmung hervorzuheben. Sollte die Situation, den richtigen Winkel zu finden, schwierig sein, kann dieser auch ggf. mit Cones markiert werden. Nach und nach können die Abstände vergrößert und auch das Tempo erhöht werden. Der Drill kann auch mit einem Tackling enden, jedoch ist hier genau abzuwägen, wie und in welchem Rahmen es förderlich ist. Alle Tackling-Hinweise sollten demnach beachtet werden.

SPECIAL-TEAM-ÜBUNG – FIELDGOAL & PAT (POINT AFTER TOUCHDOWN)

Position: Kicker

Ausrüstung: Drill ist mit und ohne Ausrüstung möglich

Hilfe: Keine zwingend erforderlich

Material: 1 Ball, wahlweise Cones

Zunächst können Kicker einige Übungen für ihren Knöchel und ihren Fuß zuhause machen. Diese Übungen trainieren die allgemeine Fußmuskulatur, haben einen präventiven Charakter und können ggf. zum Aufwärmen dienen. Denn auch hier gilt, je besser bestimmte Körperregionen trainiert sind, umso effektiver ist auch der Einsatz. Die Übungen werden barfuß gemacht, danach können auch die Socken und Schuhe angezogen werden, um einen direkten Vergleich zu erhalten.

» Auf einem Bein stehen
» Auf einem Bein stehen und Knöchel kreisen nach links und rechts
» Auf einem Bein stehen und auf die Zehenspitze stellen
» Mit beiden Beinen auf die Zehenspitzen stellen
» Beide Beine auf die Fersen stellen und die Zehen vorne nach oben nehmen
» Ein Bein auf die Ferse stellen und die Zehen nach oben nehmen
» Auf die Fersen stellen und Zehen schauen nach außen

Diese Übungen eignen sich nur barfuß:

Fuß auf einem Tennisball oder einer Blackroll hin und her rollen. Hat man dies nicht zur Hand, kann auch auf eine kleine Plastikflasche zurückgegriffen werden.

Chiffontücher, ggf. Taschentücher. im Raum verteilen und diese mit den Zehen aufnehmen und anheben ggf. auf Zeit und Schnelligkeit.

Die Übungen können in ihrer Anzahl und Wiederholung individuell angepasst werden.

Der **Ablauf des Kicks**

- » Der Fuß berührt den Ball mit der Innenseite.
- » Der große Zeh zeigt wie eine Spitze auf den Boden.
- » Der Fuß wir mit einem lockeren Knöchel aufgestellt.
- » Der Knöchel macht sich dann starr und der Fuß berührt den Ball leicht unterhalb der Mitte des Balls.

Übung:

Wie oben beschrieben, kann dieser Aspekt als Drill völlig „rein" und ohne die anderen Teilschritte durchgeführt werden. Der Kicker positioniert seinen Ball und konzentriert sich nur darauf, aus dieser Position zu kicken, er kann dabei alle Teilaspekte genau beachten und verinnerlichen. Um ein Gefühl dafür zu entwickeln, kann der Kick zum Beispiel mit 60 % Kraftaufwand durchgeführt werden und dann immer stärker.

SCHRITTFOLGEN SPECIAL TEAM - FIELDGOAL & PAT (POINT AFTER TOUCHDOWN)

Ausrüstung: Drill ist mit und ohne Ausrüstung möglich

Hilfe: Keine zwingend erforderlich

Material: Bälle, wahlweise Cones

Der größte Feind eines Kickers ist die Zeit, denn er arbeitet kontinuierlich gegen sie und alle seine Handlungen müssen demnach „sitzen" und entsprechend ausgeführt werden. Die Defense hat jederzeit die Möglichkeit, durchzukommen und den Kick entsprechend zu stören und ggf. zu blocken. Somit muss der Kick sofort erfolgen – unter normalen Voraussetzungen in ca. 1,3 -1,5 Sekunden vom Snap bis zum Kick. In dieser kurzen Zeitspanne kann man davon ausgehen, dass der Kick nicht geblockt wird.

Neben der Schnelligkeit kommt eine saubere und sehr akkurate Technik dazu. Um den Ball richtig zu kicken, muss der Kicker einige Schritte verinnerlicht haben:

Schritt 1 und vorab ein Merksatz:

Ein Kicker, dessen starkes Bein auf der rechten Seite liegt, wird zuerst mit dem rechten Bein auftreten, bei einer Stärkenorientierung links ist es genau andersherum. Im US-Bereich hat es sich etabliert, den Prozess des Kicks in bestimmte Abfolgen aufzugliedern.

Der Kicker geht in Position, dabei zeigt der Zeh des bewegenden Fußes auf den Ball, der zweite Schritt bringt den Fuß sozusagen nach unten.

Schritt 2

Der nicht bewegende Fuß - der stehende Fuß - platziert sich Richtung Goal Post. Der Oberkörper des Kickers neigt sich leicht nach hinten und entfernt sich vom Ball. Der kickende Fuß wird nachgezogen, sodass die Ferse Richtung Gesäß geht.

Schritt 3

Der kickende Fuß ist angehoben und dabei schaut der Zeh auf den Boden. Der Knöchel des Fußes wird angespannt. Im US-Bereich wird es gerne als „locked" bezeichnet. Das kickende Bein ist bereit und der Fuß führt einen fließenden Kontakt unterhalb der Mitte des Balls durch. Der Oberkörper unterstützt den Prozess indem er sich weiterhin nach hinten lehnt.

Schritt 4

Das kickende Bein zieht jetzt komplett durch. Das andere Bein skippt kurz nach oben, als würde man auf den Zehenspitzen stehen.

Der Einklang der verschiedenen Bewegungspunkte - das Zurücklehnen des Oberkörpers und wenn der gegenüberliegende Arm des kickenden Fußes mitzieht - kann das volle Potenzial für den Kick ausgeschöpft werden.

Bedeutend ist:

» Wenn ein Kicker den Ball kickt, sollte das Bein komplett ausgestreckt sein und keine Beugung vorhanden sein.
» Wie in vielen anderen Prozessen ist es ein Zusammenspiel vieler Abfolgen, die sich mit und untereinander ergänzen.
» Die Hüfte ist auch hier Dreh und Angelpunkt und sie sollte beweglich zum Einsatz kommen.
» Die starken Seiten eines Spielers zeigen sich auch im Kick - ist das starke Bein rechts, sollte sich auch die Hüfte leicht nach rechts bewegen und umgekehrt bei einer starken linken Seite.
» Kleine Winkelveränderung zeigen sofortige (negative) Ausmaße - der Ball kann wesentlich in seiner Flugbahn und Flugrichtung beeinträchtigt werden.
» Der genaue Spot zum Kicken ist von Spieler zu Spieler individuell und abhängig von seiner Größe und den Besonderheiten des Kickens etc.

MERKE:
Der gesamte Kicking-Prozess ist sehr detailliert und lässt sich wie oben beschrieben in viele kleine Teilschritte aufgliedern. Jeder dieser Teilschritte muss sehr genau geübt und trainiert werden. Teilweise können einzelne Patzer mit der darauffolgenden Handlung noch ausgeglichen werden. Liegt der Ball zum Beispiel in einer schlechten Neigung, muss der Kicker ggf. mit seinem Kick und der Stärke nachjustieren usw. ***(siehe 8.) Colby, 2013, Seite 129 ff.)***.

ÜBUNG FIELD GOAL AND PAT „NAH UND HOCH"

Mit diesem Drill kann gerade an der Höhe eines Kicks und dessen Flugbahn gearbeitet werden. Der Kicker startet an der Goal Line. Der Ball wird platziert. Wenn der Kicker kommt, wird der Ball etwas nach oben gezogen. Der Kicker muss versuchen, diesen Ball direkt zu erreichen und hoch zu schießen. Es soll versucht werden, innerhalb von 5 Yards der Goal Post zu kommen.

Ziel: Der Ball wird von Anfang an gleich hoch gekickt und überquert entsprechend die Latten. Es werden die korrekte Ausrichtung und Position, wie auch die richtigen Schrittfolgen eingeübt.

ÜBUNG SPECIAL TEAM PUNT

Ausrüstung: Drill ist mit und ohne Ausrüstung möglich

Hilfe: Keine zwingend erforderlich

Material: Bälle, wahlweise Cones - Hütchen zur Markierung

Bei diesem Drill bekommt ein Punter den Ball in einer Simulation bzw. einem anderen Spieler zugesnappt. Zunächst kann der Snap normal kommen und dann in immer mehr Variationen, ein wenig mehr rechts, links, hoch und tief. Ein Punter soll sich daran gewöhnen, dass auch im Spiel ggf. ein Snap nicht perfekt kommt und er in der Lage sein muss, trotzdem das Beste daraus zu machen. Mit dem Drill kann er sein Auge für den Ball schulen und wir schnell wieder in seinen Wirkungsradius zurückkommt, um den Ball zu verarbeiten.

ÜBUNG SPECIAL TEAM - PUNTER

Ausrüstung: Drill ist mit und ohne Ausrüstung möglich

Hilfe: Keine zwingend erforderlich

Material: Bälle

Zwei Punter können diesen Drill relativ schnell für ihre eigene Übung umsetzen. Sie stellen sich zu Beginn mit ca. 15 Yards Entfernung voneinander auf. Sie punten sich den Ball fangbar zu und konzentrieren sich zunächst auf ihre Drops und ob der Ball normal beim Partner ankommt. Nach und nach können sie ihre Schritte vergrößern und bilden einen größeren Abstand zueinander. So können sie auch den Kraftaufwand in ihrem Bein kontrollieren *(siehe 8.) Colby, 2013, Seite 141)*.

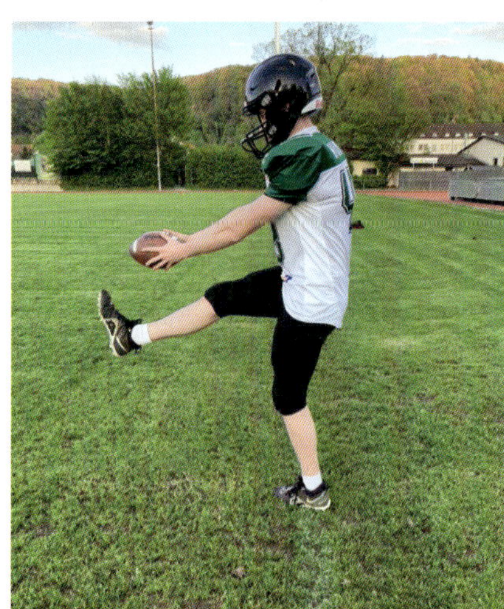

Abb. 184: Übung für den Punter

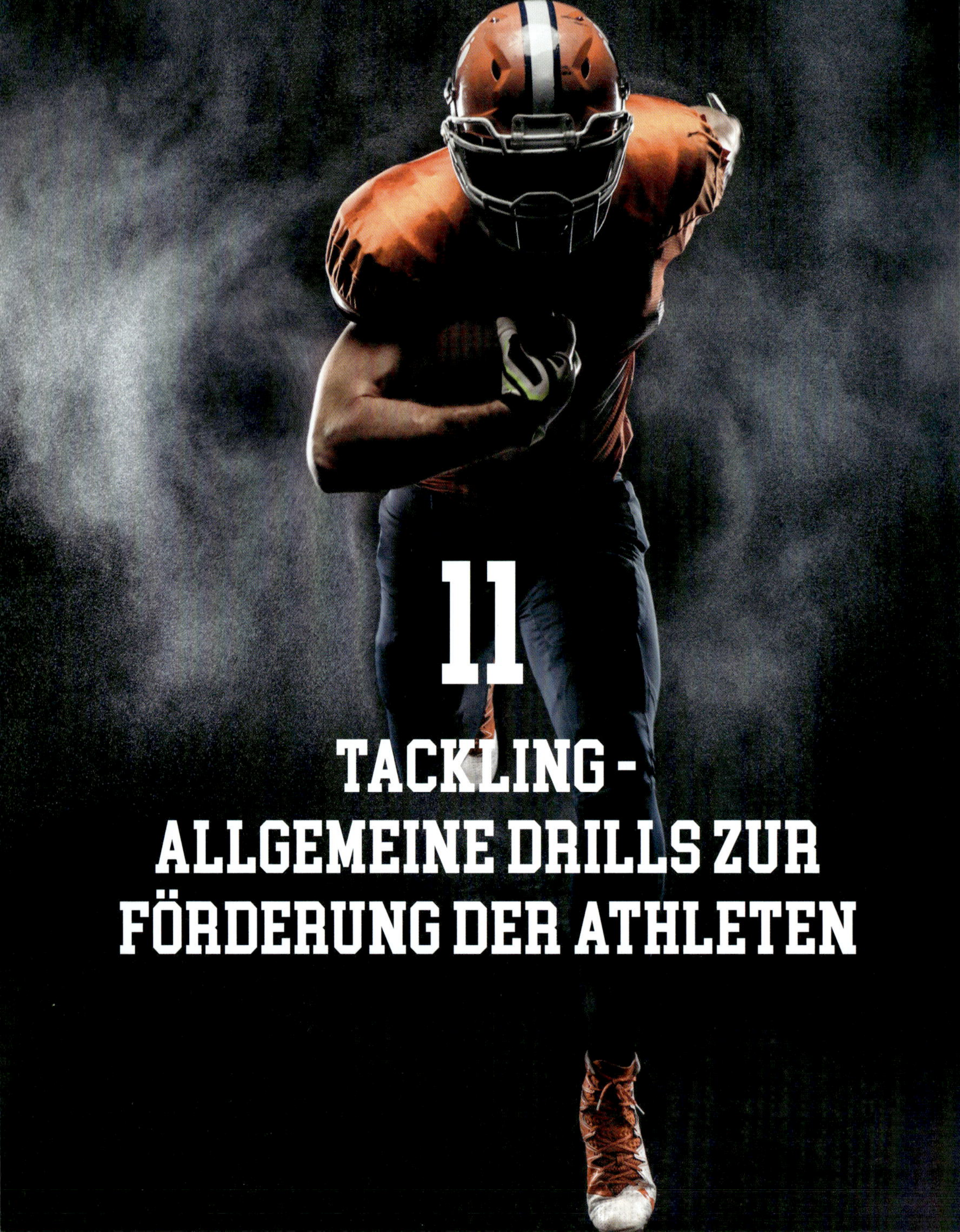

11

TACKLING - ALLGEMEINE DRILLS ZUR FÖRDERUNG DER ATHLETEN

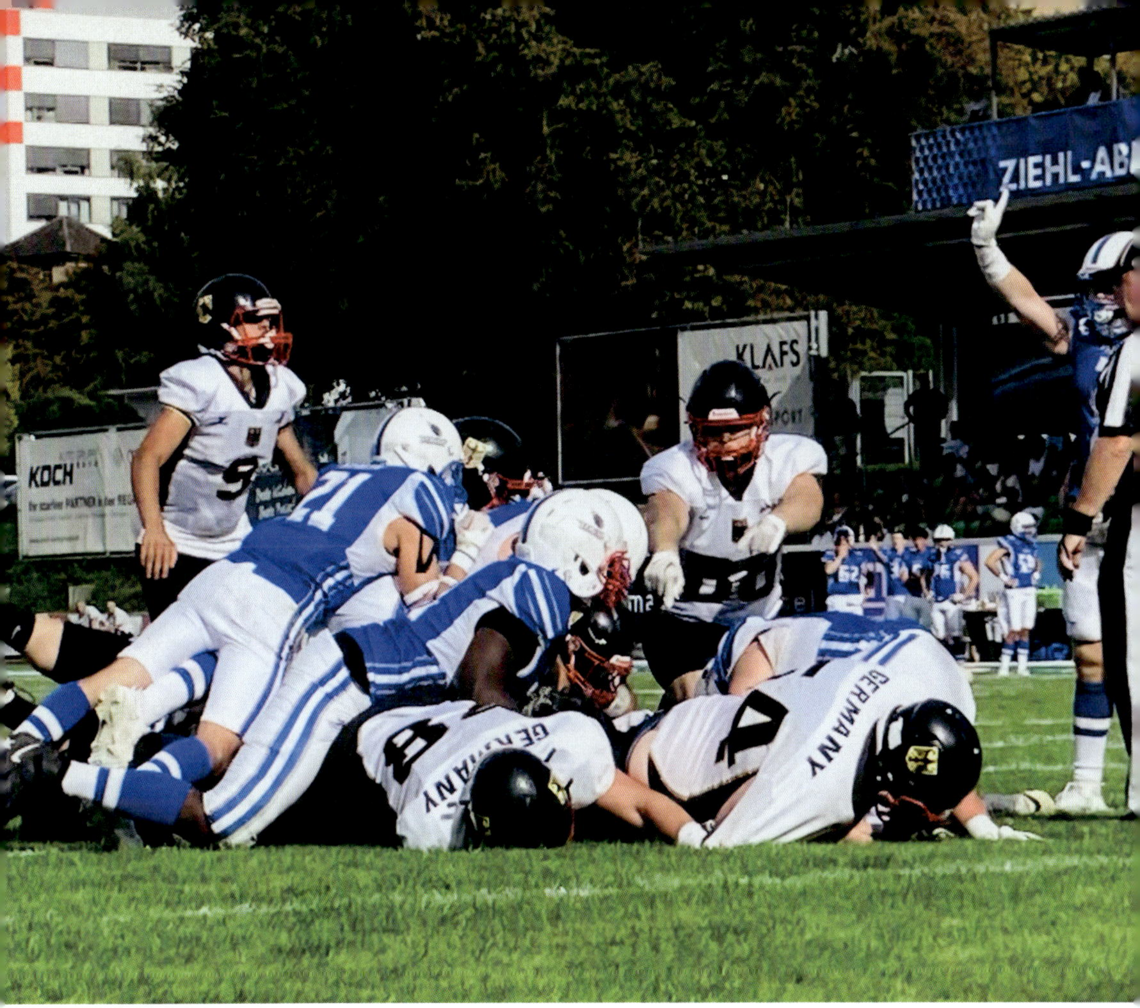

Abb. 185: U19 Nationalmannschaft Deutschland gegen Italien

Tackling gehört zu einer der wichtigsten Aufgaben im American Football. Jeder Spieler sollte es nahezu in Perfektion können. Es gibt je nach Position Unterschiede, aber die Basics sollten von jedem Spieler umgesetzt werden können. Das Spiel ist sehr facettenreich und es kann immer zu Situationen kommen, dass ein Spieler, egal ob Offense oder Defense, einen Tackle machen muss. Das Tackling sollte das ganze Jahr über mit den Spielern trainiert werden, dazu bieten sich abwechslungsreiche Settings an. Hinzu kommen auch immer wieder Regeländerungen, die ggf. auch das Tackling betreffen können. Somit ist es unabdingbar, beim Tackling up to date zu sein. Ein „Tackling"-Zirkel ist geeignet und es kann in unterschiedliche Kompetenzgruppen eingeteilt werden. Es können regelmäßig neue Drills eingeführt werden, um unterschiedliche Tackling-Situationen zu initiieren.

Durchaus sollten sich Trainer einen Fokus vor Augen halten: Weniger ist mehr. Zuallererst sollten die Spieler die Basics komplett beherrschen und danach können komplexere Schemata in das Training aufgenommen werden. Ein perfekt „blitzender" Defensespieler bringt nichts, wenn in den restlichen Läufen und Pässen zu viele Yards erlaubt werden, da Spieler ihr Tackle zu spät gesetzt haben oder das Tackle technisch gesehen falsch oder selbstgefährdend ausgeführt wurde. Trainer sollten sich regelmäßig weiterbilden und untereinander regelmäßig über das Tackling und dessen unterschiedliche Stile sprechen. Es gibt einige Trainer, die das

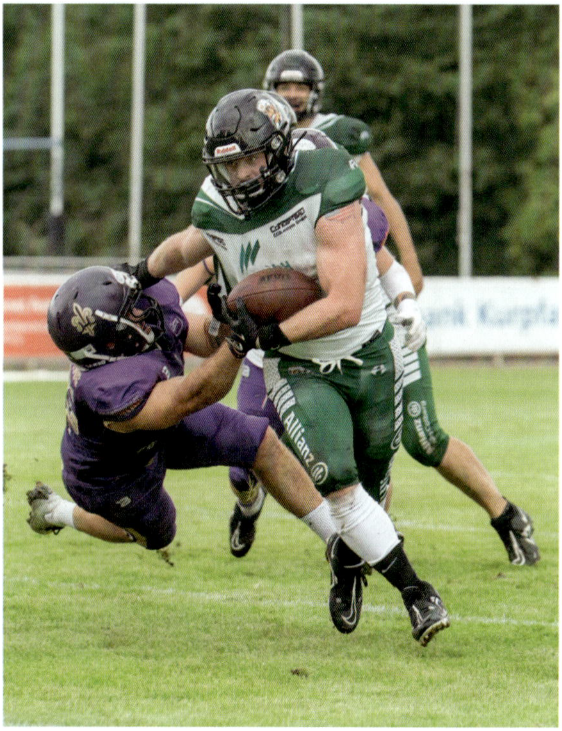

Abb. 186: Versuch, einen Spieler zu tackeln (© Sabrina Risse)

Hawks Tackling, nach den Seattle Seahawks, bevorzugen und sich im Rahmen dessen kontinuierlich weitergebildet haben.

Beim Tackling sollten die Sicherheitsvorkehrungen und das Schulen der Spieler sehr ernst genommen werden. Im Kontaktsport muss damit gerechnet werden, dass es etwas rauer zugeht. Es sollte kontinuierlich an der Technik gearbeitet werden. Es geht nicht darum, den Beteiligten Angst zu machen und vom Sport abzuraten. Es soll ein Bewusstsein erschaffen werden, dass die Abläufe korrekt durchgeführt werden. Es können Unfälle reduziert werden, auch wenn diese nie ganz vermieden werden können.

Die „American Football"-Regeln geben einen klaren Standpunkt zum Thema Helm und Kopf vor. Vor vielen Jahren hat man den Helm als Waffe angesehen, nun ist es verboten und ein „Helm voran" wird bestraft. Es wird immer Spielsituationen geben, in dem es zum vollen Körpereinsatz kommt und auf Gehirnerschütterungen geachtet werden muss. Alle Teams und Trainer werden bei ihren Trainerlizenzen und durch regelmäßige Regelschulungen ausgebildet und sensibilisiert. Alle Spieler sollten immer abwechslungsreiche praktische, theoretische und mediale Aufbereitung erhalten. Darüber hinaus sollten an Gamedays Ersthelfer, Physio Teams und ggf. Ärzte vor Ort sein, um Hilfe zu leisten. Manche Teams planen Physios mittlerweile regelmäßig in ihre Trainings ein und lassen sie einzelne Sequenzen neben den Trainern vertiefter und genauer erklären. Im American Football gibt es zum Bereich Tackling, in der Methodik und der Didaktik, im Trainingsaufbau und im Rahmen von Einzelkonsequenzen Fragestellungen, die besprochen werden sollten.

Die Checkliste bietet entsprechende Fragestellungen:

» Verfügen die Vereine über ein Rookieprogramm oder einen Anfängerkurs, in dem das Tackling erklärt wird? Wird das Tackling methodisch in Schritte aufgeteilt, geübt und zu einem Gesamtablauf wieder zusammengesetzt?
» Gibt es eine ansprechende Drillauswahl?
» Wird das Tackling neben dem Training auf dem Rasen auch in der Halle in Trockenübungen mit Matten geübt?
» Die Aufforderung „Kopf in den Nacken" sollte kontinuierlich fallen.

» Werden erfahrene Spieler dazu angehalten, ihre Tackling-Technik zu überprüfen und in Trockenübungen zu verbessern? Wie oft wird das Thema Tackling im Training eingeplant und aufbereitet? Werden Offense Spieler miteingebunden?
» Wird innerhalb der Zielgruppe differenziert? Herren-, Jugend-, Damen- und Kinderteams haben besondere Voraussetzungen, auf die geachtet werden müssen und die zum Tragen kommen müssen. Bei Kindern muss zum Beispiel eine möglichst bildhafte Erklärung erfolgen, um bestimmte körperliche und medizinische Aspekte aufzuzeigen.
» Tackling-Abläufe zu verinnerlichen, benötigt viel Wiederholung
» Beim Tackling sollte der Film „Heads up" regelmäßig gezeigt werden. Der Film ist bereits älter, er zeigt jedoch nach wie vor alle Punkte zur Vermeidung von Nacken- und Kopfverletzungen auf.
» Bei Partnerübungen sollte überprüft werden, ob das Verhältnis der beteiligten Spieler stimmig ist.
» Wenn ein Trainer kritische Spielmomente sieht, muss er sofort abpfeifen.
» Spieler, die sich konstant nicht an Regeln halten und unsportliches Verhalten zeigen, sollten ermahnt und vom Training ausgeschlossen werden.

Die Punkte sollten alle Teams und alle Trainer in einer gemeinsamen Sitzung besprechen und als Standard festlegen. Verletzungen können nicht ausgeschlossen werden; es sollte vorab alles Mögliche getan worden sein, um Verletzungen zu vermeiden. Verletzungen können rechtliche Folgen mit sich bringen und der Standard dient zur Transparenz. Je besser die Basiselemente erlernt worden sind, umso besser können sie im Training und vor allem im Spiel abgerufen werden. Je besser ein Tackle technisch ausgeführt ist, umso weniger verletzt man sich selbst und andere.

Nach Kent beschreibt sich Technik als „spezifisches Bewegungsmuster, das geeignet ist, eine besondere Fertigkeit durchzuführen bzw. Teil einer bestimmten Fertigkeit, aber nicht die Fertigkeit insgesamt." *(vgl. 6.) Kent, Wörterbuch Sportwissenschaft und Sportmedizin, 1994).* Die Definition zeigt auf, dass eine genaue Anleitung unabdingbar ist und mögliche Verletzungen und Gesundheitsgefährdungen dadurch vermieden werden können.

In der Offseason beginnen viele Anfänger mit dem Sport und grundsätzlich sind Zeitressourcen vorhanden, um sich intensiv mit Trainingsinhalten auseinanderzusetzen. Teams können zu dieser Zeit ein Training in der Halle durchführen und können dabei auf Großgeräten wie Turnmatten zurückgreifen. Räumliche Enge ist keine Herausforderung, da im Tackling mit der Variante eines Zirkels gearbeitet werden kann. Durch den Einsatz eines Zirkels können Anfänger das Tackeln in allen Grundlagen erlernen. Dabei werden die einzelnen Bewegungsabläufe in kleine Abschnitte aufgeteilt, später ergeben sie „Eins". Für erfahrene Spieler ist es ebenso sinnvoll, den Zirkel zu durchlaufen, sie können ihre Technik überprüfen und Fehler korrigieren. Tackling kann in vier Bereiche aufgeteilt werden. Voran geht das „Herangehen" an den Ballträger, das Sich-kurz-davor-Setzen, der eigentliche „Kontakt" selbst und das folgende „Durchschwingen". Für jeden dieser Bereiche können Übungen konzipiert werden. Im Spiel gibt es immer unterschiedliche Spielsituationen in denen der Ballträger getackelt werden muss, von vorne, von der Seite, in Begleitung von Blockern oder er ist bereits von anderen Tacklern umgeben.

„TACKLING"-ZIRKEL

Einzelne Übungen können zum Zeigen, Erklären, als Trockenübung usw. auch auf dem Platz durchgeführt werden

Zirkel: Je nach Größe der Halle können 4-6 Stationen aufgebaut werden.

Material: Zu Beginn sollte jede Station ausführlich erklärt werden und Bild bzw. Erklärungskarten an die Stationen gelegt werden, sodass Spieler die Anweisung bei Bedarf nachlesen können.

Das Team sollte je nach Anzahl der Stationen in gleich große Gruppen aufgeteilt werden, sie rotieren im Uhrzeigersinn. Auf Pfiff starten sie an der einzelnen Station, sinnvoll ist es, ein Zeitintervall anzubieten, damit Spieler auch genug Zeit haben, mehrere Wiederholungen durchzuführen. In der Regel sind ca. 5 bis 6 Minuten pro Station sinnvoll. Der Zirkel kann mit und ohne Ausrüstung durchgeführt werden. Es vermittelt unterschiedliche Wahrnehmungsvarianten, die hinterher im Vergleich ausgewertet und analysiert werden können. Vor jedem Training sollte der Hals-; Nacken- und Schulterbereich aufgewärmt werden. Der Coach sollte bei jedem Spieler und in jedem Durchgang klare Hinweise und Rückmeldung zu „Kopf in den Nacken" geben.

WAHRNEHMUNGSVARIANTEN:
Im Training bietet es sich an, gerade beim Tackling immer die ein oder andere Variante einzubringen. Trockenübungen können zum Beispiel immer sehr gut mit und ohne Ausrüstung ausprobiert werden. Wie fühlt es sich mit Pad oder ohne Pad an? Übung 1 kann zum Beispiel komplett knieend durchgeführt werden oder ein Bein kniet und eins steht. Wie fühlt sich das an? Unterstützt oder hindert es? Im Spiel sind die Spieler umfangreich gefordert und müssen in jeglichen Situationen bereit für ein Tackle sein.

ÜBUNG 1

Material: Matten und Bälle

Ein Spieler steht, ein weiterer Spieler kniet vor ihm. Der kniende Spieler umgreift die Hüfte, der Kopf liegt seitlich, ebenfalls wird die Schulter seitlich positioniert, je nachdem wo der Ballträger den Ball hat. Die Übung kann auch ohne Ball durchgeführt werden Die Arme befinden sich in einem Hebelgriff, beide Hände berühren und umschließen sich. Der Ball wird immer vom stehenden Spieler rechts/links gewechselt, sodass sich der knieende Spieler jeweils neu orientieren muss. Die Übung wird wiederholt, damit jeder Spieler gleich viele Wiederholungen hat.

Coaching Points:
Die Konzentration liegt auf dem Bereich des Oberkörpers - Kopfhaltung, Schulter und Armpositionierung. Der Spieler hat den Kopf im Nacken und den Blick geradeaus.

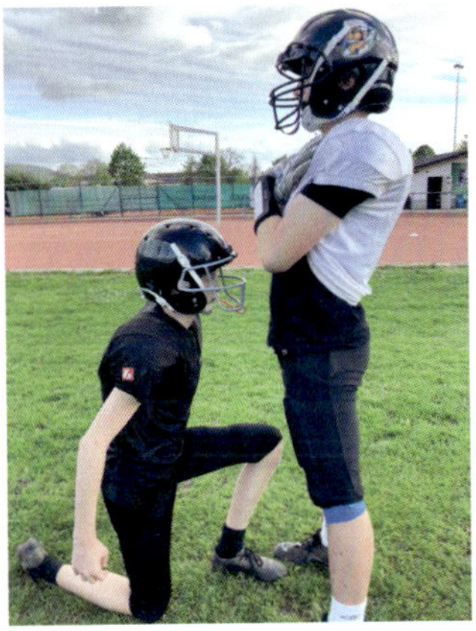

Abb. 187: Der Tackler kniet auf beiden Füßen vor dem Ballträger.

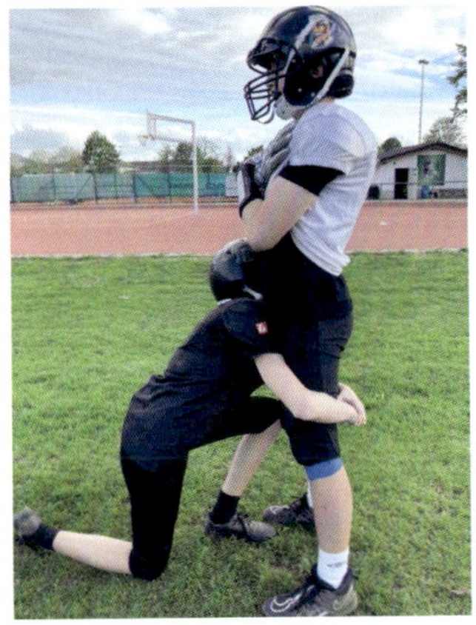

Abb. 188: Der Tackler umgreift die Hüfte im Wechsel links und rechts.

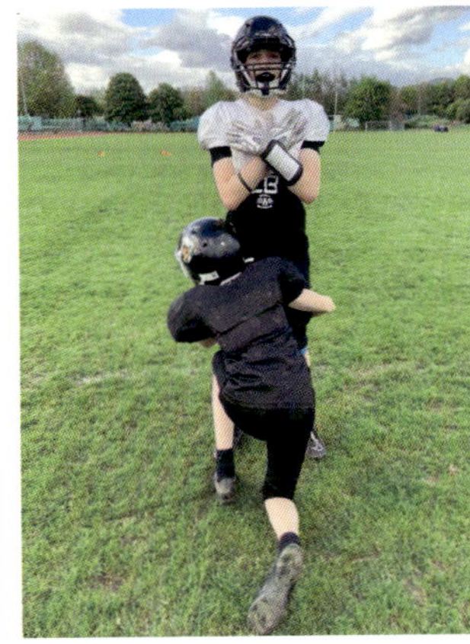

Abb. 189: Zur Wahrnehmung kann er auch einen Fuß aufstellen, um zu sehen, wie sich die Übung anfühlt.

ÜBUNG 2

Material: Matten und Bälle

Ein Spieler, der Ballträger steht, der Tackler steht im Stance tief davor. Der Tackler umgreift die Hüfte, der Kopf liegt seitlich ebenfalls die Schulter wird seitlich positioniert, je nachdem wo der Ballträger den Ball hat. Die Arme befinden sich in einem Hebelgriff, beide Hände berühren und umschließen sich. Der Ball wird immer vom stehenden Spieler rechts/links gewechselt, dass sich der knieende Spieler jeweils neu orientieren muss. Die Übung wird mehrmals wiederholt, sodass jeder Spieler gleich viele Wiederholungen hat.

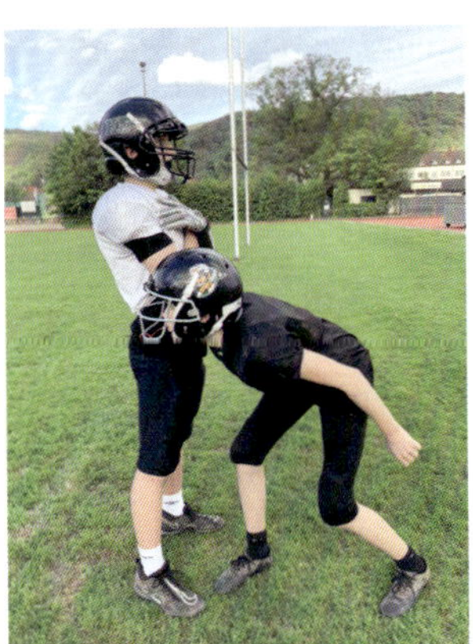

Abb. 190: Der Tackler positioniert sich vor dem Ballträger.

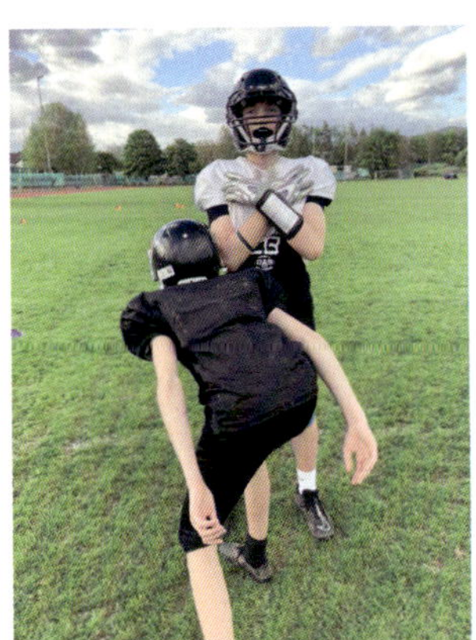

Abb. 191: Der Tackler übt aus dem Stand und geht im nächsten Schritt auf den Ballträger zu, siehe Übung 3.

Coaching Points:

Die Konzentration liegt auf dem Bereich des Ober und Unterkörpers. Der Tackler hat beide Füße nebeneinander, die Knie sind gebeugt und er steht tief. Dic Übung kombiniert Kopfhaltung, Schulter und Armpositionierung, wie auch den tiefen Stand, das arbeiten von unten nach oben. Der Spieler hat den Kopf im Nacken und den Blick geradeaus.

ÜBUNG 3

Material: normale Turnmatte, Weichbodenmatten, Bälle

Ein Ballträger steht vor der Weichbodenmatte, auf dem Rasenplatz stehen sich die beiden Spieler normal gegenüber. Der Tackler umgreift die Hüfte, der Kopf liegt seitlich ebenfalls die Schulter wird seitlich positioniert, je nachdem, wo der Ballträger den Ball hat. Die Arme befinden sich in einem Hebelgriff, beide Hände berühren und umschließen sich. Der Ball wird immer vom stehenden Spieler rechts/links gewechselt, sodass sich der Tackler jeweils neu orientieren muss. Das Ganze wird jetzt mit Kraftaufwand durchgeführt, sodass der Ballträger und ggf. Tackler auf die Weichbodenmatte fallen. Die Übung wird mehrmals wiederholt.

Tipp: Gegen Ende können die Abstände Schritt für Schritt vergrößert werden, sodass der Tackler zum Beispiel zwei Schritte auf den Ballträger zugehen muss.

Coaching Points: Die Übung vereint die ersten beiden Schritte diesmal mit Kraftaufwand. Die Hände holen keinen Anlauf, indem sie nach hinten schwingen, bevor sie an den Ballträger kommen.

Wird die Übung auf dem Rasenplatz durchgeführt, bitte immer die Bodenkondition und den Rasen kontrollieren. Auf einer Weichbodenmatte fällt es sich weicher, ein Spiel findet auch immer auf Rasen statt.

ÜBUNG 4

Material: Blocking Shield, Football

Ein Ballträger steht mit einem Ball auf der einen Seite, davor steht der Vorblocker mit einem Blocking Shield. Der Tackler steht mit einem Abstand von 5 bis 8 Yards auf der anderen Seite. Beim Pfiff bewegen sich der Ballträger und Vorblocker langsam nach vorne. Der Ballträger kann je nachdem links oder rechts herauscutten, um an seinem Vorblocker vorbei zu kommen. Der Tackler konzentriert sich zuerst auf den Vorblocker; er setzt einen kurzen Block, löst sich und geht sofort auf den Runningback und setzt dort den regulären Tackling Bewegungsablauf um.

Wichtig: Der Drill sollte zu Beginn nur mit 30 % umgesetzt werden und die Spieler setzen erst mal die technischen Schritte sauber um, es geht nicht darum, einen richtigen Tackle auf dem Hallenboden umzusetzen. Technik first!

Haben die Spieler die Technik verinnerlicht, können verschiedene Varianten kombiniert werden. Der Runningback bleibt hinter seinem Vorblocker und entscheidet jeweils für sich selbst, ob er nach rechts oder links herauscutten möchte. Hinter dem Tackler kann jedoch auch der Coach stehen, der per Handzeichen die Richtung für den Runningback anzeigt. Der Drill kann langsam aufgebaut werden - vom Walk Through mit Fokus auf die Technik, zum Wrap up bis hin zum regulären Tackeln. Richtiges Tackeln mit regulärer Geschwindigkeit sollte dann jedoch erst im Frühjahr auf dem Rasen vollzogen werden, wenn alle Teilschritte verinnerlicht wurden.

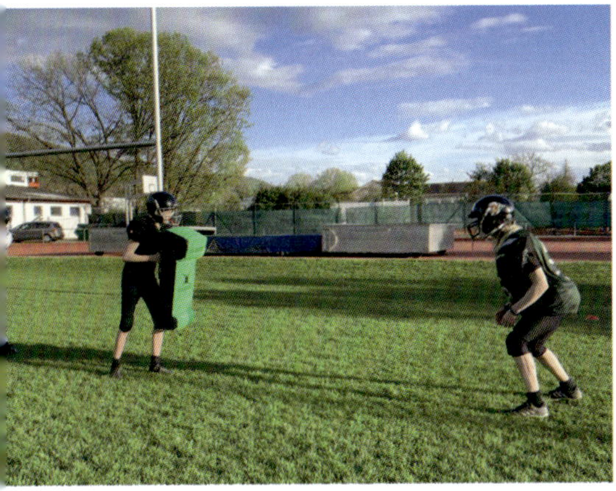

Abb. 192: Der Linebacker hat den Runningback und Vorblocker im Blick.

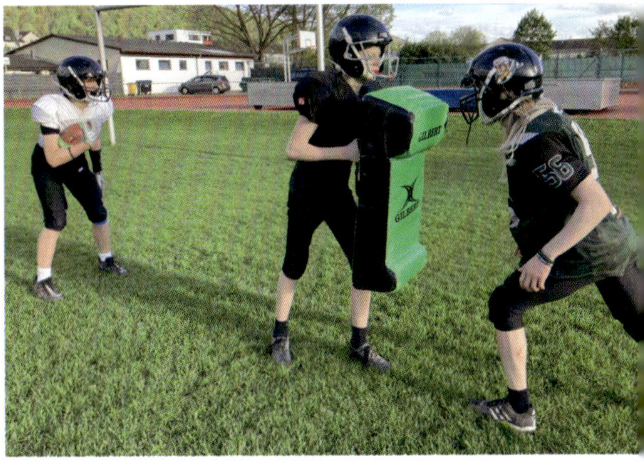

Abb. 193: Er nimmt den Vorblocker kurz an.

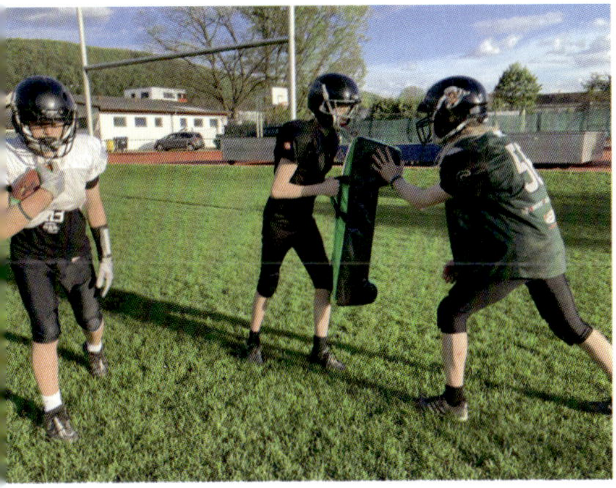

Abb. 194: Er achtet weiterhin auf den Runningback.

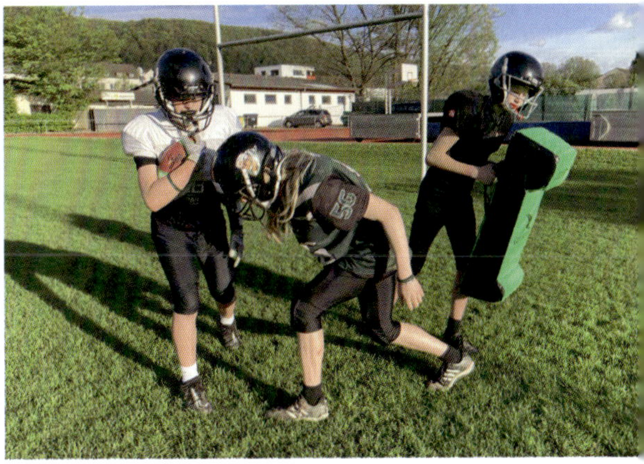

Abb. 195: Er löst sich vom Blocker und setzt den Tackle.

Coaching Points:

» Tackling-Grundposition
» Breakdown
» Bewegliche Beine, tiefe Beinstellung
» Führender Fuß, der nach vorne geht
» Führender Fuß und dieselbe Schulter, die nach vorne geht
» Kopf in den Nacken

ÜBUNG 5/TACKELN SEITLICH

Material: Weichbodenmatte, Football

Aufstellung: Ein Spieler (Ballträger) steht seitlich vor der Weichbodenmatte, der Tackler steht im Stance tief davor. Der Tackler umgreift die Hüfte im Hebelgriff, in dieser Übung können die Tackler üben, den Kopf vor den Mann zu bringen oder nach der Hawk's Technik, hinter den Mann zu bringen. Beides ist im Grundprinzip möglich, je nachdem, welche Technik & Ausführung im Team gelehrt wird. Die Schulter wird seitlich positioniert, mit dem Hebelgriff (beide Hände berühren/umschließen sich) wird der Ballträger auf die Matte zu Fall gebracht. Die Übung wird mehrmals wiederholt, Ballträger und Tackler wechseln sich ab. Dieser Drill kann in Teilschritten durchgeführt werden, indem zum Beispiel der Tackler zuerst kniet und sich auf seine Armführung konzentriert und im nächsten Schritt steht, usw.

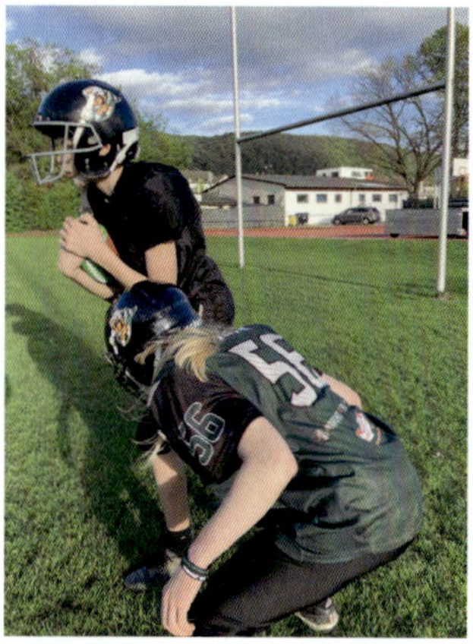

Abb. 196: Der Tackler fokussiert sich auf den Ballträger.

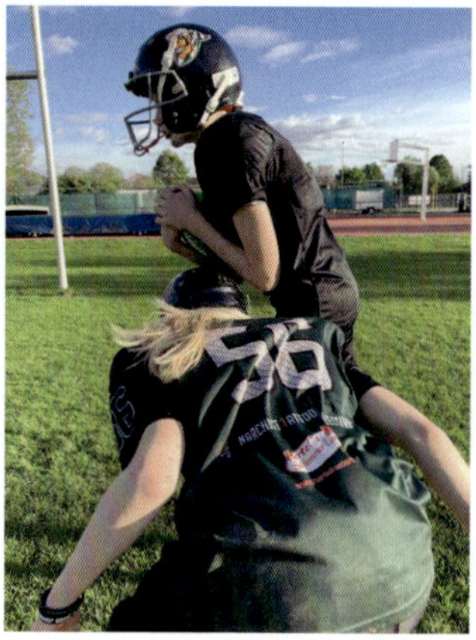

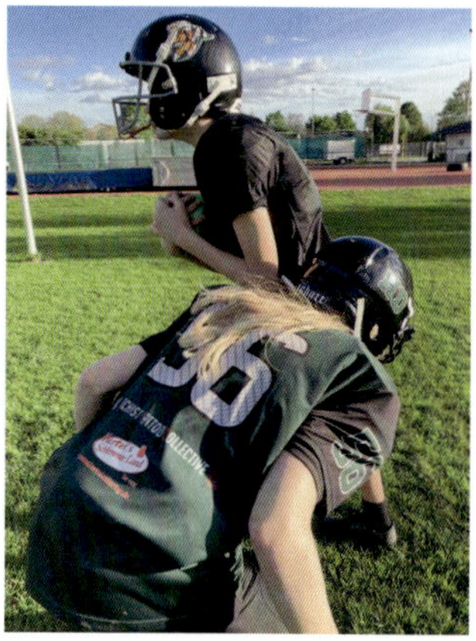

Abb. 197 und 198: Zur Übung kann er den Kopf vor oder hinter den Ballträger bringen.

Coaching Points:

- » Tackling-Grundposition
- » tiefe Beinstellung
- » führender Fuß, der nach vorne geht
- » führender Fuß und dieselbe Schulter, die nach vorne geht
- » Kopf in den Nacken/Wahrnehmung zu beiden Techniken entwickeln (Kopf vor dem Ballträger/Kopf hinter dem Ballträger)
- » Hebelgriff

ÜBUNG 6

Material: Mehrere Weichbodenmatten (mind. 6 Stück), kleiner Kasten, Football

Aufbau der Materialien: Es wird aus den Weichbodenmatten ein Parcours aufgebaut. In einer Ecke werden an beiden Hallenseiten jeweils drei Matten an der Hallenwand entlang gelegt. In der Mitte steht der kleine Kasten, auf dem die Bälle liegen.

Ausführung: Der Ballträger steht in der Ecke hinter dem Kasten, der Tackler mit Abstand davor. Auf Pfiff nimmt der Ballträger einen Ball und entscheidet, ob er links oder rechts laufen möchte. Er läuft mit dem Ball ganz eng an den Weichbodenmatten entlang. Der Tackler reagiert sofort auf den Ballträger und shuffelt seitlich mit und führt den Tackle, wie zuvor geübt, aus.

Am Anfang den Drill mit einer Geschwindigkeit von 50 % ausführen und aufbauend steigern.

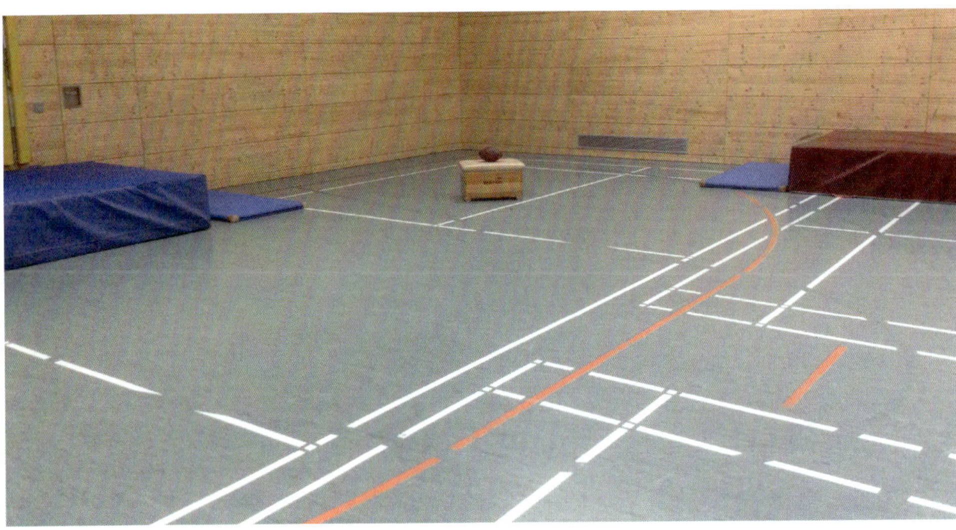

Abb. 199: Übung 6: Aufbau

Coaching Points:

- » Tackling-Grundposition
- » Schnelle Reaktion auf den Ballträger & welche Richtung er wählt (Blick auf die Hüfte)
- » Shuffle/Schritte nach vorne
- » Breakdown
- » Bewegliche Beine, tiefe Beinstellung
- » Führender Fuß, der nach vorne geht
- » Führender Fuß und dieselbe Schulter, die nach vorne geht
- » Kopf in den Nacken
- » Hebelgriff
- » Tackle auf die Matte

Sicherheitshinweise:

» Ist der Ballträger kurz vor Ende der Matte, wird er nicht mehr getackelt, um keine unnötige Verletzungsgefahr zu produzieren.
» Die Matten sollten nach jedem Durchgang erneut zusammengeschoben werden.
» Um die Rutschgefahr der Matten zu minimieren, können dünne Matten an das Ende der letzten Weichbodenmatte geschoben werden.

Übung auf dem Rasenplatz:

Anstatt der Weichbodenmatten, kann der Weg auch mit Hütchen markiert werden.

» Die Aufstellung für den Ballträger und Tackler bleibt bestehen.
» Statt dem Kasten, von dem der Ballträger den Ball nimmt, wird ihm der Ball zugepitcht und er entscheidet sich für eine Richtung.
» Vor Ort immer die Bodenkondition und den Rasen kontrollieren

Alternativ kann als Station auch das hier eingeplant werden:

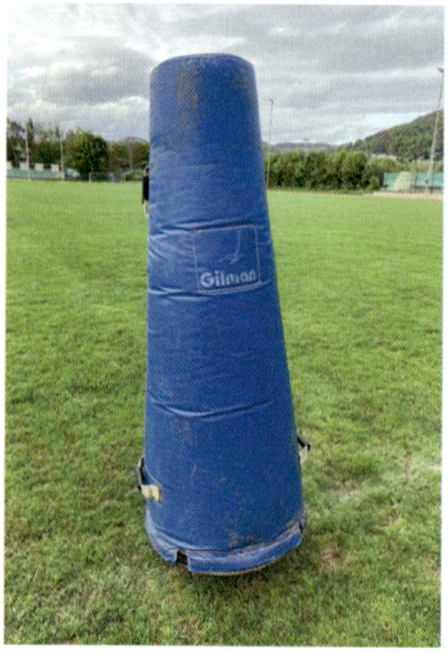

Abb. 200: Tackling Dummie

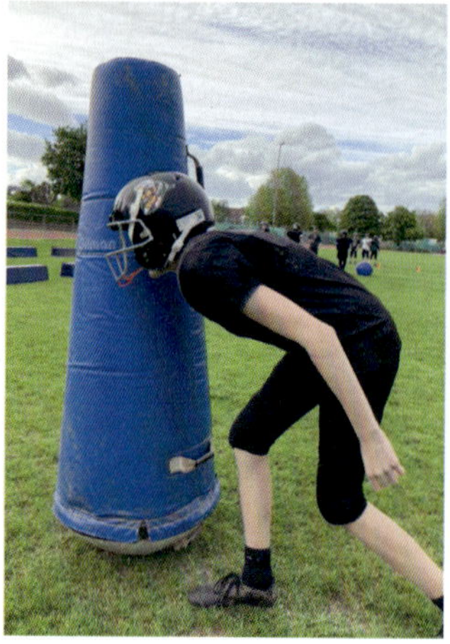

Abb. 201: Der Tackling Dummie bietet eine Vielzahl an Übungsmöglichkeiten.

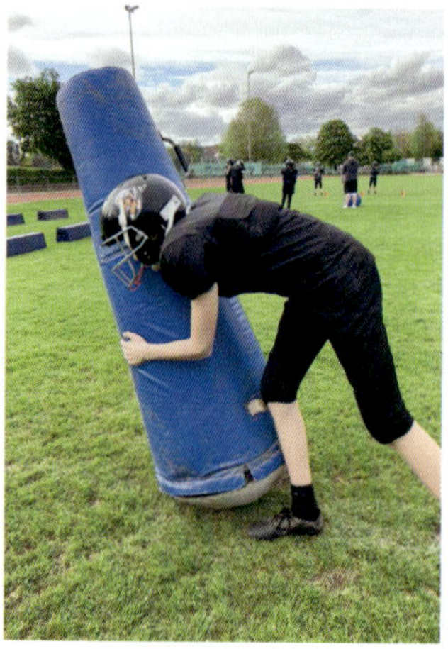

Abb. 202: Es können Trockenübungen oder auch vollständig mit einem größeren Abstand Tackles vollzogen werden.

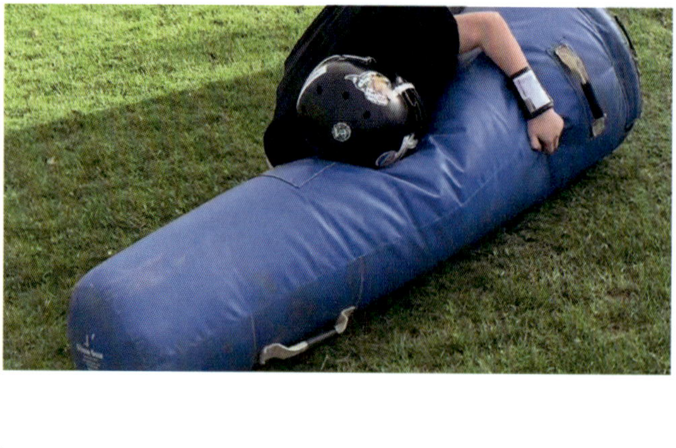

Abb. 203: Der Spieler fällt mit dem Tackling Dummie zu Boden bzw. bringt ihn zu Fall.

ÜBUNG: DRILL THREE SLOT CHALLENGE

Alle Spieler erhalten eine Erklärung zum „Form Tackle".

Material und Ziel: Bälle, Hütchen. Es soll zu einer Vertiefung von Tackling-Abläufen kommen, vor allem soll das seitliche Bewegen entlang der Line of Scrimmage trainiert werden; wie auch das schnelle Nach-vorne-Kommen.

Coaching Points:

» Beinarbeit
» Körperhaltung (tief)
» Schulter und Arme bereithalten
» Reaktionsfähigkeit und Geschwindigkeit
» Kopf in den Nacken beim Tackle

WICHTIG:
Wrap up ist möglich, die Schnelligkeit zu Beginn variieren und das Tempo von Mal zu Mal erhöhen; Spielanfänger sollten den Drill nicht Full Speed durchführen.

4 Hütchen werden mit Abstand in eine Reihe gelegt. Der Abstand kann ca. die Länge von zwei ausgestreckten Armen haben. Die Spieler werden in zwei Gruppen aufgeteilt und positionieren sich jeweils rechts/links von den Hütchen in einer Reihe. Eine Gruppe werden die Balltäger simulieren und erhalten jeweils einen Ball. Der erste Balltäger positioniert sich mit dem Blick auf die Line of Scrimmage, er bewegt sich seitlich hin und her. Der Defensespieler muss ihn entsprechend schnell spiegeln. Er hat dabei auf eine saubere Beinarbeit zu achten. Wenn der Ballträger bereit ist, läuft er durch einen der Gänge, die durch die Hütchen gelegt wurden. Der Defender muss reaktionsschnell reagieren und einen Wrap up oder Formtackle anbringen.

ÜBUNG: LIFT DRILL

Material: Hütchen, Ball

Es ist ein Basic Drill, der regelmäßig wiederholt werden sollte. Der Drill kann mit und ohne Ausrüstung durchgeführt werden. Diese Grundposition ist sehr positiv, denn so können die Spieler unterschiedliche Wahrnehmungsaspekte spüren, die für das Tackling bedeutend sind.

In diesem Drill geht es darum, die richtige Technik umzusetzen und nicht darum, einen heftigen Hit zu produzieren. Der komplette Drill startet mit einem „Walk Through", um alle Teilschritte nach dem Prinzip „von langsam zu schnell" aufzuzeigen.

Zwei Spieler stellen sich mit 5-7 Yards Abstand gegenüber auf. Ein Spieler stellt den Tackle, der andere Spieler den Ballträger dar.

» Der Trainer gibt das Startzeichen mit einem Count oder Pfiff.
» Der Tackler läuft gerade auf den Ballträger zu.
» Kurz vor dem Ballträger fokussiert er seinen Blick, geht langsam in die Knie, um über die Beine seine Kraft in die Hüfte zu bekommen. Der Tackler umschließt mit seinen Armen die Hüfte des Ballträgers und hebt den Ballträger an, um ihn einige Schritte angehoben zu tragen.
» Für diesen Drill sollte der Ballträger versuchen, dem Defender etwas zuzuarbeiten, sodass er das Prinzip der starken Hüfte (von unten nach oben) und das richtige Umgreifen trainieren kann. Durch das Anheben und einige Schritte tragen, wird zusätzlich die Kraft trainiert. Wenn der Drill von Mal zu Mal schneller wird, wird das Tragen, durch den normalen Hit und den entsprechenden Fall ersetzt.

Vorteile:

Werden unterschiedliche Körpergrößen und Körperbauten gegenübergestellt, erhalten die Spieler ein Gefühl für unterschiedliche Spielertypen und deren Besonderheit des Körperbaus. Natürlich kann ein schmaler, schmächtiger Spieler keinen Spieler mit 140 Kilo durch die Gegend tragen; hier geht es vielmehr darum, die einzelnen Schritte und demnach die Technik richtig umzusetzen.

In der Halle kann der Drill auf Bodenmatten durchgeführt werden und wie beschrieben geht es mit oder ohne Ausrüstung.

Coaching Points:
» Blick nach vorne/„Focus"
» Tief gehen, von „unten nach oben" arbeiten
» Hände umgreifen die Hüfte des Spielers
» Kopf in den Nacken
» Versuchen, den Ballträger anzuheben und ihn einige Meter nach vorne zu tragen

ALLGEMEINE DRILLS

American Football bietet mehrere Positionen und jede Position besitzt ihre individuellen Anforderungen. Positionsübergreifend gibt es eine Menge an Grundlagen, die mit allen Athleten trainiert werden können. Alle Positionen fordern Schnelligkeit, eine gute Athletik, und eine hohe Reaktionsfähigkeit usw. Eine trainierte Basis ist wichtig, denn nur mit einem starken Fundament können weitergeführt detaillierte Fähigkeiten erlernt werden. Wer sich zum Beispiel bereits mit dem normalen Rückwärtsgehen schwer tut, wird auch mit dem „Backpaddling" seine Herausforderungen haben.

Schnelligkeit und Reaktionsschnelligkeit

In der Regel wird auf allen Positionen eine kompetente Laufschule eingefordert. Wiederholungen, aber auch neue Impulse sollten eingebracht werden, um das Bewegungslernen abwechslungsreich zu halten. Viele Mannschaften gehören Mehrsparten-Sportvereinen an, die auf eine Leichtathletikabteilung zurückgreifen können. Es kann von- und miteinander profitiert werden, wenn einige Übungseinheiten zum Thema „Schnelligkeit" zusammen durchgeführt werden. Die Schnelligkeit gehört zu den motorischen Grundeigenschaften und definiert sich darüber, dass auf ein Signal und/oder einen Reiz reagiert wird und eine schnellmöglichste motorische Aktion in einem unter den gegebenen Bedingungen minimalen Zeitabschnitt vollzogen wird. Das Thema Schnelligkeit ist komplex und je nach Sportart, wie auch Bewegungsform, müssen unterschiedliche Aspekte beachtet werden. Im Football ist zum Beispiel die Reaktionsschnelligkeit, die Sprintschnelligkeit und die Schnellkraft von Bedeutung und auch die Schnelligkeitsausdauer lässt sich nicht komplett ausschließen.

Das Training sollte die motorischen Grundeigenschaften, wie zum Beispiel Schnelligkeit und die Reaktionsfähigkeit regelmäßig aufgreifen und gezielt verbessern. Die motorischen Grundeigenschaften lassen sich in drei Bereiche einteilen, in die konditionellen und koordinativen Fähigkeiten wie auch in die Beweglichkeit. Sie stellen die Basis dar, auf dem die Athleten weitere spezifische Bewegungen erlernen und aufbauen. Laut Bechheim ist Folgendes wichtig: „Die konditionellen Eigenschaften beruhen vor allem auf energetischen Prozessen, während die koordinativen Eigenschaften überwiegend auf zentralnervöse Steuerprozesse zurückgreifen. Die Beweglichkeit beinhaltet sowohl koordinative als auch konditionelle Faktoren. Im Allgemeinen stellen die konditionellen Fähigkeiten und die Beweglichkeit die Basis für die Ausbildung der koordinativen Fähigkeiten dar *(siehe 7.) Bechheim, 2010, Seite 20)*. Bezieht man wichtige Faktoren auf das eigene Team, sollten Coaches folgende Faktoren im Blick haben und hinterfragen:

» Welchen individuellen Leistungsstand bringen die Spieler mit?
» Wie hat sich dieser im Laufe der Zeit verbessert?
» Wie und in welcher Form werden spezielle Übungen dazu ein- und durchgeführt?

Viele Teams führen „Combines" durch, um die individuellen Leistungsstände ihrer Sportler in verschiedenen Bereichen festzuhalten und zu dokumentieren. Es sollte mit diesen Werten auch aktiv gearbeitet werden. Die Frage ist hier: Was kann speziell getan werden, um diese zu verbessern? Im Trainingsalltag geht die aktive Arbeit damit verloren, da viele Inhalte abgedeckt werden müssen. In folgender Definition geht Bechheim noch vertiefter auf die Schnelligkeit Definition ein: „Bewegungsformen können in Form von azyklischen Bewegungsformen, zyklischen Bewegungsformen und Bewegungskombinationen auftreten. Physikalisch wird die Schnelligkeit gemessen mit Geschwindigkeit als Resultat der Strecke pro Zeit." *(siehe 7.) Bechheim, 2010, Seite 21)*. In der Sporttheorie wird noch in weitere Schnelligkeitsfähigkeiten unterschieden und differenziert. Reaktionsschnelligkeit lässt sich wie folgt beschreiben und an einem Beispiel aufzeigen. Die Offensive Line steht in ihrem Stance, auf Zuruf oder Zeichen ihres Quarterbacks (akustischer oder optischer Reiz) starten sie von unten nach oben und beschäftigen sich sofort mit ihren Gegenspielern. Je schneller die Offensive Line startet, umso klarer ist der Vorteil gegenüber ihren Gegnern. „Schnelligkeit und Reaktionsschnelligkeit" hat im American Football einen hohen Stellenwert. Die Aspekte variieren je nach Position unterschiedlich stark. Es sollte stets im Blick sein, jedoch sind Trainer auch zum Abwägen aufgefordert. Schnelligkeit ist wichtig aber nicht alles. Was bringt der schnellste Receiver, wenn die Routen nicht sauber gelaufen werden und dadurch ein „Catch" nicht möglich ist? Im Training ist Ideenreichtum gefragt, wenn es darum geht, methodisch ausgefallen zu arbeiten und mehrere Inhalte zu vereinen. Kooperationen können neue Impulse bringen. Voraussetzung ist, dass Übungen wiederholt werden und im weiteren Training Beachtung finden.

PRAKTISCHE ÜBUNGEN

In vielen Trainings wird bereits mit der Koordinationsleiter gearbeitet, die wesentlich die „Laufschule" in allen Aspekten fördert. Die folgende Übung ist für alle Positionsgruppen zum Beispiel nach dem Warm-up geeignet. Vorab sind folgende Aspekte zu beachten: Wann werden Übungen zur Schnelligkeit angeboten? Direkt nach dem Aufwärmen, aber nicht erst am Ende einer Trainingsstunde, wenn Spieler bereits körperlich erschöpft sind. Die Technik sollte immer zentral im Mittelpunkt stehen. Bevor Spieler in die Schnelligkeit gehen, muss die Technik beherrscht werden, nur dann macht eine Schulung Sinn. Spieler sollten ohne große Störfaktoren arbeiten können. Werden neue Übungen eingesetzt, sollte auf eine regelmäßige Wiederholung geachtet werden und auch auf ein wiederkehrendes Feedback des Trainers. Je nach Wiederholung sollten auch immer genügend (Trink)pausen angeboten werden. Die Laufschule kann mit Trainingshilfen kombiniert werden, um die Wirksamkeit des Trainings zu erhöhen, wie zum Beispiel:

Zur Koordinationsleiter gibt es viele Schrittreihen und Sprungreihen, die eingeführt und durchgeführt werden können. Im Internet sind eine Vielzahl an Videos vorhanden, um sich einzelne Schrittreihen und Kombinationen genauer anzuschauen. Im Kinder- und Jugendtraining ist es auch von Vorteil, die Kinder mit einzubeziehen, indem sie eine eigene Übung erfinden dürfen und jeder darf sie nachmachen.

WICHTIG:
Trainer sollten die komplexen Übungen an der Leiter selbst beherrschen und vormachen können, da die einzelnen Abläufe ggf. mit Wörtern oft nicht passend erklärt werden können. Hilfreich sind auch Videos, die die Athleten auf diversen Kanälen einsehen können. Auch hier zählt „von einfach zu schwer" und „von langsam zu schnell".

Beispiele an der Leiter können sein:

» Durchlaufen der Leiter: auf Zehenspitzen oder auf der Ferse durchlaufen
» Doppelschritt/Dreier-Trippelschritt
» Rückwärts laufen durch die Leiter (Cornerbacks)
» Anfersen beim Durchlaufen
» mit beiden Füßen springen/vorwärts und rückwärts
» Hopserlauf
» In and Outs/je nach Seite steht der linke oder rechte Fuß draußen

Zur allgemeine Kräftigung kann auch in die Position des Liegestütz gegangen werden. Es wird seitlich langsam von Feld zu Feld gegangen und jeweils einmal runter, dabei wird eine Liegestütze gemacht.

Kombinationsübungen sind auch möglich, indem man zum Beispiel bis zur Mitte der Koordinationsleiter vorwärts hüpft und ab der Mitte einmal dreht und rückwärts fertig hüpft.

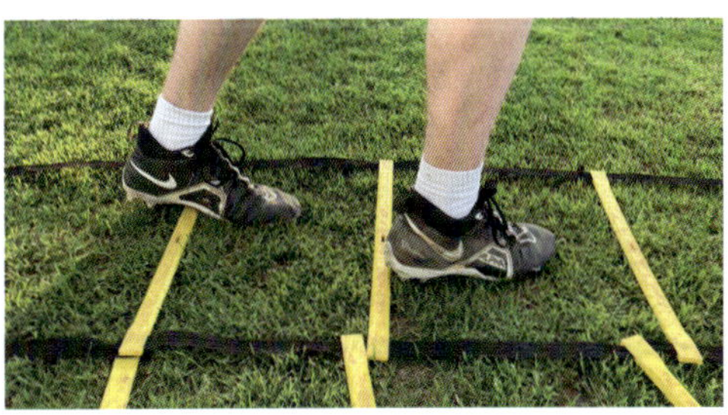

Abb. 204: Übungen an der Koordinationsleiter

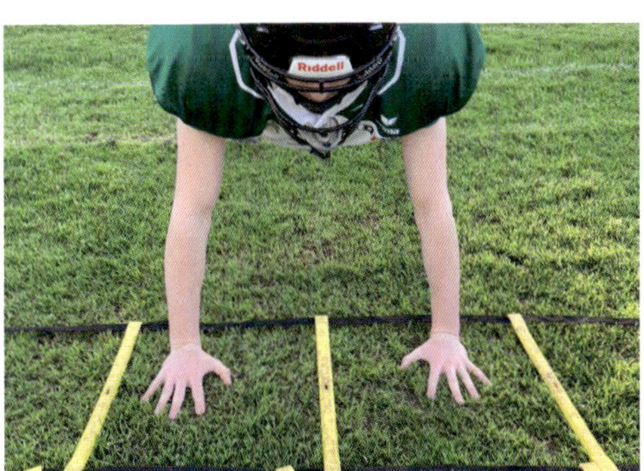

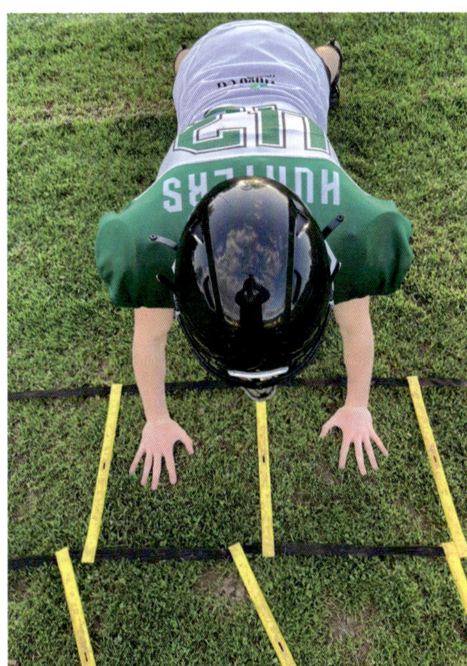

Abb. 205 und 206: Seitliche Bewegung in Liegestützposition mit Liegestütz

HÜTCHEN

Hütchen markieren das Feld, können aber auch im Training eingebaut werden. Je nachdem wie viele Hütchen aufgestellt werden und je nach Abstand sind verschiedene Laufkombinationen von Hütchen zu Hütchen möglich:

- Rückwärts - vorwärts - rückwärts
- Skippings - Kniehebelauf - Skippings
- Anfersen, Kniehebelauf, Anfersen

Es kann aber zum Beispiel auch auf 5 Meter Distanz ein Hütchen aufgestellt und ganz aktiv miteinbezogen werden:

- Vorwärts laufen mit 50 % - Hütchen antippen - Vollsprint zurück
- Seitshuffle zum Hütchen - antippen- Sprint zurück

MINIHÜRDEN

Sie eignen sich zur gezielten Beinarbeit, zur Optimierung der Lauftechnik und zur Weiterentwicklung bei komplexen Bewegungsabläufen. Die Höhe startet bei 10 cm und kann bis zu 40 cm betragen. Erst mit niedrigeren Hürden starten und dann die Höhe schrittweise erhöhen. Die Hürden können vorwärts, aber auch seitlich springend genutzt werden.

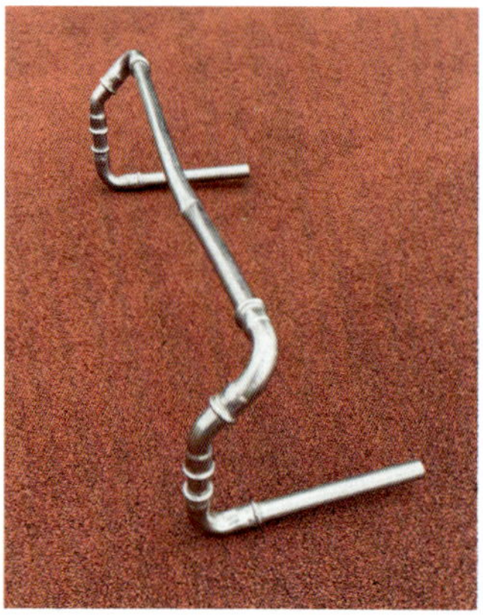

Abb.207: Minihürden

PARCOUR MIT TRAININGSHILFEN

Mit allen Trainingshilfen kann ein Parcour gestaltet werden. Es wird ein kleines Feld bereit gestellt, in jeder Ecke steht eine Trainingshilfe.

Start ist bei der Koordinationsleiter:

- Übung: Einmal komplett in jedes Feld rein und raushüpfen.
- Leichter Hopserlauf zu den Minihürden.
- Drei Wechselsprünge über die Minihürden. Danach sofort mit einem Sprint zum 10 m entfernten Hütchen.
- Nach dem Hütchen auf Zehenspitzen zum Anfang zurücklaufen.

Natürlich kann so ein Parcours auch nur mit einer Trainingshilfe und Material ausgestaltet sein und kann im Viereck unterschiedliche Übungen bedienen.

„TURN AROUND AND GO“

Aufstellung:
Alle Spieler stehen mit Abstand nebeneinander auf der Startlinie.

Durchführung: Auf den ersten Pfiff hin oder Count laufen alle Spieler gemäß ihres Tempos los, dabei ist lockeres Joggen völlig ausreichend. Auf den zweiten Pfiff drehen sich alle Spieler so schnell wie möglich um und sprinten/rennen so schnell wie möglich zur Startlinie zurück.

Variationen:
Um die Schnelligkeit wie auch Reaktionsschnelligkeit zu trainieren, bietet es sich an, mit Signalreizen zu arbeiten, d. h. bei jedem Durchgang wird variiert. Mal wird gepfiffen, mal wird geklatscht, mal wird ein Count hineingerufen, zum Beispiel Go! Ebenfalls ist es möglich, mit stillen Bewegungen zu arbeiten, zum Beispiel Faust ballen, Bein 2 x anheben oder Farbkarten zu zeigen, dazu muss jedoch der Trainer auf der anderen Seite stehen und die Spieler laufen auf einen zu und zum Abdrehen werden ihnen die stillen Bewegungen gezeigt. Generell muss sich der Trainer mittig positionieren, damit ihn auch alle Spieler sehen können. Zwei Personen können sich in der Nähe des Coachs in einer Reihe gegenüber der Gruppe aufstellen. Während die Spieler sprinten, können Bälle geworfen werden, um das vereinzelte Fangen zu trainieren. Mit jedem Durchgang wird die Startlinie einen Meter zurückversetzt, sodass die Spieler einen längeren Sprintweg zurücklegen müssen. Die Spieler werden in ihre individuelle Positionsgruppe eingeteilt, um individuell angemessen zu arbeiten.

Coaching Points:

- » Stance & Start
- » Konzentration der Spieler
- » Reaktionsfähigkeit
- » Sprintfähigkeit

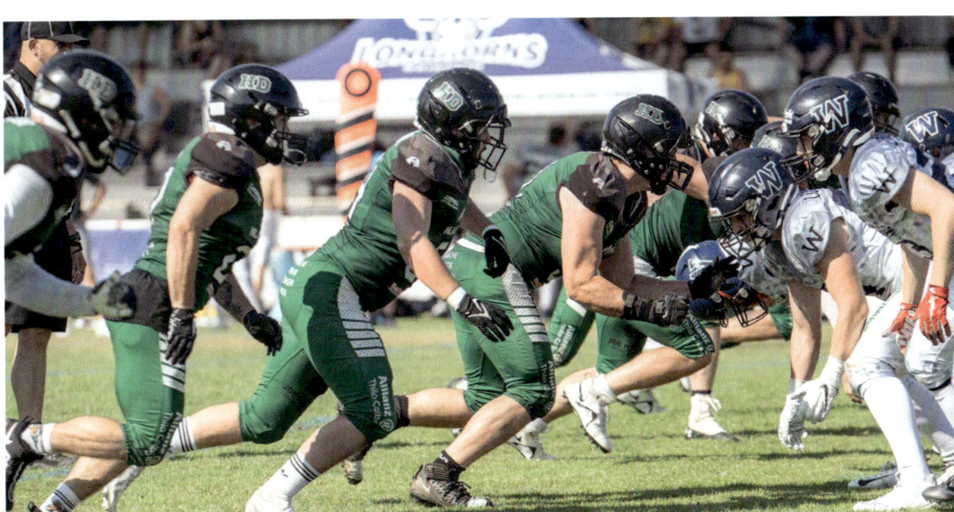

Abb.208: Schnelligkeit, Reaktion und Sprintfähigkeit sind elementare Faktoren (© Sabrina Risse)

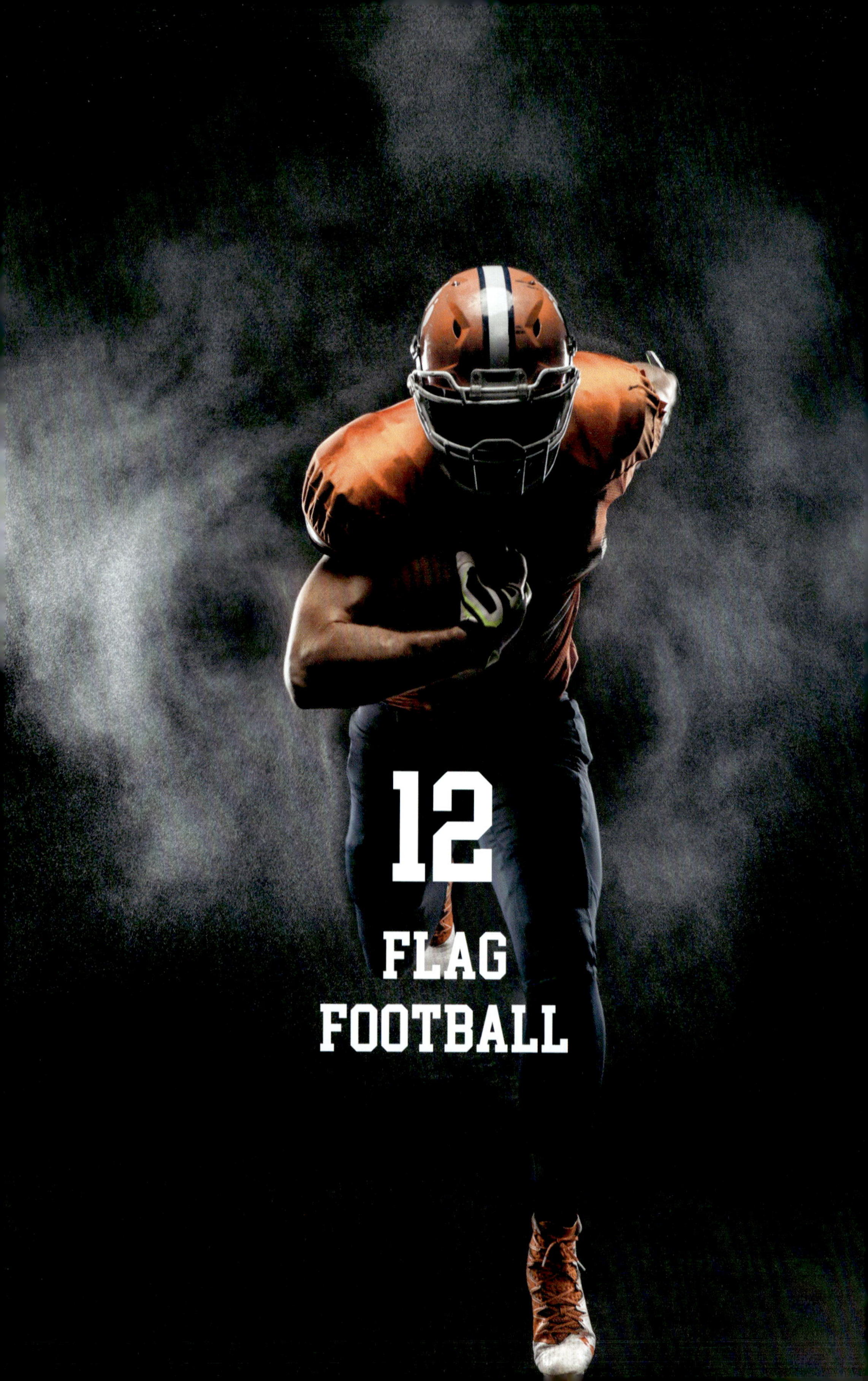

12 FLAG FOOTBALL

Seit dem Herbst 2023 ist es offiziell, 5er-Flag-Football wird 2028 bei den Olympischen Spielen gespielt und hat einen großen Meilenstein geschafft. Weltweit sind viele Football-Vereine stolz auf diese Entwicklung, in Deutschland wird bereits seit mehreren Jahren Flag Football gespielt. 9er-Flag gehört dabei seit 2005 zum AFVD und wurde 2016 noch um die 5er-Variante erweitert. Die Leistungen der deutschen Athleten ist dabei bemerkenswert, die Herren wurden 2023 Europameister und die Damen konnten die Europameisterschaft mit dem dritten Platz beenden. Ende August 2024 findet die Flag Football Weltmeisterschaft in Finnland statt, bei dem sich das Team mit vielen Teams messen kann.

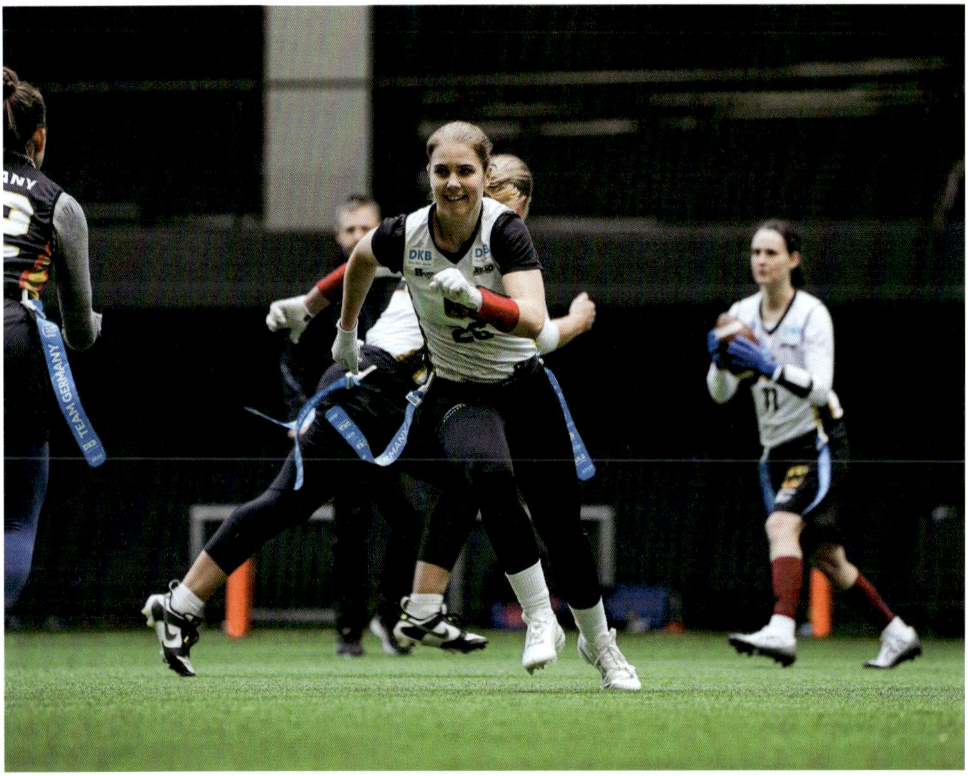

Abb. 209: Nationalteamspielerin Pia Schwarz im Training (© Maximilian May)

DIE ORGANISATION IM VERBAND

In Deutschland selbst organisiert sich die 5er-Liga in der Deutschen Flag-Football-Liga (DFFL) und verfügt über verschiedene Ligenklassen. Durch die positive Bestätigung an Olympia teilzunehmen, werden in den nächsten Monaten und Jahren verschiedene strukturelle und trainerspezifische Veränderungen vorgenommen. Eine eigenständige Flag-Football-Lizenz legt dazu eine wichtige Grundlage. Es benötigt zwei eigenständige Lizenzen, um beiden Varianten Tackle wie auch Flag Football in allen Anforderungen gerecht zu werden. Aus diesem Grund behandelt dieses Fachbuch den Schwerpunkt „Tackle"-Football, um den inhaltlichen Fokus zu wahren.

DIE BESONDERHEIT DES SPORTS

„Flag Football" ist die kontaktlose Version des American Footballs. Es wird ohne Schutzausrüstung und Helm gespielt, die Athleten tragen sogenannte Flaggen an einem Gürtel, die gezogen werden, um somit den Spielzug zu beenden. Blocken, tackeln und kicken ist nicht erlaubt und der Schwerpunkt liegt darin, Kontakt komplett zu vermeiden. Im Flag Football gibt es, wie bereits erwähnt, unterschiedliche Teamgrößen und Variationen, die favorisierte Teamgröße ist das „5er"-Flag-Football, das auch im internationalen Kontext eine hohe Beachtung bekommt.

DER BESONDERE REIZ

Flag Football hat für viele Kinder, Jugendliche und Erwachsene einen hohen Aufforderungscharakter. Es kann überall, in der Halle, auf einem Sportplatz und auf dem Rasenplatz gespielt werden. Beide Arten, Flag und auch Tackle, bieten unterschiedliche Positionen, sodass Interessierte nach ihren Vorlieben und Stärken eingeteilt werden können. Im Flag Football hat die niedrige Anzahl an Spielern einen weiteren Vorteil. Es können schnell Teams zusammengestellt werden, ein Klassenverbund kann auch parallel mit- und untereinander spielen. Der Materialeinsatz beläuft sich auf mehrere Bälle, die jeweiligen Flaggen und Laibchen.

DAS REGELWERK

Die unterschiedlichen Regelwerke beziehen sich auf die unterschiedlichen Teilnehmergrößen. Aktuell liegt ein großer Fokus auf den 5er-Flagfootball-Regeln, die international durch die IFAF vorgegeben werden.

Das Feld ist 45,74 m (50 Yards) lang und hat zusätzliche Endzonen von 9,15 m (10 Yards) Länge und einer Breite von 22,90 m (25 Yards). Der gesamte Raum ist 69,55 m (76 Yards) x 28,40 m (31 Yards) breit.

Die Offense ist das angreifende Team, sie haben vier Versuche, den Ball über die Mittellinie zu bekommen. Schaffen sie es, erhalten sie weitere vier Versuche, um mit dem Ball die Endzone zu erreichen. Ein erfolgreicher Spielzug führt sie zu einem Touchdown. Ein Spielzug endet, wenn die Ballträger/Wide Receiver ins Aus laufen. Ein Ballträger/Wide Receiver darf den Ball nicht verlieren. Wenn der Ballträger die Flagge gezogen bekommt oder Punkte erzielt werden, ist der Spielzug beendet. Der Quarterback erhält den Ball von seinem Snapper und darf den Ball in einem Vorwärts/Rückwärtspass werfen oder an einen Mitspieler abgeben. Die Defense ist die verteidigende Mannschaft und versucht, die Offense so schnell wie möglich zu stoppen. Sie müssen dazu die Flagge ziehen, in der Fachsprache wird es als Flagpull bezeichnet. Ein Pass kann auch herunterschlagen werden (Deflection) oder abgefangen werden (Interception). Bei einer Interception endet die Serie sofort und das Angriffsrecht wechselt.

FLAG FOOTBALL UND SCHULE

Die NFL fördert Flag Football weltweit und hat dazu ihre eigene Kampagne. Sie geht dazu direkt an interessierte Schulen und bieten Ausbildungen und Weiterbildungen der Lehrkräfte an, sodass diese Flag Football mit ihren Schülern spielen und im praktischen Schulalltag etablieren. Die beteiligten Schüler und Schülerinnen haben die Möglichkeit, sich im Turniermodus zu messen. Traditionell wird ein großes Finale veranstaltet, die Sieger dürfen zum Pro Bowl in die USA fliegen und sie dürfen „internationale" Luft schnuppern. Die einzelnen Projekte kommen bei den Schülern und bei den Lehrkräften sehr gut an, da in den einzelnen Workshops das Spiel, die Strategie, aber auch die fachlichen Aufgaben genau erklärt werden. Zuletzt hatte NFL Flag bezüglich der NFL-Spiele in Frankfurt auch zu einer Medienveranstaltung der anderen Art eingeladen. Alle anwesenden Journalisten und Medienvertreter konnten Flag Football ausprobieren. Berührungsängste konnten abgebaut werden und Inhalte wurden entsprechend vermittelt.

ETABLIERUNG DES SPORTS

Das Programm der NFL zeigt viele positive Attribute auf, aber auch deutschlandweit gibt es bereits viele Einheiten, um den Sport an den Schulen zu lehren und positiv zu vernetzen. Denn um Flag Football und Tackle Football effizient näherzubringen, benötigt es Zeit, Wissen, Praxis und vor allem Wiederholungen, um eine gewisse sportliche Qualität zu erreichen. Dazu gibt es unterschiedliche Möglichkeiten, wie zum Beispiel Workshops, Botschafter-Ausbildungen oder das Vernetzen des Sports an einzelnen Sporttagen usw. Aber auch Blockwochen sind eine Möglichkeit, um den Sport näherzubringen.

Im Sportunterricht macht es Sinn, mit unterschiedlichen Stationen zu arbeiten, um mit allen Schülern die Übungen in der Theorie, aber auch in der Praxis durchzugehen. Einzelne Aufgaben können variiert, wiederholt und verändert werden. Zum Aufwärmen können die regulären Aufwärm-Programme der einzelnen Lehrer und Schulen verwendet werden. Es können aber auch Übungen aus dem Football-Training eingeführt werden. Interessant ist es, auch ggf. „Gäste" aus Football-Teams einzuladen, um auch deren Expertise und Vorbildcharakter zu nutzen. Der Sport eignet sich im Rahmen von außerschulischen Einrichtungen, wie zum Beispiel für das Nachmittagsprogramm im Hort, Ganztagsschule, Jugendclubs und ggf. Wohngruppen und Jugendheimen.

FLAG FOOTBALL IST EIGENSTÄNDIG UND GEHT DENNOCH HAND IN HAND

Flag Football hat eine große Besonderheit; es kann einerseits als eigenständige Sportart betrachtet werden, andererseits geht es auch mit Tackle Football Hand-in-Hand. Viele der geforderten Aufgaben werden im Flag Football, aber auch im Tackle Football benötigt. Somit können Spieler die normalerweise Tackle Football spielen, durch das Flag Football neue Möglichkeiten zur Entwicklung erleben. Sie werden in der Schnelligkeit, Athletik und auch in der Technik zum Beispiel bei Cut's besonders gefordert, was ihnen auch im Tackle Football positiv zugutekommt. Des Weiteren gibt es Menschen, die keinen direkten Kontakt haben möchten und im Flag Football eine passende Alternative finden.

FLAG FOOTBALL IMMER ZUM EINSTIEG IN DER SCHULE?

Flag Football ist ein Sport, der viele positive Punkte mit sich bringt. Es kann mit wenig Ausrüstung und wenig Spielern überall gespielt werden. Durch den Sport wird ein relevantes Grundwissen in der Theorie und in der Praxis gelehrt. Dazu können zum Beispiel ein Teil des Regelwerks, der allgemeine Umgang mit dem Football durch das Snappen, Werfen und Fangen dazu gezählt werden. Des Weiteren kommt es noch zu keinem Kontakt, und durch die Teilnahme an Olympia wird auch die Kinder und Jugendförderung in den nächsten Jahren ausgebaut.

Durch die genannten Punkte sehen viele Akteure den Sport als positive Vorstufe, aber auch als Ergänzung zum „Tackle"-Football an. Viele Vereine bieten neben ihren Tackle-Mannschaften auch „Flag Football"-Mannschaften an, um dem breiten Interesse an beiden Varianten gerecht zu werden. Es gibt Kinder, Jugendliche und Erwachsene, deren erster Reiz im Tackle Football liegt und die diesen Sport von Beginn an lernen möchten. Deutschlandweit gibt es auch einige Beispiele, in denen zunächst Flag Football gespielt wurde, aber dann durch eine Kooperation und Weiterentwicklung eine Tackle Football-Mannschaft gegründet wurde. Diese etablierten sich im normalen Jugendbetrieb und nahmen regelmäßig an Saisonspielen teil. In Schwäbisch Hall bieten die Unicorns zusammen mit einem Schulzentrum und einem Internat die „Unicorns Academy" an; das integriert „Tackle"-Football im normalen Schulalltag mit bis zu sechs Wochenstunden im Stundenplan. Der Sport bietet somit allgemein eine Vielzahl an Möglichkeiten an und kann individuell je nach Wunsch und Belieben eingesetzt werden.

PRAKTISCHE ÜBUNGEN/DRILLS

Drills können aus dem normalen „American Football"-Training übernommen werden, wie zum Beispiel zum Aufwärmen, alles rund um das Snappen, Werfen, der Ballübergabe und allgemeine Drills zur Agilität und Reaktionsfähigkeit. Des Weiteren gibt es eine Vielzahl an Übungen, die gezielt trainiert werden, wie zum Beispiel das Flaggenziehen. Einige Spieler haben weitergeführte Aufgaben, so geht zum Beispiel ein Center nach dem Snap sofort auf eine Route und ist eine weitere Anspielstation für seinen Quarterback. Er muss jederzeit zum Fangen eines Passes bereit sein. Das Spiel ist passlastig und kann komplexe Routenformationen mit sich bringen. Demnach wird viel Zeit in die detaillierte Planung des Playbooks, der Analyse und des Einübens investiert.

ÜBUNG: FLAGGEN ZIEHEN

Die Gruppen teilen sich in Zweiergruppen gegenüber auf. Auf Pfiff wird im Wechsel immer eine Flagge abgezogen, um sich an das „Ziehen" zu gewöhnen. Der Vorgang wird mehrere Male wiederholt. Im nächsten Schritt wird ein Tunnel gebildet, rechts und links stehen jeweils die Athleten. Eine Person steht zu Beginn des Tunnels mit dem Football in der Hand. Die Person soll mit dem Ball durch den Tunnel rennen. Alle anderen dürfen einen Schritt nach vorne treten und versuchen, die Flaggen zu ziehen.

Im letzten Schritt wird ein Feld abgezeichnet. Der Ballträger soll versuchen, auf die andere Seite zu kommen. Der Verteidiger muss blitzschnell versuchen, die Flagge zu ziehen. Der Schwierigkeitsgrad kann von Durchgang zu Durchgang erhöht werden, indem man zum Beispiel das Feld nach und nach vergrößert.

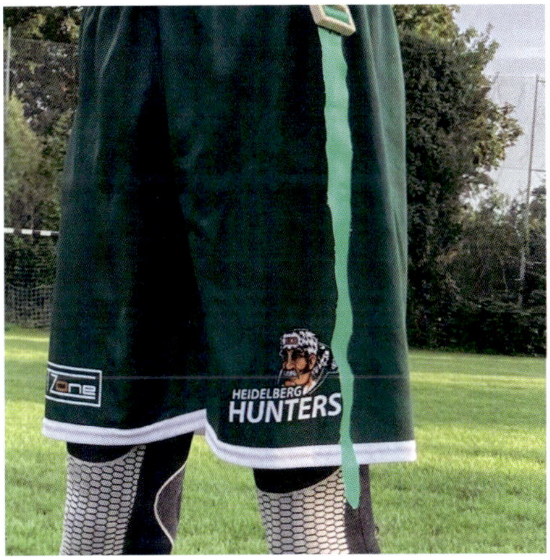

Abb. 210: Hose mit den entsprechenden Flaggengürteln

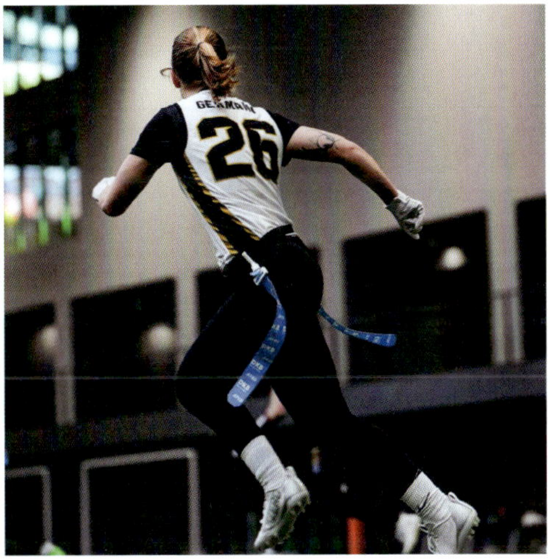

Abb. 211: Nationalteamtraining. (© Maximilian May)

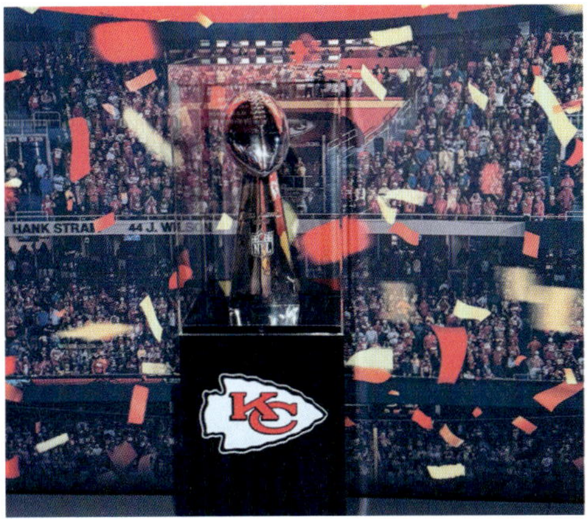

Abb. 212: Die Vincent Lombardi Trophy - wird Flag Football genauso wachsen?

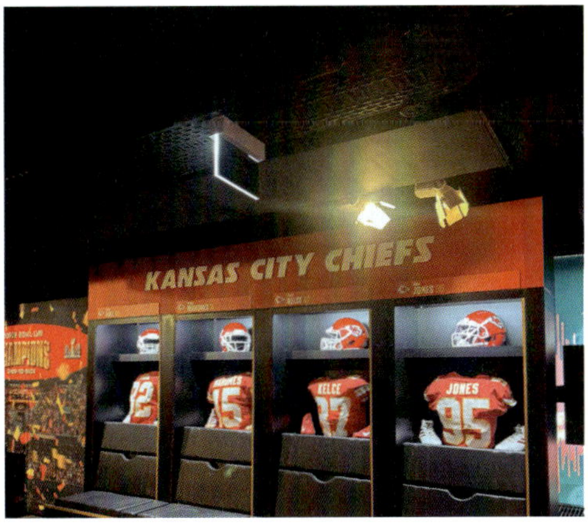

Abb. 213: Kansas City Chiefs House Frankfurt - auch die NFL Spieler kamen bereits mit Flag Football in Kontakt

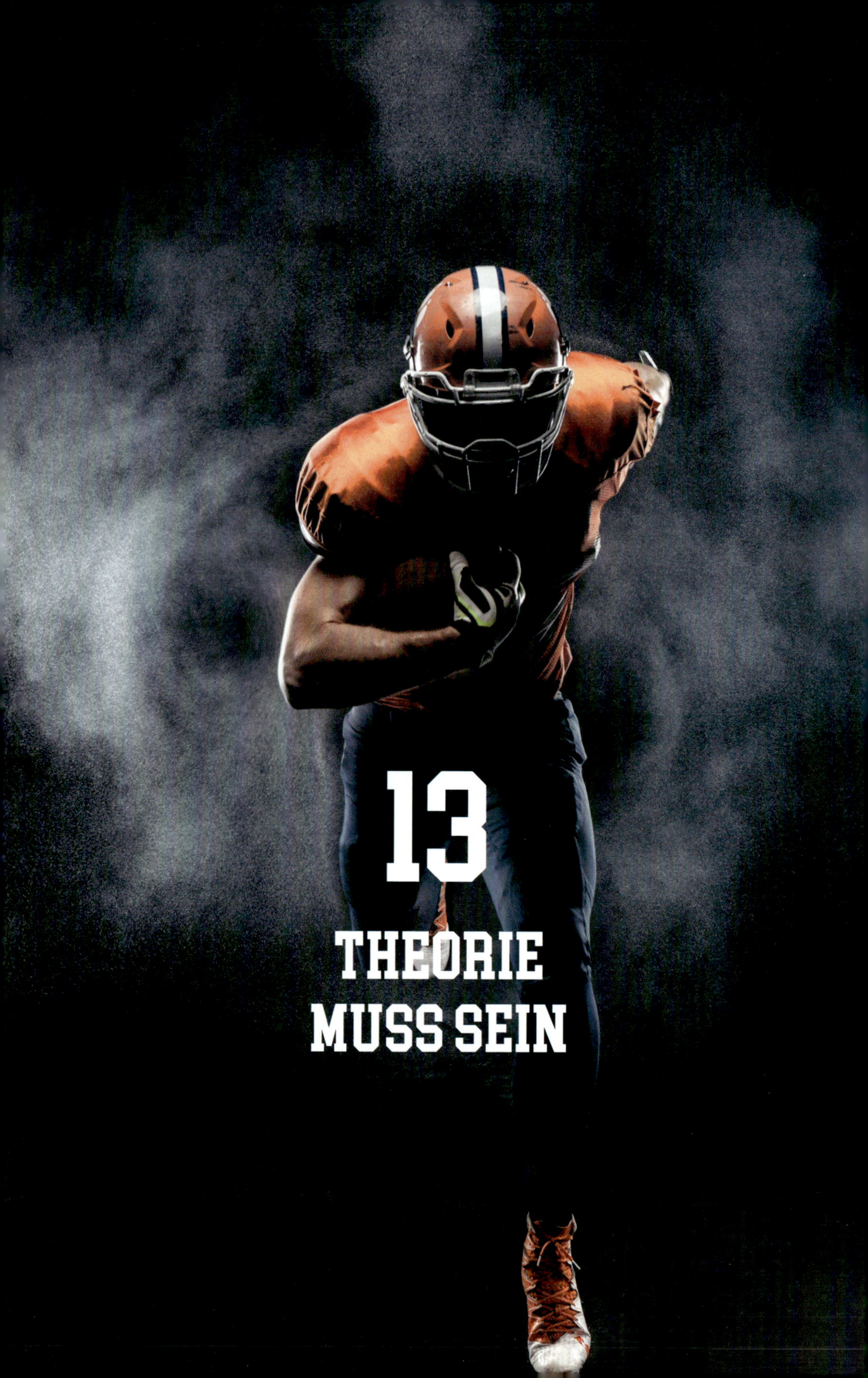

13 THEORIE MUSS SEIN

Im American Football nimmt die Theorie einen großen Rahmen ein. Der Sport ist aufgrund seiner Geschichte, den Spielregeln, den einzelnen Positionen und zuletzt der Taktik ein komplexer Sport. Jährlich verändern sich Spielregeln und müssen im Rahmen von Regelschulungen verbindlich aufbereitet werden, um die Teams entsprechend auszubilden. Selbst nach Jahren lernen Trainer nie aus und befassen sich kontinuierlich mit verschiedenen Spielentwicklungen. Diese Inhalte können sehr detailliert und auf einem hohen Leistungsniveau sein oder es müssen entsprechend der Zielgruppe zugeschnittene Inhalte vorhanden sein. Was bleibt, ist der Anspruch, dass das theoretische Wissen passend für die Zielgruppe aufbereitet und fortentwickelt wird.

Diese theoretische Erarbeitung kann je nach Team und Trainerphilosophie völlig unterschiedlich ausgestaltet sein. Einige Teams haben regelmäßige Gesamttreffen, indem sie Inhalte bearbeiten. Die meisten Teams arbeiten mit verschiedenen Trainings und teamunterstützenden Programmen, wie zum Beispiel Hudl, aber auch mit Apps, E-Mail-Verteilern, sozialen Netzwerken und Gruppen zur Spielerkommunikation. In der Theorie können folgende Themen besprochen werden:

» Team und vereinsorganisatorische Treffen – Gespräche und ggf. Abstimmung über relevante Teaminhalte, zum Beispiel der Ablauf eines Trainings, Spieltag usw.
» Einführung eines Playbooks, vertiefende Gespräche zum Playbook und die Bearbeitung von Variationen
» Videoanalyse: Scouting des Gegners, Nachbereitung der eigenen Spielleistung nach einem Spiel
» Videoanalyse der sportlichen Leistungen der einzelnen Spieler, zum Beispiel Videos aus verschiedenen Drill Sequenzen/Trainingssequenzen
» Regelkunde und Regeländerungen
» Bearbeitung von allgemeinem „American Football"-Wissen, zum Beispiel zum Tackling
» Präventive Schulungen zu verschiedenen Themen, zum Beispiel Ernährung, Rehabilitation, Sportpsychologie, Ausrüstungskunde usw.

Jede theoretische Einheit und jeder praktische Drill liefert nur eine geringe Erfolgsquote, wenn die Struktur des Trainings und des Unterrichts nicht voll ausgeschöpft worden ist. Dabei nehmen in der Theorie und in Praxiseinheiten die methodischen Aspekte und der Einsatz von Hilfen und Hilfsmitteln eine wichtige Rolle ein. In vielen Teams wird mit „Hudl" gearbeitet, je nach Philosophie nutzen die Teams das Programm intensiv und vernetzen es mit anderen Tools.

Das Playbook nimmt einen großen Rahmen bei Sitzungen ein. Bei einigen Teams wird es überarbeitet, bei anderen Teams neu erstellt und ein gemeinsamer Aspekt bleibt: „Wie kann das Playbook nähergebracht werden? Dazu gibt es einige Fragen, Tipps & Tricks, um neue Inhalte zu liefern, die bei Teams aus dem Kinder-, Jugend- und Erwachsenenbereich umgesetzt werden können.

Menschen lernen ein Leben lang, wenn ihnen die richtigen Hilfen bereitgestellt werden und sie in ihrer eigenen Lernweise angesprochen werden. Jeder Mensch lernt individuell und spricht auf das eine mehr und auf das andere weniger an. Ein Weg, der das gesamte Team mit all seinen unterschiedlichen Spielern abholt, muss gefunden werden. Nicht umsonst haben in der Sportdidaktik - der Lehre des Lernens - mehrere Wissenschaften ihren Einfluss. Dazu zählen die Didaktik und Methodik, Pädagogik, Psychologie, Lern-, und Entwicklungspsychologie sowie Inhalte der Bildungs- und Sozialwissenschaften. Es gibt eine Menge an verschiedenen Erklärungsansätzen, die sich ausgiebig mit der Trainingslehre und der Trainingsgestaltung auseinandersetzen. Alles beginnt mit einer simplen Frage: Welche Zielgruppe habe ich vor mir? Was macht das Team und jeden Spieler aus? Was weiß ich über den einzelnen Athleten in seiner Lernbiographie? Der nächste Schritt ist, zu fragen, wie das Wissen am besten, schnellsten und effektivsten vermittelt werden kann. Die Methodik ist dabei das Zauberwort; nach Bechheim definiert es sich wie folgt: „Die Methodik beschäftigt sich in erster Linie damit, wie in der Ziel- und Inhaltsanalyse getroffene Entscheidungen im Unterricht und Training umzusetzen und zu vermitteln sind. Sie hat die Aufgabe, Lernen zu erleichtern und Möglichkeiten und Wege aufzuzeigen, wie Ziele im Lernprozess zu erreichen sind und Inhalte angeeignet werden können." *(siehe 7.) Bechheim, 2010, S. 26)*.

13.1 AUFBAU EINES THEORIETRAININGS

Anhand des Thema Playbooks kann erklärt werden, wie Theoriesitzungen aufgebaut werden können und welche Inhaltspunkte beachtet werden sollten. Einige Coachs haben brillante Ideen und können diese mit ihren Spielern ebenso brillant umsetzen. Bei anderen Coachs ist das Playbook schon fast ein „Endgegner", da das Team damit nicht wirklich zurechtkommt und über Wochen tendenzielle Schwächen zeigt. In der Praxis gibt es diverse Haltungen und unterschiedliche Aussagen, zum Beispiel: „Die Spieler können das Playbook nicht. Immer werden die Routen verwechselt und falsch gelaufen. Die Defense Spieler sind in der Regel nie an ihrem Spot, wo sie sein sollen." Der Frust kann dazu führen, dass das relativ schnell auf viele Fehlzeiten im Team geschoben wird. Ob es wirklich der wahre Grund ist, ist möglich, muss er aber nicht sein. Ein fachlicher Fragenkatalog würde Abhilfe verschaffen:

» Wurde alles versucht, das Playbook näherzubringen?
» Wann wurde das Playbook erstellt?
» Wie wurde das Playbook eingeführt?
» Welche und wie viele Trainer waren an der Erstellung beteiligt?
» Wie viele Installs, Wiederholungen und Walk Throughs gab es oder gibt es?
» Werden Spieler für Rückmeldungen zum Playbook einbezogen?
» Ist das Playbook zu umfangreich?
» Passen diverse Spielzüge gar nicht zu den individuellen Stärken der einzelnen Spieler? Oft wird zu viel Zeit mit „Was nicht passt, wird passend gemacht" verschwendet. Besser ist es, auf die bereits positiven Potenziale der Spieler aufzubauen und diese hervorzuheben. Die positive Verstärkung hat häufig noch sehr motivierende Folgen für die Teamdynamik.
» Wie wurden einzelne Theorieeinheiten zum Playbook ausgestaltet?
» Wird das Motto: Keep it simple, play it simple erfüllt?
» Verstehen die Spieler das Playbook sprachlich? Ist es auf mehreren Sprachen erhältlich?

Häufig finden Theorieeinheiten im Frontalunterricht statt. Zur Unterstützung gibt es eine Flipchart und einige Videoeinheiten. Häufig lässt sich nach einer Weile ein Murmeln und Reden wahrnehmen. Eine Konzentrationsabnahme ist verständlich, denn jeder Einzelne benötigt immer wieder einen kleinen Input, um die Konzentration aufrechtzuerhalten.

TIPP:
In den seltensten Fällen gehen die Spieler American Football als Vollzeitbeschäftigung nach. Häufig sind es in der GFL oder in der ELF eine bestimmte Anzahl an Spielern, meistens Importspieler, die Vollzeit beschäftigt sind. Alle anderen Spieler sind nach wie vor in ihrem regulären Alltag eingebunden, d. h. sie arbeiten, studieren oder gehen zur Schule. Häufiger finden Theoriesitzungen am Abend statt, wenn der eigentliche Tag schon gelaufen ist und das meiste an Konzentrations-Ressourcen aufgebraucht ist. Durchaus könnte man eine Theoriesitzung auch an einem Samstag- oder Sonntagvormittag ausprobieren, um das Potenzial der Frische zu bündeln und komplett auszuschöpfen.

Generell kann der Theorieunterricht mit den Spielern methodisch und didaktisch abwechslungsreich geplant und durchgeführt werden.

» **Großgruppen**
„Gametapes" mit dem Gesamtteam zu analysieren, ist notwendig, kann jedoch auch Gefahren mit sich bringen. In einer Großgruppe kann es passieren, dass sich ggf. immer die gleichen Spieler zu Wort melden und mitarbeiten. Es sollte eine Mischung an Beiträgen angestrebt werden und auch andere Spieler sollten einbezogen werden. Häufig werden in Großgruppen auch Themen behandelt, die interessant sind, aber einen Großteil der Teams nur zweitrangig betrifft. Sind es Inhalte, die wirklich alle Spieler betreffen und wissen müssen oder kann dieser Inhalt mit einer Kleingruppe von Spielern besprochen werden?

» **Kleingruppen**
Ein Gesamtteam wird in vier gleichmäßig große Gruppen aufgeteilt. Sie analysieren vorbereitete Plays der eigenen Defense/Offense und umgekehrt. Nach der Erarbeitungszeit stellen sie die Ergebnisse den anderen Gruppen vor.

Vorteil: Die Spieler müssen untereinander in einen kommunikativen Kontakt treten und die Schwächen und Stärken ihrer eigenen Teamkollegen konstruktiv herausarbeiten. Damit kommen sie mit allen in Kontakt und schärfen ihre Auseinandersetzung mit den Plays und dem Playbook.

» **Playbook-Paten**
In jedem Team gibt es Spieler, die ein großes Fachwissen haben und das ganze Playbook in- und auswendig kennen und bei jeder Position wissen, was gemacht werden muss. Dieses Potenzial kann genutzt werden, um diese Spieler neuen Spielern zur

Seite zu stellen, damit diese das Playbook schneller erlernen. Zum Dank können den Spielern am Ende der Saison ein Award oder eine Urkunde überreicht werden.

» **Einzelarbeiten**
Die Spieler können einzelne Einheiten alleine lernen. Zur Auflockerung zwischendrin und für einen Methodenwechsel können Tests oder Rätsel, zum Beispiel ein Gitterrätsel, ausgeteilt werden. Das Gitterrätsel kann senkrecht, waagrecht, diagonal und rückwärts einzelne wichtige Spielzüge oder Theoriepunkte versteckt haben. Ziel ist es, die Spielzüge und Inhaltspunkte zu finden, um weitergeführt in Aufgabe zwei den Spielzug aufzumalen.

Einzeltipps für Spieler:
Es gibt zahlreiche Tipps und Tricks, die Spielern beim Lernen helfen können:

Im Playbook einzelne Routenwege farbig markieren lassen. (Visuelle Lerntypen) Sehen

Es gibt Spieler, denen es hilft, das Playbook ggf. einmal abzumalen und ihre Position in einer besonderen Farbe hervorzuheben. Sie können es sich durch das Abmalen und die Farbe besser vor ihrem inneren Auge vorstellen.

Spieler können sich das Playbook mit den einzelnen Routen und Aufgaben auch auf Band aufsprechen und entsprechend abhören. (Akustische Lerntypen) Hören

Manche Spieler sind gerade für das Hören besonders empfänglich. Sie können sich einzelne Spielzüge auch auf Audio/Podcast aufsprechen und wiederholt anhören.

Spieler in Walk Throughs den Spielzug langsam „blind" laufen lassen (Tun)

Spielzüge sollten im wahrsten Sinne des Wortes „blind" sitzen. Warum nicht versuchen, dass einzelne Spielzüge blind im Walk Through laufen? Hier werden die Spieler in ihrer Wahrnehmung gefordert und müssen sich gezielt mit dem Spielzug auseinandersetzen.

Einige Teams haben zum Beispiel ihr Playbook komplett per Video aufgenommen bzw. abfotografiert und gefilmt. Sie stellen es ihren Spielern per Hudl bereit. Die Erstellung eines „medialen Playbooks" ist sehr aufwendig. Die Initiierung hat den Vorteil, dass sich ein Großteil der Spieler so intensiv damit beschäftigt, dass sie es dadurch bereits gelernt haben.

13.2 VIDEOANALYSE

Das Thema „Video" ist in jedem Team omnipräsent. Einige Teams besitzen komplette Filmcrews, die nichts anderes machen, als sich mit dem Thema „Filmen" auseinanderzusetzen. Dabei gliedern sie das Filmen von Spielen und das Filmen im Training. Einige Teams haben einen gegenseitigen Transfer ihres Filmmaterials, um es untereinander zu sichten und die Vorbereitungen für die entsprechenden Spiele vorzunehmen. Häufig stammt die Literatur zum Thema Video, Statistik und auch zum Scouting aus den USA und wird über den Austausch von Coaches und Coaches Conventions nach Deutschland gebracht. Allgemein ist das Thema „Video" ausbaufähig und birgt sehr viel Potenzial, dass sich zunutze gemacht werden kann. In der NFL, im College Football, in der ELF und GFL wird bereits sehr viel Wert und Zeit in das Thema Video investiert. Es soll das Team, aber auch die einzelnen Spieler besser machen. Ihnen werden ihre Stärken und ihre Schwächen per Video aufgezeigt und sie können sich dadurch verbessern. Hierzulande nimmt die Bedeutung zu, Video, Scouting und Statistik ist umfangreich und „nur ein Video zu drehen und es einfach nur anzuschauen" ist zu wenig. Das Thema benötigt viel Zeitinvestition, Auseinandersetzung und Organisation.

CHECKLISTE FÜR DEN VEREIN:

- » Hat das Team bereits eine Video- & Scouting Crew?
- » Wird regelmäßig nach neuen Mitgliedern für die Filmcrew gesucht und werden sie entsprechend eingearbeitet?
- » Hat das Team ein ausgearbeitetes Konzept, wie sie arbeiten? Wer filmt die Spiele und wer filmt im Training? Übernehmen auch verletzte Spieler das Filmen? Gibt es zum Thema Filmen regelmäßige Veranstaltungen für alle Spieler und Trainer?
- » Mit welchen Tools, Plattformen und Programmen arbeitet die Crew? Werden fertige Programme verwendet oder wurden ggf. eigene Excel Sheets geschrieben?
- » Welche Technik und welche technischen Materialien werden verwendet? Kameras, Stativ, Drohne, Tablets usw. Sind diese auf dem neusten Stand?
- » Welche baulichen Strukturen hat der Sportplatz? Gibt es bereits Kamerahäuschen oder Bereiche, in denen gut gefilmt werden kann?
- » Findet ein regelmäßiger Austausch mit der Coaching Crew statt? Wie gliedert sich die Zusammenarbeit in der Saison, an einem Spieltag und in einer Saison?
- » Welche Fortbildungen werden besucht? Welche Weiterbildungen finden statt?
- » Findet das Filmen ausschließlich bei Spielen statt oder auch im Training?
- » Wie lange sollen sich die Spieler mit dem Videomaterial beschäftigen? Wer kontrolliert die Zeiten?
- » Findet eine Schulung statt zum Thema, **wie** man Videos schaut und was man im speziellen Fokus herauslesen kann?
- » Werden externe Agenturen einbezogen zum Beispiel für besondere Aufnahmen/Reels - kurze Videos?

Die Checkliste hilft, sich einen Überblick zu verschaffen und Punkt für Punkt zu erarbeiten. Das Thema Video ist in den Nationalmannschaften und in den höheren Ligen Pflichtprogramm, ebenfalls wird es bei den GFL Juniors und bei Jugend- und Herrenteams umgesetzt. Wünschenswert wäre es jedoch, schon flächendeckend bei allen Kindern und Jugendteams anzufangen, um für das Thema vorzubereiten und zu sensibilisieren. Dabei geht es gar nicht darum, ein Video bis ins kleinste Detail zu analysieren. Es geht darum, den Weg zu ebnen, um ein Gefühl dafür zu entwickeln und die Wahrnehmung entsprechend auszubilden. Es reicht, drei Punkte in den Fokus zu stellen. Viele Spieler, die von Deutschland an eine Highschool oder an ein College in die USA wechseln, sehen den Punkt Videoanalyse als eine Herausforderung an. Zumeist lernen sie in den USA den „vertieften" Nutzen von Videoanalysen kennen und was im Detail alles erkannt werden kann oder muss. Das Thema Video und die Erstellung eines Videos ist ein komplexer Prozess, der stetig weiterentwickelt werden muss. Einige Impulsfragen helfen:

» Welche Kameras werden verwendet? Wird das komplette Potenzial der Kamera und ihre möglichen Programme ausgenutzt?
» Bietet der Hersteller der Kamera eine Schulung zu seiner Kamera an, um sich weitere Kompetenzen zur Kameraführung und Nutzung anzueignen?
» Welche Wetterbedingungen werden für den Gameday oder das Training erwartet? Wie wandert die Sonne? Ist Schatten/Halbschatten auf dem Platz zu erwarten?
» Welche Möglichkeiten des Filmens sind gegeben und welche Orte des Filmes stehen bereit? Zum Beispiel: von der Haupttribüne mittig, Längsseite, von einer Hebetribühne? Ist evtl. gar keine Erhöhung vorhanden?
» Welche Personen befinden sich rundherum? Ist mit Störungen zu rechnen? Werden große Banner oder Flaggen vom Publikum angehoben und können diese die Sicht behindern?
» Wer filmt? Sind mehrere Personen eingeplant? Kann auch eine kurze Pause gemacht werden?
» Welche Sequenzen werden gefilmt? Wird rechtzeitig zum Spielzug gestartet und gestoppt? Wird das Filmmaterial hinterher geschnitten und werden unterschiedliche Perspektiven der gleichen Spielsituation hintereinander eingefügt?
» Wird regelmäßig im Training gefilmt bzw. über das Tablet und kurz nach dem Training bei Hudl hochgeladen oder auf Plattformen für das Team geteilt?
» Haben die Spieler die Möglichkeit Einzelvideos von sich zu sehen und bekommen sie dazu ein Feedback und Anregungen, *wie* sie das Video schauen sollen?

Wie wird ein Video geschaut?

Video oder Videomaterial zu schauen, ist ein intensiver Vorgang und das Auge und die Wahrnehmung müssen darin geschult werden. Eine effektive Videoanalyse benötigt seine Zeit und eine gewisse Übung. Hilfreich sind Impulse, die das anschauen erleichtern. Nicht umsonst gibt es auch das Buch „Take your Eyes off the Ball", in dem präzise erklärt wird, was in einer Spielsequenz tatsächlich alles gesehen und entsprechend verwertet werden kann. Video zu schauen, bedeutet die ein oder andere Situation mehrmals anzuschauen, um direkt zu sehen, welcher Spielmoment als bedeutend einzustufen ist. Das Gleiche ist in der Analyse eines einzelnen Spielers zu sehen. Die Spieler selbst, aber auch die Trainer müssen ihr Auge schulen, um bestimmte Bewegungsabläufe zu sehen, zu deuten und Schwächen herauszuarbeiten. Dieser Prozess kann nur wenige Minuten dauern, kann aber auch einige Zeit in Anspruch nehmen. Es benötigt mehrere Sequenzen, um zu sehen, dass bestimmte Schwächen, wie das zu lockere Abstoßen des Fußes, die zu schwache Öffnung der Hüfte zum Beispiel weitreichende Folgen haben kann. Manche Fehler sind häufig minimal, dass sie erst später auffallen. Interessant ist auch die schnelle Wahrnehmung und die Gewöhnung an eine Zielgruppe. Wer häufig Anfänger coacht, dem fallen viele „grobe" Fehler auf und er kann diese zügig korrigieren. Schaut dieser Coach jedoch in einem GFL- oder ELF-Team im Training zu, wird er zunächst von der Perfektion und Schnelligkeit der Spieler angetan sein. Erst mit der längeren Auseinandersetzung der Zielgruppe, wird er ggf. auch hier mögliche Punkte zur Verbesserung sehen.

13.3 SCOUTING

Im Scouting werden die Schwächen und Stärken eines Gegners angeschaut, beobachtet und heraus gearbeitet. Dabei werden Ergebnisse und Spielweisen beider Mannschaften gegenübergestellt, um zu schauen, wie der Gegner am besten geschlagen werden kann. Je besser gescoutet wird, umso effektiver können auch gewisse Einstellungen vorgenommen werden. Im American Football gibt es dazu zwei große Themenblöcke, die man sich detailliert anschauen kann. Im Bereich des Personellen Scoutings wird das Team an sich genauer betrachtet und ebenso werden die einzelnen Spieler genauer betrachtet. Welcher Spieler hat die größten Stärken aber ggf. auch die größten Schwächen? Die Stärken und Schwächen lassen sich in der Athletik, Technik, Spielverständnis, Erfahrung bzw. in der individuellen Spielerkarriere finden.

DISKUSSIONSPUNKT UND FRAGESTELLUNG

Einige Teams beobachten ebenfalls gesundheitliche Aspekte, aktuelle und/oder vergangene Verletzungen, um sich diese zunutze zu machen. Dieser Aspekt ist fragwürdig und lässt den Punkt „Fair Play" aufbringen. Es ist definitiv nicht fair, einen „angeknacksten" Quarterback mit Knieproblemen so häufig zu attackieren, dass er humpelnd das Spiel verlässt. Er musste den häufigen Druck, mit schnellen und ruckartigen Bewegungen kompensieren. Häufig erfolgt eine Gegenantwort: „Ein verletzter Spieler gehört nicht auf das Feld. Er sollte vollständig genesen sein, um ein Spiel unter normalen Voraussetzungen zu spielen".

Wie kann diese Situation angemessen gelöst werden?

Ein klassisches Scouting-Beispiel ist ein Cornerback, der sehr schnell ist und gegen jeden Wide Receiver in der Man Coverage ankommt. In der Zonenverteidigung hat er jedoch eine Schwäche, da er seine eigene Zone nicht kontrollieren kann und zu viel Raum lässt. Sinnvoll wäre es jetzt, explizit Zonendeckung zu spielen. Hilfreich ist es zum Beispiel, auch zu schauen, wie groß ein Team und der wirklich „aktive" Kader sind. Wie viele Spieler gibt es? Wie viele Ersatzspieler können zum Einsatz kommen? Wie lange spielen diese Spieler bereits? Ein Team mit sehr „geschrumpftem" Spielerkader wird sich im Sommer schwertun, wenn sie fast keine Spieler auswechseln können und nur Ersatzspieler mit wenig Spielerfahrung zum Einsatz kommen. Es kann eine Strategie sein, ein sehr temporeiches Spiel zu spielen, um die Gegner schnell müde zu machen und den Einsatz der Ersatzspieler zu forcieren. Je nach Wechsel von Spielern kann geschaut werden, ob ebenfalls Kenntnisse zu dessen Spielerkarriere vorhanden sind, um sich diese zunutze zu machen. Ein Wide Receiver zeigt überragende Leistungen, wenn er alleine durch seine Catches und Schnelligkeit dominieren kann. Er wird häufig nervös, wenn man ihm den Ball aus der Hand schlägt. Er wird zügig ausgewechselt, um mögliche weitere Fehler oder Strafen aufgrund seiner nervösen Art zu vermeiden. In diesem Moment kann dauerhaft ein Spieler „Man to Man" aufgestellt werden, um ihn mögliche Pässe aus der Hand zu schlagen.

Systematisches Scouting untersucht, was der Gegner genau auf dem Feld in welcher Situation mit welchem Erfolg macht. Dazu gibt es unterschiedliche Beispiele: Ein Team spielt mit drei Wide Receivern und einem Runningback und das Spielsystem besteht hauptsächlich aus Passspielzügen. In Laufspielzügen können sie nur 30 % vervollständigen, aber wiederum bei den Passspielzügen schaffen sie beim 1st Down 60 %. Diese Werte geben Aufschluss, welches Strategien geplant werden sollten. Das Wichtigste, um effektiv zu scouten, ist die Video-Analyse. Ohne Videomaterial wird es schwierig, bestimmte Spielsituationen und alle wesentlichen Details zu erkennen. In der Regel sollten alle Spieler der Offense und Defense zu sehen sein und wie diese mit- und untereinander agieren. Für ein ganzheitliches Bild benötigt es das komplette Bild, d. h. eine Coaching Crew muss von Beginn bis zum Ende sehen, wie ein Wide Receiver seine Route läuft und wie die entsprechende Defense mit dem Cornerback darauf reagiert. Mittlerweile gibt es viele Teams, die ihre Videos untereinander teilen oder im Austausch miteinander sind.

DATENERFASSUNG – „OHNE DATEN KEIN SCOUTING"

Daten, die beim Scouten beobachtet werden, sollten auch statistisch erfasst werden. Es sollten Ziele festgelegt werden, die die spätere Datenmenge eingrenzen können. Was möchte direkt herausgearbeitet werden und welche genauen Ergebnisse werden dafür benötigt? Möchte zum Beispiel betrachtet werden, was ein Gegner bei 3rd Downs spielt, werden Informationen über Down & Distance, Formation, Backfield Informationen und natürlich Play Type & Resolut benötigt. Vervollständigt werden die Informationen durch eine Beschreibung des Offensive Plays, der Play Direction, Hash, um zu dem Ergebnis zu gelangen, ob ein Team eher in Richtung Boundary oder Field spielt. Werden die Daten effektiv eingesetzt und verarbeitet, können Spielzüge besser eingesetzt werden, die mit einer höheren Wahrscheinlichkeit zum Erfolg führen.

DAS HANDWERKSZEUG

Das Programm Hudl hat sich im American Football etabliert und wird genutzt, um im Rahmen des systematischen Scoutings alle Daten zu erfassen und ein Bild zu generieren. Zur Analyse nutzen viele Teams ebenfalls Huld oder kombinieren es mit anderen Tools zum Beispiel Excel oder anderen Tabellenkalkulationsprogramme. Excel ist hilfreich, da einzelne Spalteninhalte automatisiert werden können, um diese abzustimmen. Als Eingabehilfe kann „Perfect Keyboard" genutzt werden.

DAS SCOUTING TEAM – DIE MACHT DER „EINEN" STIMME

Ein Scouting Team benötigt eine Sprache, d. h. eine Struktur, und Kriterien sind wichtig, um festzulegen, wie die Daten eingetragen werden und von allen Scouting Mitgliedern gleich interpretiert werden. Ein Scouting Team benötigt somit eine Terminologie, in der die Daten analysiert werden. Ein regelmäßiger Austausch mit dem Coaching Staff, um die Daten zu lesen, zu verarbeiten und später einen entsprechenden Gameplan zu entwickeln ist unverzichtbar. Wird ein Spiel zwischen Team A und Team B analysiert. Gegen Team A hat man das erste Aufeinandertreffen, gegen Team B spielt man eine Woche später. Für das Spiel gegen Team A wird für die Defense das Offense Scouting von Team A benötigt. Für die Woche darauf wird das Offense Scouting von Team B benötigt. Werden unterschiedliche Bezeichnungen für die gleichen Formationen für Offense und Defense benutzt, müsste von Woche zu Woche neu gescoutet und beobachtet werden, da zunächst die Terminologie der Defense und dann die Terminologie der Offense herausgearbeitet wird. Der Arbeitsaufwand ist wesentlich höher; es ist sinnvoll, ein Konzept zu entwickeln, was beide Seiten adäquat für sich nutzen können. Die Erfassung der Daten ist überschaubarer und lässt sich passender bewältigen. Es lassen sich somit auch Erwartungen an die einzelnen Scouting-Mitglieder ableiten. Sie sollten ein breites Wissen besitzen und generell jede Art von Daten erfassen können. So kann auch in Engpässen die Arbeit angemessen verteilt werden.

SCOUTING IM SEMIPROFESSIONELLEN BEREICH UND BEI KINDERN?

Grundsätzlich sollte jedes Team mit Videomaterial aus seinem Training, aber auch den einzelnen Spielen arbeiten. Einerseits lässt sich die eigene Trainings- und Spielqualität überprüfen und wie bereits geschildert, ein Überblick zum Gegner verschaffen. Statistiken sind überall im (Sport)Bereich zu finden. In vielen Übertragungen wird nicht nur das aktuelle Geschehen kommentiert, sondern auch mit Werten und Daten untermauert. Statistiken haben im Laufe der Zeit an Wert zugenommen, da es vor allem durch die technischen Programme wesentlich einfacher wurde, diese zu führen, zu verarbeiten und zu teilen. Kinder und Jugendliche benötigen von Anfang an eine Heranführung an das Thema Video und Videoanalyse. Sie müssen die einzelnen Inhalte ebenfalls Schritt für Schritt erlernen und verinnerlichen. Nur so kann ihr sportlicher Weg geebnet werden. Die Aufnahmen sind grundsätzlich gleich, natürlich können die Schwerpunkte variieren. Bei Kinder und Jugendteams ist es zu Beginn sinnvoll, die Inhalte didaktisch und methodisch herunter zu brechen und Schritt für Schritt einzuführen. Mittlerweile gehört das Video in vielen Sportarten zum Standard und das sollte es auch bei den Kinder- und Jugendmannschaften sein.

SCOUTING IM VEREIN – WAS TUN?

Generell sind folgende Tipps sinnvoll und sollten wesentliche Beachtung finden:

» Jeder Verein sollte Sachmittel, aber auch personelle Mittel bereitstellen. Nicht immer geht das ohne Geld, es sollte in den Jahresausgaben der einzelnen Teams beachtet werden.

- » Es sollten immer Aufnahmen von der Sideline und von der Endzone vorhanden sein. Sie sind ein guter Start zum Einstieg.
- » Trainingsvideos können mit jeder Art von Kamera gemacht werden, auch vom Handy aus.

Tipps zum Video schauen

Video schauen ist eine Aktion zwischen den Spielern und Trainern. Die Trainer stellen die einzelnen Abschnitte diverser Plays zusammen. Die Trainer bieten einen Überblick, wie die Abschnitte angeschaut werden müssen. Diese Kriterien können die Spieler im „freien" Video schauen beachten. Es können gute Videosequenzen gezeigt werden, um sich an den Stärken zu orientieren, aber auch Plays mit Verbesserungspotenzial können gezeigt werden. Den Spielern wird gezeigt, was ggf. in den einzelnen Spielzügen schlecht verlaufen ist und was besser gemacht werden kann.

Warum sollten Statistiken geführt werden?

Statistiken und Analysen benötigen häufig den gleichen Datensatz, bzw. das gleiche Material, mit dem sie gefüttert werden. Daten für eine eigene Spielanalyse sind weitergeführt auch Datenmaterial für eine Statistik. Diese können sehr breit verwendet werden und sind hilfreich. In folgenden Bereichen spielt Statistik eine Rolle: in der allgemeinen Pressearbeit für Vorberichte und Spielberichte, als Content im Social Media Bereich, zur eigenen Motivation von Spielern, zu internen Zwecken, um Spieler noch weiter zu motivieren und als Hilfestellung für den Stadionsprecher.

Statistik ist immer sinnvoll und die Basis für die späteren Spielanalysen. In diesen wird bewertet, wie gut gespielt wurde und wo es ggf. noch Defizite gibt. Zusammengefasst sollte Statistik einen genauso hohen Stellenwert wie viele andere wichtige Punkte im American Football bekommen. Denn häufig geht es Hand-in-Hand und somit machen das Scouting, der Gameplan und die Execution das Spiel aus.

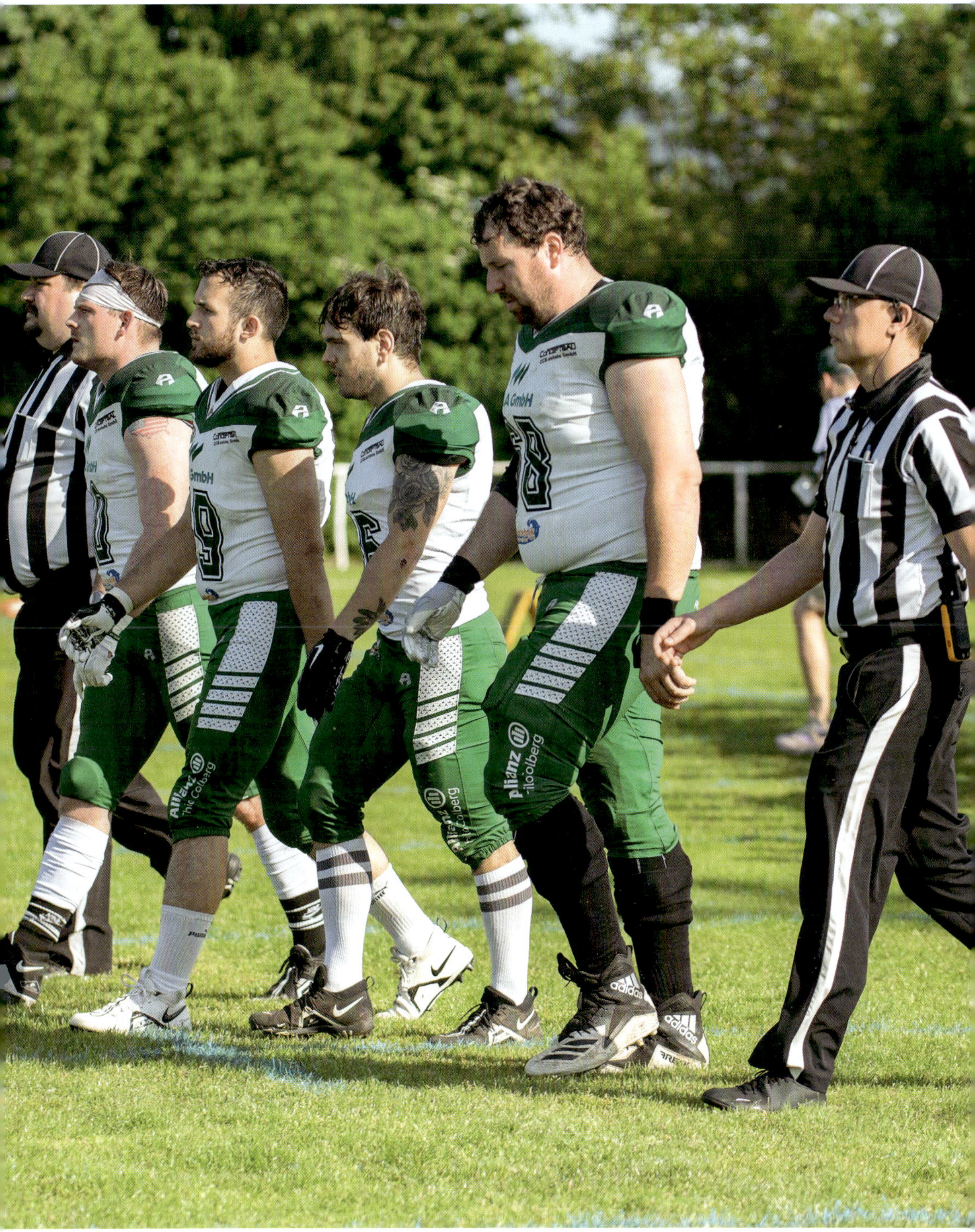

Abb. 214: Einlauf zum Coin Toss (© Sabrina Risse)

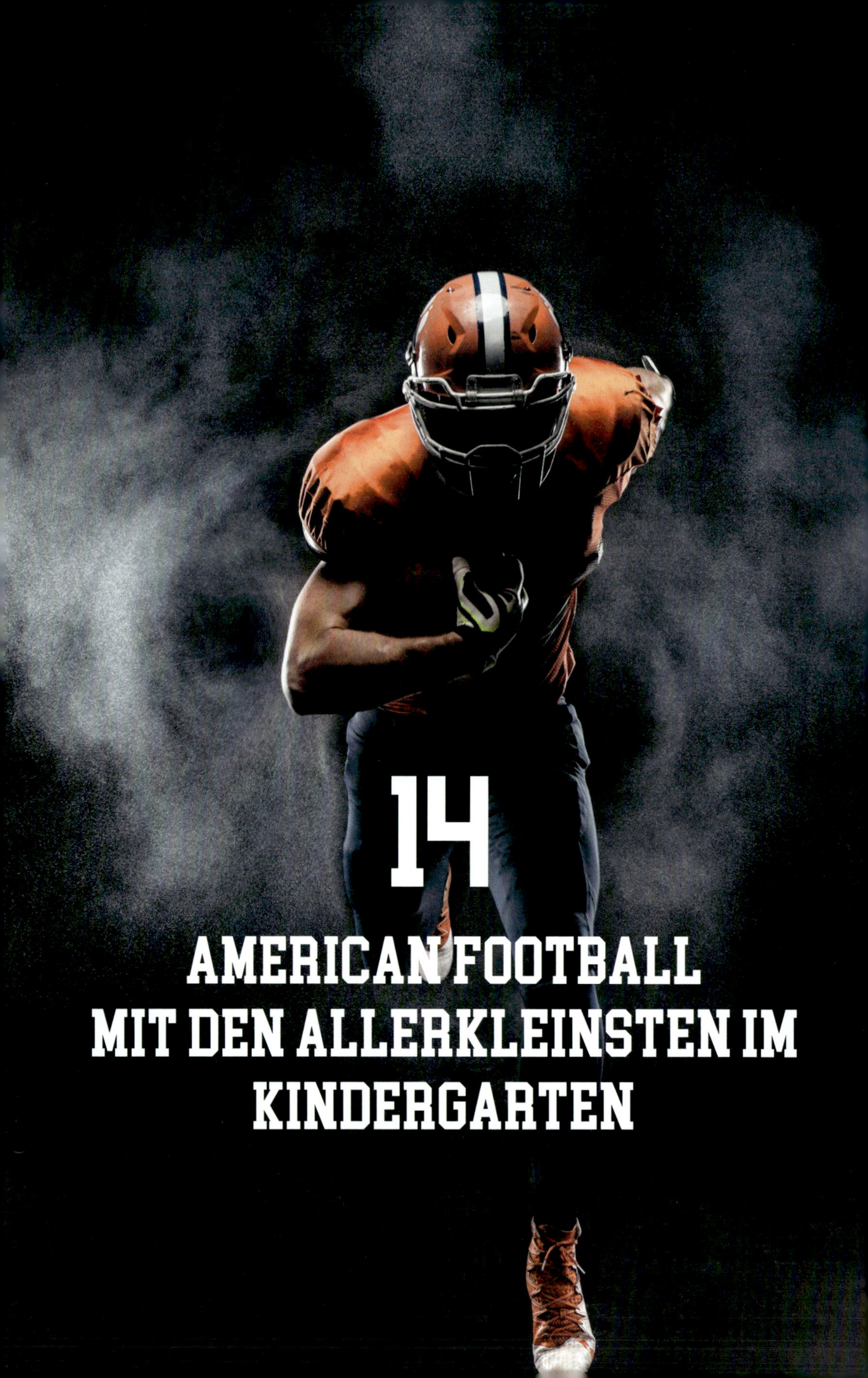

14

AMERICAN FOOTBALL MIT DEN ALLERKLEINSTEN IM KINDERGARTEN

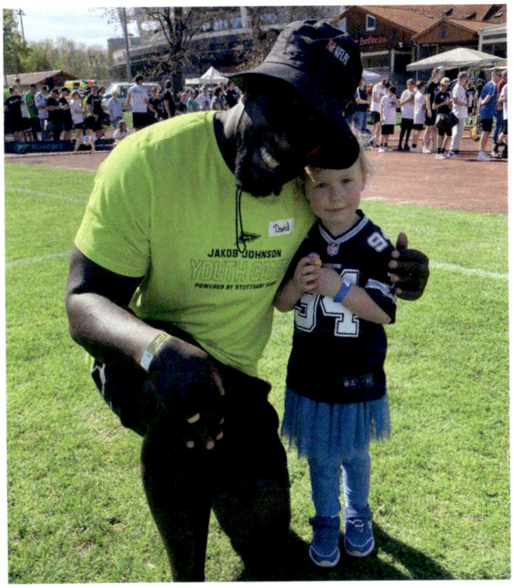

Abb. 215: David Bada beim Jakob Johnson Camp

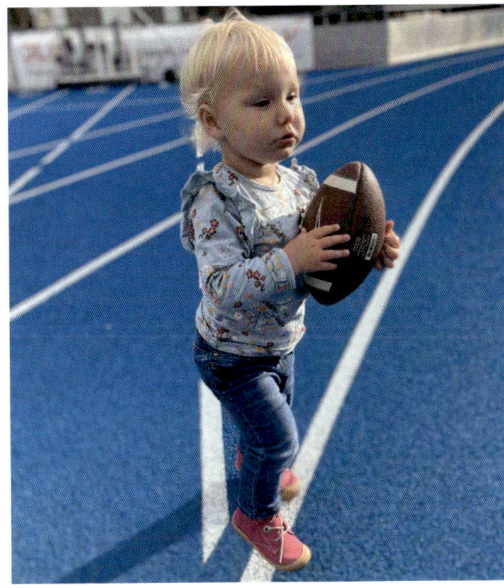

Abb. 216: Frühe Ballkontakte zahlen sich aus.

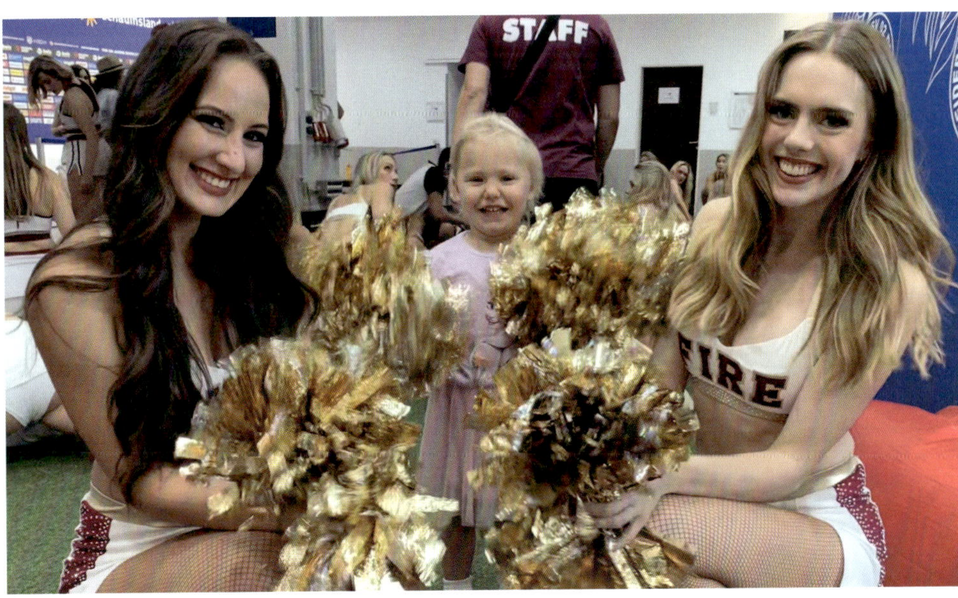

Abb. 217: Cheerleader von Rhein Fire – Begeisterung steckt an.

In den USA ist es ein natürliches Bild, dass sich bereits die Allerkleinsten mit dem Football beschäftigen und regelmäßigen Kontakt zur Sportart haben. Es ist für sie Alltag, dass Erwachsene American Football spielen, die Spiele im Stadion live anschauen oder American Football auch im Fernsehen regelmäßig verfolgen. American Football ist im alltäglichen Leben zum Beispiel im Supermarkt oder in den Malls aufgrund des Marketings allgegenwärtig.

Hierzulande haben sich bereits viele Jugendmannschaften etabliert und auch im Bereich der U16- und U13-Mannschaften werden es jährlich mehr Mannschaften. Der „Juniorbowl" der GFL Juniors und das Jugendländerturnier ist ein jährliches Highlight. Im Flag Football gibt es jede Menge Berührungspunkte an den Schulen und auch die NFL bietet mit ihrem NFL-Flag-Programm Möglichkeiten, den Sport zu erlernen. Durch die Übernahme der NFL-Rechte von RTL, ist American Football auch im Kindersender Toggo präsent und es wird umfangreich über den Sport berichtet.

In der Altersklasse der Allerkleinsten, für Kinder zwischen dem 3. und 8. Lebensjahr, sind (noch) selten spielerische Angebote vorhanden. Ein detaillierter Blick bei Tagesmüttern, Krippen und Kindertagesstätten zeigt, dass zwar normale Bälle vorhanden sind, aber ein Football eher selten zu finden ist. Das bezieht sich übrigens nicht nur auf American Football, sondern auch auf Bälle aus anderen Sportarten, die eher selten im Materialschrank zu finden sind. Häufig ist eine ausgiebige Materialsammlung auf gutes Fachwissen, Fortbildungen, Fachberatungen oder auf motivierte Einzelpersonen in den Einrichtungen zurückzuführen.

American Football erfährt aktuell eine hohe Medienpräsenz und wird immer beliebter. Einzelne Heimspiele von „American Football"-Mannschaften werden gut besucht und auch Familien sind reichlich vor Ort vertreten. Viele Vereine reagieren bereits sehr positiv und binden die Allerkleinsten in ihrem Rahmenprogramm neben ihrem Spielfeld ein. Es gibt Maskottchen und Kinder dürfen die Spieler beim Einlauf begleiten. Es werden Spiel- und Bastelbereiche gestellt, um sich mit dem Sport oder mit den einzelnen Teams genauer auseinanderzusetzen. Die sozialen Medien werden genutzt, um über verschiedene Inhalte zu berichten und entsprechende Kooperationen einzugehen. Durch diese Grundsituationen wird bewusst, dass auch die Nachfragen für einzelne Angebote mit den Allerkleinsten in der Zukunft steigen werden. Es geht in erster Linie nicht darum, in den „American Football"-Vereinen einzelne Mini-Mannschaften zu bilden, um „richtig" Football zu spielen. Es geht vielmehr darum, American Football weiter transparent zu machen und frühe Begegnungspunkte zu ermöglichen. Mit diesem Grundwissen können zum Beispiel einzelne Trainer und Teammitglieder Besuche bei Tagesmüttern, in Kitas und in Grundschulen abhalten, Ferienprogramme organisieren, an Gamedays ein Kinderprogramm anbieten und ihr eigenes Vereinsangebot ausweiten. Grundsätzlich wäre es auch eine Möglichkeit, ein „Bambini"-Team zu gründen, um einmal in der Woche zum Beispiel die ersten sportlichen Grundelemente unter dem Fokus „Spiel und Spaß" zu erlernen.

Die Ziele sind:

» Ein Heranführen an die Sportart „American Football"
» Es werden erste motorische Grundlagen trainiert und die Kinder werden mit einfachen Übungen an das Thema Schnelligkeit, Ausdauer und Reaktionsfähigkeit herangeführt.
» Die Kinder lernen vereinfacht, erste Inhalte des Sports kennen, wie zum Beispiel ein Handoff geben/annehmen, ein Snap durch die Beine geben usw.
» Die Positionsgruppen werden vorgestellt und regelmäßig positionsspezifische Inhalte aufbereitet.

» Es gibt kein klassisches Tackeln; erst nach einiger Zeit kann eine Vorstufe des Rangelns & Raufens angeboten werden, um Kinder an mögliche Kontakte spielerisch zu gewöhnen.
» Bekannte Bewegungsspiele werden leicht umgewandelt und werden mit einem Football gespielt.

Kinder zwischen 3 und 8 Jahren – Was ist wichtig zu wissen?

» Es reicht, eine Sporteinheit von ca. 45 Minuten bis zu einer Stunde anzubieten.
» Es muss ein besonderes Aufsichtspflicht-Konzept erarbeitet werden. Je nach Alter können gerne die Eltern mit in die Einheiten miteinbezogen werden, wie zum Beispiel in einem Mutter-Kind-Turnen.
» An Bällen sollten Kinderbälle vorhanden sein, jedoch können auch Jugend- und Herrenbälle zum Einsatz kommen, um den Kindern verschiedene Ballgrößen zu zeigen und ihnen praktische Erfahrungswerte damit zu bieten.
» Die Stunden und Angebote müssen ideenreich ausgestaltet sein, um Kindern einen spielerischen Bogen aus Aktivität und Erklärungspausen zu bieten
» Alle Kinder benötigen feste Regeln, Rituale und Strukturen, wie zum Beispiel eine wiederkehrende Begrüßung und einen Abschied in Form eines Liedes, Spruch etc. Wichtige Regeln sollten regelmäßig wiederholt werden. Hierzu eignen sich auch Bildkarten mit Symbolen zur Erinnerung.
» Um Inhalte bildlich aufzuzeigen, sollte viel mit unterschiedlichem Material gearbeitet werden wie zum Beispiel Bildkarten, Hütchen zur Markierung des Starts und Ziels usw.
» Wiederholung, Wiederholung, Wiederholung – junge Kinder lernen durch eine regelmäßige Wiederholung, d. h. eingeführte Spiele und Übungen sollten immer wieder wiederholt werden.

Regeln – Was ist wichtig zu wissen?

Regeln und Strukturen unterstützen den Alltag, bieten Orientierung und Sicherheit. Ein wichtiger Punkt, den junge Kinder für ihr zukünftiges Leben benötigen und erlernen müssen. Ein zu starres Regelwerk, kann Kinder auch in ihrem sportlichen Tun und in ihrem kreativen Bewegungsdrang hemmen. Kinder können sich zu viele Regeln gar nicht merken und aufgrund einer möglichen Vergesslichkeit wird sich an manches nicht gehalten. Es ist sinnvoll, Regeln gemeinsam mit den Kindern zu erarbeiten und sie zu fragen: Welche Regeln benötigt das Training? Viele Kinder können es bereits sehr gut kommunizieren und ggf. auch welche Konsequenz erfolgen kann, wenn sich Kinder nicht an die Regeln halten. Im Bereich Konsequenzen sind die Kinder oft strenger als die Erwachsenen selbst und wissen genau, was sie möchten: „Wer mehrmals stört und andere ärgert oder foult, muss eine Auszeit nehmen oder ggf. alle Bälle am Ende aufräumen."

Es gibt Absprachen, bei denen man die Eltern miteinbeziehen sollte, da sie in erster Linie für ihre Kinder verantwortlich sind. Hier zählt zum Beispiel, das Kind bei Abwesenheit beim Trainer zu entschuldigen. Das können Kinder und Eltern zusammen machen und sich gegenseitig erinnern. Einem Kind sollte kein Vorwurf bei mangelnder Sportkleidung gemacht werden. Eltern haben in letzter Instanz eine Fürsorgepflicht. Demnach ist es geschickt, ein Regelwerk allgemein für Kinder und Eltern und ein Regelwerk speziell für die Kinder im Training zu formulieren. Letzteres kann den Eltern vorgestellt werden, damit sie Transparenz haben. Es gibt einige geeignete Spiele, um Kinder spielerisch an den Sport heranzuführen. Die Alterspanne zwischen 3 und 8 Jahren ist sehr breit gefächert, hier ist es geschickt, die Gruppe noch mal in zwei Gruppen zu unterteilen, zum Beispiel in 3 bis 5 Jahre und 6 bis 8 Jahre.

IMPULSE ZUR HINFÜHRUNG

FÜHLSPIEL

Material: Kiste mit mehreren Bällen aus unterschiedlichen Sportarten zum Beispiel: Football (Kinderball, Jugendball, Lederball), Fußball, Tennisball, Tischtennisball, Volleyball, ein Tuch zum Abdecken

In Kindergruppen, die zum allerersten Mal mit dem Football in Berührung kommen, kann dieses Spiel helfen, auf die Besonderheiten eines Footballs einzugehen. Die Kinder dürfen nacheinander oder mehrere Kinder gleichzeitig fühlen. Dabei können einige Fragen gestellt werden: Wie fühlt sich der Ball an? Welche Form hat der Ball? Für welche Sportart wird er genutzt? Spürt ihr eine Naht in der Mitte? Warum hat er eine Naht? Über die Fragen kann man zum Beispiel spielerisch etwas zur Geschichte des Footballs und dessen Besonderheiten erzählen. Sollten die Kinder bereits Erfahrungen mit Bällen haben, kann man ihnen auch verschiedene Bälle in die Kiste legen und lässt sie die unterschiedlichen Arten aufgrund des Materials und Form erraten zum Beispiel: Fußball, Volleyball, Tischtennisball, Tennisball, Basketball, Rugby usw.

CENTER BALL

Material: Football, für jedes Kind mindestens ein Ball/Jugendball

Anzahl der Spielteilnehmer: mindestens 8-10 Spielteilnehmer

Bei diesem Spiel lernen die Kinder die Position des Centers kennen.

Die Kinder stellen sich in einem Kreis auf und zunächst wird ihnen die Position des Centers erklärt, was bei einem Snap wichtig ist. Die Kinder dürfen sich in Zweiergruppen zusammentun. Alle geben sich in Partnerarbeit ca. 8-10 x einen Snap durch ihre Beine. Wenn alle Kinder mit der Vorübung fertig sind, werden zwei Gruppen gebildet. Es werden nur noch zwei Bälle benötigt. Jede Mannschaft stellt ihre Mitglieder in einer Reihe hintereinander auf. Jeweils das erste Kind in der Reihe hat einen Football in der Hand. Ertönt das Startsignal, muss es den Football durch die Beine hindurch an seinen Spielpartner dahinter weitergeben. Der Football sollte erst losgelassen werden, wenn das hintere Kinder den Ball sicher in der Hand hält. Ist der Ball gut überreicht worden, muss das Kind sofort nach hinten laufen und sich wieder anstellen. Das Spiel wird solange mit allen Mitgliedern der Mannschaft weitergespielt, bis das ursprüngliche Kind vom Spielbeginn wieder ganz vorne steht. Das Team hat gewonnen, das am schnellsten das ursprüngliche Kind an erster Stelle stehen hat.

Sollte ein Football während des Spiels zu Boden fallen, ist es nicht schlimm. Die Kinder können jederzeit weiterspielen. Es können mehrere Durchläufe des Spiels gemacht werden.

Variation: Wenn Kinder diese Übung bereits gut können, kann ihnen auch das Thema Snap noch genauer erklärt werden. Sie dürfen die Snaps in unterschiedlichen Längen ausprobieren.

HANDOFF BALL

Material: Football; mindestens 8-10 Spielteilnehmer/innen

Das Spiellied: Taler, Taler du musst wandern gehört zum alten Liedergut. Die Melodie des Liedes bleibt erhalten und kann umgedichtet werden: „Football, Football du musst wandern, von der einen Hand zur andern. Oh wie schön, oh wie schön, Football, Football bleib nicht stehen." Alle Kinder stehen in einem Kreis, ein Kind steht in der Mitte. Während des Liedes wird der Football von einem Kind zum anderen Kind weitergegeben. Die Kinder singen das Lied mehrmals hintereinander. Sie sollten sich nur vorab darauf einigen, ob sie zwei- oder dreimal hintereinander singen. Mit jedem Durchgang wird das Tempo erhöht und der Ball wird schneller weitergegeben. Das Kind in der Mitte beobachtet alle Kinder und den Ball. Wenn das Wort „stehen" das letzte Mal fällt, darf es schnell zum Ball laufen und versuchen, den Ball einem Kind aus der Hand zu schlagen. Es kann auch schnell danach greifen. Gelingt es, darf das Kind das nächste Kind für die Mitte auswählen.

Durch das Spiel werden folgende Inhalte trainiert: Die Kinder bekommen alle ein Gefühl für den Ball, sie können spielerisch die erste Ballannahme und -abgabe üben. Als Vorstufe für das Thema „Handoff" eignet sich das Spiel ideal. Das Kind in der Mitte übt seine Beobachtungsgabe, die Reaktion, Geschicklichkeit und das geforderte Durchsetzungsvermögen. Das Zulaufen auf den Ball und das Herausschlagen des Balls ermöglicht es, im Spiel einen Fumble zu produzieren. Wurde das Spiel einige Male gespielt, kann im nächsten Schritt das Thema „Handoff" genauer gezeigt und erklärt werden und wie mit einem Ball gerannt wird.

RICHTUNGSBALL

Material: 2 x Wäschekorb, alternativ Kisten usw., mehrere Bälle, die zu gleicher Anzahl auf die Kisten verteilt werden können, 2 x Bildkarten mit je einem Pfeil nach rechts/links; Hütchen für das Ziel, mindestens 8-10 Spielteilnehmer

Zusätzliche Helfer: Ja, ein weiterer Trainer/Coach wird benötigt.

Den Kindern wird vorab erklärt, wie ein Ball im Arm gehalten wird.

Es werden danach die Bälle in zwei Wäschekörbe verteilt, zum Beispiel mindestens 6 Bälle pro Kiste. Die Kinder stellen sich in zwei Gruppen auf. In der Mitte der Strecke steht je ein Coach mit den Bildkarten in der Hand.

Auf Pfiff nimmt sich je das erste Kind der Reihe einen Ball aus dem Wäschekorb und rennt auf den entsprechenden Coach zu. Dieser zeigt vorher per Bildkarte, ob das Kind knapp links oder rechts an ihm vorbeilaufen soll. Das Kind läuft bis zum Ziel, dem Hütchen und legt seinen Ball auf dem Boden ab. Dann sind die nächsten Kinder der Reihen dran und dürfen jeweils nacheinander loslaufen. Die Gruppe, die am schnellsten ihre Bälle aus dem Wäschekorb auf die andere Seite transportiert hat, gewinnt.

Ziel des Spiels: Die Kinder lernen das rechtzeitige Starten, sie holen den Ball und erlernen weiteres Ballgefühl. Durch die Pfeile links/rechts lernen die Kinder die Richtungen Links und Rechts und erste Cuts kennen.

Tipp: Am Anfang das Spiel mit einem langsamen Tempo starten und nach und nach steigern.

Variationen: Wenn die Kinder das Spiel gut beherrschen, können beim späteren Einsatz, immer mal wieder neue Impulse gesetzt werden. Zum Beispiel kann man den richtigen Hand-off einführen und den Kindern wird der Ball nacheinander vom Coach überreicht. Die Bildkarten in der Mitte bleiben bestehen und können durch jemand anderes bedient werden. Ebenso kann das Thema Cuts genauer eingeführt werden und die Kinder können ihre bereits bekannten Cuts links und rechts professionalisieren.

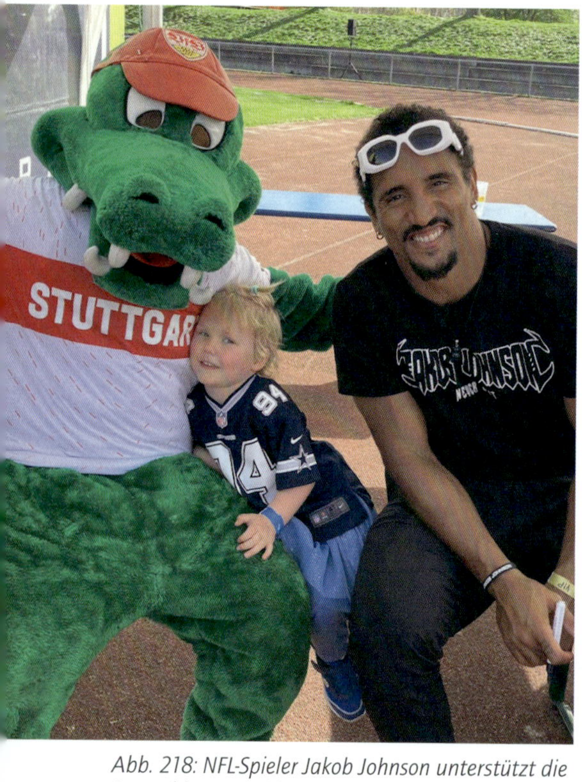

Abb. 218: NFL-Spieler Jakob Johnson unterstützt die Jugend in Deutschland mit seinen eigenen Camps.

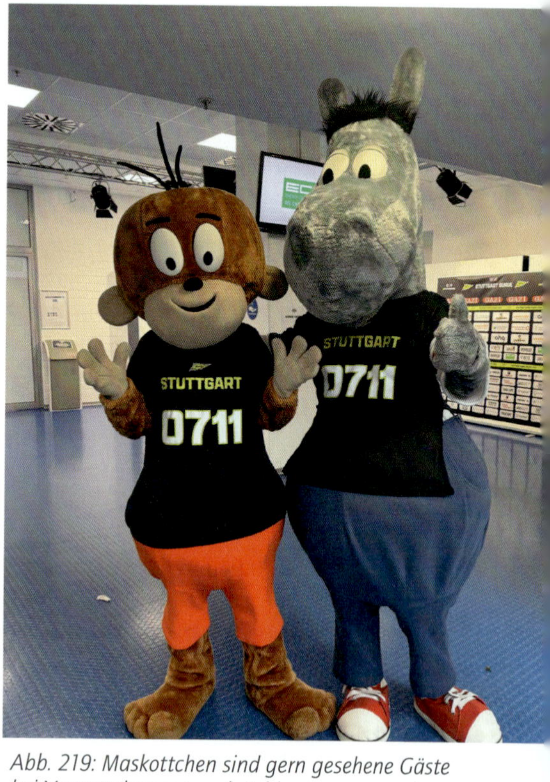

Abb. 219: Maskottchen sind gern gesehene Gäste bei Veranstaltungen und stehlen sogar manchem Spieler die Schau.

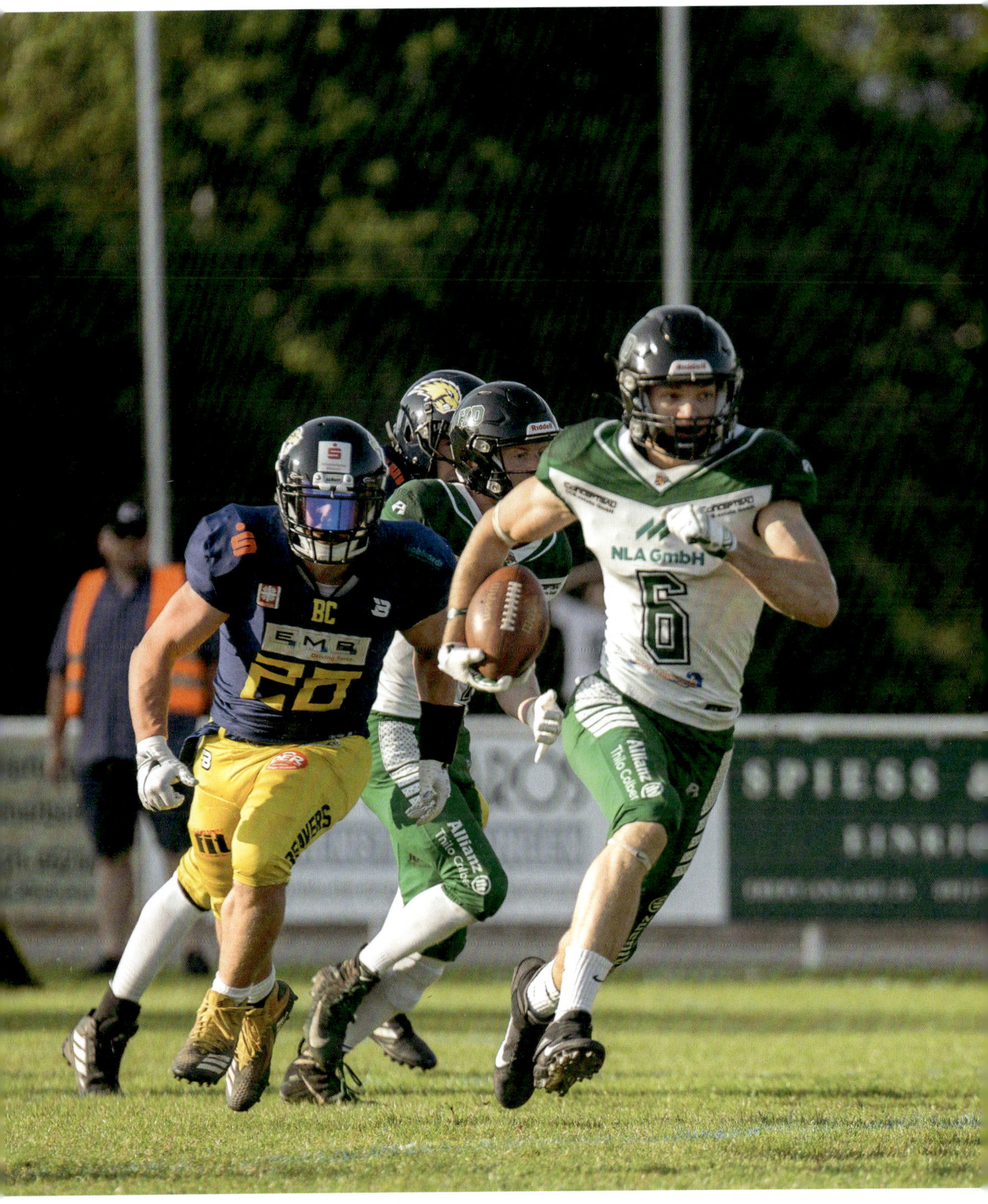

Abb. 220: Positiver Yardgewinn (© Sabrina Risse)

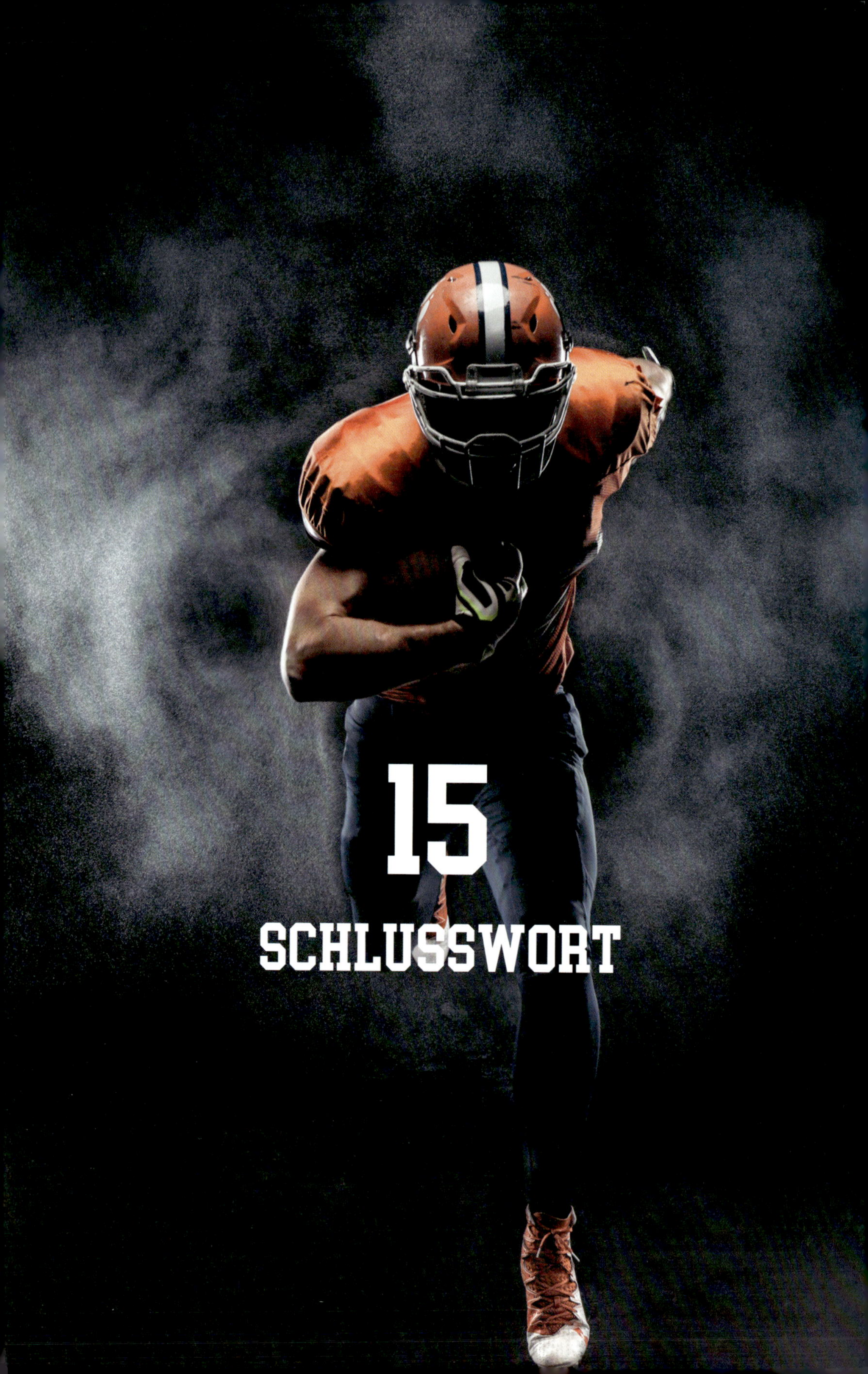

15 SCHLUSSWORT

American Football erlebt hierzulande gerade einen Boom; dennoch benötigt es eine Differenzierung. Dreht sich der Hype um das „American Football"-Schauen, das große Drumherum und was die NFL an sich zu bieten hat? Oder dreht sich die Begeisterung auch um das ganz praktische „American Football"-Erlernen? Oft lässt es sich gar nicht so explizit trennen, oft benötigt es diese Trennung auch nicht, denn der Sport lebt mit all seinen Facetten, die er zu bieten hat.

Ich hoffe, ich konnte mit diesem Buch einen Grundstock an wichtigem Fachwissen und vor allem an praktischen Übungen vermitteln. Zu Beginn hören sich 200 leere Seiten sehr viel an, ist man jedoch erst mal im Prozess des Schreibens, füllen sich die Seiten schon fast von alleine. Es ist gar nicht so einfach abzuwägen, welche Inhalte unbedingt erörtert werden sollten und welche Themen auch zu einem späteren Zeitpunkt aufgezeigt werden können. Schließlich gibt es auch auf dem US-Markt viele Bücher, bei denen 200 Seiten nur für eine einzige Position gefüllt werden. Dieser Punkt zeigt auch auf, wie komplex und vielseitig der Sport American Football ist. Es kann sich lange und umfangreich damit befasst werden und vor allem lernt man in diesem Sport nie aus.

Im vorliegenden Buch habe ich versucht, unterschiedliche Blickwinkel einzubringen und nicht immer lebt der Sport durch eine „absolute" Regelung im Training. Oft machen es die kleinen Nuancen aus und jeder Blickwinkel hat seine Berechtigung. Es gibt zum Beispiel Wide Receiver Coaches denen es wichtig ist, dass ihre Spieler immer ohne Handschuhe trainieren, damit die Spieler eine natürliche Wahrnehmung für den Ball und für das Fangen entwickeln. Andere Coaches bevorzugen die moderne Technologie, die die Handschuhe mittlerweile besitzen und andere wiederum wechseln im Training ab und lassen ihre Spieler selbst entscheiden, ob sie mit oder Handschuhe trainieren. Das Beispiel zeigt auf, dass es kein richtig oder falsch gibt, sondern dass jeder Blickwinkel seine Berechtigung hat. So ist es übrigens auch mit einzelnen Drills, die den Spielern im Training bereitgestellt werden. Im Buch habe ich versucht, einen bunten Mix aus altbewährten Übungen, neuen Variationen oder auch Übungen für zuhause aufzuzeigen. Die Drills sind durchgängig für jedes Alter und Geschlecht und können durch ihre individuellen Ausführungen variiert werden.

Ein Sport entwickelt sich über die Jahre auch immer weiter und mit ihm auch wichtige Regeln. Im American Football haben sich viele Regeln verändert und dass zum Schutz der Spieler und zur Vermeidung von lebensbedrohlichen Verletzungen, wie zum Beispiel im Kopf-Nacken-Bereich. Das ist sinnvoll und notwendig und sollte auch so beibehalten werden. Manchmal verändern sich auch taktische Spielweisen, sie werden kaum noch gespielt und verschwinden nahezu aus dem aktiven Spielbereich. Hin und wieder erleben sie aber auch wieder ihr Comeback und erleben einen erneuten Höhepunkt. Raum um Neues zu erschaffen ist da und es gibt Möglichkeit, sich neu zu erfinden.

Dieser Aspekt zeigt die hohe Vielfalt des Sports auf und soll Lust machen, sich in der Zukunft auch mit der taktischen Entwicklung des Sports auseinanderzusetzen. Aber zunächst das Wichtigste: „Yard by Yard and Inch by Inch". Dieser Slogan sagt alles aus, im Sport kommt man am Weitesten, wenn man Schritt für Schritt geht und jeden Tag ein bisschen mehr dazu lernt.

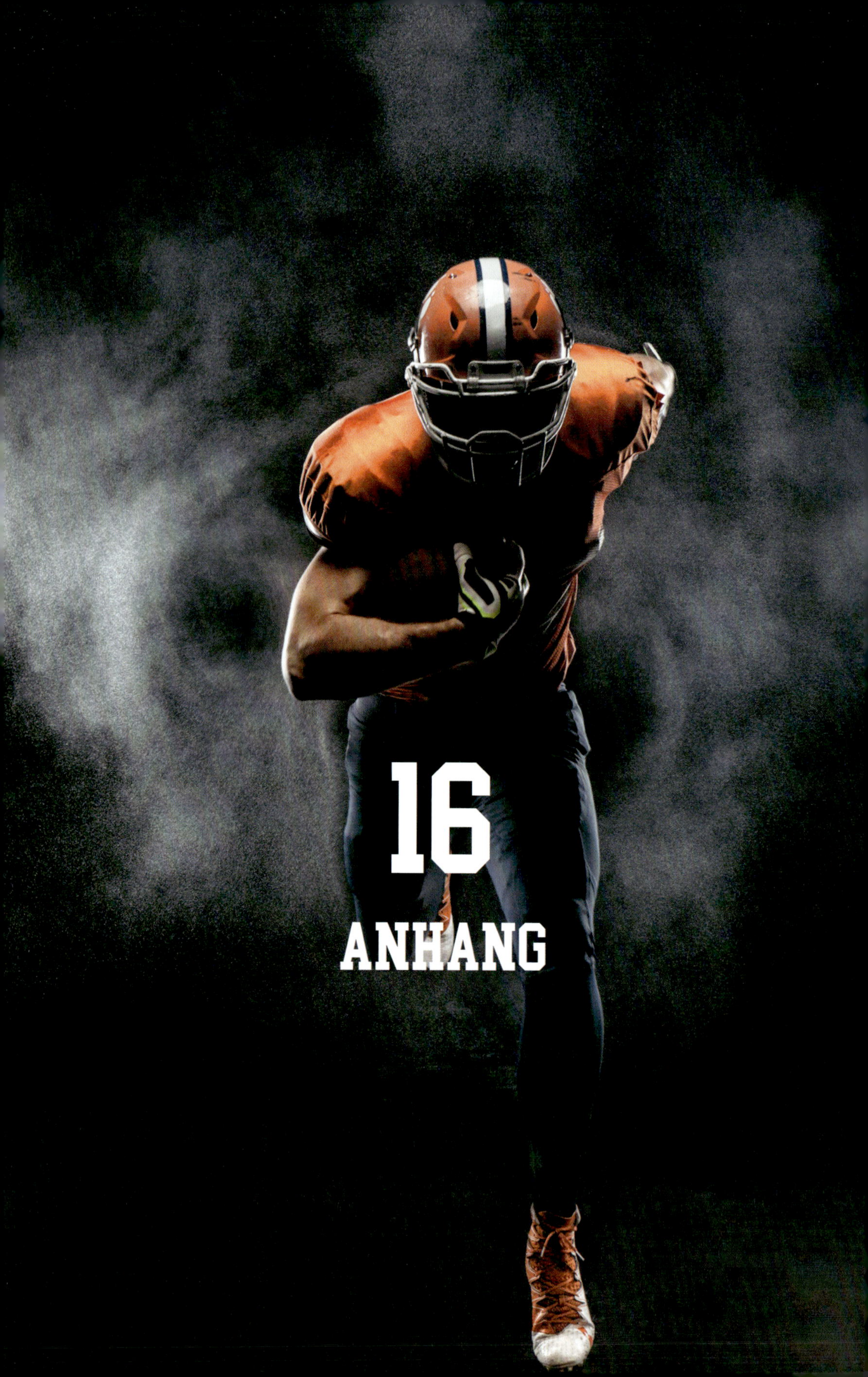

16 ANHANG

1 KONTAKTADRESSEN

American Football Verband Deutschland:
AFVD Geschäftsstelle
Richard Herrmann Platz 1
60386 Frankfurt am Main
www.afvd.de

Landesverbände und die einzelnen „American Football"-Teams vor Ort:

Die einzelnen Landesverbände präsentieren sich mit ihren eigenen Homepages. Nicht jedes Bundesland hat zwingend einen eigenen Landesverband, sie werden stellenweise gemeinsam verwaltet, so wie zum Beispiel Berlin und Brandenburg.

Baden-Württemberg	https://afcvbw.de/
Bayern	https://www.afvby.de/
Nordrhein-Westfalen	https://afcvnrw.de/
Berlin-Brandenburg	https://afcvbb.de/
Bremen	http://www.afcv-nord.de/
Hamburg	https://afcv.hamburg/
Rheinland-Pfalz	https://afce-rlp.de
Hessen	http://www.afvh.de/
Sachsen	http://www.afvs.de/
Schleswig-Holstein	http://www.afvsh.de/
Niedersachsen	http://www.afcvn.de/
Saarland	http://www.afcv-saar.de
Mecklenburg-Vorpommern	http://www.afcv-mv.de
Thüringen	http://afcvth.de/
Sachsen-Anhalt	http://afvsa.de

Die einzelnen „American Football"-Teams haben des Weiteren aussagekräftige Homepages und „Social Media"-Auftritte, wie zum Beispiel bei Facebook, Instagram, TikTok, und können im Internet eingesehen werden.

Flag Football National in Deutschland:
Relevante Informationen zum Flag Football finden sich unter www.5erdffl.de

Flag Football International:
www.nflflag.com vermittelt eine breite Übersicht über das „NFL Flag"-Programm weltweit

„Flag Football"-Schulprogramm:
Unter www.nflflag.de können sich interessierte Schulen und Lehrer für das „NFL Flag"-Programm bewerben und anmelden.

Schiedsrichter:
Allgemeine Informationen zu den Schiedsrichtern und Ausbildungen sind hier erhältlich: www.afsvd.de

European League of Football
Allgemeine Informationen zur Liga finden sich hier:
https://europeanleague.football/news

GAFCA - German American Football Coaches Association
https://www.gafca.de

2 QUELLEN UND LITERATURANGABEN

1.) AFVD/American Football Verband Deutschland (2024): Die Geschichte. https://www.afvd.de/afvd/geschichte/ (abgerufen am 14. Februar 2024)

2.) AFVD/American Football Verband (2024): Leitbild. https://www.afvd.de/afvd/leitbild/ (abgerufen am 14. Februar 2024)

3.) AFVD/American Football Verband Deutschland (2024): Leitbild. https://www.afvd.de/afvd/leitbild/ (abgerufen am 14. Februar 2024)

4.) Ministerium für Kultus, Jugend und Sport Baden-Württemberg (2024): Bildungspläne Baden-Württemberg. https://www.bildungsplaene-bw.de/,Lde/LS/BP2016BW/ALLG/GYM/SPO/PK/01. (Abrufdatum 15. Februar 2024)

5.) Friedrich, Wolfgang Dr., Optimales Trainerwissen – Sporttheorie für Trainer und Übungsleiter, Spitta Verlag GmbH & Co. KG, Balingen, 2014

6.) Kent, Michael (Hrsg): Wörterbuch Sportwissenschaft und Sportmedizin, UTB/Limpert Verlag GmbH, Wiebelsheim, 1994

7.) Bechheim, Yvonne: Erfolgreicher Sportunterricht mit Trainingshilfen – 111 Beispiele für eine vielfältige Stundengestaltung, Limpert Verlag GmbH, Wiebelsheim, 2010

8.) Colby, Greg: Football – Steps to Success, Human Kinetics, Champaign, IL, 2013

9.) American Football Regeln und Interpretationen/AFVD-Regelkommission (2023): Regeln https://afsvd.de/content/files/2023/01/Football_Regelbuch_2023.pdf (abgerufen am 25. Februar 2024)

10.) Kirwan, Pat: Take your Eye off the Ball 2.0, Triumph Books, LLC, Chicago, IL, 2015

11.) Franke, Adrian: American Football – Alles, was man wissen muss, Meyer & Meyer Verlag, Aachen, 2022

12.) Norvell, Jay: Complete Wide Receiver – Catching, Blocking, Route running, Training, Human Kinetics, Champaign, IL, 2013

13.) Myers, Chuck S.: The complete Handbook of Coaching Wide Receivers, Coaches Choice, Monterey, CA, 2007

14.) DOSB (Deutsch Olympischer Sportbund) Trainerausbildung (2024): https://www.dosb.de/sportentwicklung/bildung/dosb-lizenzen#ak-6015 (abgerufen 5. April 2024)

Interessanter Link: aufwaermen-im-sport (aufgerufen 30. Juni 2024)

3 DANKSAGUNG

Ich widme dieses Buch meiner Tochter Aria Ella Erna. Ein großes Danke an Sergej, dass ich konstant an meinem „Herzensprojekt" arbeiten konnte. Ich danke Björn Werner für den positiven Zuspruch beim 24/7 AFS Camp in Stuttgart 2022, das Projekt „alleine durchzuziehen". Es hat geklappt! An dieser Stelle danke ich vielen tollen Menschen, die ich durch den Sport kennengelernt habe und auch für den kontinuierlichen Austausch.

An dieser Stelle ein Danke an: Friedemann Hees, Stefan Misner, Andy Meyer, Lelan Brickus und Lelan Brickus Junior, Dirk Hamacher, Conny Angermaier, Daniel McGray, Kevin Hambrecht, Sebastian Ayernschmalz, Sascha Greibich, Thomas Iden-Korjahn/Tiks Fotos, Sabrina Risse, Leon Steiner, Carsten Keller, Hauke Bastert, Nicolas Fanselow, Jan Sawicki, Timur Beckmann. Ein besonderer Dank geht an Michael Auerbach und Gregor Wittig und das gesamte Huddle Team, dafür, dass sie mir vor vielen Jahren Raum für das Schreiben gegeben haben.

Danke an die Potsdam Royals und die komplette Abteilung der Heidelberg Hunters des Heidelberger Turnvereins HTV 1846 e.V.

Zu allerletzt natürlich auch an das gesamte Meyer & Meyer Team für die tolle Zusammenarbeit.

4 ANLAGEN – BEISPIELSCHREIBEN UND TRAININGSPLÄNE

ANLAGE 1 – WILLKOMMENSBRIEF

Herzlich willkommen bei den *XXX (Team einfügen)*

Die Abteilung American Football gehört zum

XXXXXXXX
XXXXXXXX *(Adresse und Dienstzeiten einfügen)*
XXXXXXXX

Drei Trainings können kostenfrei absolviert werden, danach muss bitte ein ausgefüllter Mitgliedsantrag vorliegen. Dieser ist dem Skript beigefügt oder kann auf der Homepage eingesehen und ausgedruckt werden. Zum allgemeinen Jahresbeitrag werden noch jährlich einmalig 50,- Euro Abteilungsbeitrag fällig. Darüber werden zum Beispiel Busfahrten zu Spielen, Equipment, Spielerpass etc. finanziert.

Des Weiteren sind die Dokumente zum Datenschutz, die Einverständniserklärung zu den Fotos und der Umgang mit sozialen Medien angehängt. Bitte bringe ihn unterschrieben mit.

Allgemeine E-Mail: XXX
Homepage: XXX

Sportlicher Leiter ist *(Name einfügen)*, er kann in allen Belangen zum Beispiel zum Ligenbetrieb und zur Beantragung des Spielerpasses Auskunft geben. Bei ihm wird auch bitte der ausgefüllte Mitgliedsantrag abgegeben.

E-mail: XXX

Equipment kann für die ersten Wochen in der Abteilung American Football geliehen werden. Dazu wird ein Pfand von 100 Euro erhoben. Zeugwart *(Name einfügen)* ist der entsprechende Ansprechpartner. Erstanprobe übernimmt der Coach und/oder Equipment Coach. Nach einigen Wochen sollte jedoch eine eigene Ausrüstung angeschafft werden. Kooperationspartner ist der Footballausstatter *Name einfügen*, dieser hat einen eigenen Laden und gibt 10 % beim Kauf von Ausrüstungsgegenständen.

Die Hauptkommunikation organisiert die Abteilung über die App (*Name einfügen)*. Zugangsdaten werden nach der Anmeldung angelegt und zugeschickt. Ebenfalls erfolgt für jedes Training eine Veranstaltungseinladung. Bitte jedes Training zu-, oder absagen, da die Trainingsteilnahme per Anwesenheitsliste dokumentiert wird. Gruppeneinladungen versendet der sportliche Leiter.

Im Rahmen der Öffentlichkeitsarbeit berichtet die Abteilung über ihre Facebookseite, Instagram, TikTok (*bzw. entsprechende Plattformen einfügen)* auf der Homepage werden Presseartikel veröffentlicht. Außerdem wird regelmäßig in der Zeitung über die Abteilung berichtet.

XXXXX
XXXX
XXXXXX

Intern hat die Abteilung einen Spielerkodex festgelegt, dieser ist im Skript zu finden. Er hängt auch an der Tür zum Materialraum, zusätzlich in der Umkleidekabine und ist für jeden Spieler verbindlich.

Der Abteilungsvorstand kann auf der Homepage eingesehen werden. In regelmäßigen Abständen finden Teammeetings statt, diese werden von den Coaches und/oder dem Vorstand einberufen. Im Rahmen eines aktiven und engagierten Abteilungslebens, setzen wir eine Mindestanzahl von erbringenden Arbeitsstunden voraus (zum Beispiel Auf- und Abbau an Gamedays, Arbeitseinsatz zur Pflege der Anlage und/oder kleinere Arbeitsaufträge).

Das Training findet regulär 2 x die Woche statt und es wird in Sommer- und Wintertrainingszeiten unterschieden.

Sommer
XXX *(Tage und Zeiten eintragen)*

Winter
XXX (*Tage und Zeiten eintragen beziehungsweise Besonderheiten)*

1 x Halle, 1 x draußen - Ort und Halle werden rechtzeitig bekannt gegeben

Während der Sommerzeit und/oder in der Saison gibt es Sondertrainings und freiwillige Trainings, diese werden ebenfalls gesondert bekannt gegeben.

Bitte wettergerechte Sportkleidung, Mineralwasser und Stollenschuhe mitbringen.

Die Coaching Crew behält sich vor, Spieler nicht mittrainieren zu lassen, sollten sie unangebrachte Kleidung und /oder Equipment tragen.

Das Training leiten:
Headcoach
Offense Coordinator
Positioncoach Offensive Linemen
Positioncoach Quarterbacks
Positioncoach Wide Receiver
Positioncoach Runningbacks
Defense Coordinator

Positioncoach Linebacker
Positioncoach Cornerbacks/Safeties
Special Team Coordinator
Athletic Coach
Rookie Coach
Darüber hinaus finden sich hin und wieder Gastcoaches ein.

Für die Entwicklung der Playbooks - Defense/Offense ist der Headcoach/Coaching Staff verantwortlich.

Optional bei einem speziellen Rookieprogramm: Nach erfolgreicher Beendigung des Rookie-Programms erhalten die Teilnehmer Zugang zum Playbook. Während des Rookie-Programms werden einzelne Elemente des Playbooks bereits erklärt.

Das Playbook ist auf der Plattform *XXX* hinterlegt, ein Zugang wird separat nach Absprache mit den Coaches verschickt.

Die Mannschaft arbeitet mit dem internetgestützten Trainingsprogramm „Hudl" - in diesem Programm werden zum Beispiel ehemalige Spiele, Spiele von Gegnern, Trainingssequenzen usw. eingestellt. Das Programm ermöglicht es, wichtige Tendenzen auszuwerten und die Spieler entsprechend auszubilden. Alle Spieler haben einen eigenen Zugang zum Programm und sind verpflichtet, das Programm regelmäßig zu nutzen. Für die Rookies besteht nach Beendigung des Rookieprogramms die Möglichkeit, „Hudl" über einen „Sammelzugang" zu nutzen.

Teamwear unserer Mannschaft kannst du in unserem Shop bestellen.

Wir wünschen viel Spaß in der Abteilung American Football und wir freuen uns, dass DU da bist!

ANLAGE 2 – VORLAGE SPIELERBOGEN/ROOKIEPROGRAMM

Für sportliche Leiter/Geschäftsstelle:

- » Datenschutzverordnung ausgeteilt und unterschrieben
- » Umgang mit Fotos ausgeteilt und unterschrieben
- » Anmeldebogen
- » Ggf. weitere Bogen zur Ergänzung

Datum	
Name:	
Adresse:	
Telefonnummer und E-Mail:	
Geburtsdatum und -ort:	
Social Media/Welche Kanäle werden genutzt? Benutzername (Angabe freiwillig)	
Größe und Gewicht	
Liegen medizinische Besonderheiten vor? - Brillenträger/Kontaktlinsen - Chronische Erkrankungen - Allergien - Vergangene Operationen oder sportliche Einschränkungen?	
Wie ist der aktuellen Fitnessstand? Wie ist der Stand bei Kraft, Ausdauer, Koordination, Beweglichkeit usw.?	
Welche sportlichen Stärken gibt es? Welche Sportarten werden bereits ausgeübt?	
Welche Vorstellung von American Football hast Du vor dem ersten praktischen Training? Was erwartest Du?	
Wie bist Du auf unser Team gekommen?	

ANLAGE 3 – VORLAGE SPIELERBOGEN BEI WECHSEL/NEUEINSTIEG IN DEN VEREIN

Wenn das Team neben den deutschen Stammspielern auch Spieler aus dem Ausland beschäftigt, ist es ratsam, den Bogen auf Englisch oder in den entsprechenden Sprachen anzufertigen. Import-Spieler benötigen dazu auch noch eine weitere Bearbeitung, wie zum Beispiel: Anmeldung, Krankenversicherung usw. Hierzu sollte eine separate Checkliste mit allen relevanten und wichtigen Ablaufpunkten entwickelt werden.

» Datenschutzverordnung ausgeteilt und unterschrieben
» Umgang mit Fotos ausgeteilt und unterschrieben
» Anmeldebogen Hauptverein
» Ggf. weitere Bogen zur Ergänzung

Name	
Adresse	
Telefonnummer und E-Mail:	
Geburtsdatum und -ort:	
Social Media/Welche Kanäle werden genutzt? Benutzername (Angabe freiwillig)	
Größe und Gewicht	
- Liegen medizinische Besonderheiten vor? - Brillenträger/Kontaktlinsen - Chronische Erkrankungen Allergien - Vergangene Operationen oder sportliche Einschränkungen?	
Wie lange spielst Du bereits American Football?	
Welche Positionen hast Du bis jetzt gespielt?	
In welchen Teams hast Du bereits gespielt? Bitte Jahresangaben eintragen.	
Ist ein Spielerpass vorhanden? Gibt es Sperrzeiten?	
Wie ist der aktuellen Fitnesstand?	
Wie ist der Stand bei Kraft, Ausdauer, Koordination, Beweglichkeit usw.	
Welche sportlichen Stärken hast Du? Welche Sportarten werden bereits ausgeübt?	
Wie wurdest Du auf unser Team aufmerksam?	

ANLAGE 4 – MUSTER-TRAININGSPLAN FÜR POSITIONCOACHS

Dieses Muster kann für Positioncoachs verwendet werden, um ihr Training in Absprache mit den Headcoachs/Coordinatoren zu planen und durchzuführen. Um die Arbeit zu erleichtern, können verschiedene Schwerpunkte bereits eingetragen und angekreuzt werden.

Name/Coach:	Datum:
Einheit: Individuals:	Ort:
Anzahl der Spieler:	Erwartete Wetterverhältnisse:
Video geplant: ☐ JA ☐ Nein	Besonderes:

SCHWERPUNKTE FÜR DAS „INDIVIDUAL-TRAINING“:

FUßNOTEN:

1. Video, PDF, sonstige Anlage vorhanden
2. Basic Drill
3. Weitere Aufbauvarianten des Drills folgen
4. Vernetzung mit anderen Positionsgruppen möglich

Drill	Durchführung	Coaching Points	Material	Special Notes

5 BILDNACHWEIS

Coverfoto: Sascha Greibich

Coverlayout: Isabella Frangenberg

Lektorat Skript und Korrektorat Satzfahne: Sonja Rose; info@rose-skript.de

Satz: Guido Maetzing; www.mmedia-agentur.de

Fotos Innenteil:

Alle Fotos © Nadia Quast, ansonsten siehe Copyrighthinweis unter den Fotos. Weitere Hauptfotografen sind Thomas Iden-Korjahn und Sabrina Risse.

© Thomas Iden-Korjahn: S. 9, 14, 17, 43, 47, 49, 50, 51, 52, 91, 92, 93, 103, 104, 105, 119, 120, 121 oben, 139, 140, 141 oben, 144, 145, 153, 163, 176, 189, 194

© Sabrina Risse: S. 59, 64, 74, 75, 114, 158 rechts, 166, 206, 221, 239, 247

© Maximilian May: S. 223, 227 oben rechts; Spielerin Pia Schwarz

© Andy Meyer / DOC A: S. 87 oben

© picture alliance/dpa | Maximilian Haupt: S. 33 links; © picture alliance/dpa | Federico Gambarini : S. 33 rechts

© AdobeStock: Alle Aufmacher: S. 8, 10, 20, 28, 44, 60, 76, 90, 152, 188, 204, 222, 228, 240, 248, 250

Abbildungen und Skizzen:

Alle Abbildungen und Skizzen wurden in Pages erstellt von Nadia Quast, unter Verwendung von kostenfreien Pinterest-Symbolen.

Abonnieren Sie unseren kostenlosen Newsletter unter **www.dersportverlag.de**

AMERICAN FOOTBALL: ALLES, WAS MAN WISSEN MUSS

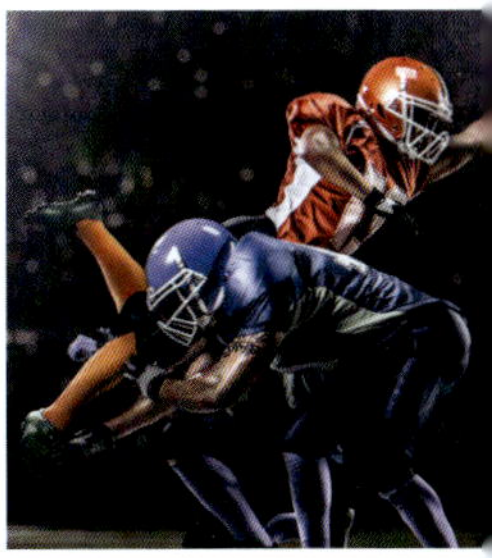

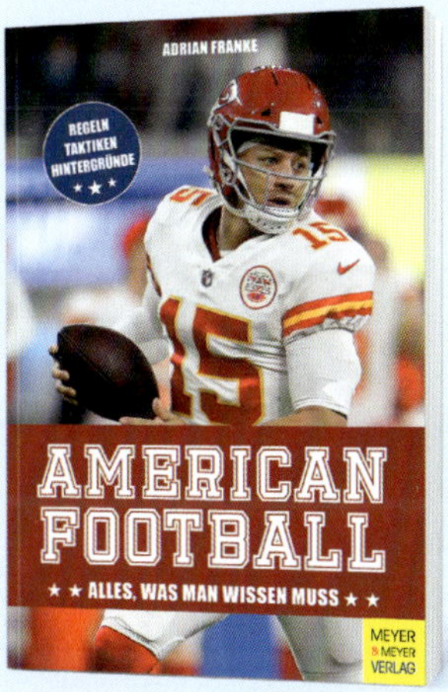

4. AUFLAGE 2022

AMERICAN FOOTBALL –
ALLES, WAS MAN WISSEN MUSS

ISBN 978-3-8403-7851-5

€ [D] 15,00/[A] 15,50

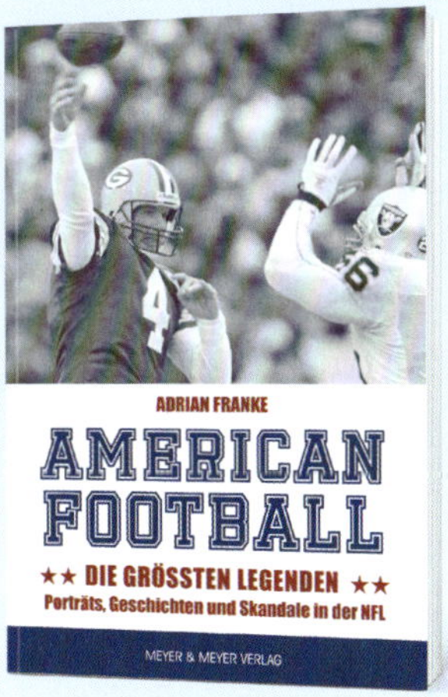

AMERICAN FOOTBALL -
DIE GRÖSSTEN LEGENDEN

ISBN 978-3-8403-7665-1

€ [D] 19,95/[A] 20,60

Preisänderungen vorbehalten und Preisangaben ohne Gewähr! Bild oben rechts © AdobeStock

MEYER & MEYER Verlag
Von-Coels-Str. 390
52080 Aachen

Telefon	02 41 - 9 58 10 - 25
Fax	02 41 - 9 58 10 - 10
E-Mail	vertrieb@m-m-sports.com
Website	www.dersportverlag.de

MEYER & MEYER VERLAG